周一良全集

7

ZHOUYILIANG QUANJI

第四编 自传与杂记

《毕竟是书生》

《中国文化书院访谈录》

《郊叟曝言》

主编 赵和平

高等教育出版社·北京

『十二五』国家重点图书

图书在版编目（C I P）数据

周一良全集. 第4编，自传与杂记 ： 全4册 / 赵和平主编. -- 北京 ： 高等教育出版社，2015.12
ISBN 978-7-04-041349-6

Ⅰ. ①周… Ⅱ. ①赵… Ⅲ. ①周一良（1913～2001）- 文集 Ⅳ. ①C53

中国版本图书馆CIP数据核字(2015)第052577号

策划编辑 王 丽　　责任编辑 王 丽　　装帧设计 王 睢
责任校对 刘春萍　　责任印制 毛斯璐　　封面题字 吴小如

出版发行 高等教育出版社
社　　址 北京市西城区德外大街4号
邮政编码 100120
印　　刷 北京鑫丰华彩印有限公司
开　　本 787 mm×960 mm 1/16
本册印张 28.75
本册字数 330 千字
购书热线 010-58581118
咨询电话 400-810-0598
网　　址 http://www.hep.edu.cn
　　　　 http://www.hep.com.cn
网上订购 http://www.hepmall.com.cn
　　　　 http://www.hepmall.com
　　　　 http://www.hepmall.cn
版　　次 2015 年12月第 1 版
印　　次 2015 年12月第 1 次印刷
总 定 价 398.00 元

物 料 号 41349-002

《周一良全集》各分册目录

（侯艺兵 摄）

裒集杜甫、于谦句，今各易首字以为
太初先生逝世三周年唁词

夙有文章惊海内

终留清白在人间

吴小如追挽

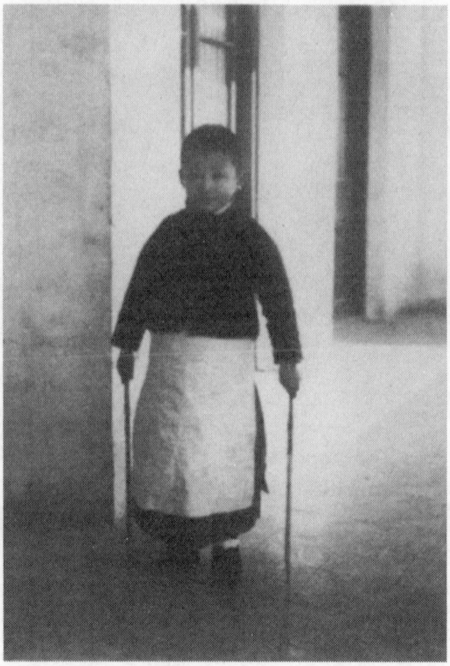

童年

少年

结婚（1938年4月3日）

老夫妻（1997年3月30日）

秋风秋雨
织就销魂赋
绕砌蛩螀声声诉
何必更吟愁句
料得孤馆灯青
无聊静数深更
愿作今宵阶草
低低诉尽衷情

寂寞蛾眉蝉鬓
惆怅心期归讯
窗外雨声声
应是绿残红褪
离恨离恨
湖水又添三寸

目　　录

毕竟是书生——我的自传

这篇自传是在纽约布朗克司执笔的。1989 年 6 月完成初稿，1990 年 4 月修订。其中“毕竟是书生”一节曾被日本友人译载于 1991 年六月号《世界》杂志。现应《史学理论研究》之约，对全文再略作订补后发表。下限仍在 1990 年告一段落，因感觉自己这趟车距到达终点还有一段时间也。

1993 年 8 月　周一良记于北大

清代桐城派古文学家曾说过，为人一生总要做几件有趣味、能引人入胜的事，否则死后墓志铭都写不精彩。我现在提笔写自传，也正有此感。觉得一生平平凡凡，没有什么特立独行，值得记述，只是希望为以后编写我国廿世纪中期文化、学术以至社会史的人，提供一点资料。

一　家世

我于 1913 年 1 月 19 日（旧历壬子年十二月十三日），出生于山东青岛，我名中的良字是大家族的排行字，“一”字是我父亲取自

《说文解字》“一”字下的解说：“惟初太极，道立于一”，因而曾字太初，后废不用。虽在天津长大，而籍贯却一直按照以家族来源地为据的传统方式，填为安徽。到外国填履历一般要出生地，因此有时不免纠缠不清。我原籍的县清代称建德，因浙江有县同名，民国后改为秋浦，又改至德。近年与东流县合并，称东至。

建德县周氏家族，据说是唐代大历十才子之一的周繇之后裔。我曾祖父周馥（1837—1921）字玉山，由李鸿章的幕府起家。他青年时流亡他乡，祖父怕他不得归，改名为复。后因李鸿章手书褒奖单误写为馥字，遂因而未改，大约是因为已经呈报皇帝，“上达天听”了吧？《安徽文史资料》总第十五辑载陈钧成撰“周馥轶事”称“玉山老人在〔安庆〕八卦门正街摆测字摊，兼为人代写书信、呈文、对联等。后又迁马王坡涌兴德杂货店门口。李鸿章亦居马王坡。老人有老表在李府伙房挑水，因而认识伙房采买。其人识字不多，就近乞老人代记。李偶阅账簿，见字迹端正清秀，大加赞赏。延为幕宾，办理文牍”。李伯元《南亭笔记》也说“周每与人谈，辄道其生平事实，周少时曾在某省垂帘卖卜”。他的自订年谱大约讳言其事，只在咸丰十一年（1861）25岁那年记载：“十月，余至安庆。十一月，入李相国营。相国初不识余，因见余文字，招往办文案。”周馥做到署两江总督，又调任两广总督。《清史稿》有传。著作收入《周慤慎公全集》。它是以溥仪小朝廷给的所谓“谥法”取名的。据陈寅恪先生《寒柳堂记梦》所说，清末中枢大臣和封疆大吏中，分所谓清流和浊流。京官如奕劻、袁世凯、徐世昌等，外官如周馥、杨士骧等，都属浊流。可惜陈先生这部著作散佚不全，看不到他对当时流行的这两类人物具体区别的说明。所举清流有陈宝琛、张之洞等，可能指在文化学术上有造诣修养的大官；而浊流则是以吏事见长的干练的大官。周馥治河有一套办法，留有著作。甲午中日战争时，他任“总理前敌营务处”，负责供应前线兵器粮饷。据他自订年谱云：“军械粮饷，转运取买，萃于一身。艰困百折，掣肘万分。然自始至终，余未尝缺乏军需一事，故战事虽败，而将官无可推诿，卸过于余也。”大约他是按规定完成了自己的任务，所以言下不无自负，虽然并无补于战争的失败。他受李鸿章重用，自然也由于办事得力。辛亥革命后，遗老群集于青岛，周馥也在其中。我父亲当时父母双亡，和祖父住在一起，这就是我出生在青岛的缘由。在我记忆中，只记得曾祖父是瘦高个儿的白发老人。因为我是在天津时他跟前最大的曾孙，每逢年节聚会，总叫我站到他面前双膝之间。他写过一个条幅，末尾说：“生日放歌一首，惟暹孙（指我父亲）尚知此意。他日一良能解文意，可为解说宝藏之。”诗中有句云：“天有时而倾，地有时而缺，大道千古万古永不灭。”显然是遗老对清室灭亡的哀叹。我父亲从未给我解说过，而“宝藏”也就到1966年史无前例时为止了。

我的祖父周学海（1856—1906），字澄之，光绪十八年壬辰（1892）进士。他曾拜李慈铭为师，见《越缦堂日记》光绪十年及十三年，说“周氏兄弟友爱恂恂，其兄澄之尤谨笃，近日所难得也”。他长期在扬州做候补道，但兴趣似不在仕宦，而把精力用于研究医学以及撰著和校刻医书上。《清史稿·艺术传》有他的附传，说他著书“引申旧说，参以实验，多心得之言。博览群籍，实事求是，不取依托附会”。“时为人疗治，常病不异人，遇疑难，较有奇效。刻古医书十二种，所据多宋元旧椠藏家秘笈，校勘精审，世称善本云。”近年扬州根据木板重新印刷了周学海校印的《周氏医学丛书》。

曾祖父去世时我还很小，祖父更是根本不及见。若说家庭影响，主要来自父亲。我父亲周叔弢（1891—1984），原名暹字，是实业家、藏书家。去世时任全国政协副主席。父亲律己甚严。如他五兄弟当中，四个有侧室，甚至不止一人，他却对嫖赌鸦片丝毫不沾。对子女要求因而也比较严格，同时思想又比较开明，能随时代前进。他对我的教导，有两件事至今印象很深。我十六七岁时，天津的时髦女子开始流行烫头发。两个来自上海的堂姐置办了火剪自己烫着玩，也给我烫了一脑袋卷毛儿。当时父亲在唐山工作，大约每月回津一次。他不知怎么得知此事，在给我的信中并未提及烫发，却插进了八个字："人能笃实，自有辉光。"这两句话使我深受教育，至今不忘。以后一生悃愊无华，比较朴素，与这样的家教分不开。我的九个弟妹，也都没有富家子女恶习，显然是父亲良好家教的结果。

另一件事是在我到燕京大学读书之后。我选了容庚教授的"说文解字研究"一课。原来对这门课期望甚殷，而容先生的教学方式却不涉及许书内容。每堂课由他在黑板上陆续写出楷体字，轮流唤学生上去写出篆书。实际上成为练习篆字，而不是研究《说文》。我心里很不满足，回津时向父亲谈及，不免慷慨激昂，表示要向老师提意见。父亲告诫我对老师要谦虚，老师的教法必自有其道理，不宜鲁莽从事。这件事教导了我谦虚谨慎，注意涵养，以后立身处事似乎没有违反这种精神。

父亲藏书丰富，不少善本，又喜欢搜集文物字画等等。这种嗜好与修养，使子女无形中耳濡目染，提高了文化素质。他对于子女的专业选择一概不加干涉。所以虽然"南张（謇）北周（学熙）"蜚声于旧中国实业界，父亲后来又成为他的叔父周学熙"北周"系统的重要代表人物，而他的十个子女却都从事于文史、科学、技术、教育等方面，没有一个去搞实业。我应当坦白自己的无知，在家里从未见过股票什么样。这种情况，在旧中国一些资产阶级的大家族中，也是颇为罕见的。

我的母亲姓萧名琬，祖籍云南昆明。外曾祖父萧培元，号质斋，咸丰二年（1852）进士，入翰林。曾任山东臬司，遂落户济南。外祖父原名应椿，改名大庸，字绍庭，清末在东北和山东作官，善书法，精鉴藏。家庭教育大约比较开明，我曾见到母亲结婚前学习英文的练习本，中文小楷和英文字体都很秀丽端正。我出生后母亲即患急病逝世。外祖父写了一副挽联："三千里外为尔归来，到底有汤难续命。十四年前触吾旧痛，者番垂老更伤心。"旧痛当指我大姨之死。这副对联是1989年我在华盛顿郊区谒见年逾九旬的从叔志辅先生，他告诉我的。据他说，外祖父李北海体的漂亮书法，70多年前给他的印象至今记忆犹新。关于亡母我所知太少，了无印象，记此鸿爪，以寄孺慕哀思。

当时父亲年轻，悲痛之余，不知所措。他的朋友德国卫（当时用尉字，后因嫌尉字与军事有关而改）礼贤牧师（Richard Wilhelm，1873—1930）夫妇见义勇为，把无人照看、嗷嗷待哺的新生幼婴抱回自己家，由卫夫人用牛奶喂养了一年，再送回来。卫夫人晚年随长子在南京住过，我曾与她欢晤。她告诉我，在她为卫礼贤所写传记中提及此事。（书名《卫礼贤——中国与欧洲之间的精神中介》［*Der Geistige Mittler Zwischen China und Europa*］）卫礼贤来华是为传播基督教，却被中国文化尤其儒家经典所感动。他取字希圣，毕生致力于翻译中国典籍，向西方宣传介绍。他译《易经》为德文，得到中国学者劳乃宣（1843—1921）的指点，理解较为确切而透彻。后又译为英文，至今为西方国家所利用，近年还曾重印。卫礼贤与瑞士著名心理学家荣格（C.G. Jung）相友善，德译本《易经》曾对荣格的心理学说起过深远影响。卫礼贤回国后，20年代在莱茵河畔的法兰克福设立了中国学院，出版刊物《中国学》（*Sinica*），介绍中国文化。而在山东几十年，却没有一个中国人经过他受洗信教。卫礼贤逝世后，吴宓先生主编的《大公报·文学副刊》曾有悼念文章。

他的儿子卫德明（Hellmut Wilhelm）也是汉学家，曾在北大教德文，编过德华字典。我在燕京读书时有过往来。他后赴美国，在西雅图的华盛顿大学讲授中国文化、思想、历史等，颇受爱戴，不少美国著名学者出其门下。1982 年我访问西雅图，皤然二叟，共话沧桑。卫德明教授还记得，约在 70 年前，他 7 岁那年，妈妈告诉他，接来了一个中国小弟弟。这也算中德友好历史上小小佳话吧。

父亲续娶杭州许和之，有名的“许氏八乃”（许乃普、许乃钊等）之后，生了五弟：珏良（北京外国语学院英语系教授）、艮良（天津建筑设计院副院长）、杲良（美国斯坦福大学神经学系教授）、以良（哈尔滨东北林业大学教授）、治良（北京建筑设计院副院长）；三妹：珣良（铁道部教育处干部）、与良（天津南开大学生物系教授）、耦良（高中英语教师）。1925 年继母许氏逝世后，又娶继母阳湖左道腴，清代名臣左辅之后，生一弟，景良（中国科学院地质研究所研究员）。我是十个兄弟姊妹中的大哥，这个表率地位与我以后“一生惟谨慎”和循规蹈矩的作风不无关系。

二　私塾教育

第一次世界大战爆发后，我家迁居天津。我八岁在天津入家塾读书，总共十年，1930 年才赴北平求学。“五四”以后的青少年还这样长期读私塾，我想是和父亲当时思想分不开的。因为他最初对新式学校似乎不太信任。等到小我四五岁的二弟三弟等等，便进了初中，更小的弟妹则被送进幼稚园，再由小学而中学了。20 年代有些所谓“旧家”，为了让子弟在进“洋学堂”之前打下“旧学”和古文的根柢，都重视私塾教育。例如北大历史系我的同事邵循正教授和张芝联教授，都是以私塾代替小学和初中教育，然后直接进入高级中学的。不过我的例子更为极端，连高级中学都没能上，因而为以后进大学造成了局限。我的弟妹们虽然按正规进了中学，家里仍然一直聘有给他们补习中国古典文献的老师。

十年私塾可以分为三个阶段。头三年是三位来自扬州的职业塾师，其中有一位老先生还曾教过我的父亲、叔父、姑母等。我启蒙所读不是《三字经》《千字文》以及《龙文鞭影》之类一般私塾的开蒙课本，而首先是《孝经》，接着是《论语》《孟子》《诗经》。现在回想起来，这不是一般家馆老师安排的教学计划，而是按照父亲的见解制定的。以《孝经》《论语》开蒙，这还是汉代以来的旧制呢。第二个阶段四年，是跟一位年轻而我们弟兄都非常爱戴的老师学习。这位老师姓张名慜字潞雪，是杀害秋瑾的浙江巡抚张曾敭的次子，来教我们时只 24 岁。我跟张老师读了两部大经《礼记》和《左传》，以及姚鼐编选的《古文辞类纂》等，绝大部分所读皆能成诵。张老师循循善诱，不仅要求学生背诵，而且注意给学生讲解，亲自把《皇清经解》所收一些《左传》的注解用蝇头小字摘要抄在我的读本上。同时也给我讲《史记》《韩非子》等，教我作桐城派古文。我对于先生讲书，总是全神贯注，非常爱听。不幸的是，在我 14 岁时张先生暴病逝世，我们非常悲痛。回顾十年私塾教育，跟张先生这四年获益最多，长进最快，为以后我学习中国古典文献打下了坚固的基础。

先生的“束脩”，最初每月 50 元，后来增加到 80 元，并供应早点和午饭。张先生教书认真负责，却绝无旧日私塾中严师的架子，我们弟兄从未受过任何形式的体罚。相反，先生有时还带我们出去游玩。1993 年 5 月，偶读《大成》杂志（第 232 期），载有署名“槃后人”的文章“堂会忆旧”，叙述 20 年代天津“某公”家为其母祝寿的一次堂会戏，北京名伶毕集，戏码精彩异常。自上午 11 点开始，直演到深夜 1 点多钟。“当时几日内，自北京驰天津的列车乘客，几乎非演员即观众。识与不识，莫不以一睹此堂会为莫大耳目之福。”文中不仅详列当天剧目，还加以说明，如称“某公精选而认为系名伶之擅长者，并坚约已退休说戏之王瑶卿出山。串演其独具特色的《得意缘》二夫人。老旦龚云甫被点演《沙桥饯别》的唐僧，此为某公示威之得意利器，因极少人知此戏系老旦应工也”。我读此文后，不禁感慨系之。原来张先生是“某公”即山西富商渠铁衣的朋友，他带了我与二弟珏良一同去看了渠家这次堂会。我那时十三四岁，《沙桥饯别》等戏至今记忆犹新，特别是小翠花、程继先和王瑶卿合演的《得意缘》。饰二夫人的王瑶卿戏不多，但“放你们去吧”这一句五个字的念白中所包含的复杂矛盾感情，将近 70 年后的今天，我的印象讫未磨灭。因追忆恩师，牵连及之，亦以见 20 年代我家私塾中的“师生关系”也。

1993 年，我发现父亲手写题为“一良日课”的一份课程表，大约是 1922 年张先生初来时所订。以后张先生基本上照此执行。也有未照办的，如抄《说文》。现将课程表抄录如下：

一良日课

读生书　礼记　左传

温熟书　孝经　诗经　论语　孟子

讲书　仪礼（每星期二次）

看书　资治通鉴（每星期二四六点十页）

朱子小学（每星期一三五点五页）

同用红笔点句读如有不懂解处可问先生

写字　汉碑额十字（每日写）

说文五十字（每星期一三五）须请先生略为讲音训

黄庭经（每星期二四六）先用油纸景写二月

张先生逝世之后，家塾换了几位老师：义和团起义时被杀的毓贤之弟毓廉（字清臣），曾作溥仪南书房行走的温肃（字毅夫），和一位河北省人喜欢作诗的张玉裁先生。可惜的是这位张先生不曾教我作诗，所以至今不会运用这“可以怨的武器”。两位遗老给我留下的印象更淡漠。只记得两位先生都拖着小辫子，温先生广东口音，身材高大，衣着整齐，黑缎子马褂闪闪发亮。毓先生矮胖，说到溥仪必称“皇上”。有旗人朋友来访问时，先蹲身“打千”，然后两人拱手相拥，动作敏捷利落，颇为美观。我从这两位先生读了《尚书》《周易》，但真正学到什么，则了无印象了。从这些家塾老师的背景，可以看出我父亲当时思想的保守倾向；而与以后对比，更可以看出他与时俱进的变化。

张先生逝世后，父亲聘请了唐兰（立庵）先生来家塾给我讲《说文解字》，使我在学问上特别是小学方面开了眼界。当时唐先生在我一位叔祖家里教家馆，每周来我家一次。他在家馆任教之余，还给天津《商报》办过学术性副刊。稿件全部由他一人包办，用不同笔名发表，内容涉及经学、小学、诸子、金石、校勘以及诗词等等。唐先生后来曾告诉我，吴其昌先生曾对他壮语：“当今学人中，博极群书者有四个人：梁任公，陈寅恪，一个你，一个我！”我对唐先生的才华横溢和博洽多识深深钦服。家塾的最后几年，自己也开始读一些朴学书籍，尤其喜欢王引之《经义述闻》和王国维的著作，曾在《观堂集林》上题下了“一良爱读之书”六个字，以示景仰。

家塾还有一门功课——习字。我的习字课与一般不同，不是从写楷书入手，而是按照字体的发展顺序，先练小篆——《泰山二十九字》《峄山碑》《汉碑篆额》。然后隶书——《礼器碑》《乙瑛碑》《史晨碑》等。最后练楷书，写过欧阳询、颜真卿、智永《千字文》等。这也是父亲设计的方案，他还请他的好友劳笃文先生（劳乃宣之子）

不时评阅我临写的隶书，加以指点。可惜的是，我在书法方面太缺乏天资，辜负了这种打破常规的习字程序，功夫尽管下了不少，却没有学好任何一种体。只在年逾七旬以后，“倚老卖老”，我才敢偶而应人之邀写个书签，其实心里还是惴惴不安的。平生憾事除此外还有一件，自幼喜欢京剧，却由于天赋“五音不全”，张口即“荒腔走板”，成为终生遗憾。而我学习各种外语的发音，却从未感困难。

在家塾读古书以外，我从十四岁以后开始了外文的学习，首先是日文。这里又要提到我的父亲的卓识。当时他认为，日本与苏俄是我国紧邻，关系必将日益密切，这两国的语言很重要。所以他计划让我学日文，我的二弟珏良学俄文。珏良后入南开中学，外语为英文。当时情况下，俄文出版物不易见到，家塾补习也不易进展。他不久放弃俄文，多年后当了英文教授。我的日文则坚持下来。起初请的家庭教师是日本外国语学校中文科毕业的公司职员山内恭雄先生，没有什么语言教学的经验和方法，让我死记硬背地读日本寻常小学的国语课本，以后接着读中学课本。从长远讲，这种笨方法却也收到良好效果。第二位教师牧野田彦松先生，号真木，京都帝国大学国文科毕业。清末来华在保定担任教习，就留在中国，在天津开了一家小书店真木堂。父亲的意见，读外文也要通古典，所以请他教了一些古典文学作品如《保元物语》《源平盛衰记》，当然只是初窥日本古典文学门径，远谈不到系统学习。以后，又从英国中学的英语老师学了英文。

三　求学北平

20 年代后期，我的大伯父周达（号梅泉，数学家、诗人，著有《今觉庵诗钞》）家的两位堂兄（震良，工程师；煦良，翻译家及文艺评论家）和两位堂姐（叔昭，作家；叔娴，律师及诗人）从上海移居天津。他们之中的三人都喜爱中英文学，购藏不少新文艺书籍，都是我前所未睹的。我在私塾的课外读物，只限于《三国演义》等旧小说，不肖生等的武侠小说，程小青等的侦探小说，我佛山人的《廿年目睹之怪现状》和李涵秋、程瞻庐等的鸳鸯蝴蝶派小说。当时最喜欢的是《水浒》与侦探小说，而读时更受感动为之泪下的，记得两次：《说岳全传》中岳飞被害一段和我佛山人《恨海》中女主人沦为妓女后与旧日未婚夫相见一段。接触鲁迅等人“五四”以后的新文艺作品，不止是扩大课外阅读，还不啻是对我来得太晚的新思想启蒙。同时我也广泛涉猎了北平几所大学出版的“国学”刊物，如清华国学研究院的《国学论丛》、北京大学的《国学季刊》、燕京大学的《燕京学报》之类，对北平的文史学界有所了解，因而有志于到北平的大学去读书。

这时我父亲大约也看到私塾没有出路，同意我去北平上学的要求。但我一无数理化知识，二无高中文凭，不能投考正规大学本科。夙所向往的清华大学国学研究院已经停办，而燕京大学设有训练中学国文教员的两年制国文专修科，不需任何文凭与资历，只考中文和史地。我于是在1930年夏报考了燕大的国文专修科，以第一名录取。离津前，唐兰先生给我写了两封介绍信，一致燕大国文系任教的容庚（希白）先生，一致在燕大图书馆工作的侯堮（芸圻）先生。我还记得给容先生信中有云：“其人少年，学有根柢。”这时我18岁。

国文专修科的学生自由选修国文系课程，没有限制，我选了容庚先生的“说文研究”，顾随（羡季）先生的“词选”“诗选”，钱玄同先生的“音韵学”，马鉴（季明，当时北平教育界中有名的五马中最年幼的一位，其他四马是马裕藻、马衡、马太玄、马廉）先生的“笔记研究”以及高级日文等。因为过去对诗词接触甚少，而顾先生讲课特别有风趣，引人入胜，所以在专修科这一年，他的课最为满意。顾先生要求习作，因而也练习填过词，但未坚持深入下去。日文由傅仲涛先生讲授，谈志贺直哉的小说，对我来讲，是所谓白拿学分的课程了。因为在家塾中点读过《通鉴》，所以想选历史系洪业（煨莲）先生的“历史方法”，但被国文系主任兼专修科主任马鉴先生劝阻，听他的口气，似乎洪先生的课门坎特别高，一般学生不易达到要求。没有想到，两年之后我终于又投到洪先生门下。

国文专修科的学生年龄都比较大。我入学后，新生成立班会，选出主席是一位来自河北省的中学老师和泰（字培元）。听说他两年毕业后去了解放区。1970年后我才从郭化若老将军处得知，和培元在延安担任过毛主席的哲学秘书，在延河游泳时不幸逝世。同班还有翟润缗，协助容庚先生编过燕大所藏甲骨卜辞。他的论文《释壴》在《中山大学学报》发表，附载了我的一篇补充性跋文，这是我附骥尾发表的第一篇学术文字。王重民先生的夫人刘修业、于道泉先生之弟于道源，都在这班。上一班的同学往来很少。同在容先生班上的有吴元俊（吴鼎昌之女，后嫁刘廷蔚教授），颇善篆书。还有徐文珊，跟顾颉刚先生治古代史，后任教台湾师范大学。近来读时人传记，知道作家萧乾在入新闻系之前曾读过国文专修科，而作家沈从文则自湘来北平之初考而未取。

到北平熟悉了大学情况以后，我感到国文专修科非旧日所谓的“正途出身”，不是长远之计。所以不想等到毕业，即急于另谋出路，设法进入大学本科。当时北平流行制造假文凭，琉璃厂的刻字铺兼营这个生意。我家乡秋浦县有一所周氏家族办的宏毅中学，我就假借此名，并未与学校打任何招呼，请刻字铺造了一张私立宏毅中学高中毕业的证书，一般情况下，北平的大学是不会费事去核实的，但是比较知名的五大学（北大、清华、师大、燕京、辅仁）情况有所不同。其中只有辅仁大学当时刚成立不久，制度很不严密，文凭蒙混过关的可能性较大。果然1931年夏天我在辅仁报上了名，放弃国文而改入历史系，这样就定了我的终身。缴验中学文凭一关通过之后，更重要的一关是入学考试。虽然辅仁比其他四所大学都省事，自然科学课程只考数学，对我仍然是不可逾越的鸿沟。北平学界又有绝招儿：找人替考。照相馆可以把准考证上的相片修版，使它看来既像是甲，又像是乙，你中有我，我中有你，辨认不出捉刀人。我就是用这种方法，请当时在清华大学主持发电厂的工程师表兄孙师白替我进了数学考场，当然以高分及格。这位表兄现已年近九旬，成为硫酸制造工艺方面有创造性成就，在化工界与侯德榜齐名的专家。代人考大学当时司空见惯，我的爱人也曾替朋友去考过中国大学。

辅仁大学创办不久，对于一年级课程不够重视，著名学者如陈垣（援庵）先生、余嘉锡（季豫）先生都不担任低年级课程。中西交通史专家张星烺（亮尘）先生是系主任，却为一年级学生开先秦史，用非所长。柯昌泗（燕舲）先生是柯绍忞长子，金石学家，却担任中国近百年史。他在课堂上主要讲一些晚清掌故和典章制度，虽也娓娓动听，却与近百年史主流无关。英文与西洋史由外国神父讲授，西洋史的神父以带有南欧口音的英语，照本宣科地读海司与穆恩的教本。回忆起来，只有英千里（戏剧家英若诚之父）先生所授逻辑学一课最能吸引我，无论内容、口才、教法与风度，都给我留下深刻印象。

辅仁历史系这一年中，过从较密的同班有两人。一位名袁永熹，新中国成立以后从他姐姐（清华心理系教授孙国华夫人）得知，袁报考辅仁时中学尚未毕业，冒名顶替用了姐姐（叶公超夫人）的高中文凭，与我的情况可谓无独有偶。一年以后两人都离开辅仁，失去联系，据说他转学清华，又去了解放区，新中国成立后迄无音息，大约已经牺牲。另一位名杨德铨，是西北军将领薛笃弼的女婿。辅仁毕业后到美国哥伦比亚大学从海司教授研究欧洲近代史，我1940年到纽约还曾相聚，以后也断了消息。在辅仁还有一件事应当提到。我在燕大国文专修科时，因同住一个宿舍，认识了暨南大学毕业来燕大历史系作研究生的谭其骧（季龙）先生。两人年龄相近，意气相投，很快成为莫逆，谭其骧英年力学，思想敏锐，地理沿革方面造诣尤深，受知于顾颉刚和邓之诚两先生。五十余年后的今天，谭先生已成为世所崇仰的中国历史地理学的权威，他主编的《中国历史地图集》成为不朽之作。1932年春季，辅仁历史系因柯昌泗先生离校，高年级的"中国地理沿革史"课没有人能讲。当时年仅21岁、研究院还未毕业的谭其骧，便由邓先生推荐去担任此课。我感到地理沿革对研究历史重要，他也希望我去听课，作为他初出茅庐在大学讲课的"坐探"，在学生中收集反映，改进教学。我那时是一年级第二学期学生，一年级在这两课时应当听谌亚达先生的"中国地理概论"，而辅仁制度是由注册课派人每堂点名的。我于是同注册课老先生商定，我坐在"地理沿革"课堂听课，但点名簿上照样给我记成出席隔壁课堂的"地理概论"。这样听了一学期，我和谭先生也算某种意义上的"风义平生师友间"吧？

辅仁历史系不能满足我的求知欲与功名心，又想再次"跳槽"。只是国立大学插班转学必须先考一年级入学考试各门课程，我当然无望，而燕京大学转学只考中文英文，于是决定卷土重来，1932年顺利插入历史系二年级。在燕京，还解决了我的终身大事。1933年春假，学生团体到泰山、曲阜旅行。在玉皇岭夜宿遇盗，我的冬大衣与钱包被抢走。我次日清晨只得裹着棉被下山，向来自天津的国文系一年级女生邓懿借钱，回津后开始来往。1937年春间订婚，顾随先生曾赠联"臣曰期期扶汉祚，将称艾艾渡阴平"，嵌入周昌邓艾两姓故事。1938 年春在津结婚。燕京同学在校刊上报导，戏称我们为“泰山情侣”。这是当时流行的美国电影片名。泰山是片中的力士。十年之后，在《大公报·图书副刊》上我们合写一文评论赵夫人杨步伟口述、赵元任先生笔录的《一个中国女人的自传》，（*Autobiography of a Chinese Woman*），使用了笔名“岱侣”，即由于此。邓懿之父名镕（1872—1932），字守瑕，四川成都人，清末留日学法律。回国考试以骈文答卷，一时轰动，著有《荃察余斋诗文存》。《花随人圣庵摭忆》中有对他诗作的评价。他的职业是律师。可惜我与其女相识时，他早已去世了。

在燕京，我主要从学的教授是邓之诚（文如，1889—1960）先生和洪业（煨莲，1893—1980）先生。听过一门到几门课程的教授，历史系有顾颉刚、钱穆、张星烺、李德（西洋中古史，美国人）、贝特（世界古代史，英国人）等；国文系有顾随、郑振铎、马太玄；英文系有仓贵思、柯宓喜（皆美国人）；哲学系有张东荪、黄子通；社会学系有雷洁琼；法律系有李祖荫；经济系有崔敬伯等先生。

插班入燕京后，首先补听了一年级必修的邓先生的中国通史。断代史除宋辽金元部分归张星烺先生之外，也都由邓先生讲授，我都选过，其中对魏晋南北朝一段最感兴趣。邓先生早年对南北朝史下过工夫，编纂过有关这时期风俗习惯的书，据传曾受其尊人影响。他讲这门课颇见精彩，引人入胜，虽然他后来的兴趣和功力都不在于此而在明清方面。邓先生从不闭卷考试，总是要求写论文。我修完魏晋南北朝史之后，写了一篇《魏收之史学》。这是我头一次写历史论文，也是头一次从事这一断代的研究。以后几十年搞这一段，永远应当感谢引进门的师傅邓先生。当时学生常去老师家，邓先生之门也是我们经常出入的。先生的教诲很多，我记忆最深的，是先生常说，“研究学问每年都要有所长进”。这句话和陈垣先生要求自己“每年要写一两篇有分量的文章”，都成为我以后念念不忘而始终未能完全达到的标准，也推动我在学业上不断有所前进。邓先生性情狷介，对同辈人多所臧否，如在课堂上经常说，“城里头有个胡适”云云。有人甚至戏言，说他印行汪梅村的日记，正是因为日记里不止一处骂了安徽绩溪人。对于当代学者一部极见功力、十分有用的目录学巨显，他目为“沾沾自喜，刺刺不休”。但他对青年人则是古道热肠，多方扶持鼓励，从未听说哪位同学遭过训斥。抗日战争爆发后，邓先生被捕。在日本宪兵监狱中和出狱以后，邓先生与洪先生都大义凛然，坚持民族气节，是我国知识分子的表率。

洪先生讲授三门课：初级历史方法、高级历史方法、远东史，前两门为历史系学生必修。初级方法讲写论文如何搜集资料和作卡片，论文格式上如何安排脚注和参考书等等。对我这样于考据之学初入门径的学生来说，自然感到“卑之无甚高论”。但洪先生思想敏锐，口才锋利，讲课时充满机智与风趣，能把这些简单枯燥的内容讲得引人入胜。特别是贯串于两门方法课中的科学精神和严格训练一丝不苟的要求，对我影响很深，一生受用。以后写论文以及工作中严格谨慎的作风，就是洪先生这两门课训练出来的。洪先生常说，掌握住五个 W，就掌握了历史。所谓五个 W 者，WHO（何人）、WHEN（何时）、WHERE（何地）、WHAT（何事）、HOW（如何）也。近来读到程毓贤女士根据洪先生口述所写传记，才知道这五个 W 渊源有自，原是洪先生的老师美国教授的话。新中国成立后，我也常给学生讲这五个 W，但补充说，应当增加一个更大的 W——WHY（何故）。高级方法班实际是指导学生作专题研究，洪先生让我搞《新唐书·宰相世系表》。这篇习作后收入《新唐书宰相世系表引得》，作为序言。文中所论，几十年无人注意。美国伊佩霞（Patric B. Ebrey）教授著书论清河崔氏，提及此文，使我有空谷足音之感。

远东史课是用英文讲授，从英国使臣马戛尔尼来华见乾隆讲起。现在还记得，洪先生说经过许多交涉，英使不允下跪。但据时人管世铭所作《韫山堂集》中诗句“一到殿廷齐屈膝，天威能使万心降”，可见英使终于屈服。诗中所记是否属实不可知，但洪先生在课堂朗诵此诗，确使学生们大感振奋，也是我五十余年之后还清楚记得的原因。我大学毕业的论文题目《大日本史之史学》，是洪先生指定的。他担任指导教授，实际一切放手。论文发表后，国内没有反应。几年后，日本加藤繁教授在他论述日本史学的论文中，引述了我赞扬《大日本史》的一些话，而对于我指出的不足之处，却一字未提。

洪先生经常西服革履，一手执手杖，一手端烟斗，完全西方绅士派头。邓先生则是灰布长袍，头戴红顶瓜皮小帽，不仅永远穿布鞋，而且永远扎起裤腿。如果单从表面来看，两位教授在一起可谓象征着半殖民地与半封建的结合。但如果深入考察一下，就知两人不仅交情很深，而且和衷共济，各自发挥所长，把历史系办得很有生气。一个系单独出版刊物——《史学年报》，刊登同学论文，持续了十年之久。洪邓两先生的关系，是蔡元培先生办北大的“兼容并包”精神在燕京的具体体现，也是抗战前北平一些较好的大学的共同优点。当然，当时各大学又各有其特点。像顺口溜所说，“北大老师大穷，清华燕京好通融”之类，只是指女生择偶条件，远远不足以概括各大学的全面。就燕大历史系而言，在洪邓以及其他先生指导熏陶之下，培养出不少人才，对史学界以后的发展作出了贡献，这决不是由于我出身燕京的个人偏爱之辞。

如果承认燕京历史系以及其他不少系的贡献，就不能不联系到办燕大的司徒雷登。他的悲剧，是最后担任了与新中国为敌的美国政府的大使，从而不幸充当了毛泽东《别了，司徒雷登》名文的主题。尽管有我这样“两耳不闻窗外事”的死读书的学生，但燕京大学在“五四”以来的历次学生运动中，始终居于前列。新中国成立后，不少燕京毕业生在各方面作出了贡献，尤其是在外交界。有趣的是，一度海峡两岸的外交部长都是燕京校友。司徒对于进步学生，也始终采取支持保护态度。南京解放后他所以迟迟不走，据说是幻想调停于杜鲁门政府与中国新政权之间。最后两面不是人，恐怕是他始料所不及的，被撤销的燕京大学，在中国教育史上会占其应有地位，司徒雷登也会占其应有地位。

燕京大学的学生人数不多，约八百人，历史系又是比较小的系。我上一班只有女生一人，毕业后到天津的中学任教。比我低一班的人也很少，历史地理专家侯仁之先生是其中之一。我们1935年毕业的共三人，一位张家驹先生，后在上海师范学院任教，是宋史专家，已逝世。一位刘选民先生，后返香港。研究生中与我最熟悉的是邓嗣禹先生。男生宿舍一楼楼上有间俯瞰未名湖的好屋子，由于前一学期住的同学（周诒春之子）在屋中吊死，大家都不愿去住，不信鬼的邓嗣禹与我自告奋勇，两人在此同屋两年，成为名副其实的同窗。他具有湖南人倔强硬干的精神，学习极为刻苦。当时学生宿舍十点熄灯，他几乎每晚点洋油灯开夜车。关于邓嗣禹先生，我记起一副他写的对联。他的同班翁独健先生跛一足，吴世昌先生眇一目，三人是好朋友，而翁吴两人住同屋，邓先生戏赠一联：“只眼观天下，独脚跳龙门”，外加横幅云，“盲跛相助”。我写此文时，三位老学长都已在近年先后逝世了。邓先生1937年赴美，后在印第安纳大学历史系任“大学教授”，这是美国大学中少数被认为学术水平很高的教授的特殊荣誉称号。邓先生以研究中国考试制度史、秘密社会史和中国近代史著称于世，1988年不幸因车祸去世。他年逾八十，依旧精神矍铄，腰杆笔直。退休十多年，仍然每天早晨九点准时到办公室从事研究，这种孜孜不倦的好学精神，五十余年一贯不变，在同学中是很罕见的。另一个研究生朋友，是国文系的顾廷龙（起潜）先生，由于古文字的共同爱好而熟知起来。顾先生精于甲骨钟鼎文，以后扩展到版本目录之学，新中国成立前为筹办及主持上海合众图书馆出了大力。新中国成立后主持上海图书馆，领导全国善本书目的编纂，作出巨大贡献。1989 年美国组织编纂国际中国善本总目，以备输入计算机。顾先生和我一同应邀参加其顾问委员会。五十余年老友，分别年过八十或七十，南北睽违已久，竟得联袂远飞，亦足称快事了。

1935 年夏季在燕京大学毕业。燕京仿效美国办法，有斐陶斐荣誉学会组织。名称取自三个希腊字母，分别代表德智体之意。毕业生中品学兼优者可被选上，可购买一枚所谓“金钥匙”为标志。我与爱人邓懿都曾当选。可惜“金钥匙”都在“文革”作为“四旧”被扫掉了。毕业后，我通过伯父找同乡许世英，试图在中国驻日本大使馆找工作，没有成功。当时哈佛燕京学社有发给燕京研究生的奖学金，我申请当了历史系研究生。燕京规定，第一年研究生按中英文书目完成阅读任务，不必上课，生活悠闲自在，轰轰烈烈的“一二·九”学生运动，我都置身于事外。但这一年我开始到清华旁听了陈寅恪先生的课，成为我学术道路上一个新的转折。

四 历史语言研究所一年

燕京历史系研究生中，有一位来自光华大学的俞大纲先生，为俞大维、俞大绂、俞大细的幼弟，聪颖过人，多才多艺。先研究太平天国，后治唐史，并不特别用功，而识见卓越，在朋辈中颇有威信。研究院未毕业，即入中央研究院历史语言研究所工作。（后放弃历史研究，成为台湾著名戏曲评论家，已逝世，在台湾出版了全集。）他常常称道他的表兄陈寅恪先生研究魏晋隋唐史精深独到，于是引起我的兴趣，1935年秋季开学后，我就到清华三院去偷听陈先生讲魏晋南北朝史。听完第一次，就倾服得五体投地。这堂两小时的课讲五胡中的羯族，论证羯族来源及石氏出自昭武九姓的石国，谨严周密，步步深入，尤其涉及中亚各族问题，为我闻所未闻。记得还有史语所的余逊（让之）、劳干（贞一）两先生从城里赶来听课。我们几个青年都是京剧爱好者，听完课不约而同地赞叹说：真过瘾，就像听了一出杨小楼的拿手好戏！在听课同时，我又搜求陈先生发表的论文来阅读，虽然有些篇读后不甚了了，而崇敬之心却随之剧增。当时心里有种感觉：别位先生的学问，如果我努力以赴，似乎还不是达不到；而陈先生见解之敏锐，功力之深厚，知识之广博，通晓语言之众多，我是无法跂及的。以后几十年的实践，证明也确实如此。1936年秋我离北平后，还委托当时考入清华中国文学研究所的邓懿代替我去听课记笔记，因为陈先生每年都是讲他新的研究心得，不相重复的。

1936年暑假之前，俞大纲向陈先生推荐我到史语所历史组工作（陈先生是组长），然后告诉我已获所里通过。我权衡轻重，认为跟随陈先生学习工作是难得的好机会，决定放弃燕京硕士学位，到已迁南京的历史语言研究所工作。恰巧此时洪煨莲先生不在北京，如果他在学校，很可能会设法把我留下。去南京之前，先到清华谒见了陈先生，这是课堂之外第一次见他。虽然我是他的偷听生，由于我父亲和他大哥名画家衡恪（师曾）先生和七弟诗人方恪（彦通）先生都是至交，所以我给陈先生写信总以“仁丈”和“晚”为称，不敢冒充受业的学生。

到所以后，所长傅斯年（孟真）先生和我谈话，说本聘我为助理员，但暂时没有名额，所以给我图书员名义，担任助理员工作，月薪80元。陈先生在清华园遥领组长，历史组实由傅先生兼管。给我的任务范围是魏晋南北朝，但他并未指定题目或限期要求成果。我用这一年时间仔细点读了八书二史，并且采用笨方法，遇人名即查本传，遇地名就翻地理志，遇官名即检百官志，同时对照《通鉴》的记载，参考清代钱大昕等人的考证。这样阅读速度较慢，但自己感到较为踏实。虽然事先未定题目，一年积累下来，水到渠成，写了《南朝境内的各种人及政府对待之政策》《宇文周的种族》《领民酋长与六州都督》三篇文章，与在燕京所写《魏收之史学》路子有所不同，是陈先生影响之下的成果。在研究南朝各种人过程中，曾与陈先生通信讨论。陈先生喜欢用明信片，有时想起一个问题或想法即提笔，往往一日数片，常说自己"无定见""可笑"，实际是思想活跃的表现。后来陈先生在论司马睿传一文中，曾深情地忆及这时情景，奖励有加。我在美国读到，深受感动。新中国成立编全集时删去此段，我也完全理解。可惜这些宝贵手迹都在史无前例的大劫中化为灰烬了，傅先生不时找我个别谈谈，关于宇文周种族问题，就同他讨论过。我觉得所里这种培养和使用方式很好，比出题目作文章效果强得多。所以后来指导学生，也总是希望他们在广泛自由阅读的基础上自己定题目，不太喜欢那种貌似计划性强的出题作文方式。

史语所研究环境很好，尤其同事交谈切磋，获益良多。历史组同事有劳干、陈槃（槃庵）、全汉升、陈述（玉书）、张政烺（苑峰）、傅乐焕等先生。语言组丁声树（梧梓）、周祖谟（燕孙）等先生。丁、周两位新中国成立后，在北京，往来较多。执笔写到此时，已传来丁先生噩耗，卧病十年的植物人终得解脱。可惜的是，拨乱反正之后他未能与大家一起共迎科学的春天，他要做该做的多少事等待着他，竟赍志以殁，令人痛心。在南京时常过往的另一位朋友，是来自暨南大学的燕大历史系研究生陈沅远先生。他的硕士论文

《唐代驿制考》，至今仍是这个问题的权威之作。他在南京机关（水利委员会）工作，而不废读书，继续钻研唐史，我经常从所里替他借《册府元龟》。抗战以后失去联系，我至今珍藏一本有他亲笔题字的他的老师杨筠如先生所赠《九品中正与六朝门阀》。90年代通过南京的燕京校友会和他联系上，他已年迈多病，不能亲笔写信了。

1937年夏，我返天津探亲，抗战军兴，遂滞留北方，住在英租界家中。1938年春结婚，1939年长子启乾出生。在家读书较杂，如通读了李慈铭的《越缦堂日记》，而研究成果很少，只写过短短一篇《读书杂识》。我留在北极阁下史语所的书籍，都在傅孟真先生关怀下，随同所里藏书运入内地。抗战胜利后，又一同运回南京。我由美归国，才全部寄回北京。应当感谢傅先生此举，他体会到读书人对自己藏书的爱护心情；而我这些书在四川也为所里同人提供了方便，发挥了作用。如周法高先生在他的《颜氏家训汇注》中就提到，在李庄曾利用过“周乙量”校读本。

1938年夏，我的姐夫严景珊（严景耀之弟。原在南开大学经济研究所工作，抗战胜利后赴台湾，已逝世）与南大教授著名书法家吴玉如先生（吴小如教授之父），在日本侵略势力尚未达到的英租界的女青年会办了一期为中学生补习国（文）英（文）算（术）的暑期补习班。吴先生担任高中国文，我担任初中国文。补习班时间不长，对我却是终身从事的教书生涯的开始。补习班结束后师生各自东西，但初中一年级班上成绩最好的一个男孩和一个女孩，给我留下极深印象，两人的名字始终不忘。50年后，发现男孩赵复三成为社会科学院副院长，女孩卞琬新的踪迹，也由1988年在广州陈寅恪先生学术纪念会上偶遇卞慧新先生问起来，才知是他胞妹。卞先生当即给她去信。这位50年前的女学生以端正秀丽的楷书给我来了信。她回忆我当时讲课给她的深刻印象：“犹记先生讲授《桃花扇》

一课，生动透彻，引人入胜，聆者无一稍息，至今仍萦乎脑际。”她又说，“我记得学生是教师的本能”。确是如此，亦即古人所谓“得天下英才而教育之，一乐也”的道理。1982 年再度访美，在柏克利加州大学遇见一位女教授，谈到她教日本史的丈夫 Donald Shively 在东部，我立即反应：我知道他，他是 40 年前我在哈佛大学教日文时班上最好的学生！中美外交上隔绝几十年，这期间我对美国大学情况了无所知，但几十年前的文化渊源和联系，却是永远割不断的！

五　哈佛七年

史语所迁四川以后，我与所里联系，准备去内地。就在这时，洪煨莲先生提出给我哈佛燕京学社奖学金赴美留学的建议。任务是学比较文学，条件是回国后到燕京服务。洪先生的安排，看来包含三方面用意：一、他是哈佛燕京学社中国方面的总负责人，对于为燕京以及其他美国教会大学培养后进，办好文科各系，筹划有素，时刻关心。各教会大学历次派赴哈佛的人选，基本上都经过他选择推荐。1938 年底，燕京历史系第二次派去的翁独健先生已在哈佛毕业（第一届是齐思和先生），可以再派一名去。二、由于燕京校内的派系斗争，以资助文史哲三系为主的哈佛燕京学社，不仅关心历史系，还要抓国文系和哲学系。因为我日文修养较好，而哈佛燕京社总社主任叶理绥恰恰是研究日本文学的，所以派我学比较文学，正是准备回校后安插到国文系。我回国后的安排也正是如此。三、还有很重要的一点，是涉及当时北平学术界（至少文史方面）的派系斗争。北大清华之间虽不无门户之见，但大体上这两所国立大学和史语所关系较近。而燕京是教会大学，自成格局与体系，与这三个机构关系都比较疏远。近年我才听说，洪先生与傅先生这两位都具有“霸气”的“学阀”，彼此间的关系也不融洽。所以，像我这样燕京毕业的学生，被史语所吸收过去，洪先生定是于心不甘的。因此趁派人去哈佛学习的机会，把我重新拉回燕京。洪先生推荐我去哈佛，可称一举三得。而我自己，只有过赴日本的念头，从来没有想到会赴美留学，当然求之不得，决定不去内地。同时，私心认为赴美也有利于我魏晋南北朝史的研究。当时崇拜陈寅恪先生的学问，以为他的脑筋以及深厚的文史修养虽非努力所能办到，但学习梵文等文字，肯定有助于走他的道路，而去哈佛可能多少达到此一目的。事实上，我只部分地达到了目的，距离陈先生的语言训练还远得很。但哈佛七年的学习与工作，对我以后各方面的教学与研究起了很大作用，这是应当始终感谢洪先生的厚爱与提携的。上述个人打算当然没有对洪先生说过，对陈先生也只报告他哈佛的导师是叶理绥。陈先生看来不知其人，回信给我说："彼处俄人当从公问日本文史之学也。"

1939 年秋，从天津到上海，乘大来公司塔虎脱总统号邮船赴美，二等舱一屋四人，每人美金二百元。同船熟人有燕京教育系毕业生戢亚昭（后嫁康乃尔大学经济学教授刘大中，一度在清华同过事。以后刘对台湾税制改革作过贡献，前些年因患癌症，夫妇双双自杀）。到达旧金山时，正值纳粹德国侵占波兰，欧洲战争爆发。由旧金山乘火车东行，到达哈佛大学所在的麻萨诸塞州剑桥市。哈佛燕京学社的基金，用于资助东方研究，分为几种途径：一、资助美国学生到东方学习，头一个领这个奖金来华的，是 1930 年来北京的卜德（Derk Bodde）教授。回国后任教于宾夕法尼亚大学，以翻译冯友兰先生的《中国哲学史》而知名，他 1948—1949 年又来中国，著有《北京日记：革命的一年，1948—1949》（*Peking Diary*，*1948—1949 A Year of Revolution*），同情中国革命，是宾大左派教授，1989 年我重过费城时曾再次相晤。二、资助中国学生到美国学习，头一个是得哈佛大学历史系博士学位的齐思和（致中）先生。三、在哈佛和中国各教会大学颁发研究生奖学金。四、支付中国各教会大学文史哲等系某些知名教授的薪金。五、资助燕京大学图书馆和哈佛燕京学社总社图书馆购置图书。在裘开明先生长期经营下，哈燕社的有关东亚藏书现在美国仅次于国会图书馆。我到哈佛时，已成立远东语言系，还规定领取哈燕社奖金的学生，都在这系注册，因此当时有些中国同学不无讽刺地称之为“学中文的”。我见到导师叶理绥教授，谈学习计划，表示自己文学基础太差，燕京指定我研究比较文学不太对路，而我对日本语言文学及梵文有兴趣。看来燕京方面对我在哈佛的学习安排没有与叶理绥具体确定，恰巧叶理绥自己又是语言学家，对我酷好语言和有志于梵文深表赞同，欣然允诺，我来美以前的盘算得以实现。在哈佛的五年学习，便以日文为主，梵文为辅。而时间的分配上，由于日文根柢较好，充分利用哈佛的条件提高，所用时间反不如梵文之繁重。由于最后两年兼任陆军特别训练班的日语教员，所以到1944年夏才完成博士论文毕业。

叶理绥教授（Serge Elisseeff，日本名英利世夫，1889—1975）是俄裔法国人，早年先在德国柏林大学学语言，1908—1914年在日本，是东京帝国大学国文学科第一个外国毕业生。他毕业成绩优异，本应与日本优秀生同样获得天皇给予的奖品。教授芳贺矢一认为，外国人不应受此殊荣，因而作罢。不知是否与日俄战争后日本仇俄心态有关。近年日本仓田保雄写了他的传记。新村出《广辞苑》第三版有他的条目，有的书称为西方日本学的奠基人。我原对到哈佛学日本语言文学不抱太大希望，接触了叶理绥教授以后改变了看法。他不仅口语纯熟（法英德等语亦流利），关于日本语言学、文学、艺术的知识都很丰富。在只有我一个学生的习明那尔班上，指导我读过一些历代文学名著如《竹取物语》《今昔物语》《心中天网岛》等，口讲指划，触类旁通，发挥尽致，使我感到是一种享受，大为折服。我读的作品，有些大概是他早年在东京帝大读过的，他讲的内容，一定也有当年他的老师如芳贺矢一、藤村作等人讲的，再加以他对日本戏剧、音乐、美术的修养和深入社会各阶层获得的了解，对我而言，都有不少书本所无，极富启发性内容。两三年后，通过精读原作，听课和浏览相配合，我感到日本语言及文学知识面和水平确是扩大、提高了。以后能在哈佛教口语，固然依靠自己早年基础，更应当归功于叶理绥教授的教导与熏陶。

1930年初进燕京国立专修科时，看见宗教学院课程表上有许地山先生讲授的梵文，兴致勃勃去签名选修。谁知选的学生太少，没有开成。想不到九年以后，竟在哈佛敲开梵文之门，梵文教授柯拉克（Walter Clark），是哈佛第一任开梵文讲座的兰曼教授的弟子，留学德国，与叶理绥教授之滑稽幽默、玩世不恭不同，柯拉克教授是一位说话都慢条斯理的严肃长者。我当时虽通日、英语并略解法语，但像梵文在“性”“数”“格”和“时”都如此变化多端的文字，却从未接触过。初级梵文的教学方法，又非一般当代语言那样，由浅入深，学语法，作练习，而是一上来就以文法为拐棍来读书——《罗摩衍那》大史诗中那拉王子故事。与叶理绥教授的日文课游刃有余大不相同，我简直晕头转向。梵文班上另外两个研究生，一个是主修希腊拉丁文的，当然不太吃力。另一个是主修阿拉伯语文历史的，也有古典语言的基础，即后来哈佛大学近东研究所的费耐生（Richard N. Frye）教授。我与他们竞争，显处劣势。但心想机会难得，当初唐朝玄奘和尚都学通了梵语，我不能不咬牙。而且，为了保证继续领奖学金，也不得不努力，主要课程得B等是无法交待的，何况选修梵文又是自己的请求！第一学期结束，成绩得了A等，才松口气。不久，柯拉克教授在一次宴会上遇见同学黄延毓，问及我的情况，说我“必然是拼了命”。柯拉克教授对佛教有兴趣，第二年以后，友人陈观胜先生从加州大学来哈佛。他在那里跟德人雷兴教授学了西藏文，专攻佛教史。梵文班只有我们两人，改为每周一个晚上在教授家上课。我们陆续读了《佛所行赞》、《妙法莲华经》、Divyaavadana，直到1946年我离开哈佛，这每周一晚的梵文阅读没有中断。当然，这时已享受从容研讨的乐趣，不为分数而发愁了。字典是学语言必需工具，而在第二次世界大战中无法从欧洲买书。我父亲早年为准备翻译康德著作，购备了不少外文字典，我记得其中有莫尼·威廉斯的梵英大字典。在珍珠港事变之前由天津寄到剑桥，藏于自庄严堪三十年的工具书终得其用。陈观胜先生后在普林斯顿大学及洛杉矶加州大学教佛教史，著有《中国佛教简史》《中国佛教之变化》，皆有英、日文本，广泛流行。

叶理绥教授主张，学梵文必须略通希腊拉丁文，这是西方学术界的传统。哈佛大学的初级拉丁文已达一定水平，我无法选修，于是到剑桥的中学和孩子们一起读了一学期启蒙的拉丁文，然后选修大学本科的初级拉丁文。结束之后，又选修了大学一年级的希腊文。此外，为了应付博士学位的规定，利用平时选课（此种工具课程不管学分）再加暑期补习方式，1944年秋季开学前通过了法语和德语的考试。所以在哈佛的头几年，主要精力都用在了学语言——死的和活的。可惜的是，回国以后，梵文与佛教史固然束之高阁，德文也还了老师，只有法文还偶尔用上。拉丁文只记得恺撒的三句名言：“veni，vidi，vinci。”希腊文则只记得杰克森老教授在课堂上活灵活现地描述波希战争时，希腊士兵归途看到大海如见亲人，大叫“thalata thalata”。清人说，不为无益之事，何以遣有涯之生，我正是如此了。

开始写论文之前，必须通过一次口试，包括四门课。我考的是日本文学、日本历史、中国历史、印度佛教史。博士论文题目没有选自日本，而是利用梵文知识，研究了唐代天竺来华的三个密宗僧人——善无畏、金刚智、不空金刚。内容为三家传记的翻译，配以详细注释和专题附录。取了一个堂而皇之的题目《中国的密教》(*Tantrism in China*)，是魏鲁男教授(James R. Ware)的建议。论文呈缴后，又有一次口试，1945 年在《哈佛亚洲学报》发表。1982 年及 1989 年两次重访美国，从一些研究佛教史的外国同行得知，因为关于印度本土密宗的史料很少，这篇论文四十年来颇受重视，有的佛教史参考书目中列为必读，对我可谓"不虞之誉"了。

哈佛燕京学社奖学金除第一年因包括路费稍多以外，每年 1 200 美元。交学费 400 元后，所余基本够用。当时物价较低，学校附近小饭馆午饭二角五分，晚饭四至五角。周末看一场电影四角，中国城打一次牙祭也不过一元左右。学校宿舍昂贵，中国学生一般住民房。谈到住房，不能不揭露美国那时的种族歧视。房东太太往往对东方人偏见很深，不肯把房间租给中国学生。有时外边贴着"出租"，开门看见黄皮肤，立即说已租出，甚至更恶劣到一言不发，享以闭门羹。租公寓尤其如此，我碰到多次，最后租到的公寓房东为犹太人。80 年代的今天，华人地位据说已大不相同，但黑人住房问题仍然严重。当年中国留学生的住房常常是由中国人"世袭"下去，如我的房由赵理海先生(哈佛同年毕业，北大法律系教授)继承，而 40 年代吴保安先生的房东老太太，还是 30 年代初齐思和先生的房东。我的学生生活极为单调，读书之外还是读书。工作地点两处：一是博义思同楼中的哈燕社的汉和图书馆，那里中日文藏书之富可以比美国会图书馆。一是魏德纳图书馆亦即哈佛的总图书馆，研究生可占一张用格子隔开的小桌，自由取阅库中书籍，还可留置桌上长期使用，方便异常。那时书籍没有磁性报警设备，大图书馆门口有位白发老人，检查每个出门者的书包，有无未办出借手续的书籍。这位老人对中国学生特别友好，每次总是把手一挥，让我们免检过关，而中国学生也从未听说有人辜负老人的厚爱。尽管有人检查，柯拉克教授指导的一个美国研究生还盗运出了不少珍贵的佛教考古书籍，后被查获。1941 年我爱人来美后，开始家庭生活，主要内容仍不外学习与工作。假期中去过华盛顿、纽约，以及英国移民最早登陆之地普利茅斯、南特克岛、马瑟葡萄园岛等不远的名胜。周末看电影是最为价廉物美的娱乐，大约四五角钱。而且那时影院不分早中晚场，开门以后一遍又一遍地放映。进去不出来，可以看几遍，对于初到时语言未过关的人有很大好处。

当时领取哈佛燕京学社奖学金的同学，毕业后都回国内几所教会大学任教，计有比我早的齐思和（历史、燕京）、翁独健（历史、燕京）、黄延毓（历史、岭南）、郑德坤（考古、华西）、林耀华（人类学、燕京）。约与我同时的陈观胜（佛教史、燕京），较我稍晚的有蒙思明（历史、华西）、王伊同（历史、金陵）、王钟翰（历史、燕京）。其中除黄、蒙两人外，都是燕京毕业的。就文史哲三系而言，燕京显然是教会大学中的首脑，而这首脑的中枢，是洪煨莲先生。洪先生关于哈燕社的擘画，随着新中国成立和院系调整后所有教会大学的撤销而瓦解，这些学生的下落也各自东西。黄延毓是诗人黄遵宪之孙，后到“美国之音”工作，对人民政府修葺他祖父在梅县家乡的人境庐故居异常兴奋喜悦。郑德坤由英国剑桥大学回到香港中文大学，筹办了东方文化研究所，并任所长，陈观胜、王伊同留在美国，分别从洛杉矶加州大学和匹茨堡大学退休，颐养天年。王伊同出版了中英文著作两大册。林耀华、王钟翰回国，现在民族学院任教，蒙思明由华西调整到川大，“文革”中受迫害而死。

“文革”中红卫兵对新中国成立前的组织最为敏感，以为所有组织必与反动政治相联系，往往使人哭笑不得。这里我不妨把在哈佛时一些有关的组织作个交代，以正视听，兼留鸿爪。哈佛大学有中国学生会的组织，属于联谊性质，每学年送旧迎新，逢节日搞些联欢活动。设有主席、文书、会计，推选产生，大都是学习和群众关系都较好的人当选，而且往往是上届的文书被选为下届的主席。1939 年我到校时，主席蒋默掀（政治系）、文书刘毓棠（政治系）。1940—1941 年刘当选主席，我被推为文书。刘毓棠一度任教清华政治系，现在台北文化大学美国研究所任所长，1941—1942 年我任主席，文书是冯秉铨（无线电系）。1942—1943 年主席冯秉铨，文书吴保安（历史系）。1943—1944 年主席吴保安，文书高振衡（化学系）。以后高任主席，文书杨联陞（远东语言系），次年好像杨继任主席。冯秉铨新中国成立后任华南工学院副院长，对中国无线电工程的研究和教学作出了突出贡献，见姚树华著《冯秉铨教授的道路》。高振衡回国后任南开大学教授、系主任、中国科学院学部委员。吴保安（回国后改名吴于廑）和杨联陞，是当时文科同学中最有才华的两位，以后分别蜚声中美学术界。我与杨联陞 1938 年夏订交之初，即相器重。他赴美工作，也与我有些因缘。1939 年春，我在北京，曾协助哈佛大学贾德讷教授（美国人）查阅日文杂志中关于中国历史的论文。后来我将赴美，就推荐了杨联陞代替我。我到哈佛不久，贾德讷教授也回国，又约我去帮忙。我由于领取了哈佛燕京学社全时奖学金，不能兼职工作。于是贾德讷教授出资从北京约请杨联陞到美国，作他的私人助手。后来杨联陞也得到哈佛燕京学社奖金，入研究院获得博士学位。三十多年以后，听到一位熟悉内情的朋友说，我回国后叶理绥教授本想重新邀我到哈佛教书，燕京方面不肯放，于是邀请了杨联陞去。我平常自诩有“知人之明”，杨联陞亦曾在信中叙述平生际遇，戏称我为“恩友”，两人交谊极深。杨联陞在哈佛获得“哈佛燕京学社教授”称号，治中国社会经济史兼及语言文字，博闻强记，学术上多有创获，著作多种，不少美国汉学人才出其门下。吴于廑回国曾任武汉大学历史系主任、副校长，开创15、16世纪世界史研究，卓有建树。我与他合作编《世界通史》深受其教益。此外当时熟悉的同学，哲学系有任华（北大教授），英文系有王岷源（北大教授），经济系较多——谢强（后去日内瓦在联合国工作，已逝世）、张培刚（华中工学院教授）、严仁赓（北大教授）、关淑庄（社科院经济所研究员）、王念祖（哥伦比亚大学教授）等。我爱人到剑桥后，每逢年过节，有家庭的人总邀约一些单身同学来家吃饭欢聚。饭后打桥牌或搞节目，以慰乡思。记得平时不苟言笑的赵理海出了一个谜：大笑几声，然后席地盘腿，合十而坐。打“哈佛”二字，谜语不艰深，但本地风光，因而始终不忘。大诗人杜甫有“同学少年多不贱”诗句，如果不把贱字解释为贵贱贫富，而理解为学术地位，我倒是大可引老杜之句以自豪的。

还有一个组织应当提到——成志学社，简称CCH。当时美国男女大学生各有一种全国性组织，以联络感情，毕业后以互通声气为宗旨，称为兄弟会或姊妹会。中国学生有两个兄弟会，成志学社是其一，据说最早是王正廷、孔祥熙等在美留学时发起组成的。我由老社员王念祖介绍加入，据他说，考虑人选的条件有三：学习成绩，群众关系，领导才能。记得当时冯秉铨、杨联陞和波士顿总领事王恭守都是成员。隔些时聚餐一次，偶有社员来自国内则聚会欢迎。记得平民教育专家晏阳初过波士顿时，就欢迎聚餐。我回国后，只收到过一份国内社员名单，没有任何活动。当然不排除有人利用这个组织去拉关系，谋求政治利益，但留学生的兄弟会肯定不能算反动政治组织。

还有一个与我有关的组织，即哈佛所办美国陆军特别训练班

（Army Special Training Program），简称 ASTP。美日开战后，为了训练美国士兵掌握中日语言，陆军战略服务处在若干大学中开办了特别训练班，哈佛是其中之一。中文班由赵元任先生主持，他在大课里讲语法及课文，找了不少北京口音的留学生分小组辅导训练，我爱人也在内。以后美国研究中国文史的专家，如牟复礼、柯迂儒教授等，都曾是 ASTP 的学员。日文班由叶理绥教授主持，帮助他辅导训练的青年，有日裔美国人松方（松方正义的后代）、美日混血的麦金侬女士（后嫁汉学家丹策尔·卡尔）和我。日文方面，后来又办过海军军官培训班，我也参加教学。以后在美国日本史研究方面声名仅次于赖肖尔的莫理尤斯·詹森（Maurius Jansen）教授和柏克利加州大学教日本史的史密斯教授，都曾是这个训练班的学员。

回忆 40 年代中期哈佛的学生生活，谁都不会忘记剑桥行者街赵元任先生家。赵先生 1941 年从耶鲁来到哈佛，先主持编纂汉英大字典，后来字典计划中辍。ASTP 开办以后，赵先生全力以赴，实现了他多年来关于汉语语音语法教学的设想，推广了他创造的汉语拼音法。对于美国的汉语教学和研究起了重要的促进作用。这位年高德劭的知名学者，平时总是面带微笑而沉默寡言。赵太太杨步伟却恰恰相反，心直口快，热情好客，因而赵家成为中国留学生的一个中心。赵太太的祖父著名佛学家杨仁山先生，与我曾祖是好友，她的自传中提到了两家的友谊。当时剑桥凡有爱国活动，如义卖、表演、街头募捐等，她都带头出力，并号召大家踊跃参加。同学有困难，她无不竭诚相助，三楼上有间空房，不少同学都在那里住过。每逢节日，她必然做许多菜，邀请同学到家里欢聚，有时多达几十人。我们 1946 年回国后的头几年，每逢节日，还常常怀念在赵家过节的情景，由于赵先生国内外的学术地位，过剑桥的学者往往都是他家的座上客。胡适之先生大使卸任后，到哈佛短期讲学，虽住旅馆中，而在赵家吃饭。我因此而和他熟识，1946 年回国后，在北平时时有所请益。他对我关于《牟子》的论文提出商榷意见，并且同意我想步杨守敬后尘的请求，跟随他出访日本。但他未成行，我则是到了 1973 年，以花甲之龄才初访东瀛。法国著名汉学家伯希和教授，我也是在赵家宴会上得识。老教授颇为朴素，晚宴后搭电车由剑桥回波士顿，我陪同引导一段路，记得在车上曾就阿拉伯人 Marvazi 游记请教。陈寅恪先生由英返国，路经纽约，没有下船。我与杨联陞搭赵先生亲自驾驶的汽车从剑桥赶赴纽约码头，登舟谒见陈先生。陈先生垂询甚详，还谈及季羡林先生。同时又讲到某人，已忘其名。说他“连 Hoti clause 都不懂”透露陈先生对古典文字的修养。1937 年陈先生离北京时，虽已开始患视网膜脱落，还能看书写字，几年间经过四川和英国手术失败，这时视力已几乎完全丧失，在纽约船停数日，竟毫无弃舟登陆旧地重游之意了。

1944 年毕业之前，因参加 ASTP 工作，推迟了论文的写作。毕业后，系里聘我为教员，又在哈佛教了两年日文。叶理绥教授这样安排，与赖肖尔先生（E.O. Reischauer，他在日本的汉字译名为赖世和）的离开哈佛有关。他原协助叶理绥教授教日文，珍珠港事变后，他被调入军队，迄未复员，所以我毕业后把我留下。从 ASTP 三位日文助手中聘任我，想来是由于美国大学教师人选注重学位的原故，赖肖尔教授后回哈佛，在美国的日本史界巍为长老。据其自传，他主张承认新中国，反对越南战争，对中国是很友好的。

1945 年夏，次子在波士顿出生。我父亲给他取名启博，因我得了博士。为了避免学生签证多纳税，我出美国境到加拿大蒙特利尔，重新入境，改换身份为永久居留。实际上并不永久，1946 年合同届满，去国已经八个年头的我，怀着“漫卷诗书喜欲狂”的心情，经过大瀑布、安阿柏、芝加哥，偕妻挈子奔返祖国了。

六　回国与解放

第二次世界大战结束不久，去中国的船只很紧张，我们从东部到旧金山后，又等待了许久，到十月才登上了一只去上海的原运兵船“山猫号”。都是统舱，男女分隔，与来美时的总统号邮船迥不相侔。但中国学生们归心似箭，个个兴高采烈，情绪很高。记得在太平洋过双十节中国乘客在甲板上集会，燕大梅贻宝教授讲了话。从上海到天津与陈寅恪先生全家同船，得以照料他。

返国前夕，接到傅孟真先生长函，说计划请赵元任先生回去任史语所所长，约我任历史组组长。我已与燕京有约，当然婉言谢绝。我回到燕京时，洪煨莲先生已赴夏威夷。学校领导聘我为国文系副教授。到国文系原是出国前早已规定，除开初、高级两门日文外，我还开了一门“佛教翻译文学”，因为教授必须开三门课。我觉得教课不忙，尽有时间用于研究。但副教授名义对于当时自视甚高的我，未免颇不惬意。几十年之后，看到傅孟真先生给胡适之先生信，在推荐北大去邀请的名单，其中有周一良，说“恐怕要给他教授名义，给教授也值得”。可见当时客观上果有此“行情”了。但更使我不愉快的，是住房问题。学校有空闲洋楼多处，不分给我，却只给我镜春园平房的一小间厢房。1947 年 3 月开学返校，弄得无处栖身。3 月 3 日家信中说：“结果这几天还得另想办法。今晚拟去老二处，就住在那儿，明天到翁或林家去住。”这时三子启锐已在津出生，母子四人长期不能迁来，显系校方有意与我为难。我当时尚未明确意识到校内派系之争的影响，只觉得在美国教书时，作为客卿并未受歧视；回到自己国家，何以受到的待遇反不如校内洋人，因而忿忿不平，萌生去志。家属在天津，我每隔一二周回去一次。国民党收复了的北平天津，远非在大洋彼岸时所想象那种战胜日本以后应有的兴旺景象。物价飞涨，生活艰苦，民众怨声载道。我当时对共产党毫无了解，但由于平津火车三天两头切断不能回家，而有抱怨情绪。对国民党则现实已经教育了我，大为失望。这种低沉心情，表现于1947年末家书中所附一首诗里：

独裁民主两悠悠（指国共两党），
扒路断桥未肯休。
小民何日免饥色（反饥饿运动），
细君几夜怯空楼。
凄凉最是教化界（教育文化，谐“叫化”），
书卷难作稻粱谋。
祸乱十年殊未已，
炮声今又逼芦沟。

诗中总的思想是国共双方各打五十板，与当时想走第三条道路的人一脉相通。但把内战与抗日战争相提并论，目为“祸乱”，显然又是极端错误的了。

1947年暑假前，北大与清华都以教授名义相约，我决定应清华之聘。原因有二：一、陈寅老在清华，可以随时请益。同时，自1946年回北平后，我即成为陈先生听读外文（主要是日文）杂志的义务助手，到清华更有利于完成这个任务。二、清华供给胜因院小洋楼一幢。燕京方面对我的去留无动于衷，如果洪先生在学校，情况定然大不相同。我到清华固未入国文系，却也未进历史系，而是进了外文系，仍教日文。外文系主任陈福田先生，夏威夷华侨，学问有限，政治上亲国民党。他之所以解聘留日归来的日文教师，而延揽我，新中国成立后我才悟出。不止是美国留学生符合清华需要，更关键是用我来排挤他不愿留在系里的进步教师关世雄。清华当教授也须开三门课，我仍提出在国文系开“佛教翻译文学”。事后据国文系主任朱自清（佩弦）先生见告，关于我是否适合开这门

课，他问过陈寅恪先生，而经寅老认可的，足见朱先生办事谨慎而严格。日文班上有一位经济系的朝鲜族同学，日文本已很好，选此课不过为了“凑学分”。我曾请他来家教我谚文字母，这是我接触朝文之始，可惜没有继续学下去。50年代又开始学，因教师离去而作罢，始终未能入门。多年以后，才知这位同学投身革命，改名丁民。1985年访日，他在驻日使馆任参赞，幸有机会叙旧。

进入1948年后，内战日趋激烈，反蒋民主运动也日益高涨。八月间，清华园有一次军警进校大搜捕，增加了我对国民党的反感。拒绝美国救济面粉及其他反蒋民主运动，我都签了名。但自回国到新中国成立前后，我的时间精力仍放在研究方面，主要写了关于魏晋南北朝和翻译佛典方面的一些论文，与胡适、向达（觉明）、王重民（有三）诸先生时有商榷。对于胡先生，当然仍很尊敬。我父亲听说他研究《水经》，叫我把父亲自己所藏一册抄本送给他，供他鉴定。但进步舆论对他的批判，对我不能没有影响，如在家信中就用过“文化买办”的称呼，也还是中间路线的隐约表现。新中国成立前夕，我与北大季羡林、金克木、马坚、王森，清华邵循正，燕大翁独健等先生组织过一个“中国东方学会”，举行过几次报告，我谈过《牟子》。还曾计划出个刊物，与国外学术团体交换。“文化大革命”中，这个组织又成为我交代重点之一。

1948年一二月间，国民党专机“抢运”知名教授，其中当然没有我。进步同学暗地工作进行挽留的，我也不在内，但我也收到了《大江流日夜》等小册子。1948年秋冬之际，局面颇为紧张时，我写信给父亲征求意见。这时大约已有地下党和他打了招呼，所以他主张我不要考虑离开，并汇给我一笔应变费。国民党崩溃前夕，物价一日数涨，民不聊生。除去我在清华和爱人在燕京的薪水之外，我还须到北大（日本史）、燕京（魏晋南北朝史）兼课，生活仍很拮据，不时要卖东西换钱。偶尔到椿树胡同买几本日侨走后留下的日文书籍，都靠兼课的一点钱。12 月下旬，最紧张的几天，教师和家属夜间都到图书馆底层各系办公室及研究室打地铺过夜，记得我家是和新来外语系的曹靖华先生全家合用了一间。清华园和平解放了。

新中国成立之初，在大礼堂演过多次解放区来的歌剧，如《赤叶河》《血泪仇》等。表演虽然粗糙，但都是揭露封建地主的题材，对我们比较新鲜，感到富于吸引力，颇受教育。1949 年 10 月 1 日，在天安门广场听毛主席宣布："中国人民站起来了！"感到万分激动。除听社会发展史之类大课之外，思想改造的又一途径，是参加土地改革，我先在北京郊区搞了一期所谓"和平土改"，1950 年秋末，又参加西南土改团，去了四川，在眉山县太和乡搞土改工作，直到 1951 年春间。土改团主要为北京大专院校的中青年教师，总团长为陈垣（援庵）先生。我负责眉山县分队，队员中有北大、清华、外语学院、铁道学院、林学院、协和医学院等校教师。分队主要管的是到四川以前路途上的学习，和土改结束后总结思想收获。下乡之后，分队即打散，分别在地方干部领导下工作。由于自己并非地主家庭出身，土改工作中思想触动不大，只是对贫下中农的穷苦生活有所体会。1951 年春回到北京，听周总理关于知识分子思想改造的报告，开始参加思想改造运动。周总理指出，知识分子除去过几道关（如家庭等等），要通过本门业务的学习来改造立场和观点，对我很有启发。

1949 年秋我转入历史系，讲授魏晋南北朝史，并与丁则良先生合开中国通史。1951 年，代替邵循正先生担任历史系主任。1952 年秋院系调整之前，我加入民盟。清华党委反复进行了服从分配的教育。知识分子对于地位、待遇固然不能忘情，更重要还是要求良好工作条件下能发挥作用。我当时思想，就是怕分配到图书条件差的边远地区，无法从事研究。经过学习、讨论、检查，终于树立起服从需要，任何地方任何工作都是干革命的思想。这样想通以后，我坚决信奉不变，始终如一。实际上指导了我以后几十年的行动：服从需要，不讲价钱，作驯服工具。我与爱人都分配到调整后的新北大工作，我到历史系，爱人到外国留学生中国语文专修班。院系调整是学习苏联的产物，从理工分家之体制到各系课程之设置，其不良后果，30 年之后才大为显露。而我在三校教师大会上，还曾就学习苏联历史系教学计划发言，列举其“长处”。新北大历史系全学苏联办法，所谓优点无不大成问题。实际上，也只有 1953 年入学的年级基本上按教学计划完成学业，1957 年以后，政治运动不断，教学与研究受到严重冲击，根本连从苏联学来的计划都被打乱，不可能遵照执行。院系调整的次年，得一女孩，从此子女品种齐全，取名启盈，盈者满也。

我调整到新北大后，先任中国史教研室主任。古代与近代分家后，担任中国古代史教研室主任，与邓广铭（恭三）先生合讲中国通史。约在 1954 年，按照苏联教学计划，历史系高年级应开设亚洲史。系里考虑我教过日本史，通几门外语，是建设亚洲史课并主持这个教研室比较合适的人选。当动员我改行时，我本着服从需要的信念，决心放弃多年积累，同意从头做起，去创建亚洲史教研室及课程，而且，由于自己思想单纯，考虑片面，认为既然接受新任务，对于旧业务不应再有任何留恋，毅然决然放弃了中国古代史。当然，在当时任务异常繁重，政治运动不断的情况下，即使想二者兼顾也势不可能。这样，直到 70 年代中期梁效成员受政治审查，我才坠欢重拾，又接触魏晋南北朝史。巧的是当时奉支部之命来动员我改行的书记田余庆教授，后来也专治这段历史，好学深思，成就卓然，成为我的同行畏友。80 年代以后，我回系重理旧业。我们与比我后来而为我钦服的同行祝总斌教授三人，形成系内魏晋南北朝史方面松散而亲密的联盟。

到1966年“文化大革命”时，在亚洲史方面我做了以下三方面的事：一、开始讲授亚洲各国史，名为各国，实际只限于若干主要国家。而且是国别史的拼盘，并未能融会综合，形成体系。起初由我一人通下来，后来我只讲古代，近代现代由青年教师李克珍、夏应元二人分担。教育部组织人力，在苏联教学大纲基础上编写自己的大纲时，我主持了亚洲各国史大纲的编写，教育部又要求分工编写亚洲各国史教材。只有何肇发先生与夏应元先生合作，完成了现代部分。我负责的古代一段，由班上听课的同学整理了部分笔记，在高等教育出版社出版。近代部分归丁则良先生负责。他完成了几篇颇有水平，当时很受重视的亚洲近代史论文，但在反右运动中被迫害含冤而死，未及成书。二、教研室培养了校内和校外一些青年教师和研究生，他们听课之后自己进一步钻研，然后回到各自学校开亚洲史课，初步满足了教学计划的要求。三、我个人亚洲史研究工作主要在日本史方面。我1956年春入党，夏间开始任历史系副主任，分管研究生、进修教师和留学生工作，直到“文化大革命”。当时党总支总揽一切，以党代政，系行政只有翦伯赞先生作为主任不时从思想、理论角度对大政方针提出意见。我作为他的助手，抓些具体事务，会议奇多，经常开会到夜间一二点以后才散，我所住宿舍燕东园的大门早已锁上，必须叫醒门房的老师傅，心里非常不安。日本史的研究可说是若断若续，不绝如缕。1956年写了一篇明治维新前夕农民运动的论文，1962年又写了一篇明治维新性质的论文。从这两个年份可以看出，前一篇是1956年“向科学进军”号召下的成果。但紧接着1957年反右，1958年大跃进、拔白旗等等一系列运动，研究工作不得不停顿。到1962年来了所谓“右倾回潮”，趁回潮时机我完成了后一篇。然而不久就“千万不要忘记阶级斗争”，开始了社会主义教育、“四清”等运动，直到“文化大革命”，迄无宁日。我准备纪念1968年明治维新一百周年的关于维新前夕对外关系的文章，仅仅开了个头，“文革”一来就夭折了。回潮期间，中华书局为我出了一本《魏晋南北朝史论集》，所收都是新中国成立以前的论文，我戏称它为《我的〈我的前半生〉》。新中国成立以后，我写过一些中国与某国友好关系的文章，大多是奉命或应邀之作。虽满足一时需要，起过作用，但除少数筚路蓝缕，略见功力（如关于朝鲜）之外，多数不足以言研究也。

1955年肃反运动，是新中国成立后思想改造以外我第一次正式参加政治运动。现在记忆所及，系里有一位同学跳楼自杀，四五位同学未经任何司法手续被隔离。他们出入有同学跟随监视，不断开会批判斗争。这些人反革命的罪名早已不复记忆，但他们今天都成为大学教师或研究人员，有的还是领导骨干，则当时的“反革命”云者是怎么回事，也就可想而知了。

1957年从“引蛇出洞”搞起来的反右派斗争，是新中国成立后知识分子遭受的第一次大灾难。我生性小心谨慎，加之新中国成立后“原罪”思想沉重，认为自己出身剥削阶级，又在举国抗战期间置身国外，对不起人民。鸣放期间确没有什么不满，运动开展后则诚心实意努力紧跟，以后历次政治运动无不如此。但当涉及自己亲近的人时，不免真情流露。在批判亚洲史教研室青年教师夏应元的会上，我发言说他“辜负了党的培养和我的期望”，随之落泪。好友丁则良在北大含冤自杀，我因须开会不能送葬，在他停灵处绕棺一周，以示告别。作为北大民盟支部负责人，我主持批判他的大会。丁则良到苏联开会，根本未参加整风鸣放，毫无可抓辫子的言论。是原单位欲加之罪，故意捏造出“三人反党集团”。我在大会上只能批判他“辜负党的信任与重用”。这些以后都在全系大会上受到“温情”与“立场不坚定”的批评。只有翦老，在会上听到我绕棺一周的事，意味深长地对我说了一句话：“你对丁则良是真有感情啊！”当时心想翦老还有人情味。事实证明，丁、夏两人皆属冤案，最后终于平反。

1958年以后的大跃进、人民公社、拔白旗、师生合作编教材、诗画满墙等等活动，我都跟着滚过来。现在记得的，曾与学生一起到窦店农村“深翻”，以后生产结果如何，不得而知。徐水县是当时公社化食堂化的典型，后来知道以浮夸得名。我在参观徐水所谓“敬老院”时，看见一个六七岁小男孩无可奈何地拉着一个老人的衣襟在说：“爷爷回家去！”我心想，这个敬老院定是假装的，但没料到还有更大规模的假装。我没有作为白旗被拔，也没有拔别人的白旗，只是在会上被附带“烧”了一下而已。我真正领略批判斗争的滋味，是在“文化大革命”中。

1960年秋，为了反对所谓“赫鲁晓夫修正主义”，北京市委组织各校世界现代史教师编写世界现代史教材，要求在有关章节贯彻与他针锋相对的观点。我并不搞现代史，却调我去主持，我当然服从政治需要。当时有些问题，如有关南斯拉夫问题、匈牙利事件问题等，弄不清如何写才算“正确”，曾请时任市委文教书记的邓拓同志解答。他对解答这些，似很不感兴趣，总是说，“暂时弄不清的，可以回避不写嘛”。我心里颇不满足，现在看来，邓拓同志原是出于不得已，这部教材也不了了之。1961年，中宣部教育部领导下成立文科教材办公室，周扬同志负责。历史组翦老任组长，郑天挺（毅生）先生和我任副组长，责成我抓世界史教材。我们先集中了各校以群众运动方式集体编写的稿子，准备组织人力修改。不料水平参差过甚，体例五花八门，不能作修改基础。于是教材办公室另组织少数专家分段主编：上古齐思和，中古朱寰，近代张芝联、杨生茂、程秋原。名为主编，实际除极个别章节外，绝大部分都是他们五人自己执笔，最后集体通读，由吴于廑和我总其成。这部四卷本《世界通史》注意破除西方中心论的倾向，加强亚非拉部分，材料比较翔实可靠，采用一般接受的观点。虽然尚未彻底摆脱苏联教材窠臼，但较为适用，所以不少大学历史系采为教本。“文化大革命”后，又在吴于廑先生主持下，出过修订版。1961 年，我曾在自己所用年表上留下几句“书以自勉”的话，可见当时真心实意跟着党走，努力工作的心情：

三窟狡兔（党校、华北、民族、前门等饭店，数不止三，举其成数），

四面受敌（东坡言读书当八面受敌。此四面谓上古、中古、近代、现代），

一心向上（鼓足干劲，力争上游），

百倍努力（仅通东方各国史事，总领全书，力所弗逮。惟有依靠群众，贯彻领导意图，黾勉从事）。

大跃进以后，学校运动不断，时时处处乱糟糟，可以说无一块安静地能放下书桌。因此，凡是领导布置编书或写文章，都安排躲到学校以外的地方去，甚至成年累月在外，这就是“三窟”的由来，恐怕也是以后作学问的人不可能想象的。

新中国成立后“文化大革命”前，我出国六次：1955 年与翦老一起参加荷兰莱登的第七次青年汉学家会议；1956 年与翦伯赞、夏鼐、张芝联一起参加巴黎的第八次青年汉学家会议；1960 年与阿拉伯文翻译邬玉池一起参加摩洛哥最古老的卡洛因大学校庆；1962 年到巴基斯坦参加巴基斯坦史学会；1964 年到加纳首都阿克拉的恩克鲁玛学院讲中国史；1965 年到坦桑尼亚参加坦桑史学会。

这时期的一些外事活动，尽管名义上有时是进行文化学术交流，

实际以政治考虑为主。目的在于通过学术会议在国际上争取朋友，学术交流本身并未受重视。当时注意在第三世界寻求朋友，所以我出访六次中，四次是亚非国家。在莱登和巴黎开会时，翦老运用他在国统区进行活动的经验，灵活机智，争取对新中国友好与可能友好的人，取得很好成果，也使我学到不少知识，对以后外事活动起了作用。但由于政治这根弦绷得特别紧，我们也因此做了一些蠢事，失去了一些朋友。如对于来自美国及我国港台地区的学者，都表现出壁垒森严，拒人于千里之外，极不明智，如美国费正清教授、牟复礼教授（当时还是青年）、香港的罗香林教授、饶宗颐教授和在巴黎求学的台湾青年陈荆和教授等。牟复礼是哈佛陆军特别训练班学员，他在莱登约我联名给在美国的赵元任先生寄一张风景画片致敬，被我婉言拒绝。几十年之后，除罗香林教授早已逝世外，我与上述诸学人都有机会重晤，或重温旧谊，或切磋学术，同时不免深有感慨：早知今日，何必当初。莫斯科大学安东诺娃教授在北大几年，与历史系教师们很熟识友好。我 1960 年过莫斯科只能寄一张明信片致意，不能去拜访她，使老太太大为遗憾。至于苏联与南斯拉夫学者，1960 年去摩洛哥开会之前，领导已明白交代，不相交谈了。1965 年坦桑的史学会，我到达累斯萨拉姆以后才发现，联合国是资助者之一。我国当时是与联合国不打任何交道的，于是未参加而回国。新中国成立初期出国必二人同行，60 年代以后较为放松，我去巴基斯坦、加纳、坦桑都是独自一人，这表明领导对我的“信任”，也是我以后“要革命”思想的动力之一。

七　毕竟是书生

1965 年秋，我随系里到北京东郊星火公社参加“四清”运动。1966 年春，史哨兵批翦伯赞，姚文元批《海瑞罢官》等等，史无前例的“文化大革命”大灾难的前哨战已经打响。我在农村，也从报纸上感到山雨欲来之势。春节休假回北大，曾去看翦老。我们谈到《海瑞罢官》问题，对于姚文元硬把剧本往政治上拉扯都感到牵强，当然远未明了其恶毒用意。这时翦老处境已很困难，对于我去看望，似乎特别敏感，临别时特意和我握手，连说谢谢，两人都不免黯然。这是我同翦伯赞同志最后一次交谈。“六一”以后，我和他只有在斗争会上碰面，当然再也不可能谈话了。

“六一大字报”在《人民日报》发表后不久，四清工作队撤回学校，参加“文化大革命”，我一到历史系所在的三院门口，就看见贴着对联：“庙小神灵大，池浅王八多。”据说这两句话来头大，我当时只觉其攻击知识分子，颇为反感，以后这句名言竟发展成为什么“王八多得腿碰腿”之类。回校后一天晚间，历史系在体育馆开全体大会。革命群众把总支书记、副书记、支部书记等依次“揪”上台，叫他们低头“认罪”。然后轮到行政人员。系主任翦老不在场，接着“揪”副主任，把我推上台，这时会场气氛极为紧张，大家在新中国成立后历次运动中都还没经过这样的场面，有人甚至报错自己的姓名。我心里想：自己一向兢兢业业，努力改造思想；从来循规蹈矩，按照党的指示办事，何罪之有？因此不肯低头。群众在后面用力按，我仍不为所动。后来又“揪”出几个人，工作组不知如何掌握，出面圆场，稀里糊涂宣布散会。这一开场就说明，“文化大革命”是怎么回事，群众根本不理解。所以后来才有林彪的鬼话：“理解的要执行，不理解的也要执行，在执行中加深理解。”整个“文化大革命”的过程，就是玩弄愚民政策，挑动群众来斗群众。

我不是系里党政最主要负责人，平日群众关系又不太坏，所以虽未能“混入”革命群众队伍中，也还不算主要敌人，只是靠边站而已。这种人的任务是，每天上午到系里集体学习——语录或报纸杂志的社论，此外的时间是看大字报——校内和校外，替革命群众抄大字报，但是不准自己写大字报。我曾与教研室另一位靠边站的教师李克珍用“惊回首”名义共同写了一份大字报，内容已不记得，不外乎自我批评之类。在校园张贴时，被认识我的红卫兵发现，立即被粗暴制止：“你不配贴大字报！”

这时我在运动初期自以为是的心情早已烟消云散，负罪感又占主导。我那时思想很单纯：过去几十年远离革命。如今虽非战争，不应再失时机，而应积极投身革命，接受锻炼与考验。写大字报的动机，也就是出于这种要革命的思想。后来中华书局组织人力标点“廿四史”，我在被调之列。由于同样思想，我表示：如在学校边搞标点边参加革命，我愿意干；如果进城住在书局，完全脱离运动，我不愿意去。现在看来，当时若去中华，以后几十年的生活道路会大不相同，不但早日重理旧业，而且避免许多侮辱与坎坷，可以多做十几年有益于人民的工作，而免得浪费那么多有用的光阴！

在要革命的思想基础上，又听信一句最高指示：共产党人不隐瞒自己的观点。因此，1967年夏间，我在五四广场的群众大会上发言，反对当时不可一世的北大“老佛爷”聂元梓，指摘她的种种不民主。北大革命群众不久就被挑动分成两派：“新北大公社”与“井冈山”。我错误地介入派性斗争，参加了“井冈山”。这时周培源先生也加入了“井冈山”，并被推为头头之一。因两人俱已满头白发，对立面因而诋毁他和我为大小“周白毛”。不过周先生由于有领导同志及时打招呼，退出派性斗争，并且被保护起来。而小“周白毛”呢，无此运气，结果一意孤行，勇往直前，最后头破血流。对于“新北大公社”的游说与表示好感，我丝毫不为所动；对于依违于两派之间者，目为变节；而自己却加入了反聂的静坐示威。这一下惹恼了“老佛爷”，我由无足轻重的靠边站，变成了她的死敌，招来了一系列灾难，定要把我弄臭而后已。

1967年秋天，一个萧瑟的夜晚，“新北大公社”的红卫兵来抄家了。来了几十个人，开了几辆大卡车。先把我们全家人（包括只剩一条腿的残废岳母）关进厕所，然后翻箱倒柜，大事搜索，达三小时之久。等他们走后，发现存折和我爱人仅有的几件首饰都被抄走，不仅抄剩下的书籍衣物等狼藉满地，撕的撕，砸的砸，而且在客厅墙上挖了个大洞。事后听说是寻找秘密向外发报的无线电台，可谓想入非非！抄家过程中我在清华读书的次子启博恰巧来燕东园，被红卫兵逼到墙角树下，打了一顿。客厅墙上，涂满了墨笔大字的口号“打倒周一良”等等。这些题壁的墨宝，一直和我们朝夕相对。后来客厅让给进住的教师（“文革”期间不少教授家都有人进住），她也不得不在这些大字口号威胁之下栖身。数年之后，到1972年我兄弟从美国回来探亲，学校才给粉刷掩盖。抄走的几卡车书籍衣物，大约因校内无处存放，集中送进城里。幸而未分散处置，除书籍有零星遗失外，绝大部分没有散逸，几年之后又捆载归还了，不至像翦老的藏书，包括一些昂贵的珍本，被分散抄走，落在少数红卫兵手中。我在1949年5月，曾以人民币120元在东安市场买了一本旧书——缩印本平凡社的《世界历史大年表》，以后一直使用，出去始终随身携带。这里抄录我在这本年表上的题识，以见一个读书人的心情：“此书1967年抄家时抄走。十年来读史时手头无年表供翻检，极感不便。1977年8月21日，整理携载归还之图书，无意发现此册，如睹故人，喜可知也！时值华主席宣布，第一次无产阶级‘文化大革命’以粉碎‘四人帮’为标志而胜利结束”（当然，这时对我的审查并未结束）。

这样大规模的抄家，据说在北大还很少见，究竟抄出了一些什么罪证呢？早在1966年运动一开始“扫四旧”阶段，我已经把有

"四旧"之嫌的东西烧的烧，砸的砸，一扫而光，如保存多年的师友信札（包括陈寅老给我的明信片）、哈佛大学拉丁文写的博士文凭、"斐陶斐"荣誉学会的金钥匙、印有哈佛校徽的玻璃杯等等，以及我左手无名指上戴了二十八年的结婚戒指。戒指已无法自己取下，是到海淀找铁匠师傅给锯断的。做这些事，一方面是主动要跟着革命，一方面也是怕被动惹麻烦。尽管如此，红卫兵居然仍旧搜查出所谓"罪证"，从而作为给我戴帽子的依据。一、前面提到的1947年家信中所附的"寄内诗"和我大儿子启乾所存国民党统治时期印有青天白日旗的旧邮票，尤其是我爱人邓懿在清华作研究生时，戏登大礼堂站在讲台后装作演讲的照片，背景是两面挺大的国民党党旗与青天白日满地红国旗。二、"斐陶斐"学会在司徒雷登的住宅临湖轩召开迎新会，我们新旧会员与司徒合拍的二寸小照片；哈佛大学陆军特别训练班结业时与全体学员合影。我原有两顶帽子本是铁定逃不脱的：反动学术权威和走资本主义道路当权派（副系主任、总支委员）。根据抄家搜出的第一条罪证，又加了第三顶帽子："反共老手"。根据第二条罪证，我的第四顶帽子为"美国特务"（此点下面还要谈到）。因为领导号召干部亮相，自己解放自己。我参加了北大一些干部组织的串联会。而适逢江青大喊干部们要"老保翻天"，于是我又戴上第五顶帽子——"老保翻天急先锋"。"文革"中知识分子几乎无不挨整，但全国像我这样"五毒俱全"者，恐怕尚不多见。有一段时期，在吃饭以前要在毛主席像前"请罪"，请罪时必须自报家门，把自己的帽子交代清楚。红卫兵有时抽查，问你是什么人，也得如实交代。所以我对自己的五顶头衔背得滚瓜烂熟了。

罪状既定，接着当然就有借口大肆批斗，并在全校园内贴大字报揭露我的"罪行"，校内小报上还有专门报道。大会小会我经历了不少，受够了人身侮辱。一般是"喷气式"。在参加反聂静坐之后，有一次深夜把我从家里揪到俄文楼一间小屋中，接受少数红卫兵的批斗，硬是几个人把我按住跪倒在地上听他们咆哮。这次夜审是对参加静坐者每人个别批斗，记得排在我后面的有张芝联和荣天琳两人，他们是否也曾罚跪，就不得而知了。罚跪这形式，“文革”中并不稀罕，校医院孙宗鲁大夫被扣上“杀人犯”罪名，就曾在全校几千人大会上跪在台前。现在回想起来，也许比喷气式还少受点苦。对我最大规模一次批斗会，是在办公楼礼堂，与另一反聂的老教授侯仁之同台，还荣幸地有党委书记陆平陪斗。我还在东操场斗争陆平的大会上陪过绑。那次在台后体育馆楼下等候开会时，红卫兵揪住我把头往墙上撞，反复多次，撞得我眼冒金星，天旋地转，跄跄踉踉站立不稳。当时心想，恰似打斗电影片中挨打角色的狼狈相，没料自己年逾知命还亲身体验这般滋味。

至于批斗内容，其离奇荒唐与歪曲牵强，更匪可言喻，暴露出“文化大革命”之既非革命，又无文化。在容纳千人的大礼堂内批斗时，揭发我是“吃德国纳粹分子的奶长大的”！这是把卫礼贤教授当成纳粹分子，其实纳粹党的兴起远在我出生20年之后！又如揭发我是“宋子文的亲信”，因为为了太平洋战争爆发后为留学生服兵役问题，我作为哈佛中国学生会主席，曾去华盛顿找过国民党政府的特使宋子文。揭发我在吴晗主编的《中国历史小丛书》中写过《明代援朝抗倭战争》，是为彭德怀树碑立传。在乘喷气式飞机时，头半个小时左右还能听得进批判的发言，在此以后便全身从头到脚根本麻木，什么也听不到。只有这些奇谈怪论，偶尔钻进我的耳朵，使我啼笑皆非。

大会批斗一般是迅雷烈风似的轰炸，罪行务求耸人听闻，反动得越尖端越好。小会批斗则另是一景，深文周纳，锻炼冤狱。批斗我的小会，集中在寄内诗和论文《乞活考》两椿文字狱。红卫兵只抓住“扒路断桥未肯休”及“十年祸乱”字句，批我反对共产党；但不顾“两悠悠”“镇日反饥饿”等不满国民党统治的字句。历次会上我都坦白承认前者，但申明是中间路线各打五十板思想为主导，仍属人民内部问题。有一次红卫兵问我，敢不敢白纸黑字写下，我当即坦然具结：“我的问题属于人民内部。”不过这并不起任何作用，照旧劳改和批斗。

《乞活考》是我的一篇考据论文，讲西晋末年五胡进入中原，建立政权，司马氏南渡在江南建立东晋。当时称为乞活的流民集团在黄河两岸屯聚几十年，心向南方，与北伐军时通声气，抗击北方胡族政权。此文发表在学术刊物《燕京学报》，红卫兵硬说是替蒋政权“出谋划策”的反动透顶大毒草。他们的理由是：一、此文写成于1948年末1949年初，正配合蒋政权在北方节节败退，退守南方之时，与西晋王朝失守洛阳，在江南建立东晋政权若合符节。胡族政权正是指新建立的共产党政权。二、文中所分析的乞活军的活动，正是建议蒋政权在黄河两岸留下隐蔽的游击兵力，伺机进攻占据北方的共产党。此外歪曲附会的细节还有不少。其实，运动刚开始，大家贴大字报揭发问题，系内就有教师和同学对《乞活考》提出类似质问，我也用大字报形式作了答复，不过等我介入派性斗争，被对立面揪斗以后，他们旧事重提，进一步深文周纳，罗织罪名而已。尽管他们疾言厉色，批得振振有词，我始终据理反驳，坚不承认。我说：“文章是我写的，尽管你们解释得如何头头是道，无奈我本来无此想法！即使要为蒋政权出谋划策，也不会把它登在只发行几百份的学术刊物上！”仅从我个人这一件事，就可以知道“文革”中如何歪曲捏造，附会牵强来锻炼文字狱了！

抄家还搜到另一件“反共老手”的罪证。30年代我旧历新年在厂甸买到过两本日记，是北洋政府时代一个天津姓陈的官僚的手迹。

此人注意时局，对政府南迁后北方的衰落甚感不满，对国民党政府时加讥讽，同时也骂共产党，日记中不断出现“共匪”字样。红卫兵如获至宝，多次找我单独谈话，要把这两册日记落实到我头上。这个“罪证”当然比《乞活考》容易澄清：日记的年份，日记主人的家庭（一妻一妾），日记的内容等等，都与我对不上号，红卫兵只得废然作罢。（前些年我查出日记作者姓名，写小文《关于陈鸿鑫的日记》，载《中国历史文献研究》新第三辑）

除去口头上的人身侮辱和肉体上的人身伤害以外，“文革”中还有普遍流行的一着，就是不经过任何司法手续，随意剥夺人身自由。1967 年底，在大礼堂批斗大会之前，一天夜间把我从家里揪走，放在小汽车里足足转了三小时，我甚至以为要开到郊外加害。结果深夜回到临湖轩，拘禁了几天，显然是预防性措施，怕我逃走而开不成会。1968 年春节刚过，又被拘到昌平县北太平庄北大分校历史系所在地，与系里其他所谓“有问题的人”一起劳动，直到“五一”之后。新中国成立后我体力劳动增多，已经习惯，而且诚心诚意要求通过劳动锻炼改造思想。太平庄只有历史系几名红卫兵“监改”人员，不大开什么批斗会。劳动如背着农药箱上山，为小松树喷药，给树剪枝，给果树翻地挖土，到渗坑中掏粪灌菜地，等等，都不算太繁重，倒也心安理得，好像置身于“文化大革命”之外，我听说校内郭罗基给“老佛爷”贴大字报：“北大要整风，聂元梓首先要整风。”曾戏作联语：“佛爷整人不整己，老保翻地又翻天。”掏粪的伙伴是高望之同志，他在劳动中经常照顾我，抢着干脏活累活，我至今不忘，那时分校大楼没人住，厕所无人使用，渗坑内容当然也就不丰富。我们常常转悠多处而无所获，还当真着急呢。校内的“阶级斗争”消息，偶尔也传进我们耳里，知道两派武斗激烈，“老佛爷”采取断水断电措施，在 44 楼刑讯残酷打人之类。关于最后一点，我们倒亲自体会到。历史系同学杨绍明，杨尚昆同志之子，不知何故被抓进44楼毒打得半死。他被送到太平庄来，不是劳改，而是养伤。他起不了床，饮食便溺都有困难。“监改”人员指定“有问题”的考古教授阎文儒作杨绍明的特别护士，直到几个礼拜后杨生活能够自理为止。

1968年4月下旬，“老佛爷”抓了几十名所谓有问题的教授，先到煤厂子集合，然后押解到太平庄劳动一周。记得看见来的有王力、季羡林、侯仁之等。王力先生和我一起背起沉重药箱爬上小山坡打药，使我既感且佩。我爱人邓懿第一次以“周一良的臭婆娘”名义被揪斗。在煤厂子背语录，就遭拳打足踢。到太平庄也被个别处理，我们夫妇当然更无会晤交谈之可能了。到五月初，校内成立了“劳改大院”（即今天赛克勒考古艺术博物馆所在地），集中劳改的男女老少二百多人，是北京市当时最大的牛棚。我于“五四”前后从太平庄被揪回本校，先是“游斗”，然后是送进大院。我爱人早已进去，我们都成了“劳改大院”的“院士”，夫妇双双成为“院士”的似乎不多。

太平庄分校距离长途汽车站相当远，为了乘早起的班车赶回北大，“新北大公社”派来“押解”我返校的两名历史系红卫兵头一天就来到太平庄，第二天天还没亮就“解”我上路。山区夜间很冷，那时虽是“五四”前后，我不得不穿棉袄。分校地处一道干涸河道旁边，河道中净是大鹅卵石。这时“新北大公社”与“井冈山”两派武斗正酣，双方各以宿舍楼为据点，用强力弹弓互相射击，大鹅卵石正是绝好的子弹，于是红卫兵命令我沿着河边一面走一面捡石头，很快就装满一书包，足有几十斤重。我一直背着这几十斤重的子弹袋，走到汽车站。站在拥挤不堪的汽车中，书包还压在我肩上。一名姓魏的红卫兵居然发恻隐之心，叫我把他们视同宝贝的“子弹”

卸下来放在地上。此人此事使我永远不忘。在极端困难情况之下的人，给与稍微一点点同情，其份量都会远远超过给与者本人所能想象，所谓“饥者易为食，渴者易为饮”也。

到沙河（？）下汽车，又走相当久才到北大，已是烈日当空的过午时分。而等待着我的，不是休息吃饭，更不是放我回家，而是尚未尝过滋味的胸前挂着大牌子“游斗”，亦即旧社会所谓游街示众。这天同“游”者，我所能见到的有季羡林和侯仁之，皆观点接近“井冈山”派者也。游斗路线是海淀一带，因不能抬头东张西望，难道其详。我从清晨四五点钟自昌平“忍辱负重”，挨到海淀，已经不止八小时。连水都没喝一口，谈不上脱棉袄换衣服，在烈日炎炎之下只有忍受着。平时在台上乘坐静止的喷气式飞机，即使头昏脑涨，浑身麻木，三四个小时还勉强能支撑站立。这次乘坐活动的喷气式飞机，两臂被两人抓住，向后高举，脑袋又被使劲往下按，这种姿势下还被推着行走，恨不得几步就趴倒在地，于是又被揪起。有的人索性仰面朝天，卧倒在地，让红卫兵拽着走，我向前趴下去，只有嘴啃地。老子说过，“柔弱胜刚强”。柔的唇舌不怕坚硬的大地，而坚硬的牙齿碰地就不能不吃亏。我“游”完以后，上下门牙好几个受伤活动，几个礼拜不能咬东西。我的牙齿一向较好，1988 年门牙首先脱落一个，即是 20 年前“游斗”之赐了。

这里插一笔关于“押解”我回校的另一个姓宋的红卫兵。他毕业后留在历史系，而且和我在同一教研室，并且分配也搞日本史。通过消除派性活动和他入党前征求意见时向我“交心”，我发现这个出身城市贫民家庭的青年单纯正派，“文革”中的狂热行动不是图名图利，而是诚心诚意要革命。实际上和我一样是受骗上当，而与“炮兵营”战斗队之流被私心杂念驱使着去胡作非为的迥不相同。我与他成为关系很好的同志与同事。同时我又想到，当年“文革”之初聂元梓等几大领袖本来也是受骗上当的，只是她们自己的个人野心驱使其以后变了质而已。

“劳改大院”的成员，以反动学术权威（老年的教授）和走资本主义道路当权派（中年的干部）为主，偶有青年学生，如侯外庐同志的女儿、胡耀邦同志的儿子，皆历史系学生，都是短期的“院士”。院内“监改”人员包括红卫兵及工人。“院士”约20人一屋，两排通铺，有屋长一人，我们屋是李赋宁。同屋的记得有陈守一、朱伯昆等。早晚两次集合点名，集合有时由“监改”人员训话，有时点名叫人背语录。规定除劳动过程中需要外，户内户外彼此都不得交谈。“监改”人员与总务部门联系，安排各种劳动——种地、修房、拔草、搬砖、运煤等等。劳动以外就是背语录，随时由“监改”人员检查。据说是“老佛爷”手下姓刘的红卫兵的点子，借以防止“院士”们彼此谈话串连。星期日有人可以请假回家几小时。我起初请假几次，都未获准，我索性不再去碰钉子，约有半年左右没回过家。星期天不劳动，又无书报可看，我便练习缝补衣袜。在大院期间，有时被单独叫去“审讯”。关于《乞活考》就审过不止一次。不少老教授被单独叫去挨打，以至鼻青脸肿，呼叫之声惨不忍闻。我的爱人曾在中午烈日之下被红卫兵叫到院中，迫使仰头“望日”。这些受过高等教育的青年，在“文革”中的疯狂、凶狠与愚蠢，达到了惊人程度。我爱人既非走资派，又非反动权威，只因系“周一良的臭婆娘”而享“院士”待遇，完全是派性作怪。在我被“游斗”之后，井冈山也搞了一次“游斗”，站在新北大公社一边的身肥多病的樊弘老教授，在地下被拖得半死！

我们夫妇都被拘进“劳改大院”之后，两人都扣发工资，包括家属，每人只给十二元五角的生活费。家中存折早已抄走，书籍除经典著作外，什么都卖不出钱。劳动消耗体力，因而粮食吃得多，我总结出：玉米面窝头最顶事，大米饭次之，白面馒头和面条最不顶饱。所以凡有选择时，我总是买窝头。另外，我还从早点节约。每天早晨要考虑，是奢侈一下，花两分钱买半块酱豆腐，还是省俭一点，花一分钱买咸菜；或者更省俭的办法，抓些不必花钱的白盐放进粥里，代替咸菜来伴主食。对于几十年来过惯“衣来伸手，饭来张口”生活的我，体会一番这样窘迫的困境，未始不是歪打正着，坏事变成了好事，让我永志不忘。

大院的“院士”们多数都有一项不断要应付的任务，即所谓写“外调”材料。所谓“外调”，是各地各单位不惜浪费大量金钱，根据本单位认为“有问题”的人交代的社会关系，派人到各处调查，看所交代的事情是否属实。更多的情况是，红卫兵要罗织某人的罪名，派人去天南海北，寻找认识某人的张三李四，想方设法从他们口中捞取一星半点毫不沾边的材料，来给某人定罪。因此，外调人员很少平心静气客观地了解情况，往往是成见在胸，旁敲侧击地诱供。甚至凶神恶煞一般，见面就叫嚷：“某某问题严重，本人已经如实交代了。你赶紧老实提供材料，将功赎罪！”实际是在搞逼供。若干年后我才知道，红卫兵为搜求我的罪证，派了不少人到各处“外调”。我应该感谢所有他们去调查过的人，因为始终没有因“外调”而证实或加重我那些莫须有的罪名。使我特别感动的，是已故老友华南工学院冯秉铨教授。红卫兵远赴广州搜集我的“反动历史罪证”，根据我抗战期间在美国教美军日语和认识哈佛大学费正清教授这两件事，迫使他写材料证明我是“美国特务”。冯秉铨斩钉截铁义正辞严地回答：“周一良绝不是美国特务！如果他是美国特务，那我们都是！”其实，此事我是自食其果，也内疚于心。因为50年代我在极“左”思想支配之下，在所写《西洋汉学与胡适》文中，曾以此诬蔑不实之词加在费正清头上，对不起这位始终是中国人民的朋友的老教授。

“文革”中我不知道写过多少遍自己“罪行”交代材料和“外调”材料。在大风大浪中，我本着自己的政治良心，深感必须实事求是。自己所作所为的具体事实决不隐瞒缩小，也决不无中生有或随意夸大。至于根据这些事实如何“上纲”批判，就非我所计了。对于别人的“外调”材料，我同样本此精神对待。至今记忆犹新的“外调”有两次。一次是关于解放初期由美归国的二妹与良。南开大学来的红卫兵疾颜厉色，咆哮如雷，拍着桌子要我承认她是美国特务，因为当时凡是新中国成立后不久回国的留学生都被认为有特务嫌疑。我据理驳斥他们的歪理，严正告诉他们，与良夫妇为了爱国才急忙回来。我既坚决否认，他们也就不再让我写什么材料。另一次是关于已故老友吴于廑。“外调”材料从来没人限过字数，这次武汉大学来的人却说：“你们两人关系特殊，材料至少要写两万字！”这真是难题，我哪里知道那么多事！于是，我只好围绕哈佛大学中国学生会来发挥，东拉西扯，细大不捐，写了好多张纸交卷。当然，其中也有涉及吴于廑的两件事。一是他在哈佛时言谈之中颇欣赏英国的费边社，这是思想问题，当然够不上政治罪证。另一件事是吴任哈佛中国学生会主席时，孔祥熙来给中国学生演讲。吴于廑私下里有些议论，内容已不记得。只记得一位与三青团关系很深的清华历史系教授说：“这一番话如果给你汇报上去，你可吃不消！”这件事当然更属正面行为，不是什么罪证了。

与“外调”和交代都有关的，是北大“文革”中喧嚣一时成为我的大问题的李克事件。李克是美国人，新中国成立前后清华外语系的英文教师，其夫人李又安则在燕京任教。两人分别对中国思想及文学有兴趣。我爱人曾辅导李又安读延安文艺座谈会讲话，两家有过来往。1950 年抗美援朝开始以后，李克夫妇以特务罪名被捕入狱，公安部门也曾派人向我们了解情况，我们当然如实报告：1949年圣诞节到清华北院李克家吃过饭，在座有钱锺书夫妇；新中国成立后和他们谈过教学改革和教师生活情况；抗美援朝初步胜利后，仍把他们当作朋友，说过“你们美国军队一向自命不凡，这次可败在我们手里”之类的话。公安部门并未把我们牵连进去。但由于我反对了聂元梓，“新北大公社”派恨我入骨，千方百计罗织罪名，要把我在群众中搞臭。他们以我的档案材料为线索，到公安机关查阅李克供词，发现其中交代与我们夫妇有来往，从我们口中得知新中国成立之初清华教学与教授生活情况。于是不顾司法机关原来的处理，硬诬我向“美国间谍”提供“情报”，给我加上一顶帽子“美国特务”。“井冈山”一派也派人到公安机关查李克口供，看到李克的交代，于是也贴大字报宣告把我除名，“老佛爷”的计谋从而得逞。

这时我还未被拘禁到太平庄，我的儿子从清华图书馆借来李克夫妇的书，我才知道，他们早已释放回国。原文书名《解放的俘虏》，中译本改名为《两个美国间谍的自白》，世界知识出版社出版。书中提到清华一位美国留学回来的历史教授，新中国成立之后乐于接受共产主义思想，无疑是指我。按理说，这应是对我有利的，结果李克的供词却成了我的负面材料，此“文革”中千千万万颠倒黑白的事例中小小一件而已。到70年代初，历史系总支书记找我，郑重宣布，我与李克是朋友关系，与间谍案件无关。打倒“四人帮”以后，听说李克夫妇分别在宾夕法尼亚大学和马里兰大学任教授，我国大使馆也为他们的间谍冤案平了反。他们多次来华，我们夫妇1982年和1989年两次访美，都在费城和他们会晤。李克教授夫妇当然不知道我在“文革”中受他们株连，而他们在新中国监狱中受到的教育，看来确实起了作用，至今两人在学校内被目为左派教授。对照新中国的正规监狱与“文革”中各种各样的牛棚，实有天渊之别。即使关在抚顺的战犯，所受待遇比起“文革”中打成牛鬼蛇神的广大知识分子，也人道主义得多。

由于各校武斗不可开交，毛主席派了工、军宣队进校。1968 年秋末，“劳改大院”解散，各系“院士”归本系红卫兵“监改”。我们转移到历史系所在的三院，几十人挤在会议室里住，白天照旧劳动。为防止逃走，夜间会议室门从外边上锁。谁要起夜小便，对不起，请利用每人自己的脸盆。我们不可能了解校内运动情况，又不能看大字报，但在出去劳动和回三院路上，能看见马路上刷的大字口号和标语，因而知道教务长崔雄昆、历史系总支书记吴维能自杀了。以后慢慢了解，革命群众在“清理阶级队伍”。一天，杨济安同志偷偷告诉我，翦老夫妇双双自杀了。我大为震惊，心想他新中国成立前经历过多少艰难险阻，都未被吓倒，何以如今顶不住。就在这时，红卫兵把我们身边的剪子、小刀以至剃须保险刀都收缴了去，于是证实了翦老的噩耗。等 1968 年年底，宣布劳改结束，让我回家了。

1969 年初到 1974 年初这五年，教师们是在工、军宣队领导之下的。历史系领导班子以解放军营教导员老高同志为首，辅以几位工人师傅。五年共计 1 825 天，现在回忆竟想不起具体做了些什么。只记得先去长辛店二七机车车辆厂劳动，是所谓“六厂二校”之一。我在探伤车间劳动，活儿不重。但经过长期所处“牛鬼蛇神”地位，一旦与本系红卫兵同吃同住，感到非常拘束，很不自在。以后系里招进头一批工农兵学员，到门头沟煤矿开门办学。记得由陈庆华、徐万民两同志教中国近代史，我参加矿史的编写，同时定期下到坑道去劳动。我无力从事挖煤，分配的任务是把开采下的煤用铁锹铲进斗子车里运出去。当时自己的思想是，我家是开滦煤矿大股东，多年吃剥削矿工的饭，亲自尝尝矿工艰苦而危险的劳动的滋味，是很应该的，所以比在二七厂劳动更带劲一些。以后又随同学“千里拉练”，背着行李每天徒步几十里。那时我已接近六十，在拉练的教师中算年龄最大的。然而我精神抖擞，胜任愉快。只有一次疾行军，夜幕已经降临，而我远远落在大队之后。幸而同学浦文起接过我的行李，一人背起两份，帮我赶到宿地，大伙已经休息了。

1974年1月25日江青在首都体育馆召开批林批孔大会，汤一介同志在会上宣讲所谓《林彪与孔孟之道材料之一》，我补充讲解了其中的历史典故部分。不久，“清华北大两校大批判组”（笔名梁效）成立，大约因为我被目为能够两个正确对待（“文革”和自己），我被北大党委由历史系调到梁效工作，直到1976年10月“四人帮”被粉碎。1976年10月梁效成员接受政治审查，到1978年秋结束。如果对一般人而言，史无前例的“文化大革命”到1976年10月以粉碎“四人帮”而告一段落；那么，对我而言，这场大灾难又饶上了近两年的光阴才算结束。

梁效设支部书记一人，由迟群、谢静宜手下的八三四一部队的干部担任；副书记二人，北大清华各出一名。三十几名成员中，两校之外，还有少数人民大学的教师。成员除老教授晚间回家外，都集中住食，每天三段时间都须到班。梁效纪律森严，不得随便请假，不得向外面（包括自己家人）透露工作内容。集中驻地在北大朗润园的北招待所，门禁森严，给外人以神秘莫测之感。梁效主要任务是写作，由中青年同志担任，为“四人帮”制造反动舆论。写作意图由迟谢两人下达，或由《红旗》《人民日报》等报刊的编辑口头传达，有时甚至写成书面提纲交给各写作小组。几个写作组之外，有个研究组，后改名注释组，几名老教授在内。江青听毛主席谈话，遇到她不知的人物或不懂的典故，立即通过迟谢两人命令这个组查阅报告，起了供顾问咨询的作用。梁效还要求老教授对于写作组的文章在文献典故方面发挥所谓“把关”的用处。记得在1976年批邓公开化之前，支部书记布置写了一篇《再论孔丘其人》，矛头所指已极为明显。支部书记意犹未足，最后又加问一句：“能不能把孔老二描绘成身材矮小的人呢！”我立即指出，孔丘身材高大，孔武有力，决不能说矮小。这是记忆中在梁效所起的唯一一次“把关”作用。粉碎“四人帮”后有人说此文是针对他而来。显然是为与“四人帮”划清界限，往自己脸上贴金。注释组的任务是对指定的诗词或文章作简明注解或译成白话，据说是供护士读给毛主席听时之用。注释组成员认为这项任务直接为毛主席服务，都兢兢业业，尽心竭力去从事这个工作。

在梁效工作期间，有一件值得一提的发现。梁效成员曾被派到毛家湾林彪住宅，逐页检查他家里的书籍，以便发现他的亲笔批注之类，作为批判材料。我负责历史书籍。林彪不学无术，未见任何批注，但我却有意外发现。《资治通鉴·魏纪》记载司马懿为了麻痹和欺骗他的政敌曹爽，和曹爽派来的人谈话时，故意假装脑子老胡涂，驴唇不对马嘴地打岔。喝粥时，有意随喝随从口中流出，沾满一身，表示体力衰颓。《隋纪》里记载隋炀帝杨广为了骗取其父文帝杨坚的信任，每当文帝到他宫里来，他总是把年少貌美的宫女隐藏起来，找一些老而且丑的出来侍候。乐器上也都积满灰尘，装成久未触动的样子，以显示自己不好声色，来博取父皇的欢心与信任。林彪在这两段文字上，都密密加以圈点。果然，司马懿计策得逞，政变成功，曹爽受骗被杀。杨广骗得杨坚欢心，顺利登上了皇帝宝座。而吸取司马懿与杨广的“先进经验”的林彪，也“史无前例”地在共产党的党章中取得接班人地位。我建议利用此材料写批判文章，可惜未被采纳。

江青曾几次来驻地与梁效成员见面，她去天津、小靳庄和山西大寨，也令梁效和梁效成员以外的某些教授随行。江青谈话浅薄无知，而喜欢自吹自擂，炫耀卖弄。她给我的印象并不佳，但她口口声声主席如何，因而给人感觉她是主席的代言人。我认为批林批孔也好，评法批儒也好，都是毛主席的布置，她只是执行者而已。由肯定法家从而承认中小地主有一定进步性，由研究法家著作而引起群众对古典文献的兴趣，这些倾向都与我的思想合拍，因而心安理得。开始批林批孔之前，《北京日报》约我写一篇关于柳宗元《封建论》的文章。据说是毛主席欣赏此文，意在宣扬文中意旨，以防止大军区形成割据局面。当时流行一种据说有来头的说法，认为奴隶制社会必然分封，进步到封建社会才有郡县制。我以为这种观点与中外历史都不合，于是在文中征引史实，指出这个说法并无根据，意思是力求在“奉命”的文字中在学术方面多少注入点新意。到梁效大批判组以后，搞儒法斗争，我写了一篇《诸葛亮与法家路线》，登在《历史研究》。诸葛亮的思想中，儒家之外本兼有道家及法家成分，但此文配合甚嚣尘上的儒法斗争宣传，即使内容没有歪曲附会，客观上也构成“四人帮”反革命舆论组成部分，而我自己还以为是为毛主席革命路线效力。特别是梁效后期注释工作，有时任务急如星火，又须大家讨论定稿，每每深夜才能回家。我常常一边蹬自行车一边想，几十年前古典文献的训练，今天居然服务于革命路线，总算派上用场，不免欣然自得，忘却疲劳。后来《红旗》重新登载了我关于《封建论》的文章，我又当了党的十大代表。毛主席逝世，我列名治丧委员会，参加守灵。所以，直到“四人帮”被打倒，我作为梁效成员始终处于顺境。所幸者，我虽怡然自得，却未忘乎所以。审查梁效时，有人向一位同住燕东园，劳改大院的同屋，既是老革命又是老教授的同志了解我在梁效期间的劣迹表现，这位老同志的回答是：周一良进梁效以后与往日并无不同。这也许就是我接受政治审查后依然平静自若的原因。

1976年10月26日晚间，我与家人在王府井萃华楼吃饭，只听雅座一伙穿绿色军装的人边吃饭边欢呼叫嚷，当时并未在意。次日早晨到北招待所上班，门口已有解放军站岗，不能进去。原来“四人帮”倒台，一夜之间，梁效成员成了现行反革命。这个情况来得确是突然，却又像不那么突然。“四人帮”的罪行很快就大白于天下，我不需要什么思想斗争就投入运动，开始揭发批判。较之“文化革命”开始后相当长时期跟不上，大不相同了。

梁效成员开始接受政治审查。全体集中到未名湖畔的宿舍和食堂吃住，老教授吃住回家，但也必须上午、下午、晚间三段时间报到。成员两三人编一组，每组负责人为学校的干部，辅以工厂工人。“四人帮”罪恶滔天，民愤太大，因而监督的人都以敌人对待梁效成员，往往疾言厉色，令人难以忍受。成员写材料，揭发，交代，大会小会相结合进行批判、审讯、斗争，全套做法与“文革”毫无不同，我说是“以‘四人帮’之道，还治梁效之身”。只有不搞喷气式和不挨拳打足踢，胜于“文革”。但这次政治审查来自官方，与红卫兵之为群众运动又不同，其压力之凶猛而强大，空气之紧张而令人窒息，远远在“文革”之上。

追查梁效的罪行之中，很突出的一条是紧跟“四人帮”，反对周总理。如揭发出江青说总理是大儒，批儒目标指向总理，等等。我在梁效期间，从未意识到批儒是指周总理，也从未听到迟谢二人在任何会上暗示过。周总理逝世，梁效成员都很悲痛，不少人自动佩戴白花。有两人在“四五”期间去了天安门，我是其中之一。注释组中后来查问，我当然如实报告。会后组长孙静告诉我“别紧张”，我当然也没认为犯了什么错误。审查期间，范达人和何芳川两个组的负责人分别找过我，严厉责成我老实交代他们两人反对周总理的罪行。我的回答是：两人都是历史系很好的学生，我认识他们快 20 年了，敢保证他们不会反总理。

关于反总理还有一段值得提及的插曲。“四人帮”把孔子与林彪拉到一起，不仅举“克己复礼”等口号为例，还想从生活上牵强比附，说林彪是儒家。其实林彪生活上倒确有一些怪癖。如他的衣服每件上都标有若干度的记号，他机械地按照加在一起保持多少度来穿衣，但这却与孔丘无关。大家知道，记述孔子生活的，主要为《论语・乡党》一篇。因此，江青命令把《乡党》篇译成白话，供广大群众批判。这个任务当然落实到注释组。篇中讲到孔子在朝廷上的姿态，有一句“趋进，翼如也”，描写他向前急走的神情。几个人反复推敲捉摸，想不出恰当译法。魏建功老教授灵机一动，说“翼如也”指的是孔丘张开两臂，形如鸟之双翼。但直译“如鸟张翅”不太雅驯，不如说“端着两个胳臂向前急走”，更为传神。魏老说着站了起来，端起双臂，躬身向前快走了几步。大家连忙一致赞成他的说法，就这样定了稿。谁知“四人帮”倒台后，大量批判梁效影射史学的文章中，有人提出“端着两个胳臂”是影射周总理，对他进行恶毒的人身攻击。因为总理右臂受过伤，总是弯曲像端着。（据说是在延安时，江青骑的马惊了，把总理从马上撞下受伤）虽然总理只是端着右边一只胳臂，但批判文章对梁效欲加之罪，自然也就顾不得那些了。魏老当然多次被审讯，异常紧张。注释组的每个成员也都被提问。大家一致承认这句译文出自魏老，但都表示，他决无借此攻击总理之意。退一万步说，总理也不是端着“两个胳臂”呀！

政治审查自冬徂春，又经历了第二个冬春，迟迟未宣告结束，更谈不到处理结论。人们猜想此案大约经过多人，都感到棘手，在“四人帮”定案之前，无人敢负责宣布结束审查。北大党委虽对每个成员都很了解，也无能为力。“文革”中没吃过“劳改大院”苦头的中青年同志，未免禁受不住这样忽松忽紧、遥遥无期的审查，满腹冤屈，忧愁沮丧。每逢放风外出，我看见有的人在湖边抑郁徘徊，低头沉思，不禁怕他们走上20年前我的好友丁则良冤沉湖底的老路。但我也爱莫能助。至于我自己，经过“文革”中狂风恶浪，加在头上的五顶大帽子都一一被事实摘掉。我深信“为人不做亏心事，半夜不怕鬼叫门”这两句传统谚语的真理。在审查过程中，无论如何威逼诈诱，我都处之泰然。虽然始终被目为“态度不好”，我决不作违心之谈，苟且过关。梁效接受最大规模的批斗会，是在首都体育馆批判斗争迟群、谢静宜大会上陪斗。这座体育馆的主要设计者和建筑师，是我的九弟治良，我戏称他为老兄建造了“耻辱柱”和“审判台”。大会为体现“坦白从宽，抗拒从严”的政策，一位来注释组不久的中国文学老教授成为从宽发落的典型，而一位写文章的主要笔杆子则从严发落，未经法庭审判，关进监狱达一年之久。梁效的审查到1978年秋间结束。又过了几年，我被告知不给任何党政处分，也不入档案。

打倒“四人帮”之初，社会上就流传不少关于梁效的谣言，如说北招待所地下室有江青进行刑讯之地，墙上血迹斑斑云云。十多年后，在美国遇见一位老教授。他80年代中期访问北大，住过北招，竟然还以此相询。还有关于我个人的谣传，说我是梁效头目。其实几名老教授主要是起装点门面以为号召作用，同时供顾问咨询。当时又盛传梁效驻地我屋内有保险柜，柜中藏有关于周总理的“黑材料”。解放军深夜进入北招后，在我屋内用枪对着我说：“现在交出保险柜钥匙，你还是人民内部，不交我就开枪！”其实我夜间不在北招住，屋内更无保险柜。据说这些话都出自北大历史系某人的大字报。一时流传颇广，长城内外，大江南北，很多人知道。了解我的人断言不可能，也有人信以为真。“四人帮”倒台，万众欢腾，群情奋激，不少人形诸歌咏以表达鞭挞的心情。我辗转读到文学研究所舒芜先生的《四皓新咏》，谴责梁效成员中的四名老教授——冯友兰、魏建功、林庚、周一良。为留此一段掌故，移录如下：

一　贞元三策记当年，又见西宫侍讲筵。
　　莫信批儒反戈击，栖栖南子是心传。
二　诗人盲目尔盲心，白首终惭鲁迅箴，
　　一卷离骚进天后，翻成一曲雨铃霖。
三　射影含沙骂孔丘，谤书笼钥护奸谋。
　　先生熟读隋唐史，本纪何曾记武周？
四　进讲唐诗侍黛螺，北京重唱老情歌。
　　义山未脱挦扯厄，拉入申韩更奈何！

据云以后唐兰、王利器先生皆有和《四皓新咏》之作，足窥当时人心大快、敌忾同仇的情景。“谤书莞钥”即指“黑材料”及要我交钥匙事。此事使我忆起马君武先生《哀沈阳》诗。诗人们用事虽欠确凿真实，但表达的愤慨感情却完全可以理解。在 1988 年 2 月号的《明报月刊》上，我看到程雪野著《燕山诗话》，说记起“十二年前流传一时的《四皓新咏》，当时的四皓很为清议所不容，但渐渐的人们多所了解，对他们也就有所谅解。他们本来不算大恶，后来更有不同的善哉善哉的行动，这就更多地改变了人们对他们的评价”。舒芜先生闻亦曾表示，他年编诗集不拟收此四首云。

梁效受审查后不久。1976 年 11 月下旬，我在抽屉中发现一封家人拆开而不愿给我看因此藏起来的信。上款称“周一良道兄”，下署“一个老朋友”。一张信纸只有毛笔繁体四个大字：“无耻之尤”。我从繁体字和“道兄”称谓，推测是一位老先生，但并未像家里人所想象那样受不了而是澹然处之，付诸一笑。一度还曾把信压在书桌玻璃板下，以资警惕。若干年后，魏建功先生已去世，他的儿子魏至同志来，要我为魏老所书册页题字。我写了关于《乡党篇》的旧事，心想存此信史，以慰魏老于地下。不知怎么谈起，魏至同志告诉我，当年魏老也接到类似的匿名信。署名相同，信的内容也只有五个大字："迷信武则天"。他们父子作了一番调查研究，比对了字迹，推断为一位书法大师改变笔体所写。尽管给魏老的五个字不像我那四个字富于刺激性，老人还是发了火，一怒之下，把此公给他作的画也一撕了之。不管魏氏父子推断是否正确，我对此公之正义感以及勇于表达的激情始终还是表示钦敬的。

审查梁效的头半年左右。写材料，揭发交代，梁效成员内部批斗（主要对支部头头），接受成员所属各系师生批斗，大会小会，个别谈话，等等，有事可做。但梁效成员对"四人帮"的阴谋诡计究竟不清楚，鸡毛蒜皮的事搜索枯肠写尽之后，便无可再写，我于是开始利用时间读书。看经典著作当然"监改"人员不会干涉，我把马、恩、列、斯、毛的选集，重新读了一遍，又看了梅林的《马克思传》等。当时每屋两人，一个梁效成员有一个"监改"人员（校内干部或校外工厂工人）相"陪伴"。"陪"我的师傅永远沉着脸，不与我交谈，但也不管我在屋里看什么书。他常常到别屋走动，找熟人聊天。我试着从家里带了线装书来看，他也不闻不问。于是我就一部"二十四史"从头读起了。读到《三国志》以下的魏晋南北朝部分，旧欢重拾，如睹故人。我一边读一边作点笔记，这就是后来出版的《魏晋南北朝史札记》的由来，也算新时代的"韩非囚秦，说难孤愤"吧。白天读史书，晚间想轻松一些，于是时间用于两方面。或者读20年代购藏的改造社版《现代日本文学全集》中如《永井荷风集》等，或者读我最喜欢的一本日本语字典——时枝诚记著《例解日语辞典》。此书例句丰富，为学语言极好伴侣。我有时逐条翻阅，有时专挑某一类词（如拟声词、四个假名构成的形容词等等）阅读，感到趣味无穷，不知不觉就到该解散回家的十点钟了。受审查这近两年的时间，尽管不能自由自在地去图书馆查阅书籍，总算没有全部浪费掉，比 1969—1974 年五年还充实一些。梁效的审查还使我养成了某些习惯。如早晨九点半放风，可以到户外走动，我利用这时喝水，至今还是如此。那时每天三段上下班都骑自行车，但我仍觉整日坐着活动未免太少。1977 年春偶见《参考消息》登载慢跑的益处，于是决心在早晨上班前慢跑。由 5 分钟、10 分钟增加到 20 分钟，约为从燕东园家门口到中关园公寓往返，这时我已六十三四岁。这个从审查引起的习惯，一直持续十多年，也算变坏事为好事了。

1980 年魏建功先生逝世，周扬同志在追悼会上特意找到我，甚为关心我的情况，安慰我说："今后好好吸取经验教训嘛！"我当时心想："组织上调我进梁效，并非个人报名加入，谈不到经验教训。"周扬同志晚年所采取的一些感人的行动，我还是衷心敬佩的。他提议让我主编《中外文化交流史》一书，我兢兢业业地完成，并把此书敬献给他，可惜那时他已不能阅读了。在魏老的追悼会上，我看到王西征先生挽联中有句云："五十年风云变幻，老友毕竟是书生。"魏老学生时代曾入党，故有"五十年"之云，而"毕竟是书生"五个字深深触动了我。当时即对在旁的田余庆同志表示，此语不仅适用于魏老而已。这些年来，我阅世渐深，也渐明底蕴，思想觉悟有所提高，因而用这五个字刻了一方图章。现用这五个字来概括自传中"文化大革命"一节。实际上，也可用以概括我的一生。

八　劫后余生向前看

我家兄弟姐妹十人，"文革"中我所受冲击最甚，其次是二妹与良。她是南开大学生物系教授，丈夫查良铮，笔名穆旦，是著名诗人、翻译家。他们50年代初抱着一腔爱国热忱，从大洋彼岸学成归国，图谋报效。不想穆旦于1957年以莫须有罪名被剥夺了登讲台的权利，由南开大学西语系发配到图书馆，从事英俄文书籍编目工作。与良则在“文革”中被红卫兵打成美国特务，受尽苦难与凌辱。夫妇二人一齐分别在外劳改，家里只剩下四个未成年的儿女苦度光阴。虽然与良最后终于得到平反，以后并当选为政协常委，而穆旦则因受迫害抑郁忧忿，早已突发心脏病而过早逝去。二弟珏良是北京外语学院英语系教授，“文革”一开始就与同事王佐良、许国璋一道被打成“洋三家村”。但终因与“三家村”没有任何瓜葛，也就不了了之。

我父亲是以民族资本家代表人物担任天津市副市长，分工管绿化。“文革”浪潮一起，他当然首先大受冲击，揪斗、批判、抄家、交代等等。但1966年10月1日国庆节他还最后一次登上天安门观礼。以后有一个红卫兵组织进驻他的住宅，在那里办公，变相起了点保护作用。我父亲为人胸襟豁达，澹泊名利，唯独爱好书籍文物。红卫兵抄家，他还谆谆告诫那些难以理喻、近乎疯狂的青年：古物是宝贝，要送到博物馆好好保管。“文革”结束后，他被推选为全国政协副主席，1984年2月14日逝世，享年93岁。

我在为人处世、出处大节上固然受父亲影响，而他爱书的癖好也深深熏染了我。像赵子昂所说的“毋卷脑，毋折角，毋以爪侵纸，毋以唾揭幅”之类的话，告诫旧日读线装时常见的恶习，我都从小熟记。我替他校勘过古书，用隶书替他抄过善本书跋尾，考证过他所藏敦煌写本《禅数杂事》和金刻本《观音偈》。他对于我的鼓励，也往往采取给与书籍的方式。如我20岁生日（旧历算法）时，给了我一部涉园陶氏珂罗版影印宋巾箱本八经，并题书首云：“辛未（1931）十二月，一良生十九年，诸经有未卒业者，因检此付之。”

这是旧日长者以期望勉励方式来表达祝贺。此时我早已赴北京上学，不在私塾读书了。1982 年我 70 岁生日时，他给了我一部嘉庆间胡克家原刻本《资治通鉴》，书上钤有“周暹”小印，说明是他心目中的好书。同时搭配上裕德堂刊本毕氏《续资治通鉴》和涵芬楼影印宋刊本《通鉴目录》《释文》《考异》成龙配套，老人用心可谓细致周到。这套书将是我永宝的纪念。

我父亲喜欢以他的藏书助人为乐，我经手有两件事。他听说燕京大学我的老师洪煨莲先生校勘并研究《史通》，就让我把他所藏校宋本乾隆间黄氏刊《史通训诂补》送给洪先生。新中国成立后洪先生从美国捐献他在北京的藏书，特意嘱咐将这部《史通》还给我。我看到洪先生在书上题识云：“己卯（1939）七月十七日，门人周一良来，奉其尊人叔弢先生之命，以此书相赠。稍检阅知其为过录卢之原校本也。间与印行校勘记不同，故可宝。”父亲知道胡适之先生埋头于《水经注》赵戴公案，命我把所藏《水经》写本送给胡先生，希望他对写本作出鉴定，并举以相赠。此写本现藏北京图书馆善本室，承刘桂生同志复制见贻。胡先生题识云：“三十六年一月十夜，周一良先生来看我，把他家叔弢先生收藏的一本东原自定《水经》一卷带来给我研究，……周本是从东原在乾隆三十年写定本抄出的精钞本。”1948 年 8 月又跋云：“周本抄写最精致可爱。今年一良奉叔弢先生命，把这本子赠送给我。我写此跋，敬记谢意。……这个藏本也有特别胜处，李本所不及。”我父亲把所藏全部善本书捐献国家，更是他化私为公爱国热忱的表现，子女们一致坚决支持，他捐书以后，我把他给我的一卷赵城藏《法显传》和一册朝鲜写本《东国岁时记》也送交赵万里先生，献给北京图书馆，使老人捐献义举得以尽美尽善。

老人出于对文物的爱护和对前辈的敬仰，凡遇见与自己有渊源的文物，总设法收购保存。例如他在市上见到我外祖父萧绍庭先生自用的印章，悉数收下。绍庭先生酷爱李北海书法，藏有李书云麾碑的明拓本，流散于市场。父亲不惜重价购回，交我保藏。我因亡弟珏良喜书法碑帖，给了他去欣赏。外曾祖质斋先生（名培元），咸丰壬子年（1852）翰林，曾任乡试会试同考官。他在闱中与同僚用蓝色笔写诗唱和和绘画相赠，裱成“己未（1859）春闱唱和”及“辛酉（1861）秋闱集字”各一卷。这种文物不为珍奇而足资纪念，父亲遇到也收购下交给我保存。在父亲熏陶影响之下，我也喜欢逛旧书店，从中增长知识，享受乐趣，记得1943年在剑桥旧书店购得在日本发现贝塚的美国学者莫尔斯（Edward S. Morse）的《日本日录（*Japan Day by Day*），其中载有多幅作者的素描，是研究明治时期日本生活的绝好材料，惜只剩下卷。相隔18年之后，1961年我在东安市场中原书店无意之中竟碰见上卷。大喜过望，遂成延津之合。此书下卷1967年抄家又被抄走，1973年书籍发还，幸未遗失，两卷复全。又如我从旧书摊上买到光绪三十二年（1906）的《大清搢绅全书》，是我曾祖父周馥署理两江总督的年份，买到所谓“宣统四年”的历书，是我出生的年份。可惜“文革”之后北京的古旧书业绝迹，这种访书之乐只有留在美好的记忆之中。西方人说，从旧书业的兴旺与否可以说明文化的发达与否，其然，岂其然乎？

我父亲80年代去世，而我在80年代可以说是获得学术上的新生。

新中国成立以后，在极“左”政治气氛笼罩之下，出现了一种新的风习。每当一次又一次政治运动结束，总有一些被目为“有问题的人”受到批判、斗争以至戴上政治帽子，如“右派分子”。这种人形成有中国特色的“不可接触者”，一般人见到他们立即“相见不相识”。“不可接触者”本身为了不使对方为难，也往往从此好像“自惭形秽”，对多年老友也形同路人。“文革”开始后，我所住宿舍燕东园的孩子们对我的称呼，由“周爷爷”而“周一良”，而“反动派”。“梁效”受审查后，原来见面总打招呼的同院老太太，甚至学校的外籍专家，都为了划清界限而成为路人。但是，也许“文化大革命”中反复颠倒次数太多，教育了人们，头脑不再那么简单。与以往政治运动有所不同，被目为“无耻之尤”的我，也并未显得那么“不可接触”。人民出版社中国史组编辑吕一方、中华书局《文史》的编辑吴树平、《文物》的编辑、当年清华历史系学生姚涌彬（已故）、吉林《社会科学战线》的编辑、北大历史系考古专业学生段静修等同志，在我受审查期间和刚结束之后，都曾主动向我约稿，使我感激不尽。我充分理解起初人们对“梁效”的同仇敌忾，义愤填膺；更感谢后来这种通情达理、公平正直的温暖，科学的春天到来，大环境也激励我益加奋发。

回顾80年代，业务方面我大致做了以下的事。

一、继续阅读政审期间未读完的史籍，以后又翻检了魏晋南北朝时期的诗文和石刻史料。目的是想重新熟习荒弃已久的这段历史，为重新写一部高质量的论集做准备。同时，仿郝懿行《晋宋书故》用意，为这段史籍中难于索解的文字作一些疏通诠释，这就是1985年出版的《魏晋南北朝史札记》的由来。我父亲为此书题了签，病中还曾询及何时出版，但等到书出时他已不及见了。由于自己的悟性和记性本来都不强，精力又已就衰，在完成了“为乾嘉作殿军”的《札记》之后，虽然写了长短十几篇论文（收在1991年出版的《魏晋南北朝史论集续编》里），距离自己所悬标准相去甚远。《续编》后记中说这些文章“殊乏突破之功”，“未能构筑巍峨大厦”，就是与同行畏友田余庆、祝总斌两教授相比，对他们优异成绩表示的敬意。

二、打倒“四人帮”后，北京大学成立以邓广铭先生为首的中国中古史研究中心，我参加其敦煌研究组，负责写本书仪的研究。我探讨了书仪的渊源、性质、分类等问题，同时留意于变文词语的诠释，当时有赵和平同志协助我共同研究，他以后全面深入钻研书仪，取得很好成绩。

三、完成了《中国大百科全书》中国历史卷里魏晋南北朝一段的主编任务。孙毓棠先生逝世后，又接替他所担负的本卷常务副主编（主编侯外庐先生长期卧病），结束他所遗留下的若干工作，这是一项艰巨的工程，一切筹划、组织都是由毓棠生前苦心安排，他在病榻上还看稿子。以后的协调推动工作仍然十分复杂艰苦，全靠责任编辑杨川同志和她的助手孙晓林和杨光辉。我只是撰写了部分条目，在重大问题上起把关决策作用而已。

四、探讨中日文化交流史中若干问题，提出狭义、广义和深义文化的论点。邀集有关专家合作，主持编写了一部以国别为单位的《中外文化交流史》。此书成于众手，不太平衡。但作者皆一时之选，总不失为一部比较系统、翔实可靠的著作，有益于各方面读者。

五、担任了一期北大历史系主任。我拙于行政能力。当初翦老作系主任，我作了十年副主任，经常标榜“硬里子”思想。这是京剧须生角色的名称，意为有力的配角。如京剧玉堂春中的蓝袍，便由硬里子担任。此次坚辞不获，了无建树，只是推动考古专业独立建系一事，对学校领导起了点促进作用而已。在系里任主任以外，还指导了若干魏晋南北朝史研究生和一名来自东京大学的研究魏晋南北朝思想文化史的留学生。前者几周会面一次，讨论有关问题，后者每周共同研读有关史料，都收到教学相长的效果。教委讨论第一批博士生导师人选时，有人以“梁效”为理由不同意我担任。听说是邓广铭先生找领导反映力争，才把我列入。1986年领导号召老教授退休，我已年逾七旬，自然踊跃响应。因为我的两样行当（魏晋南北朝史和日本史）系里都有不止一位强有力的接班人，无需我再恋栈，所招一名博士生也转请田余庆先生指导。但我至今仍居“博导”之名，享受待遇。就像我因1948年底以前在清华任教而享受“离”休待遇一样，无功受禄，时感不安也。

回顾一下，我在史学领域的几个方面都做过工作。龚定庵有句：“从来才大人，面目不专一。”我绝不敢狂妄到自诩为“才大”，但由于自己兴趣广泛和所受训练多方面，因此也就能从较多方面发挥作用，虽然每一方面的作用都是很有局限的。所以我总喜欢引用一句西方的谚语以自况：“Jack of all trades，master of none.”意思是：各种行业的小伙计，没有一行是老师傅。我对自己的鉴定：功力勤奋有余，脑筋聪敏不足。所以对同事中脑筋敏锐、善于深思的如邵循正、张政烺都特感敬佩。50年代学校教授评级，我忝列二级，自己心悦诚服。因而想起《世说新语·品藻篇》所载：“世论温太真是过江第二流之高者。时名辈共说人物第一将尽之间，温常失色。”温太真旷达人，“第二流之高者”正自不恶，何失色之有耶？

国际交流方面，1985年被聘参加联合国教科文组织主持编写的《人类科学文明发展史》工作。此书共七卷，多数卷有中国学者参加，我被邀参加第三卷（公元前7世纪至公元7世纪）的编辑委员会。我四次赴欧洲参加会议，承担撰写了本卷中古代朝鲜和古代日本两节。

1973年，我参加廖承志同志为首的中日友好协会代表团访问日本，这是我学日语教日语近50年之后，第一次踏上扶桑国土。虽是初访，却又似曾相识，不觉陌生。只是代表团随例跑码头，转了好几个城市，应酬各方面，没有什么学术活动。1974年参加首航代表团再访日本。1982年自美归国途中，因长子启乾在东京一桥大学进修，在日本小作逗留，访问了东京大学和早稻田大学，游览了京都和奈良。1985年，又以北京大学东京大学交换学者名义访问日本，进行了学术交流。有《扶桑四周》一文详记，兹不赘述。

1982年，以美国卢斯（Luce）基金会学者名义偕老伴访问美国，这是1946年回国后36年来头一次重游。在柏克利的加州大学逗留了7个月，作了几次报告之外，主要时间用于阅读隔绝几十年的港台与欧美的中国史学术著作，选择复制。回国时，一般书籍都交邮局托运，只把我认为最有价值的两种随身携带，它们是：严耕望的《中国地方行政制度史》和徐高沅的《山涛论》。徐文对史料驱使之熟练与运用之巧妙使我叹服，但并不同意其结论。严书则久仰其名而未得见，读后深佩其考订之细密周详。所不足者，只就制度论制度，未能放眼联系当时政治、社会、事件、人物，以探求制度之运行及其所以然之故，这种地方大陆学人就显出所长了。

五弟杲良任教于斯坦福大学医学院，弟妇在一家化验室工作。由于他们的照顾与引导，在气候宜人的柏克利这段生活非常舒适愉快。认识了加州大学东亚系和历史系一些教授，其中中国语文的简慕善（Jamieson）教授的书法一点看不出洋人所写汉字的味道，东方美术史的柯希尔（Cahill）教授讲中日两国绘画与书法的关系，都使我刮目相看。华人在美地位之提高，是此次来美很快就得到的感受。许多大学特别是理工系科，都有中国人当教授，与三十几年前主要从事于饭馆与洗衣店迥然不同了。这当然和二次大战后美国高等教育的大发展急需师资和大陆解放中国学生滞留不归都有关系。

1982年5月下旬至6月下旬，到东部访问。先应刘子健教授之约，赴普林斯顿大学。大学招待所卧室中高悬明代贵妇盛装画像。东亚图书馆藏有一件丝绸小褂，上面写满小字，内容为“四书”“五经”之类，以备科举考试作夹带用。又看到一部明版书，在书口上绘有彩色图画，后在哈佛燕京图书馆也见到类似的一部书。普林斯顿的东方图书馆是以收藏有关明代的书籍著称的，所藏明代文集之丰富为全美任何图书馆所不及。

甥女徐大椿迎赴纽约观光后，乘“灰狗”公司长途汽车赴华盛顿。40年前曾经坐过这种车，现在座位宽敞，且有厕所，较前更为舒适。四小时抵华盛顿，住在老伴50年前南开女中同学陶葆柽家（先生为著名物理学家任之恭教授）。他们引导参观了不少博物馆，傅利尔（Freer）博物馆藏有一座号称隋代的大日如来立像，全身刻有类似曼荼罗的图案，昔日未曾见过。顿巴吞橡树园（Dumbarton Oaks）的庭院设计及各种花草极为精致优美，留下深刻印象。所以1989年到华府又旧地重游。在华府最为高兴的事是，晋谒了睽违四十余年的堂叔、年近九旬的戏曲史家志辅先生。他和我谈了很多，其中一再叮嘱一件事。据说升平署档案由朱希祖经手为北京图书馆买去，但其中光绪三十四年一份归了齐如山，后由国剧学会收藏。齐如山去台湾后，可能归了傅惜华。志辅大叔老人家至今挂念，希望早日为北京图书馆配齐。这种心情，和我父亲当年多次努力把几种分散的善本设法配到一起，其用心正自相同，应该说是老辈收藏家的美德。

由华盛顿赴匹茨堡，老友王伊同教授接待了我们。老友邓嗣禹亦偕其美国夫人来匹城，晤谈极欢。我们这“洪门”三大弟子一起参加了洪煨莲先生遗书捐赠匹茨堡大学的仪式，我也在会上讲了话，列举洪先生对中国史学界的贡献和在他创导之下所编几十种引得在新中国成立后起的作用。匹茨堡大学有一座著名的高达33层的“学术圣堂”，最下层为国际厅、每国一厅。厅内天花板、地板、桌椅、各种装饰等等，都具有各国特色。厅墙上部四周，刻有中国历代名人图像。如诸葛亮、韩愈、苏轼、岳飞等。在王伊同教授家住一周，他给我详细介绍了几十年来华裔文史学者在美国的情况。大体说来，以前燕京、清华、北大出身者多，近四十年则几乎以台大出身者为主了。得知洪煨莲先生在哈佛并不甚得意。1956 年我们写信动员他回国，他回信第一句是："哈佛诸公待我实厚。"看来是托辞了。由此我想到胡适之先生的话："不愿在洋人手下讨饭吃，更不愿跟洋人抢饭吃。"

麻省剑桥是在北京天津之外我住得最久的地方。老友于震寰来机场相迎。老友杨联陞兴奋异常，殷勤接待，哈佛广场已经旧貌换新颜，但大学校园却与几十年前没有大不同。约翰·哈佛的铜像和三百年校庆纪念时中国校友所送石碑，都依然屹立在旧地。校园内建筑物外貌未变，而内部却大大现代化，如大图书馆。哈佛燕京学社原来所在的博义思同楼外表古老的灰色石块照旧，内部重新改建成为各语言系的中心。杨联陞亲自步行陪我们探访了赵元任先生和洪煨莲先生故居，又招待到家中数次长谈，以倾积愫。费正清教授为我们安排住在亚当斯楼的公寓中，是学生宿舍之一。哈佛制度每所宿舍聘一位教授任楼长，住在同一院中，主持管理。亚当斯楼的楼长教授将赴四川大学讲学，特别请我们到他家参观，告诉我们这所房子建于 1760 年。他现在室内的银色墙纸有中国花纹，据云来自中国。这些都与哈佛古老的外貌相协调。在费正清家茶会上，得晤旧友海涛玮（Hightower）教授，曾译陶渊明诗，已退休。座间还有山东大学吴富恒校长，也是几十年前哈佛旧识。我与老伴应邀参加了毕业典礼，会上授予 12 人名誉博士，吴是其中之一。大约因是校长，又兼美国文学会会长，在中国推动美国文学研究有贡献吧。赖肖尔（Reischauer）和费耐生（Frye）两教授都曾邀到家里作客。赖的已故夫人原是清华大学德文教授之女，与赖皆德裔。续弦为松方正义后裔，其弟昔年与我同事，协助叶理绥教授教日语，已于十年之前去世。在哈佛虽见到一些老友，仍不免"访旧半为鬼"之感慨，如赵元任、洪煨莲、叶理绥、柯拉克四位先生夫妇及裘开明先生均已先后作古矣。

应刘君若教授之邀，到明尼阿波利斯访问了明尼苏达大学，获识马瑞志（Richard B. Mather）教授，专攻魏晋南北朝文学，堪称中国所谓“恂恂儒者”。由明城再飞纽约，参加卢斯基金会所组织的参观——纽约、费城、华盛顿，凡一周。1982 年 6 月 26 日自华府飞西雅图，应肇良妹之邀也。肇良继承其父志辅先生衣钵，酷嗜京剧，粉墨登场。在美国华人票友中拾遗补缺，以女性而扮演净角（《空城计》之司马懿）与丑角（《鸿鸾喜》之金松），颇为著称。不意抵西雅图之次日，在名胜“宇宙针”（Space Needle）旋转餐厅老伴摔断股骨颈，当即送瑞典医院。28 日动手术，一切顺利，30 日即下地学步。7 月 6 日切去伤口螺蚣钉 17 处，7 月 7 日飞回加州。美国医术高明，设备先进。一般而言，医护服务态度亦较周到。但医药费用亦奇昂，老伴此次骨折医药费用总计七千余元。幸有保险，否则既无家可倾，亦无产可荡，真不堪设想矣。回加州后先住疗养院，7 月 24 日回家。9 月 26 日离旧金山返国。

老伴之弟邓宝善于 1947 年自北平入川，以后音信隔断，不知生死存亡者数十年。在美偶然遇到一位经常往来于台港美国从事贸易的亲戚，于是托他回台北时顺便打听一下，也未抱多大希望。没想到在离柏克利前一天，突然接到宝善从屏东打来的越洋电话，姐弟终于取得联系。得知他早已成家立业，二子一女，退休家居，生活很好。那位亲戚从台湾各城市的电话簿上轻而易举地一索即得，这恐怕是 1982 年我们美国之行的最大收获了！

1989 年 2 月，又有美国之行。先是与顾廷龙先生同赴华府，参加《国际中国善本总目录》的顾问委员会。会后顺便到纽约州布朗克司（Bronx）探亲，与次子启博、儿媳翠珍、孙女小舟团聚。老伴则从北京直飞纽约会合。随后女儿启盈从乔治亚州来，女婿李安宁携外孙思萌于6月9日离京飞美。这样，我家除长子启乾、长媳蕴静（天津社科院日本所及历史所研究员）、长孙女晓丰（天津财经干部学校教员）、三子启锐、儿媳晓维（装修公司总经理及清华大学职工）、孙儿周展（北大附小）之外，全家的一半团聚于美国。此行本未作久留之计，因故迟迟未归，到1990年7月才返京，居美计一年四个月。

在布朗克司曾戏撰联语，老伴补加横批。联语多少可以概括这一段生活，因记于此，并附说明：

小树林，大树林，养儿防老，知足常乐。
东海岸，西海岸，逢场作戏，随遇而安。
横批："比翼白头"。

1982年住柏克利，街名Grove，意为小树林。1989年住布朗克司，附近有帕连湾公园（Peiham Bay Park）为纽约大公园之一。占地广袤，大树参天，芳草遍地。我与老伴经常在大树林中留连，或野餐，或喂鸽子、松鼠，每每盘桓竟日忘归。常忆及北京中山公园之古柏老松，对比之下，深感仅从公园树木观之，立国才二百年，自然资源尤甚丰富，人民生气蓬勃之花旗国，与中华几千年文明古国之各方面趋于老大，自然有所不同。然"周虽旧邦，其命维新"，历史终将辩证地发展，是我衷心所祝愿也。在纽约，亲戚与旧友偶有往来，主要春秋佳日到植物园之类地方赏花、看红叶。布朗克司僻处郊区，远离闹市，清心寡欲，与世无争，所谓知足常乐。每两周乘地铁（往返三小时）到哥伦比亚大学东亚图书馆，阅读竟日。与1982年之专心致志于学术著作不同，此次放眼世界，广搜异闻，思路从而开扩，昭若发懵，似有所悟，更是常乐之重要内容也。

来美赴会之外，旨在到儿女处就养，圣诞节期间到乔治亚州与女儿一家欢度。然亦颇有友人闻讯来邀约者，先后应西弗吉尼亚大学汪荣祖教授、普林斯顿大学余英时教授、宾夕法尼亚大学梅维恒（Victor Mair）教授、匹茨堡大学许倬云教授、哈佛大学费正清东亚研究中心罗思·特利尔（Ross Terrill）教授及纽约对日关系研讨中心之约，就中日文化关系、当前中国史学、魏晋南北朝史特点，我所知的“梁效”等题目讲演座谈。所谈大都卑之无甚高论，谓之学术交流也可；谓为逢场作戏也，亦无不可。

此行两度得谒志辅大叔。1982 年以来，老人多次赐书，谈旧日梨园掌故，评骘近人有关著作。所著《杨小楼传》在海外发行，国内殊不易见。因请带回北京重印，以广流传，于 1992 年由北京燕山出版社出版。老人 1994 年 5 月以 99 岁高龄仙去。逝世前 50 天之来书，犹以吉祥戏院之拆除为大憾事，并谓此剧场面向西方，下午光线特好，杨小楼新排戏多在此初演之，在华府重晤任之恭教授夫妇，两人皆矍铄如旧。晤哈佛旧友施于民，昔之翩翩少年，似犹存当年风采。

在普林斯顿晤刘子健教授及牟复礼教授。刘畅谈了华裔中国文史研究人才成长情况，似颇不乐观。又谓及门中有一非洲裔美国学生，治中国文史，甚有希望云。余英时教授邀宴，座中多史语所迁台后新人。谈话中获悉，胡适之先生出任中央研究院院长的原因，是怕此职位落入某人之手。看来大陆自由主义学者的流风余韵，在台湾并未泯灭。据云胡先生在酒会上心脏病突发逝去，也是讲到年来遭“围剿”而心情激动所致。西弗吉尼亚大学汪荣祖教授因撰陈寅恪先生传记而相识，邀赴柏堡晤聚。汪与夫人皆西雅图华盛顿大学出身，昔时李方桂、萧公权、卫德明皆执教于此，为哈佛之外汉学一重镇，培养人才不少。汪教授为萧先生入室弟子，治近代思想文化史，年富力强，勤于著述，宽阔之地下图书室中收藏极完备，至可艳羡。

剑桥之行得晤旧友和杨联陞教授夫妇、关淑庄教授（丁声树夫人）及北大来哈佛的范达人、陈时伟两同事，极为高兴。深感遗憾者，杨联陞小中风之后行动不便，精神、体力、谈锋更大不如七年以前。我虽有不少关于美国东方学情况想问他，竟未敢久留。杨夫人以龙虾见饷之后，不得不互道珍重而别，心中欣慰与凄然之感兼而有之。离纽约前通话告别，他长谈数十分钟，然口齿不清，我竟不能辨一字，电话挂后怅然久之，孰意从此遂成永诀!

在费城，梅维恒教授邀在其家留宿，并两次设宴，得晤旧友卜德（Bodde）教授夫妇，李克教授夫妇及甘曼（Cammann）教授，都是在宾州大学任教的。梅以所著《唐代变文》见赠，其书颇多新意，后有人译为中文，我写了序言，在费城游览了长木花园，温室广大如同户外，奇花异草，五彩缤纷，信不愧为世界植物园之冠。

居美家庭团聚，颐养天年，而不废笔砚。自传初稿之外，写了《我的〈我的前半生〉》与老友王伊同合作完成了马瑞志《马译世说新语商兑》。马瑞志教授以20年时间，全文翻译了刘义庆《世说新语》及刘孝标注，并附以人物小传、名词解释、参考书目，成为七百余页皇皇巨著。《世说》本不易懂，译为外文更是难上加难。马氏功力甚深，以典雅的英文表达刘书、曲尽其意，附录也很有用。但译文究竟还有不少未安之处，我在北京时久拟加以校正而事忙未果。此次在匹茨堡王家盘桓一周，又谈及马氏译本认为其书将相当长时期为西方学子所用，遂相约共草《商兑》，期为马氏净友，使译文更臻完美。两人信札电话，频繁斟酌，完成《商兑》四百余条。虽然还有不能解的片段，然使《商兑》与马书相辅而行，对临川之书流传海外必大有裨益。我们把初稿寄给马教授提意见，他欣然同意，认为有些纠正得对，有些属文字风格问题。我们根据马教授意见，再加斟酌，勒成定稿，由王伊同教授寄交新竹《清华学报》发表。它成为中美两国马王周三家精诚合作与深挚友谊的良好纪念。

圣诞期间，在乔治亚大学借到 Kate Wildman Nakai 论新井白石的书，和 Hermar Ooms 论松平定信的书，我一向认为，美国学者对日本史的研究颇为细致深入，而他们的有利条件之一，即不少原始史料的名著多有英文译本，中国人治日本史尚未遑及此。读了这两本著作，更加深此感。决心以有限之余年，利用略通日本古语之条件，翻译若干部德川时代史学名著，辑为丛书，计划从新井白石的自传《折焚柴记》始。回纽约后，即托人从哥伦比亚大学东亚图书馆借得新井氏书，开始动手。翻译工作在国外国内皆可搞，此又一随遇而安也。这里附带提一下，哥大东亚图书馆对外开放，我以一外国人，既非本校教职工，又无需任何介绍信或证件，在阅览室以至书库随意自由看书，这种“福气”是中国读书人万万想不到的。当然，如要借出馆外就必须另有手续了。

* * *

40 年来，知识分子经过不断的风风雨雨。我曾戏言，这后半生就像著名小说的标题：“红与黑”，来回变了多少次。风云变幻对精神上的影响姑不论，仅以有形的住房电话而言，由起初的“楼上楼下，电灯电话”（借用农民夸耀的得意语），“文革”时变成为“只有楼上，没有楼下（别人进驻）；只有电灯，没有电话（电话由政治待遇决定）”。现在呢，又回到起初那样，我的老伴专长是教外国人汉语，而在极“左”影响下，以政治上（海外关系）不适合接触外国人的理由，1960 年被剥夺了发挥专长的权利，调到西语系改教英文，历时 24 年。她主编的新中国第一部为外国人用的汉语教科书出版时，被抹去姓名。当然，1985 年调回对外汉语教学中心，又主编了

《汉语初级教程》新教材，但年届古稀，上讲堂已经力不从心了。从前晋人王珣的父亲因早逝而名声不显，王珣曾哀叹道："人固不可以无年。"(《世说新语·品藻篇》)白居易有诗云："镜中莫叹鬓毛斑，鬓到斑时也自难。多少风流年少客，被风吹上北邙山。"我们生此巨变、多变、善变之世，自当争取"有年"，争取"鬓到斑时"。法国民间谚语不是说"谁笑到最后，谁笑得最美好"吗？在我们这个年龄组的老知识分子中，以健康状况、家庭关系、工作条件、社会境遇而言，我们两人目前还算是被人艳羡的，这就是"比翼白头"中"白头"二字之所以可贵。

1989 年 6 月 25 日初稿完

1990 年 4 月 17 日订补完

1994 年 8 月 23 日再订补

这篇自传草成于 1989 年，以后有所订补，而年份迄未向后延伸。考虑到进入 90 年代以来乏善可述，而我这趟车一时似乎又尚未抵终点，自传下限也就到此暂告段落。

（原载《史学理论研究》1993 年第 4、5、6 期）

我的《我的前半生》

1989年来纽约"就养"，手边无书，难做研究，因回忆中华书局1963年所出《魏晋南北朝史论集》中某些论文的有关掌故，写成小文。这本论文集收的是1949年以前，亦即我37岁以前的文章。其中个别篇虽发表稍晚，构思属稿均在以前。因此，出书以后，我联系溥仪自传之名，戏称此书为《我的前半生》，现在即以此名篇。几十年来，由于种种原因，我游骑无归，不能专一于魏晋南北朝史研究工作。而今垂垂老矣，脑力体力都已远远不逮，更难望有高水平成就，只好满足于饤饾之学，写了一本札记"甘为乾嘉作殿军"了。

理解陈先生

1936年秋，我进了南京北极阁下历史语言研究所。分配给我的任务，是魏晋南北朝史的研究。但所里并不作任何具体要求，由个人自由读书探讨，也不须预定题目，克期完成。我用了约半年时间，比较从容也比较仔细地读了南朝宋齐梁陈四部正史，写成一篇《南朝境内的各种人及政府对待之政策》。回忆当时情境，读书积累有水到渠成之感，自然而然地写出论文。没有压力，也没有什么提职提级等等今天与研究工作纠缠在一起的杂念，只有研究的乐趣，因而立意终身从事于此。在此期间，关于溪人问题曾向在北京的陈寅恪先生请教。陈先生热情提出自己意见。他喜欢用明信片。他每每自称“初无定见”“极为可笑”，其实是反映了他思想的活跃与识见的敏锐。后来1942年陈先生撰《魏书司马睿传江东民族条释证及推论》(《史语所集刊》第一十二本第一分)，在文章开端叙述了这段往事，颇富感情说：“今则巨浸稽天，莫知所届。周君又远适北美，书邮阻隔，商榷无从，搦管和墨，不禁涕泪之泫然也。”此文发表时，我还在美国，胡适之先生首先见到，并以见示，我深受感动。

蒋天枢先生编陈先生全集，所收江东民族条释证文中，删去了此节。这当然不可能是蒋先生自作主张，定是本陈先生意旨。我看到全集后，不假思索，立即理解陈先生的用意。陈先生为文遣词用字都极考究，晚年诗文寄慨之深，尤为严谨。对于旧作的增删改订，必有所为，删去此节，正是目我为“曲学阿世”(“赠蒋秉南序”中语)，未免遗憾，因而不愿存此痕迹。我始终认为吴雨僧先生对陈先生的估计完全正确，陈先生可算是新社会中的“文化遗民”。1964年秋间，我陪外宾有机会去广州，停留短暂。但我仍抓紧时机。在一个晚上去探望了陈先生。那时他已折腿卧床，对我之晋谒很高兴，对北方旧友垂询甚殷。这是他离清华16年后，我第一次见到他，也是我与陈先生最后一次会面，会见气氛始终是温暖融洽的。但另一方面，全集定稿在江东民族释证文中删去此节，我以为不只是对我个人的表态，而是更有深意存焉，是陈先生作为“文化遗民”的必然行动。我对此不仅毫无怨怼情绪，而是充满理解与同情，毫不因此而改变对陈先生的尊敬与感情。当然，他作为“文化遗民”的种种表现与行动的是非评价，则又当别论。我想这样处理，不是学历史的人"知人论世"所应采取的通情达理的态度吗?

博士论文的点滴精华

我 1944 年在美国哈佛大学远东语文系毕业的博士论文，题为 *Tantrism in China*（《中国的密教》），是堂而皇之的大题目。其实，核其内容，是翻译了赞宁《宋高僧传》中善无畏、金刚智、不空金刚三位密宗大师的传记，再加上一些考证性的附录而构成的，应定名为《唐代印度来华密宗三僧考》。西方文献中，关于印度密宗佛教的史料比较少，所以这篇论文 1945 年在《哈佛亚洲学报》上发表以后，颇引起注意。哥伦比亚大学汉学家富路特教授致书称道。由于中美之间文化学术关系不久即断绝，以后关于此文的反应我了无所知。1982 年再度访美，在柏克利加州大学兰开司特教授家中，遇见几位青年佛教史学家，他们知道我是《中国的密教》一文作者后，说曾复制此文供参考。颇致钦挹。后来北大东语系王邦维博士见告，一本英文佛教史论著索引中，也推荐介绍了此文。有一位美国学者撰文论述善无畏的梵名，也曾寄给我。这些，对我可谓是不虞之誉了。我认为论文中的某些考证对于中国历史研究可能有点用处。于是就用这些材料，写成关于赞宁《高僧传》中几个问题的小文。

空谷足音——"变"字来源

向达先生的《唐代俗讲考》是有关俗讲和变文的筚路蓝缕不刊之作。我读后写了一篇《读唐代俗讲考》，就正于向先生。向先生提掖后进，介绍发表。我在文中就变字语源试做推测，以为或与梵文 citra 一字有关，这个字有"绘画""杂色""变化"之意，我当时希望通西藏文的专家，能从藏文进一步找到证据，证明变文之变与 citra 的关系。不幸通藏文者对变文无兴趣，有志于变文者，又不解藏文，我的愿望终于落空。此后，不少讨论变字意义的论著百花齐放，有种种说法。但都止于各执己见，对别家之说不加辩驳。所以，我的假设也一直搁置起来，处于存而不论的状况。

1989 年三游美国，访问了宾夕法尼亚大学，东亚研究系的西方唯一研究变文的专家梅维恒（Victor H. Mair）教授，以新出版的大著 *Tang Transformation Texts*（《唐代变文》收在《哈佛燕京学社专题丛书》）见赠。书中第三章《变文一词之意义》列举诸家之说，一一辨析其得失。第 63 页征引我的 citra 之说，认为虽然可算“有意义的猜想”，但他进一步探讨，举出 citra 的诸种汉译，据他所知，此词从未译为中文“变”字，从语源学也难把变文的变字与 citra 相联系。我感谢梅维恒教授，使我悬而未决达四十余年之久的推测，得以明确解决，诚可谓空谷之足音也！

《乞活考》招来灾难

《乞活考》是在 1948 年底、1949 年初完成的一篇论文。乞活是西晋末年一部分流民的称号，他们在五胡占领中原以后，据守黄河南北，成为缓冲地带。他们抗击北方胡人政权，与东晋北伐军时有联系，心向南方。他们聚族而居，父死子继，是一支存在了几十年的武装力量。

“文化大革命”中，我错误地介入派性斗争，被对立面一派视同死敌。历史系的一位教师和一个红卫兵，抓住《乞活考》大做文章，硬说此文乃为蒋政权出谋划策的“大毒草”，对我一而再、再而三地大肆批斗。他们的歪理是：此文撰写时间在 1948 年底、1949 年初，正是蒋政权节节败退、退守江南之际。文中描述黄河两岸乞活兵力及活动，指出其心向东晋政权，抗击胡族政权，正是把东晋比成蒋政权，向他献策，劝他在黄河两岸布置隐蔽的军事力量，像乞活军那样，伺机进攻占据北方的共产党新政权。这是主要的两条，其他穿凿附会，歪曲解释的细节还有不少，手边无书，不复省记。对这种离奇可笑、荒诞无稽的文字狱罪，我当然绝不承认。而且，我告诉他们："即使我有意为蒋政权出谋划策，也不能把策划登在一期只印几百本的纯学术刊物《燕京学报》上！"这只是"文革"千千万万桩案子中的一桩。即此一桩，就可以知道"文革"中的文字狱以及其他形形色色的冤狱如何锻炼而成，如何深文周纳，令人发指，到"四人帮"时又发展成为"影射史学"，四处攻击，其罪恶更是擢发难数了！

新史讳举例

陈援庵先生的《史讳举例》是我国史学界经典著作，为治史者必须熟悉的工具，几十年来，我在史学界经历了一些由于政治原因而类似"避讳"的事实。胪列于后，可称为新史讳举例。

我的《论宇文周种族》一文，系在史语所时撰写，曾就此问题与所长傅孟真先生交换意见。文章在集刊发表时，"随例"附带提到傅所长。60年代中华书局印论文集时，我当然又"随例"删去他的名字，政治避讳也。另一篇文章提到"友人俞大纲"，其人在台湾，当然姑隐其名。《牟子理惑论时代考》完稿于北京解放之前，曾就正于胡适之先生，他以长信答复讨论。此文交《燕京学报》发表已在1950年。我认为应把胡先生及周祖谟先生讨论函和论文一同发表，但对胡函有点犹疑。学报主编齐思和先生断然表示："这是学术讨论，与政治无关，可以一起登。"而1963年中华书局出论文集时，我当然又"随例"避讳删除，只保存了周祖谟先生一封信。（此次编定自选集，一律恢复。）

我自己呢，恶有恶报，受到"以其人之道还治其人之身"的公平待遇。由于被调到“四人帮”操纵的“两校大批判组”（笔名“梁效”）工作，“四人帮”打倒后，受了几年政治审查。所以，有人辑印有关匈奴的论文，辑录了我《论宇文周种族》一文，而采取“姑隐其名”的办法，以不著一字的无名氏姿态，与其他作者的署名并列。有一位魏晋南北朝史专家，在第二次印他的著作时，迫于出版社的压力，把仅有的几处我的名字删去。有人辑印中国史学史方面论文，独不收我的《魏收之史学》，无他，政治避讳也。但稍后程千帆先生在其大著《史通笺记》中并提及此文，似尚有可取之处。《北京大学学报》刊登翦老和郭沫若院长讨论朝鲜李朝一位学者的通信，这是为翦老平反后恢复名誉的各种措施之一。我曾为他们提供材料，信札中提及，但是对不起，我的姓名却被 ××× 所代替了。据说当时学报编辑部中有过争议，一种主张是完全删去我提供材料的事，一种则主张事实应保留，而姓名不宜出现，结果后一种意见被采纳。尤其妙的是，台湾方面 50 年代翻印大陆出版物，或征引大陆作者著作，姓名都换成同音字，或两字之名削去一字（现在已不这样做）。这种做法，其用意有似清廷把孙文的文字加上三点水变成汶字，以昭著其为罪人。周法高先生《颜氏家训汇注》中忝蒙提到“周乙量”，即是一例。周法高先生精于小学，仿佛记得金文中良字与量字本可以相通，足见周先生为我更名是有依据的。可能我的名字在台湾有时写成周乙良，以致害得梅维恒教授在他新著所附极为详尽的参考文献目录中，周一良条在“一”字底下，还费事用括号加注“乙”字！

“风物长宜放眼量”。事情放在较长一段流光中来考察，就能较为超然，就能较为公正，就能实事求是，就能通情达理得多。新史讳举例已毕，我想还应当重复一下齐思和老学长的话：“这是学术讨论，与政治无关。”多么斩钉截铁，泾渭分明啊！无论上述哪一类型的政治避讳，都徒然是庸人自扰而已。

关于“乾嘉殿军”，指的是1985年中华书局为我出的《魏晋南北朝史札记》。此书撰著经过这里不谈，它基本上是短篇考证文字。陈援庵先生逝世后，亡友邵循正先生有副挽联，下联云“校雠捐故技，不为乾嘉做殿军”，颂赞颇为得体。我想，我这部札记只好“甘为乾嘉做殿军”了。

1989年6月1日写竟于纽约布朗克司

（原载《中国史研究动态》1990年第11期）

周一良学术论著自选集·自序

首都师范大学出版社为弘扬中华文化，传播优秀学术成果，要给我出一本学术论著自选集。我感到很惶恐。虽然60年来写了一些东西，是否堪称优秀二字，殊无自信。但是，从文化学术的发展来看，这些论著多少代表一个时期一些方面的成就，在历史上留下若干痕迹，可为以后研究我国20世纪文化学术的人提供点滴资料。在这个意义上，我答应了选印这本集子。

从内容看，这本自选集是比较杂的。它涉及魏晋南北朝史、佛教史、敦煌学、日本史、中日文化交流史等几个方面。这要从我的个人兴趣、早年训练和40年来所接受的任务来说明。

我在私塾读书十年，受益最深的塾师是24岁来我家的张曾敭之子张潞雪先生。我从他学写古文，接触清儒朴学，在考据方面有所熏染。同时也在家塾学了日文和英文。日文教师是京都帝大国文学科毕业、清末来保定任教习而留在中国的牧野田彦松先生。我在北京先后读过燕京大学国文专修科（一年）和辅仁（一年）、燕京（本科三年、研究院一年）两校的历史系。在燕京受邓之诚先生和洪煨莲先生影响较深。魏晋南北朝史的兴趣是由邓先生断代史课培养的，而洪先生的两门（初级与高级）史学方法课给了我治史的严格训练。在清华“偷听”陈寅恪先生讲魏晋南北朝史之后，眼前放一异彩。经陈先生推荐，我进了中央研究院历史语言研究所工作，从此这段历史成为我主要研究范围。在史事之外，还留心史料中出现的特殊词语，有志于清儒郝懿行《晋宋书故》的未竟之业。

回顾我在这个领域的论著，当自从事于此的学人还不多的三四十年代，我提出了某些问题并试图加以解决。但选题多凭一时兴之所至，对这段历史缺乏全面整体的看法，也没有各个击破、逐步深入的研究计划。五六七十年代由于其他任务和“史无前例”的大动乱，这方面的研究长期搁置起来，“科学的春天”来临以后，我重理旧业，首先温习一遍有关史料——《三国志》《晋书》和八书二史。在此过程中虽有所论述，往往止于东鳞西爪的一得之见，仅能在此领域添砖加瓦而已了。

30年代末，母校燕京大学推荐我领取哈佛燕京学社奖学金，赴美国哈佛大学远东语言系（后改东亚语言文化系）学习。燕京给我的任务是研究日本语言文学。我深深服膺陈寅恪先生，感到要走他的学术道路应先具备他的条件，亦以到哈佛有机会学习梵文而私喜。在哈佛主要受教于叶理绥先生和柯拉克先生。叶理绥先生俄裔法籍，是明治年间日本东京帝国大学第一个在国文学科毕业的外国人，以后被誉为“西方日本学之父”。柯拉克先生是哈佛第一代梵文教授兰曼的弟子，兴趣在印度佛教，故而指导学生通读《佛所行赞》《妙法莲华经》等为教材。我这本集子中关于佛教史和梵文的论述，就是在哈佛学习的结果。哈佛毕业的博士论文《唐代印度来华密宗三僧考》包括天竺密教三位大师汉文传记的英译，因是第一手资料，对西方佛教史学界颇有裨益。但进入50年代以后，时移世异，在客观环境的不许可与主观思想的片面性情况之下，我的魏晋南北朝史研究以及与之相关联的佛教史就从此束之高阁了。

先父叔弢先生是著名藏书家和文物鉴赏家，我从小有机会接触敦煌写经。得闻陈寅恪先生“预流”之说后，认识到“敦煌学”的重要意义，也就所能见到的卷子作一些考订。80年代，北大中国中古史研究中心分配给我研究敦煌写本书仪的任务，作了初步探讨。这是选集中收有“敦煌学”文字的原由。

我十来岁时喜欢读一些明治以来日本文学作品。为纪念先师张先生，翻译过秋田雨雀的名作《先生之墓》。大学毕业的论文以《大日本史》为题。但只是到哈佛大学后，接触到汉和图书馆丰富的日文藏书，又得叶理绥先生的指引，才对日本古典文史有进一步了解，1946年回国后，除在大学教日文的职业之外，还须在外面兼课才能糊口。当时的北平没有人教日本史，燕京、清华、北大三校的日本史课，竟由我一人承乏包办。50年代初，北大历史系学习苏联教学计划，准备开设必修课亚洲史，建立亚洲史教研室，提出要我负责。我认为责无旁贷，毅然放弃从事多年的中国古代史，承担下来，我草拟亚洲史教学大纲，编写教材，培养青年教师，而自己亚洲史领域的研究仍在日本史。当年时势所趋，搞了明治维新前后。80年代中期退休以后，才着手于自己感兴趣的江户时期。这就是自选集中日本史方面论著涉及两个不同时期的原故。

新中国成立以后，与亚非各国的友好往来日益频繁，报刊上常需要发表回顾友谊关系与文化交流的文章，这个任务往往落在我身上。这些为现实服务的文字以外，我就所知较多的中日文化交流写过一些东西，也反映在自选集中。

我的研究工作主流在历史。60年来，我可说是经历了乾嘉朴学、西方近代史学和马克思主义史学三个不同阶段的训练。我今天的看法是，这三种类型的训练有一共同之点，即要求历史必须真实或尽量接近于真实，不可弄虚作假，编造窜改。只有真实的历史，才能成为“后事之师”，起参考、借鉴以至教育的作用。而研究历史最根本的态度和方法只有四个字：实事求是。如何才能实事求是呢？一个合格的历史学家应当既见树木，又见森林；能由此而及彼，由小以见大：看到政治、经济、社会、文化等等不同领域之间的关联；看到纷纭错杂历史现象之间的内在联系；看到历史是辩证地发展。以上所说，似乎陈义甚高，却又像老生常谈。我自己则心向往焉，而愧弗能也。

是为序。

1992年8月9日写完

（原载《周一良学术论著自选集》）

周一良学术论著自选集·自传

关于我作学问的大致情况本书自序中已作交代。这里就做人和做事两方面约略叙述，以代自传。

我 1913 年 1 月 19 日生于青岛。原籍安徽东至县，出身于清末统治阶级上层大家族而父亲划为民族资产阶级的家庭中。我的学历是燕京大学文学士（1935）、哈佛大学哲学博士（1944）。工作经历除短期在中央研究院历史语言研究所作研究，在哈佛大学教日文之外，长期在北京任教；燕京大学国文系副教授（1946—1947）、清华大学外文系教授（1947—1949）、同校历史系教授并曾兼系主任（1949—1952）、北京大学历史系教授并曾兼副主任、主任（1952—　）。1986 年退休。

*　　　*　　　*

全国解放那年我 36 岁。这 36 年过的是衣食无忧，一心向学的生活。虽然父亲在实业界，我们兄弟姐妹十人都从事文化、教育、科技方面的工作。我的人生目标是成为学者，学界生涯倒也一帆风顺。但几十年的平静中，也有小岔曲。我出生后，次日母亲即病逝。年轻的父亲不知所措。他的挚友德国汉学家卫礼贤（Richard

Wilhelm）牧师把我抱回家去，由卫夫人用牛奶喂养一年后送还。我长期在天津家塾读书，未入中学，因而也无法考大学。先入燕京大学训练中学教师的国文专修科学习了一年，不甘心于“非正途出身”，于是在琉璃厂刻字铺中假造了一张高中毕业文凭，去报考当时创办未久、制度颇欠严密的辅仁大学历史系。报名竟然通过，可是入学考试还有拦路虎——数学。亏得照相馆巧于修版，把一张照片弄成和我表兄孙师白（现为著名硫酸工业专家）“我中有你，你中有我”，靠他这枪手，我侥幸得以录取。这两件事在我一生中，都起了多少带点关键性的作用——小小生命能否存活下来和学术界能否顺利爬上去。应当声明，这次假造文凭之后，60年中，我从未再干过骗人的事。而“文革”时红卫兵给我贴大字报，说希特勒上台之前20年，我就“喝纳粹的奶长大”！

新中国成立以后，和许多单纯而正派的知识分子一样，我长期有一种负罪感，其来由不外家庭出身、美国留学、脱离政治等，因而自我改造的要求严格而迫切。50年代夏鼐同志入党时，我给他的祝贺信中说：“希望今后你首先以党员要求自己，其次再以专家要求自己。”这话说明了我当时心态。我对历次政治运动的底蕴，并不真正理解，而自己思想上则始终要紧跟，要革命，包括起初大会上拒不低头而终于积极投入甚至介入派性斗争的“文化大革命”。也正由于被目为能够“正确对待文化大革命”，我才被调到“梁效”大批判组工作，1976年之后又二度编入“另册”。1980年在魏建功先生追悼会上，看到他一位老友的挽联有句云：“五十年风云变幻，老友毕竟是书生”。“毕竟是书生”五个字使我若有所悟，豁然开朗。

*　　*　　*

作为教师，我所教过的课程有“中国通史（上段）”“魏晋南北朝史”“中国历史文选”“佛教翻译文学”“日本史”“亚洲史”“初级及高级日文”。我兼任北大历史系副主任凡十年（1956—1966），分管科研、研究生、进修教师、外国留学生工作。当时以党代政，作为行政领导之一员，惭愧无所建树，在接连不断的运动和无休止的冗长会议中，虚度了十年。

60年代之初，武汉大学吴于廑同志和我共同主编了四卷本《世界通史》。这是在1958年大跃进中号召学生自己编教材一股狂风之后，周扬同志采取的纠偏措施。名义上是我们几个（全书及各卷）主编在群众提供的教材基础上编写，实际上是主编们自己或组织少数人另起炉灶，重新撰写，共同通读定稿的。四卷本未脱苏联教材窠臼，但多少有所改进，如采取一般公认的论点，注重史料的具体与确切，加强亚非拉各国历史，增加中外交流的章节等。各大学历史系教师多目为比较合用的教材。

80年代我主要负责了两项工作。一是受周扬同志委托，主编了一部《中外文化交流史》。我发凡起例，邀约19位有关专家，分章撰写了中国与22个国家和地区文化交流的历史，是一部对史学工作者和外事工作者都有裨益的参考书。另一是在《中国大百科全书・中国历史卷》常务副主编孙毓棠同志逝世后，我代替了他，同时兼任魏晋南北朝部分的主编，自己也参加撰写。中国历史卷计430万字，是40年来中国史研究成果的总检阅，也是第一部以中国历史为对象的百科全书。联合国教科文组织主持编写七卷本巨著《人类科学文明发展史》，我也在80年代应邀担任第三卷（公元前7世纪至公元7世纪）编委会的委员。

新中国成立后我多次到亚、非、欧、美国家访问。大体说来，80年代以前是在文化学术交流名义之下，偏重发展人民之间的友谊，学术上意义不大，收获亦少。进入80年代之后，则访问多以交流学术为中心，同时也自然增强了友好关系。

*　　　*　　　*

我这个人，由于青少年时的教养，受孔孟之道的影响还是比较深的。我总觉得，他们的许多话指出了人之所以为人，人之所以区别于禽兽，因而包含一些起码的做人的道理。即使社会发展阶段不同，人们的价值观因社会变化而有异，孔孟的某些教导仍然照旧有其意义与作用。我最所服膺的，是孔子所自称的“吾道一以贯之”。亦即曾参所解释：“夫子之道，忠恕而已矣。”朱熹注更明确：“尽己之谓忠，推己之谓恕。”在人际关系上，我曾自诩有知人之明，更有自知之明。我想这是我群众关系较好的原因，实际也是忠恕之道的推衍。忠与恕的信念之外，40年来，我逐渐树立了另外两个观点：唯物的与辩证的。我深深感到，有这四条信念“垫底儿”，处顺境时不至于忘乎所以，处逆境时也没有疾首痛心。

有一部小书名《袖中锦》[①]，其中有“四事不可久恃”一条云：“世间四事不可久恃——春寒、秋热、老健、君宠。”我看这段话兼包自然规律及社会规律，既唯物，又辩证。80年代以来，渐渐感觉自己年纪老起来，也感觉自己头脑清醒、思想开阔起来，每每标举这段话以告朋友。现再录于自传之末，既以自警，又以劝人。

1992年8月17日写成

（原载《周一良学术论著自选集》）

---

① 《四库提要·子部·杂家类存目》收此书云：“旧本题宋太平老人撰，不著名氏。其书杂抄说部之文，漫无条理，命名亦不雅驯。盖书估所依托，曹溶不考，误收入《学海类编》也。”其实，即便此书为明人依托，固不害其言之有至理也。

中国文化书院访谈录

周一良，口述历史时间：1991 秋，月日不详，地点不详

记者：我想，您也做点准备，我说得干脆，看您怎么觉得好。从家庭说起也可以，从童年，从您的背景，随便怎么样，咱们就聊天。我呢，就一边有的时候听听，到时我觉得感兴趣，我也到时候插两句话，您说呢？

周一良：可以。我看是不是这样子分成几个阶段来谈。先谈谈我的家庭，以及 1930 年以前。1930 年我到北京，当时叫北平，1930 年以前作为一段。然后 30 年到北平，一直到 1939 年出国到美国去，这个算一段。然后在美国七年算一段，39 年到 46 年回国。

记者：那您是和季（羡林）先生前后差不多回国。

周一良：差不多同时，然后 46 年以后，48 年底清华就解放了，一直到“文化大革命”作为一段。“文化大革命”以后再算一段。大体上这么分一下。

我是安徽东至县的人，这个县在清朝的时候曾经叫做建德，建设的建，道德的德。民国以后，浙江省也有个建德县，所以就改做秋浦，秋天的秋，浦口的浦。后来又一度改成至德，解放以后又把

两个县合并了，把北部的一个东流县跟至德县合在一起，称为至德县。所以现在我就算是东至县的人，其实像这个县名字，也经过几度变迁了。

我是 1913 年 1 月 19 号生。

记者：比季（羡林）先生小两年，他是 1911 年。

周一良：这是阳历。要是阴历就是头一年，因为我是 1913 年的 1 月份，就相当于阴历的头一年，就是壬子年，属鼠的壬子年，壬子年的十二月十三，所以阴历就是头一年的十二月十三，阳历就是第二年 1913 年的 1 月 19 号。生是生在青岛，你也许觉得奇怪，为什么籍贯是安徽，却生在青岛呢？这里面是这么一个缘故，因为我父亲十几岁的时候就失去了父母，跟着他的祖父过。他的祖父就是我的曾祖父，是清朝末年一个相当大职位的一个官。辛亥革命以后，清朝亡了，很多遗老都跑到青岛去，隐居在青岛。我曾祖父也到了青岛，所以我父亲就跟他到青岛，在青岛结婚，我就生在青岛。虽然原籍是安徽，从来没有回去过，生就生在青岛。

记者：其实您也是地道的北方人。

周一良：对，实际上变成地道的北方人了，在外国一般问你的 birth place，生在什么地方？很麻烦了，我就填青岛。但是按籍贯我填安徽人，所以造成很多纠纷。以后我就索性填北京了，也不算青岛，也不算安徽，就算北京人。

刚才谈到我的曾祖父，恐怕要从曾祖父讲起了。我的曾祖父叫周馥，他的家庭还是比较穷苦的，大概多少辈都是务农的。家谱里面说，可以追溯到唐朝一个诗人，那可能也不一定可靠了，曾祖父的父亲，就是周馥的父亲，是帮人家做生意。

记者：那个诗人叫什么？

周一良：那个诗人叫周繇，那个字很特别，据说我们是周繇之后，那就很难说了。我曾祖父的父亲是帮人在外面做生意的，家里大概世世代代还是种地的，不是有钱的人家。曾祖父大概人还是比较聪明的。从小就念书，他的父亲把他送到70里以外的一个先生那儿去念书，大概就住在那里，因为不可能每天来回走。念书大概还是很聪明的。但是后来考秀才，最初级的就是秀才了，相当于我们现在中学的样子。考秀才刚考了一场，正赶上太平天国起义。我们那个家东至县正是在长江边上，变成来往拉锯战的地方，战争频繁的地方，他考秀才考了一场，后来考试就考不下去了。他连最低级的秀才都没有得到，更说不上什么进士了举人了，这些更谈不到了。但是我的曾祖父人比较刻苦，比较聪明，读书也努力。后来他十几岁的时候就离开家，到外头谋生去了，当时他另外有个名字。后来他离开家，他的父亲就希望他将来还能回来，所以就给他改了个名字叫“復”，复（復）员的复，希望他还能回来。那个“復”字，繁体字是个双人旁，右边再是回复的复，复兴的复，意思就是他出去以后还能回家乡来。

那后来怎么又从“復”变成“馥”，由双人旁变成香字旁了呢？因为我的曾祖父后来跟李鸿章了，在李鸿章的幕府里面做事。李鸿章有一次开一个名单，开给皇帝，要保举一些人做什么官。当时就写错了，把这个“周復”，双人旁的这个“復”写成一个香字旁的“馥”了，从此以后，因为这个名字已经报到朝廷了，备了案了，又不能再改了，他从此就把“復”变成“馥”了。这个很有意思。是很奇怪的事。

周馥最初出来，也是无依无靠的，在安庆，就是安徽的首府。据说，这也是书上说，他的自己的年谱里没有提这些事。也许不愿意提这些事吧，就是说摆了一个测字摊，给人测字，你可以问你的运气怎么样，把你写的字给他，他给你算命的意思。同时也给人写信，那时候很多人不会写信，就托人代写家书了，写对联，等等。据说李鸿章经过那儿，李鸿章那时驻扎在安庆，经过时，发现他字写得不错，就把他召到他幕府衙门里面去给他当文书之类的，这是一种说法。还有一种说法，说是周馥有个同乡，也不知是亲戚，在李鸿章的军营里面管伙食，管伙房，管后勤，这个后勤的账目常常请我曾祖父替他写。那么李鸿章看这账目写得很好，就问这是什么人写的？后勤的人就告诉他，这是我认识的一个同乡或者是亲戚周某人。李鸿章说不错，你把这个人叫来，然后就把他叫到衙门里面去了，从此就帮助李鸿章做文书做秘书了，等等。有好几种传说，我们也不知道怎么样，总体来说，就是他出身是比较寒苦的，工作是很勤奋的，读书也还是不错的，因此就受到李鸿章的赏识。所以以后就一直跟着李鸿章，是这么一个人。

他跟李鸿章在天津。李鸿章做北洋大臣，做直隶总督，他跟他在天津做海关道，管海关的事情。又帮助李鸿章搞了一些所谓的“新政”，就是修铁路，盖工厂，等等。他还帮助李鸿章办了武备学堂，现在实际上就是军事学校。他的军事学校里头后来出了一些人，像后来的总统冯国璋，后来的皖系的头头段祺瑞了，都是这个武备学堂出来的。而当时他负责筹备武备学堂，所以这些人都叫周馥老师。他因此也就跟北洋军阀有一定的渊源，有一定的联系。八国联军打下北京以后，后来不是西太后跟皇帝都逃了吗？逃到西安，后来回来，李鸿章也到了北方，跟外国谈判，又把周馥从四川调到北方来，协助他办理这个交涉。他这个人还是很能干的，比较干练。

在这个以前，在甲午战争的时候，李鸿章派他做前敌营务处，就是管粮草、粮饷、武器，等等。当然甲午战争打败了，可是周馥在自己的年谱里面，讲到说是虽然战争是败了，但是粮饷从来没有缺过。武器子弹我始终是坚持供应上去了。所以他们打了败仗，这些武官不能责备我，我还是尽了我的责任了。看起来这个人还是很能干的，办事认真。

记者：军需部长兼后勤部长。

周一良：对，是这么一个角色。义和团以后，《辛丑条约》以后，就把他派到山东去做巡抚，就算升了官了。

记者：巡抚算不算做省长？

周一良：差不多省长的样子。他到山东以前，据说是到北京见了西太后。有这么一个说法，这个说法也不见于他的年谱。这是前不久我的一个堂姐姐，94 岁了，我也是想请她讲讲她所知道的我们家里的事情，也做一个录音的记录。她给我寄来，她就讲这么一个事，她说我们曾祖父去山东之前，西太后叫他到北京来朝见，他朝见了西太后，那正是西太后刚刚从西安逃回来的时候。据说曾祖父还曾经劝西太后，说太后以后可千万不要太任性。劝她不要太任性，意思就是因为你的任性，所以搞成现在的大乱子，等等。当时大家都很惊慌，惊慌失色，以为周馥这下要掉脑袋了。说是西太后脸上变了颜色，但是过了一会儿，西太后就说，好吧，你的话很好，下去吧。最后还讲了这么几句话，也没有怪罪于他，也没有砍他的头。这个话我是最近从我 94 岁的姐姐那儿才听说，究竟可靠不可靠也不知道。如果是可靠的话，那我看，他还是有点骨气的，有点胆量的。挺敢说话的。

他从山东后来就做了两江总督，就是管安徽跟江苏。

记者：那也相当高了。

周一良：相当高，比巡抚还高。那是当时地方官最高的了，从两江又调到两广，这是管广东、广西。大概是 1906 年，他岁数也大了，从两广辞职回家了，那时候已经七十好几了。他在两江也是一个很特殊的例子，因为清朝的规定你本省的人不能做本省的官，回避。怕你有亲戚朋友在那里营私舞弊。这个规定还是好的，我觉得还是不错的。

过去封建王朝常常有这种规定，清朝也是这样定的，但是也有例外，周馥就是一个例外。因为周馥这个两江总督管江苏、安徽，好像（也管）江西，管三个省，巡抚是管一个省，总督可以管两个省，三个省，所以安徽归他管，而他又是安徽人，这个等于就是说破了例了，还是比较特殊的情况。

记者：像一个大区的区委书记，华东局之类的。

周一良：就是这样的。因为他是这样一个地位，所以清朝亡了以后，他也跟其他的遗老一样，都跑到青岛去。

记者：相当高的官。

周一良：相当高的官。这是我的曾祖父。曾祖父我也还来得及见到，他是1921年才去世的，我1913年生的，所以他去世的时候，我8岁的样子。

记者：有印象吗？

周一良：有印象。那个时候他住在天津，我算是最大的曾孙了，所以过年过节都要去他那儿拜年、拜节了。我记得他个子很高，白胡子，那时候他已经80多岁了。现在的80多岁的人好像还很年轻的样子；我们那个时候，就很老了。总是两个人架着走路，其实他还很健壮。就两个人架着走路，见到他，总是让我在他两个腿当间站在那儿，也就记得这样一些了。他曾经写过一首诗，那是辛亥革命以后的诗了，有一些遗老的口吻。后头有几句我记得，叫做“天有时而倾”，就是天有时候会倒塌下来，“地有时而缺”，地有的时候会缺一块，“大道千古万古永不灭”。他所谓的大道究竟是孔孟之道呢，还是说清朝王朝的命运就不得而知了。不过总而言之，他有这么几句话，我觉得这也是遗老的一种口吻。上面还写着，告诉我父亲，将来一良能够懂得文义的话，可以给我讲解讲解，有这么一些东西。不过就是这些东西，也让我们在“文化大革命”给毁掉了。

记者：这是“罪证”。

周一良：我还保存遗老的、曾祖父的东西，所以就毁掉了。我父亲也从来没有讲解过，我后来琢磨这还是一种遗老的意思了。因为他是遗老，所以他跟其他的很多遗老一样，就到青岛去了，我父亲就跟着他到青岛。我父亲是他孙子。我的祖父就没有见过，很早五十几岁就去世了，我还没有生，所以就没有见过，大概是这么一个情况。

我父亲在济南或者在青岛结的婚。我的外公姓萧，是云南人，但是长期在山东做官，也是一个喜欢写字作诗、喜欢收藏的这么一个人。我生在青岛，我生下来以后，我的母亲就因为产褥热，大概第二天就去世了。

记者：您的生母啊？

周一良：对，生母。这样的话，我父亲才 22 岁，就不知所措，不知道怎么办好。亏得那时候他有一个外国朋友，一个外国的牧师，一个德国人，叫尉礼贤，Richard Wilhelm。他先用尉字，后来他觉得尉字是个武官的名字，觉得这个名字不好，就改成卫生的卫，叫卫礼贤。这个人是一个德国的牧师，他到中国来，当然是为了要感化中国人相信基督教，大概是这个意思，那个时候，一次大战以前，青岛不是在德国帝国主义的控制之下吗？

记者：对。

周一良：青岛、山东一带都是德国人的势力，德国就派他到青岛来当牧师，传教来的，传教士。但是这个人到了中国以后，他没有怎么传他的教，反而受到中国文化的感化。对于孔孟之道非常崇拜，学中文，看中国书，而且他的名字也改成礼贤，就是礼贤下士的那两个字。他还有个号，号叫“希圣”，所以又是“礼贤”又是“希圣”，这个名字里面“贤”跟“圣”都有了，非常地喜欢、崇拜中国儒家的文化。他的中文也还不错，也翻译了不少中国古典的东西，比如说他翻译的《易经》。《易经》是很难念的了，他翻译的《易经》先翻译成德文，后来又翻译成英文，一直到今天，西方研究汉学的人读《易经》，还是读卫礼贤的翻译本子。是这么一个情况。

记者：他是一个相当有学问的人。

周一良：相当有学问。

记者：他到中国以后学的？

周一良：对，到中国以后学的。那么我父亲那个时候跟他学德文，也跟他有些交情，有些来往，这个卫礼贤牧师看到我父亲毫无办法，他就见义勇为。他就把刚生下来的婴儿，也没有母亲，也没有奶吃的一个婴儿，抱到他自己家里去了，由他的夫人喂牛奶喂了一年。整整一年，然后才把我送回我父亲这边来。所以一直待了一年。

记者：那就等于是一个洋奶妈。

周一良：对。这个卫礼贤的小儿子从前曾经在北京大学教过德文，后来到美国，在美国西雅图的华盛顿大学教中国历史、文学、哲学，等等，学问也还不错的，也培养了一些美国的汉学家，我82年去美国，到西雅图还去看过他。

记者：他的小儿子？

周一良：他的小儿子，比我大五六岁。他说他还记得当初他妈妈把我抱到他家的时候，他妈妈跟他说，给你接了一个小弟弟来，在他家里待了一年。这么一个情况。

记者：（卫礼贤）心眼很好。

周一良：心眼还是很好的，对我还是应该有恩的，如果没有他的话，我究竟活得下来活不下来，很难说了。

记者：没想到你的生母……你没有印象。

周一良：当然没有印象，没有任何的印象。过了一年以后，他把我送回家，那就是 1914 年了。1914 年不久，爆发了第一次世界大战。第一次世界大战爆发以后，德国打败了。德国人纷纷撤退了，从青岛撤退，卫礼贤也就回国了。那个时候，我曾祖父带着我父亲也离开青岛了，就到天津。

记者：曾祖父还活着。

周一良：还活着。一直到 1921 年，就到了天津。后来我父亲就续娶了，续娶了一个姓许的，也是一个大家族，杭州许家，这个继母生了八个兄弟跟妹妹，又去世了。后来第三次又续弦一个，姓左的，这个左家也是一个大家族，现在叫常州，常州姓左的，也是一个大家族。又生了一个孩子，所以我的弟兄姊妹一共十个人，我是一个母亲，中间这八个是一个母亲，最后这个小的弟弟又是一个母亲，三个母亲。

记者：那您是周珏良的……

周一良：周珏良是我同父不同母的兄弟。他是第二个母亲的大孩子。你认识周珏良？

记者：不是，我的一个朋友，周珏良是他的导师，外语学院的研究生，所以老提起……

周一良：他是老二。

记者：十个兄弟姊妹，真是大家族。

记者：周绍良呢？

周一良：周绍良是我的叔伯兄弟。

记者：那天听季（羡林）先生说，有一个“周一良”，还有一个周珏良，还有一个周绍良。

周一良：实际上，我的曾祖父跟我的祖父对我没有太大的影响，主要的影响还是父亲的影响。我父亲这个人，大家都知道了，他最后是全国政协的副主席了。

记者：是吗?

周一良：对，去世的时候。实际上他在解放以前，他跟政治没有关系，是一个远离政治的人。他一直是办实业，所以解放后说他是爱国民主人士了，说他是属于民族资产阶级，实际上是办实业的。他真正的兴趣还是在于中国的文史、藏书，所以他是一个有名的藏书家。

记者：您父亲叫什么?

周一良：叫周叔弢，"弢"是很特别的一个字。实际上他个人的兴趣还是在于收集善本书，他办实业赚的钱全部用在藏书上面。最后他的书在去世以前，解放以后去世以前，最好的书有700多种，就是所谓的善本书了，都捐给北京图书馆了。北京图书馆的善本很主要的一部分是我父亲的藏书组成。另外他还有一些稍微次一点的书，有的捐给天津图书馆，有的捐给南开大学图书馆，还有一些古文物就捐给天津艺术博物馆。今年是他的百年诞辰，所以北京图书馆办了一个展览，展览他的生平事迹，也展览了他的善本书。

记者：办过了?

周一良：办过了。天津艺术博物馆也办了一个展览，主要是展览他所捐献的敦煌的写本和古代的图章、字画，所以他主要的兴趣是在这方面。他这个人比较严格，治家比较严，对待自己也比较严格。你知道在旧社会，封建大官僚的家庭的子弟，吃喝嫖赌是常见、不稀奇的事情。就拿我父亲的弟兄来讲，他们弟兄中五个人他是老三，其余的四个弟兄都有姨太太，有的还不止一个，但是我父亲没有这些嗜好，从来不嫖，也不赌，也不抽鸦片，我的好几个伯父叔叔都抽鸦片，娶姨太太，抽鸦片，搞这样一套东西，他一切都没有。他唯一的嗜好就是买书，从十几岁起，就开始搜集书。这个恐怕跟我祖父也有关系，我祖父就喜欢买书。祖父也做官，做官做得不是太大，喜欢买书学医，给人治病。给人治病就要研究医书了，所以就买了好些的医书，自己也写书，而且编了一套、印了一套叫《周氏医学丛书》。这个本子现在还有，还在扬州，后来还印，据说他选的这些书都是比较好的版本。现在还有用。所以他可能也是从他父亲那里得到的熏陶、影响。可能是这样一个情况。

所以他对子女要求也比较严格，另外，他心胸也比较开阔。一方面要求比较严格，一方面心胸比较开阔，比如说他的子女专业的选择，上学的选择，他不加干涉，完全由孩子自己决定，所以虽然他解放前是一个实业家，就是资本家了，解放后所谓的民族资产阶级，但是他的十个子女没有一个搞实业。

他对子女专业的选择不加干涉，但是也不说明他年轻的时候对于他的孩子，没有任何对塑造孩子的考虑。我觉得他还是有考虑的，但是他的考虑随着时代有所变化。比如我是最大的孩子，大概在我小的时候，他的心目中对于新的教育，民国以后的这一套做法，他不见得很赞成，可能他脑子里头还是想着老的一套做法，所以我没有上过中学。我从 8 岁就开始识字念书，就是在私塾里面，一直到 18 岁，差不多 10 年。大概当时他觉得新学校不可靠，不愿意把孩子送到小学、中学，所以就在家里请私塾老师让我念书，一直念到 18 岁的时候。那已经民国十八九年了，1930 年前后了，那是我自己觉得这样下去不行了，实在不行，然后才到北京来念书，这是以后再说了。

记者：您那时候私塾在天津？

周一良：对，私塾在天津，所以我现在回想，最初他的思想是对于民国以后的教育制度，对于“五四”以后的新文化运动是格格不入的。我记得胡适之先生曾经谈到陈寅恪先生，就是陈散原的儿子，陈宝箴的孙子，也是清朝一个大官的后代了，陈寅恪先生的祖父是巡抚，也相当高了，相当于省长。

记者：就是陈宝箴？

周一良：对。胡适之先生就说，陈寅恪先生我感觉到，他有点遗少的气味，不是遗老，是遗少。这个话对我很有启发。我觉得我父亲当年二三十岁的时候，恐怕也有一种遗少的气味，他跟陈寅恪的家世很相似，陈寅恪的祖父是巡抚，他的祖父是总督，高一级，就是清朝末年的封建大家族的子弟。我想他有这种思想。虽然他是不是算遗少很难说了，至少他对于民国以后的文化教育制度不是怎么很欣赏，不是很赞成，所以要把我培养成私塾出身的这样的。但是后来他看时代变了，他也没有坚持下去。这个情况我觉得也不是个别的，北大还有几位教授，有一位教授叫邵循正，我不知道你听说过没有，是我们近代史的一位教授。他的祖父是一个巡抚，他就没有上过中学。他是没有上初中，在家里上私塾，把初中跳过去，进了高中，比我还是进一步。另外一个教授叫张芝联，不知你听说过没有。

记者：没有。

周一良：张芝联，他也是一个大家族，他父亲后来民国在国民政府做财政次长，但是也是清朝末年的一个大家族，他也是这样的，没有上过初中，小学当然更不用说了，就在家里念书，后来上了高中。

记者：但是您觉得您小的时候这一段对您一生有好处吗？

周一良：也有好处也有坏处，我更极端一些，根本没有上过高中。是这么一个情况，一直在念私塾，念了十年私塾，从 8 岁念到

18 岁。私塾的生活当然就是念书，背诵写字了，就是这一套。私塾里面的头三年，是从扬州请来的老师。这个很奇怪，我家在天津，但是从扬州先后请了两位，都是从扬州请来的。这个恐怕跟我父亲的早年的环境也有关系，因为我父亲在我祖父死以前，我祖父在扬州做官，所以他也跟着他的父亲在扬州，一直到十七八岁，我的祖父死了以后，他才离开扬州。所以跟扬州这个地方的熏陶影响文化氛围可能有些关系，所以他特别从扬州老远的请，那个地方的老师好，水平高，请来两个扬州的老师来给我开蒙，是这样一个情况。开蒙念的书我现在想起来，也很有意思，跟一般的旧的私塾念书不太一样，这恐怕也是我父亲的教育思想了。

一般的旧私塾念书开始是念《三字经》《百家姓》，然后《千字文》，然后念一种书叫《龙文鞭影》，都是一些传统的私塾里面念的书。我现在想，可能我父亲觉得这些东西比较浅陋，不是很高级的东西，我想在他的主张之下，我第一步念的书是《孝经》，层次比较高，跳过《三字经》《千字文》《百家姓》了。第一步念《孝经》，第二步念《论语》,《论语》之后念《诗经》，相当深的东西。我现在看起来，拿《孝经》《论语》开蒙，这个是中国传统的做法，汉朝就如此，汉朝人小孩念书，就先念《孝经》。

记者：老祖宗都这样。

周一良：所以我父亲大概是根据他的知识，根据他的修养，他认为不要念《千字文》《百家姓》这样的东西，一开始就念比较高层次的东西，是这么一个情况。除了这两位扬州的专业的私塾老师之外，到我大概 11 岁的时候，就从本地天津请来一个老师。但是这个老师也不是天津人，是河北南皮人，姓张，大家一说河北南皮姓张，就想到张之洞，他跟张之洞是本家，不是一族。他的父亲叫张曾敭，这个张曾敭做过浙江巡抚，也是一个大官，而且是很反动的官，秋瑾就是他杀的。所以杀秋瑾的、抓秋瑾的就是他张曾敭，所以在历史上也有记载的这么一个人。后来清朝灭了，他就在天津住，我父亲请的这个老师就是张曾敭的儿子。

记者：有名望的人家。

周一良：有名望的人家，那个时候他到我家里教书才 24 岁，很年轻，这先生叫张潞雪。这个先生年纪虽然轻，但是很有学问，当然跟他的家庭也许有关系，比较原来的扬州的两位专业的私塾老师，水平要高一些。他来了以后，在我们家里待了四年，我就跟他念了两部大书，一部《礼记》，一部《左传》。

记者：内容很深了。

周一良：都是比较深的，当然都要背诵，除了背以外，他还给我讲，他学问比较好，同时他就参考了很多清朝人注解这两部书的书，他把它写在我念的书的上面，中国书从来上面很宽的，他用小字把这些主要的注解抄在上头，然后给我讲解。所以这位先生在我家里四年，那是让我在中国学问上、在古典文献上打了一个很好的基础。前后四年，一直到我 14 岁那年，他生病去世了。

记者：那么年轻啊？

周一良：年轻，也就是二十七八岁就去世了。我觉得我这十年的私塾生活，这四年是最主要的，最得意的。这是张先生的教育了。他除了讲经书以外，他还给我讲史书，比如说《史记》，在他讲《史记》的时候，就活灵活现了，讲得非常的生动，所以小孩也很愿意听。那么也讲一些子书，像《韩非子》这些东西。这位张先生是做古文的，做桐城派的古文的，所以也同时教我怎么样子做古文，写文言文，因此我就有一些文言文的基础，我觉得文言文的基础还是很有用的。

这十年私塾里面打下的文言的基础，对于我后来不仅仅是理解古代文献，理解古代史料有作用，同时对我写文章也有作用。我是有这么一个感觉，你要白话文写得好的话，文言文一定要有一定的根底。你要是一个能够写文言的人，在写起白话来，白话就干净利索得多，不是那么拖拖拉拉的，好像完全是口头语言的那种样子，要写得简练得多。这个主张我觉得从胡适之先生也可以看得出来。胡适之的文言文是很好的，所以他写的白话就特别的简练，特别的清楚，没有什么废话。前些时候我看见梁实秋写的东西，他也有这个主张。他说你白话文要写好的话，一定要会写文言文，你文言文会写的话，你白话文自然而然就写得比较既能够准确，又能够生动。我也还是很相信这个话。当时练写桐城派的古文，虽然桐城派古文现在也没有任何的用处了，也没有任何的实用意义了，但是对于写白话，还是很有好处的。

记者：可是你们的传统……

周一良：现在没有了。

记者：我觉得解放以后，上学也没有学这些，也没有这个体会。只有你们自己是从这儿出来的人，你才会有这个理会。包括季（羡林）先生写文章，他也是古文。

周一良：他也是古文，有古文根底。一定要有古文根底，我觉得恐怕中国将来还应该考虑。在解放以后的大学里面有一门课叫“大一国文”，就是教学生念一些古代的包括现代的文章，同时要教授学生写作，写作有的时候叫写白话，有的时候也写点文言。

记者：光是读，没写，还不行。

周一良：对，就是这样。

记者：只能说是能看懂，这就是了不起的。

周一良：你的话很对，我现在深有感慨，我们的中文系的毕业生，白话文写得很好，但是稍微牵涉一点文言的东西，他看也许看得懂，但是一写就很容易出错。

记者：是的。

周一良：有的时候错得很离奇。我最近看了一个，这是一个题外的话了，看我们北大编的王瑶先生的纪念集。这个书编得很好，里面很多文章写得非常好，纪念王先生。但是我看到后头，就有一些对联，挽王先生的对联。这些对联就不能用白话写了，得用文言写了。那个文言让人家看了很差劲，很糟糕。同一个人，前面的白话文的纪念文章写得很漂亮，后头的对联写得韵都不对，因为对联有一个平声、仄声得对上，用文言的辞藻，那简直不是那么回事。

记者：他乱搞。

周一良：就是看了很难过，我觉得这个就是解放以后中文教育的一大缺陷，应该想法子补救，很可惜，因为这个传统还是得有。

记者：对，否则就不能叫学贯中西了。对不对？周先生，我觉得像你们这代的人，都可以叫学贯中西。因为确实有国文的底子，又到外面去。现在我们哪怕你就是从一年级开始，你就去留学，你也不能称为这个，因为你国学的底子断掉了，你说是不是？

周一良：文言的训练很重要。是的。这是讲到我私塾的生活，后来张先生死了以后，又请了几位老师，我当时对这几位老师不怎么太重视，他们对我也没有很多的帮助了。这几位有一个共同的特点，就是确实是真正的遗老，这也说明我父亲当时的思想状况，一个、两个都是带小辫的，三个里面有两个带小辫的。

记者：那民国好多年了。

周一良：民国好多年了，已经是1930年前后了，是北伐以后了。有一个姓毓，叫毓廉。这个毓廉是什么人呢？是清朝一个有名的满洲大臣叫毓贤的弟弟，这个毓贤是镇压义和团的，后来被杀的满洲的做山东巡抚的一个人，这毓廉就是他的弟弟，这是一个。还有一个人叫温肃，这个温肃曾经做过宣统的南书房的行走，就是很高的官了，也到我们家来，做过私塾先生。但是他们都教不出所以然了，我跟他们念了什么《易经》啦，《书经》啦这些东西，也没有什么很深的印象，只是觉得这两个人道貌岸然，特别是毓廉毓先生，常常有满洲人来看他，他们两个人就相互对着打千行礼，非常有意思，就好像戏台上的样子。

记者：像《茶馆》里面那样的。

周一良：对，两个人对着那个样子，非常有意思，而且那时候宣统不是在天津吗？他大概有时候也去见见宣统，常常说皇上怎么样，皇上怎么样，我们就觉得很可笑。这是两个先生，我就一直上私塾上到1930年。在念私塾的同时，我父亲还是有他开明的一面，他让我念外文，一边念私塾的中国古典的东西，一边念外文，因为他自己也懂外文。他懂英文懂德文，他还翻译过康德的书，那是中国第一个把康德的书翻译成中文的人。

记者：很有学问。

周一良：如果是没有第一次世界大战，我们继续在青岛住，他继续跟卫礼贤卫牧师往来的话，他可能会走到另一条路上去，也许搞翻译，搞哲学，搞这些东西。后来离开了卫牧师以后，到了天津，他就跟着叔祖父搞实业了，走另外一条道路了。到现在为止，他翻译的一本小小的、薄薄的书，还是商务印书馆出的，是中国第一部康德的东西翻译成中文的。那么他就是一方面让我在私塾里念书，一方面让我学外文。学外文他也有他的想法，我觉得这个想法也还是对头的。他当时就跟我们说，他说中国有两个邻邦，一个日本，一个俄国，所以今后跟这两个国家交往一定很多，所以一定要懂得这两国的语言。因此他就让我学日文，让我的兄弟周珏良学俄文。这样分配了任务，现在看起来，他的见解还是对的。

他给我请了一个家庭教师，一个日本的家庭教师。头一个家庭教师是一个日本洋行的职员，是大阪外国语学校毕业的，是学中文的，在中国做生意。他也没有什么教授法，他就是用一个本子把日本话一句一句地写下来，让我就背，这个法子是很笨的一个法子，没有教授法，很笨的法子。背完了口语之后，就让我念日本所谓寻常小学的国语教科书。寻常小学就是初级小学，就是日本的初级小学的国语读本，就好像中国的“人”“刀”“尺”这样的东西，完全的死记硬背。这个办法很死，但是现在想起来，也有它的好处，就是根底比较扎实，先是跟这个先生念。

记者：那个时候你几岁啊？

周一良：那个时候14岁。

记者：记忆力还强的时候。

周一良：记忆力很强，完全就是死记硬背下来的。我父亲他叫我念私塾，就是念古典文献了。在外文上，他也这样地想。他说你读外文，也要读古典的东西，光念小学教科书不行。后来，又请了一个老师，这个老师是在天津日本租界里面开书店的老板，所以他是有文化的，比头一个老师有文化，是京都帝国大学日本文学系毕业的，清朝末年到中国的保定中学里面教书。你知道清朝末年曾经废了科举以后就办学校，办学校中国的师资不够，就大批从日本请了很多的老师来。数理化的老师，各方面的老师，好几百人，遍布全国各地，开一些中学堂或者专门学堂，这个老师就是在保定的中学里面教书的。后来清朝灭亡了以后，他也没有回国，就到天津开了一个小书店。我们就通过一个大夫，我们认识一个日本大夫，就请他来教我。这个时候念的就是由小学的教材一跳就跳到日本的古典文学了，所以跟这个老师也念了几本日本古典文学的著作，算是开了一个蒙，开始接触了一些古典文学的东西。所以这个也是贯彻我父亲必须既要学中文，又要学外文，中文学古典的东西，外文也要学古典的东西。就是这么一个情况。

记者：您爸爸对您的教育特别重视。

周一良：他还是很重视教育的，也有他的一套想法，从我身上来实验他的想法，最后当然还是行不通了。我的日文后来算是坚持了下来，学下来了。我的兄弟的俄文怎么样了？那时候，我兄弟从我二弟起，一直到最小的，他就觉得光念私塾不行了，还是得上中学，所以我二弟三弟，大概底下几个都上了中学，再往下小的就不仅上中学，而且从幼儿园、小学这么上起了，就是完全按照新的一套办法来了。

记者：你们几个就数你国学最深了。

周一良：但是他们在家里还是有老师补习。在周末的时候补习国文，补习古文。所以古文也还是（要）有底子的，得继续搞。我的二弟上了中学以后，他在学校里面念英文，南开中学念英文。那个时候让他学俄文，也给他找了一个老师，白俄，学俄文。那个时候俄文念起来还是不太好办，也没有书，不像日文，日文还有书，还可以买得到。俄文的书，苏联已经革命以后的事情了，俄文书也找不着，他学校又念英文，因此不多久，俄文就放弃了，始终就念英文，后来到清华念外语，也是念英文。现在在外语学院是教英文的，他俄文就放弃了。所以我父亲的愿望在我身上算是实现了，在他身上就没有实现。而且我是念私塾一直念到 18 岁，1930 年，我是 1913 年生的。他们就一直是中学念大学这样子上来的。

这个也说明一个问题，就是说，我父亲这个人他出身这么一个清末高官大族的家庭，受的是那套教育，在他早期二三十岁的时候，至少有遗少的思想，对新东西不能很接受，所以他家里买书很多，但是新文化运动以后，“五四”的新书，他一般是不买的，也不看的，他对鲁迅、郭沫若的东西都是很生疏的，很不赞成的，也不让我们看这些书，是这么一个情况。

但是后来也跟着时代的变化而有所变化了，最后他到解放以后，他原来不搞政治，解放以后，先让他当天津市副市长，后来又到政协，政治上还跟着共产党走吧。最后的遗体告别，追悼了还是党的亲密朋友了。所以由一个遗少逐渐变成中国共产党的亲密朋友，也说明他的思想还是比较开明的，比较能够接受新的东西。他从前在办工厂的时候，也看一些马克思的书，《资本论》这些东西他也还是有所接触，有所了解。在解放前夕的时候，有些地下党跟他联系，也给他看《新民主主义论》这些东西，同时给他做了一些工作，让他利用他的地位，在天津，在一些工商界里面做一些宣传，讲一些党对待民族产阶级的政策什么东西。

记者：您爸爸其实在天津是一个很大的实业家。

周一良：是一个很有代表性的实业家，主要是继承他的叔叔周学熙的事业。

刚才讲到私塾经历，我的私塾从 8 岁到 18 岁这十年的私塾。回顾起来，这十年私塾，当然给了我限制，我以后上大学不可能考理工科了，因为数理化的根你都没有，这个东西很受一些影响，受一些限制。另外一个方面，就是刚才你说的，在古典文献、写文言文、文言文的理解写作这些方面，都还是起了很好的作用，打了一个根底，打了基础。

不过我还有一点遗憾的是，就是说，私塾的老师里面也有人能做诗，但始终没有教我做诗。很奇怪，就念了点什么《唐诗三百首》之类，《诗经》是念过了。我当时不知道什么缘故没有教我，其实在旧式的私塾里面，一般都是要教学生做诗的，要懂得平仄，很重要的一个课。实际上几个老师都没有教我做诗，教我做桐城古文倒是学会了一些，怎么样的写法，没有学做诗。我现在想来很遗憾，这个遗憾倒并不是说我现在不能做诗，不能抒发我的感情。我是觉得做旧诗有一个好处，就是可以通过旧诗来骂人。

记者：像陈寅恪先生那样……

周一良：本来就是说，诗可以兴，可以怨。所谓怨，我的理解就是你有怨恨，你有不满意的事情，你可以用诗来发泄。所以我觉得做旧诗的人可以通过做旧诗的形式来骂人，而不被抓小辫子。其实这个，中国的传统就是如此，向来的文人文化不自由，只能用这种方式来表达。所以我就很遗憾，我要会做诗的话，我就可以用诗来发泄……起着骂人的作用。这是开玩笑的。

私塾还有一段，后来虽然请了几个遗老的老师，我不怎么太买他们的账了，也没有学到什么东西。但是在私塾的后期，我父亲又请来另外一位老师，不是每天来，是一个礼拜来一次，给我讲《说文解字》，也就是古文字学。对这个老师我还是很佩服的，而且受到益处，这个老师姓唐，叫唐兰，号叫立庵。唐兰先生那个时候是在我的一个本家的家里也做私塾老师，后来他就到了北京，就在大学里面教书了，最后是北京大学的教授，他死的时候大概是故宫博物院的副院长。

记者：那他很有学问的。

周一良：对，很有学问的，他是研究古文字，研究古代的铜器、考古什么这些方面。29 年、30 年的时候他还很年轻，就一个礼拜来我家一次，给我讲《说文解字》。那时候很佩服他，除去张先生以外，他比那些遗老的老师学问要大得多了，我很佩服他。也就是在他的引导之下，我就开始看一些清朝关于考据方面的书，包括像王国维的书，都觉得很有兴趣，很爱看，这样就引导我走上了搞中国古典文献、文学、历史这些方面的东西。到了 1930 年前后，我一方面在私塾念书，跟唐先生学说文。

周一良：昨天你谈到我是不是童年有什么有趣的事情，我也想了一下，我觉得我这个童年可能跟其他的孩子不完全一样，因为我生下以后母亲就没有了。一直到三四年以后，我父亲继续娶我的继母，生我这个弟弟。我二弟比我小4岁，所以我小的时候是比较寂寞、比较孤独的一个小孩，好像就是在保姆手里长大的。我父亲那个时候比较年轻，也比较严厉，我有一个守寡的姑母，在我家里面照顾我。现在回想童年时代，就想不起什么说儿童的游戏欢乐的那种场面，简直就没有。恐怕这个就跟后来养成我的性情也有关系，我这个（人）性情比较孤独，比较温顺，也比较听话。所以后来，弟兄姊妹很多了，我是长子，因此更加感觉到，长子应该事事做表率，做样子，因此我更比较拘谨，比较听话，养成这样一个习惯。因此考虑当时的情况，想不起很特殊、有意思、值得回忆的事情。

记者：小伙伴什么的您都没有？

周一良：都没有，差不多没有。（我和二弟）差4岁，现在差4岁无所谓，那个时候差4岁，比如说一个6岁的孩子跟一个2岁的孩子，他就很难玩到一起，是这么一个情况。

记者：有道理。而且您深门大院，肯定和外面的也没有什么接触。这么一个情况。

周一良：所以一般的孩子小的时候应该有的乐趣，应该有的活动，我都想不起来。

记者：那您比鲁迅还可怜。鲁迅还有个“三味书屋”，还有个“闰土”。回他妈妈、外婆家，还和闰土小伙伴去玩。

周一良：我都想不起这一类的事情。

记者：等于从小一记事，您就读书，是吧？

周一良：就是这样的。

记者：老老实实的。

周一良：一直是老老实实的。

记者：跟张（岱年）先生有点像。不过张先生不像您是大官宦家庭，他是一般的家，但是他的性格，我问他了，因为季（羡林）先生小时候调皮得不得了，而且他举了很多例子，小时候怎么调皮，结果我问张先生，我问您怎样？"我小时候我妈妈说我很听话。"

周一良：我也是这种类型的。

记者：您一辈子也一直是这样的。

周一良：对。

记者：您平时也不开玩笑。

周一良：也很少，就是正正经经的，小大人的那种意思。

记者：可以想象，长子的责任感老是压在您身上。您父亲对您的希望，也是教子最严了。

周一良：就是。后来他慢慢地就松了。

记者：一般来说，对长子的希望是最大的、最严格的。

周一良：我看小时候照的相片，很小就穿着小马褂，戴着小帽子，正正经经的小大人的样子。这样一种情况。

记者：我想，周先生小时候有没有淘气的事情啊？

周一良：几乎想不起来。

记者：您没这个条件，再加上您的妈妈去世得也早。

周一良：有关系，那当然也有关系了。

记者：那保姆带您的，也没有对您有太大的影响了？

周一良：没有什么太大的影响。

底下就讲到1930年了。1930年的时候我感到社会已经在变了，我私塾也念不下去了。首先感觉私塾里面没有什么收获，然后就考虑到出路的问题。当时我父亲大概也看到这一点，还是支持我上北京去念书。那时候北京考正规大学不行了，就发现燕京大学有个叫国文专修科，两年毕业，目的是训练中学的国文教师的。考试的时候，我记得就是考一个国文，一篇作文，一个史地课，当然我是富富有余考得上的，所以考了个第一名，就上这儿来了。前些时候，我看《人物》杂志才知道，沈从文从湖南来，考这个国文专修科没考上，后来就当作家去了。萧乾上过这个专修科，他念完没念完我不清楚，他后来就转到新闻系。

记者：他比您好像大好几岁。

周一良：比我大得多。后来就转到新闻系了，也是燕京大学的。他在燕京的时候我也已经进去了，好像；他已经是新闻系有名的学生了。

记者：他当时就很有名？

周一良：很有名。做学生就很有名的，就写东西很有名了。我在国文专修科主要是选容庚老师的课程，是文字学，另外一位老师就是顾随，比较有名，教文学、诗词的。

记者：这个《读书》杂志上专门有人介绍过他。

周一良：顾先生的课程很有意思，因为他喜欢看戏，喜欢杨小楼，我也喜欢杨小楼，所以听他讲，他常常讲着讲着，就学习杨小楼的这种身段啊。

记者：他还做身段？唱不唱？

周一良：唱没有唱，只是比划。顾先生的课很受大家欢迎，到北京以后，上了国文专修科，就发现国文专修科两年毕业，不是正途出身啊，那时候这种观念还是强，觉得不是正途出身，将来找事做有困难，所以就想无论如何要搞个正途出身，搞个正式的大学毕业。

记者：你那个考第一名当时是报分，张榜列的？

周一良：是榜上列的。后来我就琢磨着由专修科的两年改变为正途出身。那时候北京就5个大学，北大、清华、师大，这是三个国立的，那么还有一个燕京大学，是美国教会的，基督教教会，还有一个辅仁大学，是天主教教会。

记者：天主教是哪一个国？

周一良：天主教几个国家都有。大概德国为主。要进就想法进这5个大学之一了。那么国立学校首先是中学文凭的问题，我没有真的正式的中学文凭，这是一点。其次就是考试考的科目很多，一时通也通不过，很难。燕京大学虽然是私立的，但是它当时的规格也很高，文凭的审查、考试的科目，等等，不比别的大学差。但是可能分数也许要求低一些，但是规格还是有的。只有辅仁，辅仁当时是刚刚创办，30年创办，没多久，一切草创时期，马虎一些。我也听说，说是它文凭检查也比较松，这样我就决定考辅仁。考辅仁第一就是文凭的问题，我的家乡有一个中学叫鸿毅中学，这个学校是我们周氏家族出钱办的一个小规模中学。我就也没有跟他们联系，也没有得他们的同意，我就造了一个鸿毅中学高中部的文凭。那时候琉璃厂就做这种生意的，还有印好的文凭纸，也可以给你刻图章，大概就花一点钱就行。我就搞了这么一张文凭纸。

另外就是考试的问题。我昨天讲了，我那时候辅仁入学，考中文、英文、数学，大概还考史地，我那点数学我估计肯定过不了关的，所以就请我的表兄替我考，把这个相片修得又像他又像我，那个时候也有这种办法，专门为考试用的，修的跟两个人都差不多，又都不像。

记者：你表兄后来没有跟你讲他害怕不害怕（被查出来）？

周一良：没有怕。（考试对）他就很容易。因为他是上海交大毕业的，那时在清华工作。这个人现在还在，80多岁了。是有名的一个硫酸工程的专家。最近出了一本什么《中国的化工业》，介绍两个人，就是对中国的化工工业有贡献的。一个叫侯德榜，一个就是他。这个人叫孙师白。这样的话，报名通过了，文凭没有问题。考试的时候，他替我考的数学，别的我自己考了，结果当然就通过了，就考取了，我就进了辅仁大学的历史系。

辅仁大学也有一些有名的教授，但是它不搁在一年级，一年级的课程不是很有名的教授教的。比如说系主任叫张星烺，他是中外交通史的专家，中外文化交流史的专家。但是因为"上古史"没有老师，他就来担任"上古史"，搞了一本讲义在那儿念，没有意思，很没有意思。"西洋史"是一个神父，大概是一个南欧，西班牙或者葡萄牙的神父。他是用英文，课本是一本美国的中学的教材，也是抱着书念，都没有太大的趣味。另外，当时感觉有兴趣的就是英若诚的父亲叫英千里，他教的逻辑学。英千里是英国留学的，英文很好，他教的课也很引人入胜，让人很感兴趣。在这样的一种情况之下，第一是辅仁当时的声名不是很高，第二对课程又不太满意，因此我又有念头要跳槽，跳到好一点的学校去正式拿文凭。

记者：您还是上进心很强。

周一良：当时就知道国立学校不大可能，虽然想上清华，想上北大，但是中学文凭，他们还是要验中学文凭的，考转学也要验中学文凭，那么中学文凭假恐怕过不去的。另外，就是考试科目，考转学就是我已经念完了一年级，要考二年级，还要把一年级入学的课程都要考一遍，那就很困难了。只有燕京，燕京那时候比较松一些，就考两门课，一门国文，一门英文。这两个我都有把握了，所以我就报了燕京大学历史系，考二年级，结果一考就考上了。这样的话，就是再次又进入燕京大学，作为本科的历史系的二年级的学生。

记者：您专修科在燕京待了一年没有？

周一良：有一年，一年念完了就没有再学。在辅仁待了一年，然后又打回燕京，又开始念二年级。二年级、三年级、四年级，念了三年。又念了一年研究生，在燕京主要的老师我昨天讲了，有顾颉刚先生了，顾先生的课我只听过一次，没有什么兴趣。他讲上古的东西，同时口齿也不清楚，苏州口音，不会说普通话，没有听下去。主要听的是邓之诚先生的，他是教“中国通史”，教各个断代的历史，我差不多都听了。特别是他讲魏晋南北朝时，我感兴趣，因为他也有一些研究，我也很感兴趣，所以后来我专门搞魏晋南北朝就是受邓先生的影响。另外有位洪煨莲先生，就是 William，就是外国名字译音写成中国字，洪煨莲。这位先生是美国留学的，长期在美国，他教“史学方法”，“初级史学方法”“高级史学方法”，实际上就是一种研究方法的课程，教人做卡片啊，怎么样子引证书啊，怎么样子推理，怎么样子做结论等这样一些方法，这两位先生对我的影响比较大。

当时燕京大学是教会设的，学费比较贵，学生的水平，就是入门的门槛当然比清华北大要低一些。但是，中文历史哲学这些系办得还是不错的，我现在想起来，它有蔡元培先生办北大的那种精神，就是一种兼容并包的精神。比如说邓先生，他是带着瓜皮小帽、扎着腿、穿布鞋、穿长袍马褂的这么一位老先生，是完全封建旧式的先生，而洪先生是经常穿着西服、叼着烟斗、拿着文明棍的这样一种样子。他名字叫洪业，号煨莲，这两位先生，解放以后我就回想，这就是半殖民地半封建了，一个洋派的，一个旧式的，但是这两个人合作得还是很好，所以他们几个人把这个燕大的历史系办得还是有声有色的，还是不错的。学生人数不多，但是也不比清华北大差。

比如说燕京的历史系办了一个《史学年报》，一年出一本，主要是学生自己办，文章也是以学生的文章为主，出了十年以上，这个在别的学校里面都没有的。别的学校也有学报，都是大学办的，不是一个系办的。燕京除了《燕京学报》以外呢，还有历史系的《史学年报》。历史系也出了一些人才挺不错的，这样的我就比较安心了，在燕京念了三年的历史系，又念了一年的研究院，念了一年研究院以后就离开了，在燕京期间我认识了我的爱人。她是中文系的，比我矮一个年级。我们认识是 1933 年春大一起去逛泰山，在泰山顶上，就遇到两个强盗来要钱。那时候是冯玉祥住在那儿，他们说是冯玉祥的卫队，要大衣，我的一件大衣比较厚，比较新，就被他选中了，被拿走了，身上钱就没有了。后来就跟这个女同学借钱，借了五块钱，她的家也在天津，后来我到天津就还给她钱，这样就认识了，后来就恋爱、订婚、结婚了，当时同学们就说我们是泰山情侣。这个《泰山情侣》是个电影的名字，这个电影里面的泰山不是指中国山东的泰山，而是一个人（英文名 Tarzan），是一个大力士这样一个人，是一个电影的主角，有很多电影都以泰山为主角，其中有一个片子就叫《泰山情侣》。他们就拿这个名字来开玩笑，来称呼我们。最后又念了一年研究院，是因为当时燕京跟哈佛大学合办一个叫哈佛燕京学社，有一笔款子资助研究中国文学、历史、哲学的人。它的资助一方面是办学报，《燕京学报》是这个哈佛燕京学社的钱，一方面是支付一些教授的工资，比一般的教授钱多一些，另外就是资助学生，或者是在燕京大学学习，做研究生，或者是到美国哈佛大学去做研究生。我当时就领了在燕京大学学习的奖学金。

记者：那不是每个毕业生都有资格当研究生的，还是要学习成绩好一点的。

周一良：不是每个毕业生都有的，是一部分研究生，是学习成绩比较好一些的。又念了一年研究生，这一年主要也是等着我爱人毕业，因为她比我晚一年。我1935年毕业，她36年毕业，所以我35年毕业以后，又做了一年的研究生，这一年的研究生期间，也不上课了，主要自己看书。在我做研究生期间，有一个新的情况，就是我到清华去听陈寅恪先生的课，当时觉得他很有名，陈寅恪先生有一个表弟（俞大纲），是燕京的研究生，跟我同学，那么就讲他的表哥的学问很好，说你应该去听听他的课，我就去清华偷听。听了以后，就大为佩服，觉得确实是很好，觉得比燕京的老师又高一筹。因为他有很多自己的见解，而且不仅仅知其然，而且是知其所以然，就是把很多历史讲出一个道理来。他讲了很多东西，（是）我们在燕京的时候都闻所未闻的，（有这样）一种感觉。所以我记得那个时候有很多别的城里的朋友来听他的课，城里的历史语言研究所，那时中央研究院有个历史研究所在城里，也有人来听课。我们几个听了课以后，大家就议论，觉得陈寅恪先生的课确实是了不起。

记者：他给你们讲什么课了？

周一良：讲这个魏晋南北朝史。也是讲这一段，这几个人都爱听戏，都觉得说是听了陈先生的课，一堂课听完，就好像看一出杨小楼的戏一样，非常过瘾，有这么一种感觉。

记者：他口才也行？

周一良：口才并不好，净写黑板，但是还是觉得很引人入胜。

记者：口音是什么？

周一良：口音是湖南口音。因为他们家世代在湖南，他祖父在湖南做官，所以虽然是江西人，但是说一口湖南话，听得很过瘾，很满意。就可以说五体投地，当时几个人都有这种感觉。

记者：就是说陈寅恪先生1936年在中国史学界已经是有名的了。

周一良：对，已经很有名了。这样的话，36年我研究院念了一年，就是陈先生的表弟，我燕京的同学（俞大纲）就跟陈先生推荐我到历史研究所去。我当时当然也很高兴，因为我觉得在燕京感觉到不满足了，就觉得如果到历史研究所去，陈先生是历史研究所的研究员，同时是历史组的组长，到那里去，等于是帮他工作了，在他指导之下工作了。我当时非常地高兴，（原来）估计燕京那个时候也不会放我走，碰巧洪煨莲先生，就是我的导师，我的毕业论文的导师，他离开燕京了，不知道是到哪儿去了，这个时候燕京也没有人管我，也没有人挽留我了，无所谓了。反正做研究生也不是有合同的这样子，我就离开了燕京，就到历史研究所。那时候历史研究所在南京，所以我 36 年的暑假以后，就在北京见了陈先生，跟他讨论了计划以后，就到南京去了。所以 36 年到 37 年抗战，我是在南京中央研究院历史研究所，名义上是在陈先生的指导之下工作。这一年，我在南京的这一年我觉得还是收获不小的，因为当时南京的历史研究所是傅斯年负责的。

记者：“五四”的干将。

周一良：对，“五四”的干将。傅斯年负责，他还是很懂行的。我们这些年轻人要到所里去办公，要坐班，但是坐班的条件很好，很大的屋子大概两三个人，可以摆一个书架子，图书设备也非常地方便，非常地安静，所以我们每个人都积极地、很高兴地去坐班，要签到，要坐班，但是不仅仅是白天如此，晚上不要求去，大家也都愿意到那儿去工作。在这儿待了一年，写了几篇文章，我自己觉得还是有进步，就是比在燕京的时候有进步。因为它没有任何的干扰，不要上课，也不要听课，你成天就是自己念书，也不需要订什么计划，你一定要写什么东西了，就是你看书就行了，看书的结果水到渠成，自然而然就写出文章来了。所以我觉得这时候写的文章路子比较接近陈寅恪先生的路子，跟在燕京写的文章就不太一样了，有这种感觉。

记者：怎么叫陈寅恪先生的路子？

周一良：就是说，从很多材料里面提炼出一些看法，把事情能够讲出个道道来，讲出个原因来，不仅仅是把事实摆在这里，不仅仅是知其然，而且是知其所以然。另外眼光比较广阔一些，不是就事论事，而是从小见大，由一件小事情，小的问题引申出来能够说明比较大的局面、问题，由小见大，从看起来没有联系的事件当中，找到它当中内在的联系，其实陈先生的这种做法我觉得还是很符合辩证法的，很符合马克思主义这样一种做法。我总说陈先生不是唯物的，他不主张说是阶级斗争了，或者是唯物史观，但他是有辩证法。他是有一种朴素的辩证法，他能在很多混乱纷杂的现象当中，看出中间哪些事物有联系，从这些联系之中又看出大的局面应该是怎么样去解释，怎么样去理解。我觉得这是陈先生的一个特长。

记者：对不起，我想问一下，陈先生对青年人的态度也是很爱护吧？

周一良：很爱护。他在北京，我在南京，他本人还是在清华教书。我就是走以前跟他见一次面，后来中间回来一次，跟他见一次面，谈谈我做了一些什么工作。

记者：没架子吧？

周一良：没有架子，也不是像现在对导师的要求，扶着走，抱着走这样的。他就是大的方面指点一下，你看什么书，没有什么很仔细的很具体的那种。

记者：一切你自己来。

周一良：对，一切你自己来，一切自己努力。只要你够格，你进来了，你就应该自己努力做出成就来，是这样的一个情况。“七七事变”以前，我回到天津我家里，是过暑假。紧接着“七七事变”了，“七七事变”以后，中央研究院也撤退了，一直往南方走，我就在家里就没有往南边去，预备等一等，等结了婚以后再去。所以1937年回到天津，在家里住下来，38年结了婚，39年就生第一个孩子。本来是想生了孩子以后我就到南方去了，应该是中央研究院已经搬到四川了，去还是很困难的，不过当时是想设法怎么样从天津绕道去，那个时候（中央研究院）已经搬到四川了。就在这个时候，还是燕京的洪煨莲先生，他的意图我也很清楚，他是想把我再拉回燕京大学。他不愿意放我到中央研究院去，想拉我回燕京大学，所以就写信给我。他说现在我准备推荐你，领哈佛燕京学社的奖学金，到美国去。就是我刚才说一种是燕京大学的研究生，一种是给到美国的研究生，我给你领一个到美国去的研究生的奖学金，到美国去念书，这样我也很乐意。我就没有到内地，39年的秋天就到美国哈佛大学去了。

记者：念研究院。

周一良：对，念研究院。

记者：这可是一个大段落了。

周一良：我想补充说一下，就是说在旧社会，派系斗争是比较多的，学术界也不例外。当时就拿史学界来说，可以说有三个大派别，北京大学、清华大学跟中央研究院，就是我说的历史研究所傅斯年他们，这三个是一个派系的，以北大清华毕业为主，加上中央研究院。

记者：这是一个很大的派系。

周一良：一个很大的派系，他们当然也要壮大他们的势力了，所以不仅仅是清华毕业的，北大毕业的，燕京毕业的，他们也要拉过去。在我之前，就有一个燕京毕业的学生好像进了中央研究院了，洪先生当时很不满意。他没拉住这个人。这是一派。

另外一派就是燕京，是美国基督教资助的大学。还有一派就是辅仁大学，天主教的一派。大概这么三个系统，所以我呢，由燕京大学毕业以后念一年研究院又跑到中央研究院历史研究所，跑到傅斯年那儿，洪先生当然不甘心，所以一定要想法子把我拉回来，就用这种办法了，说让我去美国，我当然愿意去美国去学习了。这是一个方面。洪先生派我去还有一个原因就是，燕京大学内部的派系斗争。燕京大学里面中国教师也分很多派，拿文科来讲，洪先生是一派，另外一派以陆志韦为首的，当时是心理系的主任。

记者：这个人没听说过。

周一良：洪先生是哈佛燕京学社主要的负责人，从洪先生来讲，他是愿意控制住中文、历史、哲学三个系，当时历史系已经有他的学生在这里负责了。这个人叫齐思和，不知道你知道不知道，也是哈佛燕京学社的，他现在就想进一步也控制中文系，他派我到美国去，他说你不要学历史了，你学文学，学比较文学，回来管中文系，他是这么一个目的，让我去了。而我自己也有一种私心，当然去美国留学是一种想法，当然愿意去了，另外还有一种想法，我还是很崇拜陈寅恪先生的，想走他的道路，我知道他曾经在美国、在德国学梵文，就是古代印度文，然后用梵文的知识回来再研究中国的佛教，研究中国的文化史。我想我要到哈佛去，我也可以学梵文，在国内没有机会了，到哈佛去以后可以有这个机会。我虽然是去哈佛，我还可以继续走陈寅恪先生所走的道路，我学他所学的东西，将来回来还可以研究他所搞的这个范围。因此，我想到美国去，对比较文学我是没有兴趣的，而且我想当时到那儿再说吧，这样就到美国去了。

去了以后，当时哈佛燕京学社是设在远东语文系，他这个远东语文当时包括两个，是中文跟日文，后来这个系改名叫东亚语言与文化系，现在哈佛这个系叫东亚语言与文化，当时叫远东语言，远东语言就是中文跟日文。那个头头，美国的哈佛燕京学社的头头是一个白俄，法国籍的白俄，是在日本留学的，是日本东京大学头一个外国人得本科毕业的，他们日本文学系头一个外国毕业生。这个人他的日文很好，做这个东方语言系的头，我跟他碰头以后，我就跟他表示，我是学历史出身的，洪先生让我来学比较文学，我对比较文学没有什么兴趣，我还是愿意学语言，我愿意学日语，进一步学日语，其实我日语已经有相当的根底了，同时呢，我还愿意学梵文。这个先生对语言很感兴趣，他听我这个话以后，他说很好，那样的话，你就不要去比较文学了，你就索性学语言好了。既学日语，又学梵文，就学这两样为主。

记者：周先生，我打断一下，您去那儿以前，您经过什么考试手续吗？

周一良：没有。

记者：就是洪先生作为一个推荐人。他有这个资格，觉得这个是可造之才。

周一良：对。选派人由他选择，根本没有任何的考试，他推荐以后，把著作寄到美国去。

记者：把您的文章？

周一良：寄到美国去，审查一下。要是他推荐的话，我估计问题不大。而他推荐的人主要是照顾学校，主要是燕京的、南京的金陵大学的、四川的华西大学的、山东的齐鲁大学的，总是教会系统的。

记者：当时您的论文是用英文写的，还是用中文写的？

周一良：中文，都是中文的。

记者：哈佛是属于基督教的？

周一良：哈佛大学不是基督教。哈佛燕京学社也不是基督教的，是一个发明铝的那个人赚了很多钱，他死了以后把他的遗产（捐献），说是研究东洋文化，这样子建立了一个哈佛燕京学社，这个学社跟基督教没有关系，那是燕京大学跟基督教有关系。而这个哈佛燕京学社因为美国的缘故，所以就主要是教会的学校。

这样的话，我就在哈佛待下来，一方面学日文，日文我有相当的根底了，而且也读过一些古典的东西。这样从 1939 年去哈佛，一直到 46 年才回来，中间总共投入 8 年，实际上是 7 年。为什么这么长呢？是这么一个情况，41 年珍珠港事变，珍珠港事变以后，美国就让好几个著名的大学办中文班跟日文班，训练美国的部队，预备占领日本的时候使用。训练什么呢？中文跟日文，哈佛也办了这个班，一个中文班，一个日文班，中文班人数比较多，就是由赵元任先生负责主持，日文班人少一些，就由叶理绥教授负责，他们自己当然也教不过来了，他讲大课，然后找一些人，类似助教这样的，帮他们训练，我就暂时停了我的学习，就帮叶理绥先生训练日语，训练美军的日语。我的老伴那时候就帮助赵先生训练中文。

记者：您夫人也跟着一块去了？

周一良：她去得晚一些，她是在珍珠港事变前不久，到了美国，晚两年。这样的话，我就帮助叶理绥教授教陆军，后来又教了几期海军。海军的军官学日语，他讲大课，我去辅导、口语训练，等等。这样的话，中间就耽误了一些时间，论文完成得就比较晚，我当时在这儿搞的论文，也没有搞日本，搞了三个印度的和尚，因为利用我的梵文的知识，就搞了唐朝从印度到中国来的三个和尚的传记，搞了这么一篇论文。我论文写完的时候是 44 年，44 年战争还没有结束，系里就留我继续在那里教日语。这样的话，44 年到 46 年就教了两年日语，做日语教员，教了两年日语。为什么留我教日语呢？因为原来除了叶理绥教授以外，还有一个青年的讲师，青年的教员，这个青年的教员因为打仗的缘故，就被征兵征到华盛顿去当翻译去了，因为需要日语人才，所以就把他征走了，叶理绥教授就没有人协助他了，他就把我留下来了。被征走的青年教员是谁呢？是赖肖尔，你可能听说过，就是后来做美国驻日大使的那个人。赖肖尔走了，我就顶替赖肖尔的工作，做了两年。

记者：赖肖尔还有著作。

周一良：有著作。

记者：在书上看到的。

周一良：最近我们系里还有人把他的日本史翻译成中文，商务印书馆预备出版。

记者：赖肖尔是美国人，学日语的。

周一良：对，因为他家里是一个教会的人，在日本生长，所以他日文很好，这样我替代赖肖尔搞了两年，45 年战争结束了，46 年我就回国了。

记者：您是自己回来的。

周一良：那个时候有规定，领取哈佛燕京学社的奖金，你回来你一定要到燕京去服务的，那是规定的。有这个规定。

记者：就像现在的公派，非得回来，不是自费留学。

周一良：不是自费留学，有这个义务要回来，就回到燕京了，46 年就回到燕京了。这个大概就是整个念书的情况。

记者：那您的夫人也在哈佛啊？

周一良：也在哈佛。

记者：她是学什么的？

周一良：她先是学法语，后来就教中文，就一直教中文。

记者：你们俩一块儿回来了？

周一良：一块儿回来的。

记者：在美国，您讲讲在美国，因为您的经历从美国这一段生活对您的学术和对您的为人或者是什么这方面的影响，您不一定现在讲，我这是随便想起来的，您可以想一想，就是说您由一个大家族的子弟，而且从小受到国学的熏陶，有这样的背景，而且您为人特别严谨，是不是受美国清教徒的影响？季（羡林）先生到德国，我也问他对德国人的观感，和中德（比较），到德国对他治学有什么影响。因为您是出去的，和张先生土生土长的不一样，这个您想一想。肯定对您一生有很深很深的影响的，或者是至少是无形当中的一种影响。对吧？

周一良：在美国的观感是这样的，因为我们在燕京大学念书了，燕京是比较洋气的学校，外国老师也很多，所以在生活习惯上各方面语言都没有什么隔阂，也没有什么不惯的地方。

记者：就是一下子就通了。

周一良：但是头一个感觉就是种族歧视，就是美国人的种族歧视恐怕比欧洲人还要厉害。

记者：是吗？

周一良：对，比如说中国学生到那儿，那个时候，一般的中国学生都是领奖学金，不是那么很富裕的，所以几乎没有人住在学校的宿舍，因为学校的宿舍很贵，在里面吃、在里面住很贵，一般都是在外头租房子。租房子，也有那种老太太，有一所房子，有好多间屋子，就租给学生，但是很多美国老太太不愿意把房子租给中国人，因此就形成这么一种情况，我就碰过几次壁，在广告上看到有这个房子，到那里去，她一看你是黄脸的，她就说没有了，房子已经租出去了，诸如此类的。形成这样一种习惯，就是中国学生到那儿以后，如果这一家他接收了一个中国学生，那么这间房子就等于中国人世袭下来了，比如说我在那儿读书，读了三年，我走的时候我就把这间房子想法让给另外一个中国同学，变成这样一种局面。30 年代几个中国学生住的楼，到了 40 年代，那儿还是中国学生在那儿住，因为他们走了以后，别的地方找房很困难，他就把这个房子让给别人的中国同学了，所以我一到那儿，投奔的也是有一个燕京的同学在那儿，也是领哈佛燕京学社奖学金的，他是华西大学的，他住在这个楼里头，他就让我也住在这个楼里头，住在另外一间房里。

记者：要是您单独去找？

周一良：相当困难，后来我爱人去了以后，就要找一个公寓了，那时找了很多地方，就是不接受，非常可恶，最后找到一个地方是个犹太人，房东是个犹太人，他倒是好，还接收了中国人，这种情况在 30 年代 40 年代是如此，到后来大概就有很大的改变了。大概二次大战以后，特别是新中国成立以后，很多中国的高级知识分子，科学家没有回来，在那儿有所表现，有所建树，有所作为，在大学当教授了、科学家了，美国人对中国人的观感开始有所改变。我们那个时候，他一看到中国学生，就认为你不是洗衣房的（洗衣服的），就是开饭馆的。主要是这两种人。

现在就不一样了。

记者：那么对您来说，您心灵上……

周一良：就是很不愉快了，感觉很不愉快，感觉欺负人。这是一个感觉，很突出的感觉。还有一个感觉就是觉得，当时燕京教授的教法跟美国没有太大的区别，所以在上课这些方面不觉得有很大的困难，但是有一个感觉就是，图书设备比中国要强得多。到了那儿以后，就如鱼似水，图书馆非常方便，杂志非常多，差不多你要搞什么问题，你总可以有办法，在中国就不行。中国有很大的困难，有些题目没有法子做，在那儿，差不多各种各样的书应有尽有，包括中国书都很全，很方便，搞起来很容易。这是另外一个观感。这个观感到今天也如此，还是觉得美国的图书馆图书多是一方面，方便，它不给人造成很多的困难。（我们）这里的图书馆是藏书楼性质的，它的书不愿意你看，它想尽办法卡你，在国外它是想尽办法帮你，想尽办法给你找你想要的书，你本校图书馆没有，可以到外校图书馆去借，外校没有，它可以到外地去给你借，中国哪有这种情况？

甚至外地的人到北大图书馆来查查书目什么的，都要收费，很不方便。这一点我觉得在外国还是很好。另外在做学问的途径这方面，我觉得他们跟我在燕京所学到的东西，像洪（煨莲）先生、邓（之诚）先生教的这些东西，特别是陈寅恪先生的方法（相比），不见得比中国有特别高明的地方。我觉得我在中国所掌握的研究方法、途径，到那儿也完全用得上，他们也并没有什么更特殊、更高明的招儿。

还有一个感觉，他们语言文字的能力强，这个在国内不行，在国内搞中国东西的人，很少懂得外文，只有清华燕京的学生外文水平比较高，能够用外语，其他的，除非专搞外国史的人那是另外一回事，搞中国东西的人就不大懂外文，甚至完全不懂外文，清华燕京人就占了些个便宜。美国就不一样，美国要考一个博士的话，起码你本国语言之外，要懂两种语言，所以这样的话，他的眼界就广阔，别的国家研究的著作文章他就可以知道，比如说我当时考博士，中文已经通了没有问题，日文也通了，此外还要学法文，学德文。

记者：那您的英文呢？

周一良：英文是原来就有的，英文、日文、中文都不考了。还要考德文、考法文，怎么办呢？就是用暑期的时间加紧学，死记硬背，然后考，你考过了以后常常也就忘了，所以我的法文后来还用一点，还记得一点，后来上法国去用一点，德文就是死记硬背地考，考过了以后完全都忘了，根本没有用，但是这一点说明它要求掌握的语言文字比较多一些。

记者：您的博士是历史学博士还是语言学博士？

周一良：语言，就是东方语言系。他们无所谓历史学、语言学，都叫哲学博士。凡是文科都叫哲学博士。中国的话叫 PhD。Ph 就是哲学，philosophy，就是所有的文科都叫哲学博士，不管你是历史系还是语言系，或者文学系。

记者：统称的？

周一良：统称的，不分的。

记者：您等于是得了博士以后，还教了两年？

周一良：还教了两年，那时候给我的名义是教员。

记者：您的夫人在那里也得了学位？

周一良：没有，她没有念学位，她后来主要是工作了。

记者：反正你俩是一块儿回来的。

周一良：回国以后，当然是回到燕京大学了。回到燕京大学，这个时候，洪先生到国外去了，在燕京大学负责的就是陆先生，跟洪先生是对头，当然把我是安排在中文系了，按原来的计划是中文系，安排到中文系也无所谓了，我就在中文系教课吧，但是他们采取了一些不很好的手段在各方面卡我，特别是住房的问题。那时候我有两个孩子了，我老伴带着孩子还在天津，我自己先来了，燕京那个时候有空房，像这些园子里都有合适的空房，但是不肯给我，让我住单身宿舍，一个很差的单身宿舍。

记者：待遇很差了。

周一良：很差的单身宿舍，我当时就很不高兴。当时也是少年气盛吧，觉得我都在国外教过两年书了，我也有一定的成绩了，回来这样子对待我，住在一个现在叫什么……的园子里，（只有）一间房给我。我找陆先生也找过几次，陆先生不肯帮忙。我当时就有这么一个感觉，我说我在美国也干了两年活了，工作了两年，并没有因为我是外国人而特别不公道。反正它按规矩，教员，instructor，是多少钱。一切都是这样的。回来以后，我到了自己的国家，反而受到歧视，而且不如洋人。因为当时的燕京大学有很多洋人教授，住得还挺好，而我反而不如他们。这是一个想法。另外，当时自己自视甚高了，觉得应该给我一个教授嘛，给我副教授我心里也不满意。

我这个想法后来看看也不是完全狂妄自大，多少年以后，北京就印了胡适来往的书信。胡适来往的书信里面有他写给别人的信，也有他收到的信，就有他收到傅斯年的信，傅斯年的信里面就开了一个单子，那些人他希望请到北大来，其中就有"周一良"，"周一良"底下加了一个括弧，说是请他恐怕得给他个教授名义，给他个教授名义也值得。所以我看了以后，我想当时的行情，我还是可以当教授的，所以我当时不满也不是毫无根据的，也不是太狂妄自大。名誉的问题，住房的问题，弄得我很不满。这是在 46 年。47 年的时候，清华找我。清华找我去有房子，给正教授待遇，这两个条件都满足我了，我当然就毅然决然地离开了燕京，到清华去了，总算是在燕京服务了一年，又到清华。在清华，还回到燕京来兼课，还在这边兼课，到清华还有一个原因，就是陈寅恪先生在清华，比较方便。同时那个时候，陈先生眼睛已经不行了。

记者：那个时候就不行了。

周一良：他在四川的时候眼睛已经不行了，回到北京以后，就完全靠别人给他念，有人就帮助他念中文书了，有人帮助他看报纸了。47 年到清华，一方面当然是对燕京的待遇不满了，还有就是说可以接近陈先生了，另外还给陈先生起一些帮助的作用。他当时是不能看东西了，有人帮他念中国书，有人帮他读报纸，我主要是帮他看日文杂志，因为他也需要看一些日文杂志，了解一些学术研究的情况。我的任务差不多就是隔一些天，从各地，燕京、清华、北大的图书馆里找一些日文的杂志，摘要给他说一说，念一念，这是47年。紧接着48年底，清华就解放了。（清华）解放得早。

记者：那时候您可以经常看到陈先生啊？

周一良：对，经常看到他。

记者：等于您是他的一个很亲密的助手？

周一良：就是。读外文，不光是日文，还有英文，外文的这些助手。这样子呢，48年底，清华就解放了。回想那个时候，解放前夕，我的思想状况还是一种民主个人主义者的思想，对国民党是不满，对共产党也不知道怎么回事，有一种各打五十板的想法。那个时候，去清华以后，才给了我的房子，然后我的老伴跟两个孩子才搬到北京来，在那以前，我就是隔一两个礼拜回一趟天津。那个时候，八路军常常把铁路给扒断了，一扒断我就回不了家，就有些怨气。我记得我写过一首诗，一方面对国民党表示不满，一方面对共产党八路也有所不满，各打五十板的想法。

就在这个情况之下，就解放了，解放前夕，我还是拿不定主意了，不知道怎么办？那时候我曾经写信问我父亲，我父亲比较坚决，那时候大概地下党跟他有联系，也希望通过他做一些工作，对天津的工商界做一些工作，他就说，你不要走，在这儿等待解放吧。

记者：您爸爸反而很坚决？

周一良：他很坚决，我当时想走也没地儿可走了。我就是很惶惑，不知道怎么办。当时清华的老师绝大部分都没有走，都留下了。我记得清华解放的时候是48年底，有一段时间还是比较紧张的，我们全家都躲到清华图书馆地窨子去了，在那里住了几晚上。分配一间屋子有两家住，我记得我们是跟曹靖华，就是那个俄语文学的老专家，跟曹家我们两家住在一间屋子里头，待了这么几天。

记者：那个时候，冯友兰好像是清华的代理主任吧？梅贻琦已经走了。

周一良：梅贻琦已经走了。这样子，清华就解放了。解放之初，当然对共产党不了解了。不过印象比较深的是，那个时候有一些解放军的文工团到清华来演戏，我印象最深的一个戏叫《赤叶河》，主要都是讲地主恶霸这些事情的，不过那个戏还是很让人受教育的，看了以后还是很感动的。那是个什么剧，可能是连唱带……

记者：像《兄妹开荒》那样的？

周一良：那一类，但是有情节，有对话。

记者：《放下你的鞭子》这样的戏。

周一良：对，这是48年底。到49年，新中国成立。那个时候，49年初，解放军进城，我们都参加去欢迎。我记得我还到了前门，（刮）大风的时候，欢迎解放军进城。49年，中华人民共和国成立，我也是跟着清华的大队，好像是从学校走到西直门，然后有车，还是坐车到西直门然后走路，就到了天安门的底下，听毛主席宣布“中国人民站起来了”，这个我们都在场，当时还是比较兴奋的，比较高兴的。

学校当然也组织一些学习了，“社会发展史”的学习啦。主要是“社会发展史”，重要的一次就是50年底，还是51年，总理在怀仁堂做过一次报告，专门给教授、高级知识分子做了一次报告，他强调，这些人要从专业知识方面下手来改造思想，讲得还是比较切实，比较容易接受的。就在50年代，我又参加了一次土改，那是50年到四川参加了一次土改，待了半年多。

回来以后学校就开始“三反运动”，学校思想改造。这次思想改造运动，我那时候还是比较年轻，解放的时候我才37岁的样子，没有作为重点，重点还是冯友兰他们，岁数比较大的人，我还轮不上。所以，也做了检查，检查思想，从家庭出身这些方面来检查的，触动也不是很大，也没有怎么太感觉到震动，就是这么个情形。然后，紧接着就是院系调整。

记者：那个时候您自己的感觉，对周围的感觉怎么样呢？

周一良：周围的感觉没有觉得很大的震撼。

记者：并没有对您有很大的震撼。

周一良：没有很大的震撼，我那个检查一般谈一谈也就过关了。不像冯（友兰）先生那样，有的人，像雷海宗那样，那都是痛哭流涕的，我好像没有那种感觉。

记者：就是说在当时，虽然您还是属于中青年……那个时候，像雷海宗、潘光旦、冯（友兰）先生，这种都是属于老一辈的，他们是主要的靶子。但是根据您自己的家庭，您应该是属于上层的，并不是工农阶层，那么，您对翻天覆地的变化，您当时的感受是什么，还是就是觉得一般性就过去了还是怎么？

周一良：当时没有觉得很大的震动，因为我首先不是地主，没有什么扫地出门这个事，其次因为我父亲被划为民族资产阶级，而且作为统战对象，所以他很快就在天津作了副市长，所以，根本家庭没有什么大的变动。从精神到物质上，没有太大的影响。

记者：我也在纳闷……

周一良：好像还是可以过得去，没有太觉得怎么天昏地暗。

记者：对您的感觉跟其他人并不一样，您这是特殊情况，您父亲当时是统战对象。

周一良：是的。我们那时候刘少奇同志到天津找资本家谈话还有他呢。少奇同志讲到，新民主主义社会，希望资本家还要剥削，剥削得越多越好。后来我父亲就站起来说，这个不对吧，剥削得越多就罪恶越大，怎么会功劳越大呢，是我父亲说的。

记者：您爸爸还这么说？当时王光英还在，是吗？

周一良：对，王光英在。所以，这个“三反”思想改造没有太大的触动，紧接着就是1952年院系调整，就是把工科并到清华大学，文科都并到北大来，在这个期间有一些思想活动。当时的想法就是希望继续能留在北京。因为觉得如果要搞学问，只有在北京还比较好，分配到别的地方就很难办了，有这种思想。但是针对这个思想，不是我一个人有的思想，很多人都有这种思想。针对这种思想党也做了很多工作，讨论，服从分配的教育，服从需要的教育。这一次我觉得触动很大。也就是通过这一次的学习教育坚定了一个思想，就是“一切服从需要，一切服从分配”，当时就觉得分配到哪儿去都一样，反正我们是搞教育工作的，不应该有所选择，非要留在北京或者非要留在北大不可，等等。

记者：这个思想触动不要看扁，实际上作为个人来说，已经从个人的角度考虑到国家需要，人民的需要，这是一个……

周一良：对，这是一个很根本的转变。

记者：不考虑个人的利益了，有这个问题。

周一良：对，当时的待遇，家庭的财产这都在其次，主要是个人学术上的前途，工作上的前途，这个方面。所以，我觉得这次院系调整之前的服从需要的这次教育是很根本性的。也就是奠定了我后来一切听党的话，服从需要，要我干什么干什么，指向哪里打向哪里。这是一个转变，虽然那时候并没有入党，但是这个思想有这个基础。但是后来并没有把我分配到别处，而是又分配到北大来，从清华到了北大。那时候清华我做系主任，到了北大以后，翦伯赞做主任，我就做教研室主任。

记者：系是历史系的？

周一良：历史系的。我在清华最后院系调整的时候我是清华历史系主任，到了北大之后翦伯赞是主任，我们几个人做了教研室的主任。我做中国史教研室的主任。这是1952年院系调整，我觉得是一个阶段，思想转变的一个阶段。到北大以后，就一切服从需要了。

我原来是搞中国古代史的。到了53年的时候，我们学习苏联，学习苏联的教学计划，一切课程设置按苏联的走。苏联的教学计划里面有一个课叫亚洲史，亚洲史过去旧中国大学里面从来没有开过这个课，没有人开。那时候系里讨论，党支部先讨论决定让我来开这个课，因为我懂点日文，懂点英文，也懂几个外文。所以，开这个课比较方便一些，别的人不一定有这个条件。当时跟我说了，我就是本着服从需要的精神，我就决定搞这个课了，就改了行。所以，就由中国史教研室主任变成亚洲史教研室主任，以后就开亚洲史，开日本史。

记者：等于是开创性工作。

周一良：对，等于是开创性工作。同时自己，我现在想起来，也是比较狭隘。当时觉得既然要我搞亚洲史，那我这个中国史这方面就应该放弃，其实也不应该那么绝对。我是考虑到服从需要，应该一心一意，全心全意服从需要搞这个。所以，后来主要搞亚洲史，把南北朝中国古代的东西丢下来了。一直到粉碎“四人帮”以后才又重理旧业，才又捡起来搞这个东西。

记者：当中断档好几十年。

周一良：当中断的时间很长。不过这几十年老实说也没有搞太多学问，因为政治运动很多，一个接一个，一个政治运动，一个行政的事务。后来我做副主任，56年就入党。

记者：您是很早，算是比较早的一批，知识分子吸收入党。

周一良：对，知识分子。我先是进了民盟，后来 1956 年入了党，做副主任，翦伯赞做主任，我做副主任。一方面事务性的工作很多，一方面又改了行，所以也没有太多的时间，一方面政治运动，所以没有太多时间搞业务。1956 年入党，1957 年就“反右”，“反右”又是一个大关，老实说当时对“反右”是不理解的，不理解，当然不理解（也）跟着走了，要坚定地跟着走。同时自己也参加反，参加批判了。

我清华有一个很好的朋友叫丁则良，是由清华分配到东北人民大学去的历史系的教授。这个人被划为右派，其实当时是很冤枉的。这个人胆小，就在北大自杀了，那时候他在北大。其实反右期间他并没有什么言论，他在国外，在苏联，出去开会，回到北京听说东北那儿把他划成右派了，一个小集团，划成右派。他大概是害怕什么的，就在北大的未名湖里投湖自杀了。他是民盟的，民盟当然要批判他了，我那时候还负责北大民盟的工作，由我主持民盟的盟员大会来批判他。我想来想去，我觉得他也没有言论怎么批法，也没法批判，我只好说他是辜负党的信任，反右之前派他出国参加会议，很重视他，没有理由怎么非要自杀不可了。辜负党的信任了，辜负党的期望了，这样一种东西来批判他。而这种发言呢，因为我主持会议的这种发言后来也被大家认为是右倾，没有批到点子上。

另外我还有一个助教，也被划为右派，现在是恢复了历史所的研究员，我当时也站起来批判他，虽然批判他，也很伤心，也就掉了泪，也被认为立场不坚定或是怎么样。所以，反右期间没有能如期转正。我 1956 年 1 月份（成为预备党员），应该是 1957 年就转正的，反右期间没有转正，一直到 1958 年后期，也是经过一次批判教育然后才转正的。所以，反右派对我是有震动，但是还是不够理解自己所批判的这个人究竟怎么回事，并不是很清楚。

记者：那您想没想这个问题？

周一良：当时也想这个问题。就是说党总是对的吧，是不是？这么大的运动，牵扯到这么多人。

记者：当时社会上的知名人士一夜之间就……这个对您？

周一良：有震动，但是不理解。我觉得，特别是像吴晗这些人都在批判别人，就觉得吴晗总是我们的旗帜吧，总是对的。除去在学校参加批判丁则良，批判那个助教，还批判另外一个盟的盟员之外，也让我写文章。写过一篇文章，那篇文章是批判师范大学的一个数学教授，其实我跟他完全不相干。就是把他的材料拿来，让我根据那个意思写一些东西，完全没有意义的东西。我就写过一篇文章。反右派自己没有变成右派，没有接触到我本人的一些问题。同时，特别是像翦伯赞、吴晗这些都是平常自己佩服的，认为是响当当的左派的，他们都在那儿摇旗呐喊，他们也批，批得很厉害，当然就跟着走了，觉得他们总是对的。

记者：那个助教叫什么名字？

周一良：叫夏应元，现在是社科院的研究员。反右派过去了以后，然后就是大跃进了。1958 年的大跃进，这些一般都能跟着走，不见得是很明确……很突出，很积极，但是反正都是没有落后，至少是。1959 年有一次党内的批这些什么，那时候陆平同志已经来了，批党内资产阶级专家还是什么……

记者：1959 年，对，完了就是教育革命，批一些所谓资产阶级的教学者，冯先生那次也挨批，他提出抽象继承法的问题，他是哲学系的教授。

周一良：历史系有两个重点，都不是太老的。那时候要发言，也跟着发言，发言总是谈不到……因为题目高，因为觉得不是认识得很明确。领导叫批就批，批不到点子上，这样一种情况。

记者：我插一句，周先生，丁则良和您还是比较要好的。

周一良：很好的。

记者：那么，他的死对您有震动吗？

周一良：有，当然有震动。

记者：您站起来批判的时候……

周一良：批他的时候已经死了，他跳湖死的时候，后来捞起来第二天要送葬，我还到他的尸首那里去绕尸三周，然后回来。因为上午要开会，我不能送葬，所以，就去走了三圈。这个事情以后，也是作为立场不坚定挨了一顿批。批夏应元时落泪，在丁则良死时绕棺三周。当时自己是极力要跟着走，不要掉队，但是呢，或者是这儿，或者是那儿，总要露出一些东西，这么个情况。

记者：当时您的心情尽量地想赶，尽量地想跟。

周一良：对。解放以后，长期有这么一种思想，就是负罪感，觉得我自己出身不好，还有抗战期间我跑到国外念书，没有到内地去。对于解放，对于共产党毫无认识。这样一些想法，长期有一种负罪感，很多知识分子都有这种思想，觉得自己生来有罪，对不起党，对不起人民。所以，现在我要改造自己，尽量地跟，尽量地党叫干什么就干什么，这点倒做到了。

记者：因为我想，周先生，您是在燕京也好，在美国也好，您受的那个教育绝对是要让您独立思考的，对不对？

周一良：是的。

记者：不是让您人云亦云的。

周一良：对。

记者：这样您这段历史我就很费解了。可是为什么解放以后，像这样一些运动您就唯恐跟不上。就是说您即使有一点点想不通，您现在也只是以“想不通”这三个字来形容，而不是我认为这里面有一些不对，并不是我周一良不对，而是你不对，这种想法几乎没有过。

周一良：几乎没有过。这个前提就是负罪感。你出身也不好，你经历也不好，你全无是处，以前的东西应该整个否掉。学生运动没有参加，抗战也没有参加。

记者：等于是一个像季先生说的我是一个摘果子派。季先生的原话就说，我认为解放以后，你们都是为新中国的成立付出了你们的努力和功绩。我是摘果子，所以我就好好拼命改造自己。他是这样，您呢，就是说……

周一良：我的出身又不一样。

记者：他的出身还算贫农，您还加上一个问题，您的出身不好。

周一良：出身的问题，出身的经历，各方面，所以有负罪感。

记者：这一点是一个思想根源之一。

周一良：当时不去问为什么，就是说党的决定就是正确的，你就是跟着走。

记者：还唯恐跟不上。别人批判，我即使想不通也得通，我还得虚心接受。

周一良：对，就是这种想法。

记者：当时右倾啊，落泪啊，其实这是人之常情。您自己的学生，我为什么不能落泪，我自己的好朋友，他死了我为什么不能去看看？

周一良：而且我始终觉得丁则良很进步，他是"一二·九"的一个健将，同时他在清华一直劝我入党，我就觉得他对我的进步是有帮助、促进作用的。

记者：这么一个人成了右派，结果我去表示一些最起码的，老朋友也好，老同事也好，最起码的一点哀悼之情，被批判为右倾，像这样一些东西您也不敢问一问为什么。

周一良：对，不敢问为什么。

记者：就是他们是对的，我是错的。

周一良：对，就是。恐怕好多知识分子当时都是这样的，特别是我这种家庭出身的知识分子又不一样。

记者：对，还背着这么一个包袱。所以，我在想这个思想，像张（岱年），他没有出去，但是他完全是右派把他打闷了，张先生以前是敢说话，他说的那三条很厉害：你们这样子，完全是把知识分子推向了对立面，你们这样子完全伤害了知识分子……

周一良：他其实讲的是对的。

记者：他讲得完全正确。连王景帝，王蒙的父亲的一个例子，冯友兰的一个例子，还有讲知识分子改造思想的一个例子，三个例子举得完全对，说得很直，在当时来说，他认为我是没问题的，我是一片（真心）为党整风的，啪一下子打成……以后就换了一个人，他是这样一种转折。可是您连"五四"思想改造这些，"反右"您也没有什么，一直是负罪感。

周一良：对。

记者：和您的性格也有关系。

周一良：有关系。

记者：您的性格应该从小是一个好孩子，一个听话的乖儿子、孝子，这个也有关系。

周一良：对，有关系。

记者：所以这个又促成了您的这样的思想。

周一良：对，你的分析很对，家庭养成的温顺的、听话的孩子，再加上解放以后的负罪感，觉得自己出身的沉重的包袱，好像一无是处，一切都得从头来起。

记者：完全是这样。您的专业的丢掉也是……

周一良：我甘心情愿，我觉得这是对的，这是服从需要，这才是完全彻底地为人民服务。既然叫我搞这个，那个东西我就整个扔掉了，有点这种味道，其实完全用不着。

记者：也是种损失。

周一良：很（大的）损失。

记者：因为一个学问建立起来多少年，很不容易，您从头来，一辈子有几个这么多年。

周一良：就是，傻得很，现在想起来傻得很，蠢得很。

记者：是这样。

周一良：怎么样，咱们今天就谈到这儿。

记者：好，就谈到这儿。

记者：周先生，咱们今天开始，好吧。

周一良：上一次讲到学校学习苏联的教学计划，新开设亚洲史的课程，让我来改变这个专业，从头开始。这个要是在以前恐怕是不大可能的事情，因为已经搞了几十年，已经有成就。但是因为经过院系调整这种服从需要这种教育以后，思想上还是有所提高，就觉得应该这样做，义无反顾地换个专业。这是53、54年的时候。到56年号召知识分子入党，我就参加了中国共产党，在以前我已经参加了民盟，56年入了党，57年就反右，我刚才讲到反右的一些情况。反右其实对于右派的一些言论……

记者：对不起，我打断一下。周先生您说到入党这个问题，你现在回想一下，当时号召知识分子入党，你当时参加中国共产党，写一个申请书，肯定你脑子里对共产党实际上你的认识还是非常非常五体投地的，是当时对共产党的认识。

周一良：对，当时觉得国民党腐朽到家了，没有办法，不可能再把中国搞好。而共产党确实是，50年代，共产党确实是很不一样，确实是五体投地。入党以后就赶上上面反右，第二年就反右，反右确实也不是很理解。让我批判自己的学生，批判自己很好的朋友。当然跟着批，可是自己讲不出什么道理来，不能很理直气壮的，比如丁则良，我只能批判他党很信任你，派你出国学习，你怎么还自杀，只能批判到这里。

记者：这说明您还是实事求是的，您并没有给他们乱扣帽子。

周一良：没有给他乱扣帽子或者乱上纲。

记者：您想来想去只能批判他这个。

周一良：只能批判这个。对那个学生夏应元，我那个学生，也是只能批判他辜负了党的培养，辜负了我的培养，只能从这个方面谈。所以，从当时的领导来看，是不够上纲上线的，是不满意的，这么个情况。再加上丁则良出殡以前我绕棺三周这样一些事情，也批了一通，然后才转正。56年入党以后，那时候翦伯赞同志做系主任，就分配我当副主任。从1956年到1966年，十年，到“文化大革命”开始十年，一直做副主任，他是管全面的，我吗，主要是管研究生、进修教师、研究工作的。这十年里面做副主任杂务很多，常常开会，而且常常一开就开得很晚。

记者：对您的学术影响很大吗？

周一良：影响很大。这个时间一个是系里的杂务很多，会议很多，一个是政治运动不断，58年大跃进，1959年批党内专家，反右倾。

记者：反右倾，59年，从反庐山事件那个，到60年延续下去。

周一良：对。62年又反右倾，等等。

记者：62年就开始提到“千万不要忘记阶级斗争”，1963年就社教，64、65（年），到66年“文化大革命”一直没消停过。

周一良：政治运动不断，系里的杂事也不断，很难抽出时间搞一点研究。我现在回想一下，我搞亚洲史以后，重点在日本，我写过两篇比较像样一点的关于日本的文章，回忆一下这两篇文章的写作时间就很有意思。一个是1956年，那时候号召向科学进军，双百方针，那时候稍微有一点空隙，抓紧写了一篇东西，然后是62年，62年是右倾回潮了，向知识分子脱帽，稍微有一点空闲，写一篇文章。1962年以后，一直到“文化大革命”，那就谈不到了。

记者：那您就是在所谓阶级斗争最松懈的时候。

周一良：只在阶级斗争最松懈的时候勉强写出两篇东西来，就是这么个情况。在这个中间我也出国几次，主要是搞一些文化交流。这样就到1966年，“文化大革命”，1965年我们就到北京郊区搞“四清”了，1965年的秋后姚文元就发表了《海瑞罢官》。《海瑞罢官》那个文章出来以后，那时候我还在乡下，看了以后不太以为然，觉得《海瑞罢官》这是一个学术上的问题，扯不到政治上，怎么后者一下子就扯到政治上了，不太同意这个想法。1966年春节从乡下回来，我去看翦伯赞同志，翦老那时候是我们系主任，那时候他已经开始挨批判了，已经批判他了。他精神就很不好，情绪也很低，跟他谈到姚文元这个文章，他也不同意。但是他不知道姚文元这个文章是那么一个大运动，大背景的一个……

我回来看他，谈（话），谈的时间不长。触及姚文元的文章，大家也都表示不太同意这种说法，但是翦老的情绪很低，走的时候跟我握手，一再说谢谢我。因为那时候他已经在挨批了，有人去看他，很感谢的样子。从那以后，我们两个从来没有再谈过话。再回来，就是“文化大革命”已经爆发了，两人见面就是在批斗的台上见面，不可能讲话了，一直到他去世没有再交谈过。

记者：是吗？

周一良：嗯。那么“六一大字报”出来以后，我们还是在乡下，我们在乡下东郊星火公社。大字报出来以后不久就把所有的“四清”工作队撤回来了，撤回学校。我记得撤回学校以后，我们到历史系，历史系那时候在三院，在门口贴着一副对联，不知道你听说过没有，叫“庙小妖风大，池浅王八多”。我看了以后非常反感。我觉得这个话很粗俗，同时侮辱性也很强。就是说怎么会门口贴这么个东西，把知识分子都变成王八了，后来听说来头很大，这个对联是从中南海，还是哪儿来的。

记者：传遍全国。我们上海后来跟着北京学。文艺界什么哪一个京剧院、话剧院，哪个人民艺术剧院全都贴，我们戏剧学院也贴，就是这个，从北京传过来的。那是在你们系的门口？

周一良：在我们系的门口。就在那个时候，在体育馆，有一天晚上历史系开会，群众就把总支书记、副书记以及系里团的书记、支部书记都揪上去了，党这方面的都接上去了，然后就要找行政的了。

记者：这是什么时候？

周一良：6月下旬，（贴）大字报以后。当时我们刚回来。系主任翦伯赞当时不在，我是副主任，就把我揪上去。我当时是很不服气，我觉得我解放以后是全心全意跟党走，认识到自己的家庭出身，过去的经历，愿意改造，努力在改造思想，在工作方面我觉得我是勤勤恳恳地按照党的指示办事。我服从需要。

记者：叫您干啥就干啥。

周一良：对，叫我干啥就干啥，现在说我怎么怎么样，要我认罪，我说我没有罪可认，当时是不低头。后来红卫兵按着我低头，我始终不低头，这点印象很深。后来，那时候工作组看这个情况也不知道怎么办好，他们心里也没有底，稀里糊涂就宣布散会。这是

“文化大革命”开始了。开始以后，初期我还不是一个重点人物。上面从党的方面（有）总支书记、副书记，行政有翦老系主任，他名气特别大。我只是副主任，这是一点，从地位上讲。从一般关系上来讲，我这人平常人缘儿还比较好，群众关系比较好，也没有得罪什么人，所以，也没有特别把我揪出来，怎么怎么样，只是所谓靠边站的干部吧，中间性质吧，不能算革命群众，但是也不是牛鬼蛇神。

记者：按季（羡林）先生说的叫“介乎革命与反革命之间”。

周一良：对，他也是这么说的？

记者：他有很长一段时间，变成在人和非人之间。

周一良：变成这样一种情况，这种人的任务是什么呢，上午到系里学习，学习语录，学习社论，下午看大字报，还可以看大字报，你可以在本校看，可以到校外看。还有时间就给革命群众抄大字报，你自己不能写大字报，但是你可以抄大字报。

记者：张岱年先生也当过你这样的（角色）。

周一良：相当长的时间是这样一种生活。但是我就觉得我还是要革命的，光这样子，我不甘心，而且觉得这是一场（斗争）。过去解放战争我没有能参加战争，现在虽然不是战场的，但是也是一场斗争，也是一场革命，我应该积极参加，光这样子，我自己不满足，也不足以满足我的负罪感，所以我就跟我们教研室另外一个女同志，她也是个靠边站的，中间的，两个人就联名也搞了个战斗队，也出了一张大字报。这个战斗队的名字叫“惊回首”，也是后悔的意思。这是毛主席的诗词了。写的内容是什么东西我记不清楚了。总之还是一种悔过，这种意思。就是觉得这些年自己做得不对，怎么样，要改造。我们两个人写好了大字报，正在那儿贴的时候被一个学生看见了，那个学生大怒，说你们有什么资格写大字报，你们没有这个权利，不配写大字报。当时就把我们这个大字报撕掉了。

记者：这事给您自己印象很深？

周一良：这事给我当头浇一盆冷水。我们就想算了，没有资格写大字报……

记者：这是什么时候，有印象吗？

周一良：这是66年的下半年。

记者：还没到67年？

周一良：没到67年，66年下半年。后来一直是处于这样一种状态。

记者：从此你们再也不写了。

周一良：从此不写了，就抄了，抄革命群众的大字报。在这个期间还有一个事情，毛主席要中华书局组织人标点二十四史……

记者：对不起，我打断一下，当时那个学生说的原话您还记得吗？

周一良：原话不记得，意思是你们不配写大字报。

记者：态度？

周一良：态度很坏。

记者：很恶劣，很凶狠，不是给你们讲道理，就是像批斗会上那种……

周一良：一样。那时候我们两个都还是靠边站的，并不是牛鬼蛇神，还没有划为牛鬼蛇神。还有那个时候中华书局组织人力，标点二十四史，中华就到各校去找人，找了一批老教授参加，也让我去参加标点二十四史。

记者：也是66年下半年？

周一良：66年下半年。我当时什么想法呢，其实我要去就好了，我当时是要革命的。也就是说如果在北大这儿标点，在家里标点，同时参加运动，不脱离革命我是愿意干的。如果让我脱离学校，脱离这个火热的斗争现场，到中华书局去住在一起，在那标点二十四史我不愿意去。我这样跟总支明确表示这样的态度。这个也说明当时的思想状况是怎么样的。

记者：在当时，您非但没有想逃避这个运动，而且还是想积极参加。

周一良：对，还要积极参加。

记者：还并没有感到将来会落到什么地步，根本就没有想到。

周一良：没有想到。当时如果去了中华书局，可能以后我个人这个局面整个就改变了。不至于浪费了那么多年的岁月，那么多时间。

记者：而且你那个时候就干一点正事。

周一良：干正事，比较早地搞一点业务。而我当时是很坚决，我记得我当时跟系里负责的同志说，我不去，在这儿继续搞运动，一边搞运动，一边搞标点我愿意做。

记者：周先生，您对您当时的抉择，现在来看肯定是错误的，您现在到底有多大反思，就是您为什么会做出这样一个选择，今天来看，在当时您有没有想这个问题呢？

周一良：当时没有想到。就觉得那样子（会）脱离革命，脱离斗争。

记者：您就是这么一个简单的想法。

周一良：对，就觉得对自我改造不利，对革命不利。躲在中华书局里面搞标点，我在这儿还是继续参加学校的斗争，尽管学生不让我贴大字报，觉得还是在这儿，还是在革命之中的，还是在斗争之中的，还进行改造。非常天真的单纯的想法。后来我就想起来，我当时要是改变我的主张，决心去那儿（标点二十四史）的话，以后这几十年恐怕就很不一样了，也不会到梁效了，也不会有这一套。

记者：对，绝对不会走这一套。何况您的主观客观也不一定会……

周一良：对，就是。所以，（除了）这一次，（另）一个是院系调整，服从分配，还有一个这一次，都是比较关键性的时刻了。然后呢，就是66年，67年，是67年还是68年，我记不太清楚了，那时候是聂元梓统治北大。聂元梓当革委会主任了，聂元梓很多活动，很多所作所为是很不民主，很不对头的。

记者：专横跋扈。

周一良：专横跋扈，很不对头。

记者：季（羡林）先生说话，（聂元梓）又狠又蠢。

周一良：就是。很不对头，大家都很不满意，我也很不满意。有一次，现在想不起来（是哪一年），大概已经是68年了，夏天在大操场开会，那个会的倾向性很清楚，就是反聂元梓的会，让我去参加。

记者：是不是北大井冈山搞的。

周一良：那时候还没有分开。就开个大会让我去发言。我当时是什么指导思想呢？又是一句语录，共产党人不隐瞒自己观点。毛主席讲的，什么事情想什么就说什么，我也不隐瞒自己的观点。我就跑到台上大讲聂元梓的不对，不民主。怎么怎么样，怎么怎么样。

记者：那次会是谁组织的，为什么会请您呢？

周一良：这个中间，大概有一些后来成为井冈山的人参加组织，找了一些有倾向性的，知道我发言必然是反对聂元梓的，所以找我去参加，一定是这样的情况。

记者：而且当时你并不是牛鬼蛇神，这也是原因。你要是牛鬼蛇神，他就不会找你了，你还算是教师当中有一定影响的。

周一良：对。因为我有一定影响，年龄也摆在那儿，有一定影响，他们就找我去。讲了以后，就惹了祸，就在这个会后不久，大概就分派了，聂元梓和新北大公社，反对他们的就组织了井冈山，组织井冈山以后，他们动员我参加，聂元梓那一派也派人来找我，也是我们系里的青年教师，也来找我，希望我能到新北大公社那边去，我当然不去。我说聂元梓所作所为我不同意，我觉得他的做法不民主，不对头，我不愿意参加。我还是宁可参加了井冈山，这样子参加了井冈山。参加井冈山是一个很决定性的关键性的事件。这样一下子搞糟糕了。现在看起来，当然，因为参加了井冈山，介入了两派的斗争，后来找来了一系列麻烦，这是一方面。另外从更高一方面讲，像我这样的人根本不应该参加派。

记者：实际上能不能这样讲，从今天来反思，您对"文化大革命"，您在当时是没有清醒的头脑。

周一良：没有清醒的头脑。

记者：您如果要有清醒的头脑，您肯定觉得冷眼向洋看世界。你们这一套肯定都是，拿最最通俗的话是极"左"的，你们是逆历史潮流而动，反对文化。

周一良：既不文化又不革命。

记者：又不革命，又不文化，是吧？打着所谓革命的口号，实际上是反对人类文化的整个进程的，是吧？可是当时呢……

周一良：没有这个认识。不但没有这个认识，而且紧跟。比如说破四旧，我也破四旧了，那时候系里还跟我比较客气的，把这些书贴上封条就是了。但是在他们来以前，我自己就破四旧了。旧的相片就撕掉了，过去老师朋友的信通通都毁掉了，不需要毁的东西通通都毁掉了，就觉得这是四旧，何必要留着它呢。

记者：实际上自己就把自己的历史上珍贵的一些文物全部都破

坏掉了。

周一良：美国念书的博士文凭什么的通通都毁掉了，所以当时真是简单。

记者：您真是革命，彻底地跟着党……

周一良：要跟旧我来决裂了。

记者：是这样的，来一个彻底的决裂。

周一良：我曾祖父写的条幅，我的博士的文凭，在哈佛大学买的一些纪念品，多年积累的一些相片都毁掉了。包括一些朋友师长的信都毁掉了，有纪念性的都毁掉了，就是这样一种情况。决心下得很大的，这些跟我不去标点都是一致的。

记者：是悲剧呀。

周一良：确实是。并不是学生来毁的或者青年教师毁的，而是我自己主动毁的。

记者：当时您是出于害怕的心理还是出于革命的心理？

周一良：出于革命。

记者：并不是怕别人抄出去我的什么罪证，不是这样一种心理，而是我要和我的旧我彻底决裂，是这样一种心理。和有一些人家还不一样，有的人家里（把）有一些什么东西，包括所谓能作罪证的一些东西烧掉。心理不一样，恐怕出发点也有一些不同，是不是？

周一良：对。我没有觉得这些东西是罪证，就觉得这些四旧，现在号召要跟旧我决裂……

记者：哦，是这样子的。所以，这还是又有一种……

周一良：实际上这个罪证还没有搞清，我待会儿再跟你接着讲。中华书局我没有去，在这种思想指导下，没有去。加入了井冈山。根本不应该介入派系，介入派性斗争。后来井冈山还搞过一次静坐，也不是反对聂元梓什么事情搞静坐，我也去参加了静坐，拿了小板凳，到办公楼前面去参加了静坐。要革命嘛，反正一切都这样。这样的话，聂元梓他们看拉我拉不过去，我就这样子坚决地反对她，后来就采取了断然的措施。就是在1968年的冬天，大规模地抄我的家。来了几辆卡车，几十个学生，那时已经分派了，就是新北大公社的学生，有我们系的，也有外系的，晚饭以后，到家里来，首先就把我们全家的人，包括我老伴、小孩，还有我的岳母，跟我们一起住，她只有一条腿，跟我们一起住，都赶到茅房里，在茅房里把门锁起来，然后就大抄，搞了3个小时。

记者：大动干戈。

周一良：对，那时候对翦伯赞抄家都没有这样。几辆卡车，搞得乱七八糟，东西都抄出来，衣服箱子什么的通通都抄出来，抄走了衣服、箱子、书，装了3车，把我们放出来一看，满墙上都是"打倒周一良"诸如此类的东西。

记者：是刷大字报还是拿笔写的？

周一良：干脆拿笔写的。

记者：黑笔，写在墙上，写得乱七八糟的？

周一良：这是68年，一直到72年，我一个兄弟从美国回来，学校才出面把这些东西粉刷一下。

记者：粉刷一下。

周一良：然后把墙也挖了，地板也挖了，硬说家里有电台，要搜电台。地板也撬起来，墙也捅了好几个窟窿。不像话。

记者：对您的震动大吗？

周一良：那当然震动很大。我那时候还是不服气，我后来又贴大字报。我还上三角地去继续贴大字报，控诉聂元梓为什么给我抄家等等等等的。就在这个时候呢，抄家之后不久，聂元梓就设了一个叫劳改大院。

记者：现在推平的那个。

周一良：对，就是在外文楼后面的。先是历史系的在昌平县太平庄那儿有一个办学的基地，校外办学的基地，先把我们送到那儿，历史系的人先在那儿，在那个地方还比较好，只有几个学生管着，劳动活儿也不算太重，而且大家对劳动很习惯，应该通过劳动改造自己，比较自觉自愿，比较愉快地参加一些劳动。生活也还可以，也还过得去。

记者：您也去了？

周一良：去了。那时候老教师一部分，还一部分中青年是认为有问题的，包括我们现在党委副书记常务书记郝斌，郝斌也跟我们一起劳动。

记者：那是哪一年？

周一良：69年的上半年，抄家以后了。后来从那儿就搬到校内，就是劳改大院。校内这个劳改大院有200多人，当时在北京各单位是比较大的一个。聂元梓搞的劳改大院，这里面各种各样的人都有。有大批的干部，所谓的走资派；有所谓资产阶级反动权威，像我们这些教授；也有个别的青年学生因为派系的问题抓到里面来。比如说胡耀邦同志的儿子是我们系的学生，也曾经在劳改大院里待过，还有侯外庐同志的女儿，也是因为派性的缘故也在劳改大院待过，不过都是短期的，比较长期的还是我们这些人。劳改大院一直从春天到冬天才解散，69年底。

记者：差不多待了将近一年。

周一良：（差不多）七八个月，八九个月。在这个期间还有很多事情应该讲。一个就是给我带上了五顶帽子，每次吃饭的时候要向毛主席请罪，自报家门，自报名姓，报这五顶帽子。我这五顶帽子是什么呢？一个是我是副主任，副主任当然就是走资派。第二个我是二级教授，老教授，当然是反动权威。所以是反动权威。第三顶帽子叫反共老手，怎么叫反共老手呢，就是我上次跟你说的，我回国以后，解放以前我的家眷在天津，一两个礼拜回去一次，常常因为路扒断了我不能回去，有些怨气，同时我就一个人在北京呆着就写了一首诗。那个诗写了，先念给你听听，待会儿你再看看。

这个诗怎么搞到的？在我的家信里面。信怎么搞到的？抄家抄到的，抄家抄到我的罪证这是其中之一。这个诗第一句叫做“独裁民主两悠悠”，就是说国民党人说他独裁，共产党说民主，“两悠悠”，两个都恐怕是空的。这当然里面也有些反动的成份。“扒路断桥未肯修”，就是说解放军，八路军把桥断了，未肯修，妨碍我回家了。第三句是“小民镇日反饥饿”那时候不是反饥饿运动吗，常常游行。“细君今夜怯空楼”，细君就是我的老婆、妻子了，深夜怯空楼，我不能回去，她一个人住在家里。“伤心最是教化界”，“教”是教育，“化”是文化，文化教育界，这个字谐音，“教化”就是叫花子的意思，当时我们常常开玩笑，就说我们教化界、文教界的人就跟叫花子差不多，这当然是不满意国民党了。“伤心最是教化界”。“书卷难作稻粱谋”，书很多，你念书教书吃不饱饭，国民党后期很苦，我们工资完全不够用。只是把美国带回来的钢笔，表啊，书啊，这些东西卖了来维持生活。“书卷难作稻粱谋”，下面一句“十年祸乱殊未已”，把八年抗战跟后来解放战争都比喻成祸乱了，“十年祸乱殊未已，炮声今又逼芦沟”，卢沟桥那边又听见炮声。这个诗总的精神还是一种民主个人主义，各打五十板，有反对国民党的地方，有反对共产党的地方。

记者：对共产党当时只是一种不理解造成的所谓的……

周一良：就是，但是他们拿了去，把反国民党这一块不提了，主要是八路断桥，你骂八路，十年抗战，你把解放战争当成祸乱，是非常反动的。抓成这个就说我是反共老手。反共老手的帽子主要是因为这首诗，这首诗我自己都忘了，他们抄家的时候把信抄出来，查出这么一封信。这是我从北京写给我老伴，她在天津，家书里面的一封信，罪证就是这个。还有，就是我那个信里面提到沈崇事件。我那里面有一句话就是沈崇到底是什么样的人我们现在还不知道，有这样一句话。就是对沈崇有所怀疑。因为美军是很坏，但是，那么个深夜，女孩子跟着美军干嘛去了，这个也是我污蔑沈崇，（沈崇）事件也是一个。

记者：又是一条。

周一良：又是一条，这两个是反共老手的根据。还有一条就是美国特务。

记者：他们怎么会给您……

周一良：怎么来的美国特务呢？我当然是交待了我在美国的时候，珍珠港事变以后，美国哈佛大学办了训练美军语言的班，我参加了这个班，教日语。这个当时都已经交待清楚了，而且当时觉得这个是已经……

记者：反法西斯。

周一良：当时把这个作为爱国行为，因为美国跟中国共同打日本，参加训练美军是好事情。当时都交待了。就把这个作为你在美军里面教日语是帝国主义的，算是特务。另外在家里发现一个幻灯片，当时美军毕业，我们中国教员跟美军学生合照的照片。这也是一张。还发现一张小照片，我们都没有贴本子的，扔在那儿的，司徒雷登跟我们合照。因为当时燕京大学有一个荣誉学会，就是分数好的学生毕业的时候可以参加这个学会。参加这个学会时，司徒那时候叫校务长，校务长家里有一次茶会，我们毕业被选进这个学会，一起照的相。这个小相片也是从箱子里面翻出来的。一个跟美军合照的相片，一个跟司徒雷登合照的照片。还有我的大儿子搜集邮票，搜集了好多国民党的邮票，有蒋介石头像的邮票，这都算反共老手跟美国特务。美国特务这一条，我觉得我自己也罪有应得。1953 年批判胡适，我写过一篇文章，这个文章里面就讲到费正清，我不知道你听没听说过。

记者：中国通，我知道。我很喜欢看他的书。

周一良：他跟中国人还是比较了解，比较友好的。但是在当时极“左”的思潮影响之下，我批判胡适的时候提到费正清，给他戴了一个美国特务的帽子。这是完全不对的。费正清是美国特务，怎么怎么样。后来他们就拿这个，你自己说的费正清是美国特务，可是你跟费正清有来往，那你不就是美国特务吗？就这样反共老手之外又加上一个美国特务。

记者：让您吃了一个哑巴亏。

周一良：资本主义道路当权派，反动学术权威，反共老手，美国特务，还有一条很妙的就是老保翻天的急先锋。什么叫老保翻天的急先锋呢？当时毛主席号召干部要自己站出来，自己亮相，自己站出来，我就参加了一个干部自己站出来的这么一个组织，有一部分干部自己要站出来，我也参加了，也贴了大字报，等等。江青后来说这是老保翻天，干部都是老保，老保翻天。我因为参加这个会就变成了老保翻天的急先锋。“文化大革命”当中有这五顶帽子的还不多。

下面我就讲一讲几次批斗会。在第一次大型批斗会以前，他们大概怕我跑掉，抓不着我，会开不成，所以，先期好几天就把我从家里劫走了。

记者：这（是）很重要的细节。

周一良：把我劫走了，晚上把我劫到一个汽车里面，然后这个汽车就绕。黑黑的，我也看不见，不知道什么地方。反正，红卫兵就押着我到处走，走了好几个小时，显然不是在学校里面，绕了很远的地方。我当时就很奇怪，是不是要把我干掉，还是把我押送到什么地方去。绕了好几个小时以后，到了深夜了，然后又回到学校了。回到学校回到什么地方呢，回到一个地方叫临湖轩，临湖轩就是接待外宾的地方，一个客厅那样的地方。把我搞到林湖轩就给我弄一个铺，一间小屋子让我在那儿住下，同时还通知我家里给我送饭。

记者：那是几天？以前记得吗？

周一良：总有个三四天的样子。

记者：故布迷阵。

周一良：故布迷阵，不知道什么意思，我后来猜想大概怕我跑掉了，批斗大会开不成，所以先把我扣起来。

记者：另外也是给您心理上造压力。

周一良：可能是这个意思。然后就在办公楼的大礼堂上开批斗会。

记者：那您那几天住在哪儿呢？

周一良：就住在那儿了，不许回家，也没有人跟我谈话，也没有任何表示。那天的大会在大礼堂人是很多了，那个大礼堂坐八九百人的样子。这个会的标语上写什么东西我也看不清楚，所以我也不知道，但是规模很大。我的孩子知道开这个会，他也去参加了，坐在第一排还是第二排，在会议过程中大家举手喊“打倒周一良”，他不举手，后来就被红卫兵把他认出来，把他揪出来，赶到外面去了，没有继续在里面呆着。那次那个大会……

记者：是不是这样一个程序，开始他们发言你们两个被批判对象不在，等到（喊）什么揪上来的时候才上来。

周一良：记不清楚了。只记得批判我跟侯仁之两个人，因为我们两个人都参加了井冈山，我在五四大操场上发表演讲，反对了聂元梓，后来两个人又都参加了静坐，所以，把我们两个人抓到一起。荣幸的是还有党委书记陆平陪斗，那时候没有谈到陆平的任何事情，就让他在旁边，大概也是喷气式的样子，在那儿听。第一个是批斗我，那是我第一次搞成喷气式的样子，两个手，两个胳膊朝后撬起来，两个人押着，然后脑袋低到地上，头一次有这种经验。批斗的发言，好几个发言，都记不清几个人了。发言主要的内容我记得三点，因为这三点是大字报已经贴出来了，后来另外一些所谓的罪行从抄家材料里面发现的，这个事他们还没有来得及整理出来，所以这个大会发言里面没有。我现在记得发言三点，头一点就是我这个人是反动透顶，从小就是吃纳粹的奶长大的。他们为什么会知道这个事情？显然是当时档案室的档案已经都被红卫兵抢出来了。所以，每个人解放以后，历次的交待、历次的检查等等等等都在那里面。他就利用这个东西作为炮弹来攻击我，头一条就是吃纳粹的奶长大的。那就完全胡说八道。因为我已经讲过了，我生下来以后，我母亲死了，我父亲的德国牧师朋友把我接到家里去，喂牛奶，喂了一年，那时候是1913年，纳粹希特勒上台是1933年，所以我是在纳粹上台以前20年出生的，说我是吃纳粹的奶，荒唐，可笑，无知，一至于此。我听了这个只有可笑。第二条就是说我是宋子文的亲信，为什么说我是宋子文的亲信呢？因为我在哈佛念书的时候，做哈佛中国学生会的会长，就是主席。那时候已经是珍珠港事变以后，美国要征留学生当兵。中国留学生就有一个想法，学业快完的人可以去当兵，正在念的人就不应该当兵，学生会开会讨论以后有这么一个意见，就让我带着这个意见去见国民党驻美大使胡适之跟特使，所谓特使，宋子文，要求他们把这个意见转达给美国政府。当时也确实有一部分同学进了美军，有的当了军官。那个时候是共同抗日了。可是这个事情后来都成了反革命、帝国主义分子，等等。好几个朋友是这种命运。我确实是见了胡适之，也见了宋子文，也没有谈几句话就把这个书面的东西递给他。我在解放以后这个都清清楚楚地做过交待了，在自传里面都写到了。而他们抓住这个说我是宋子文的亲信，这更是扯不着的事，稍微有点头脑人都会感到这个太可笑了，荒唐可笑。还有一条就是我在吴晗编的《中国历史小丛书》里面写了一本叫《明代援朝抗倭斗争》，就是当时日本封建军阀侵略朝鲜，明朝就去支援了朝鲜，打败了日本。说我这个跟吴晗，跟《海瑞罢官》一样，是替彭德怀翻案。其实完全没有这个事情。因为我写这篇文章的时候……

记者：他们联系，因为彭德怀也去抗美援朝。

周一良：就是这个缘故。我当时写这个小册子的时候，根本《海瑞罢官》这一套都还没有出来，都是1958年之前的事情，完全扯不上。吴晗既没有为彭德怀喊冤叫屈，更没有授意我写这个东西替彭德怀翻案，这完全是不着边的东西。所以他们说这个我就觉得很可笑。但是这种分析大概头20分钟、半个小时还可以听得进他讲的什么东西，到后来头昏了，因为头低在底下，胳膊那样撬着，昏头昏脑，根本不知道他说什么。

记者：腿是什么姿势?

周一良：腿是直的，身子弯下去，脑袋弯下去，胳膊冲后举起来，非常难受。

记者：还有人按住您的头。

周一良：对，拉着手，按住头。那时很快就很不舒服，就昏了。批到侯仁之，第二个，更不知道批些什么东西。总而言之，也可以说是罪有应得。我们两个老教授根本不应该介入红卫兵的斗争里面去，更不应该参加一派，反对另一派的。周培源就不一样了，周培源原来也参加了井冈山了……

记者：真的？

周一良：后来总理给他打电话，告诉他，你不要参加了。后来周培源在一个大会上就宣布，提没提总理我不知道，但是他宣布退出井冈山，后来就躲起来。把他保护起来。如果不躲起来也会有这种事情。而我们呢，当时就是主席讲的，共产党人不要隐瞒自己的观点，我不隐瞒自己的观点就要来反对聂元梓。当时还有一个想法，就是觉得抗日战争、解放战争我都没有参加，真正的真刀真枪的战场我没有去过。现在就是一场革命，一场斗争，我应该积极地参加到里面去，来立功赎罪，来改造自己。是这样一种想法，觉得这是革命。这是太天真了，太不懂事了。

记者：周培源那时候也是北大教授？

周一良：北大校长，那时候是校长。

记者：他居然是作为校长来参加？

周一良：他反对聂元梓。所以那时候有两个说法，两个周白毛，大周白毛就是周培源，小周白毛就是说的我，在红卫兵口里的两个术语。我有幸跟周培源并列。不过他有总理给他打招呼，我没有。总理没给我打招呼。结果我就搞得七零八落，一塌糊涂。批斗会完了以后，回来，送我回家了。（批斗会）之前是把我扣起来。路上那个红卫兵还问我，你觉得批斗得怎么样。我说完全没有的事。我就把这三个问题给他解释，当然他也听不进去。这是一次批斗。

后来呢，（上述的）这次会大概是68年的夏天。69年的春天就把我们历史系的所谓的走资派，包括郝斌，现在党委副书记郝斌，还有几个老教授，所谓反动学术权威，都弄到昌平县的太平庄，北大有个分校，在那儿开门办学的地方。在那儿一段几个月主要是搞劳动，栽果树，打药，淘粪，搞肥料，等等。那个时候比较平静，因为没有什么批斗，主要是劳动，而我们对劳动一来是也习惯了，二来自觉愿意通过劳动改造自己。所以早出晚归地搞劳动，生活还比较安定。在太平庄期间，有些外调，就是写一些外调，除了写一些外调以外，主要就是劳动。当然有一些劳动过去没搞过，比如说淘粪，以前没有搞过，不过觉得也还是应该搞，也还是很欣然，很心安理得地去搞这些活动。但是到了 5 月份，4 月底 5 月初，学校里面，聂元梓在学校，在外文楼后面建立了一个所谓劳改大院，已经收容了 200 人左右的人在里面搞劳改。据说当时在北京各个单位里面是最大的一个，（别的单位）没有收容 200 多人的。这里面有走资派，有反动学术权威等等。就把我们在太平庄历史系的这批人也都调回来，参加学校的劳改大院。就在调回来的前夕，特别派红卫兵，两个红卫兵到太平庄把我拘回来参加一次游斗，这次游斗是比大礼堂那次斗争要厉害得多。我那天还没有仔细讲，我现在可以稍微讲得详细一点。太平庄那时候比较凉，虽然是 5 月初还是很凉。我们从太平庄到昌平车站要走一大段路，而且夜里就要起身，因为要赶在 12 点左右到本校游斗，深更半夜就起来，我穿着棉袄，跟着两个红卫兵，押着我，从太平庄历史系的驻地走到车站。那时候太平庄是在一个干河沟边上，干河沟里面很多相当大的鹅卵石，鹅卵石当时是他们武斗打弹弓的主要的子弹，他们看见这个很高兴，就拿了一个书包让我一路捡大块的鹅卵石让我背起，让我背着跟他们一块走，我那时候也五十好几，近六十的人了，背着这个居然也还走下来了。

记者：大概背了多少，一大书包，有好几十斤了吧？

周一良：一大书包，当然好几十斤，好几十斤。背了然后上了汽车，上汽车之后还继续背着。

记者：这一段路大概有多少？

周一良：这一段路我现在估计，走要走个四五十分钟，从太平庄分校到车站。我还记着，姓魏的那个红卫兵还是比较宽厚一点的，他就说你把它搁下，搁在地下。我当时很感动，我觉得这个人还有点人心。我后来就体会到在困难的时候，只要人稍微对你好一点，你永世不会忘。这个人叫魏亚义，我现在还记得他。回来以后还要走一段路，那个车到沙河，从沙河还要走到北校，相当长，还是背着，继续背着。这时候天已经大亮了，大太阳晒着，很热。到了本校以后当然没有吃饭，紧跟着就游斗，就上街，游斗我也是就这一次。在台上批斗的时候，不动还可以，头半小时20分钟还能听到一些话，到后来就不知道了。这个游斗更厉害，因为你不仅仅是弯着腰，低着头，胳膊往后撬着，你还要往前走，而且走不动，所以走几步就要摔下，走几步就要摔下，摔下，你手又不能撑地，当然就是脑袋先到地上，脑袋先到地上牙齿就碰到地上，所以我那个牙，上下的牙都碰坏了，活动了。游斗以后大概有两三个礼拜我不能用牙咬东西，前面的门牙不能咬东西。我这个牙还是比较好的，但是也就是这一次吃了亏了，所以二十年以后，下面这个牙掉了。为什么会掉呢，我想这个是二十年前游斗受了伤以后，坏了。不然我的牙很好的。因为我从小吃牛奶，牛奶里面钙质很多，牙不大成问题。游斗从哪个门出去，从哪个门进来，游到海淀哪个地方我根本没印象。因为不要说看，你走路都走不了。根本没有办法抬头看了。后来才知道有季羡林，有侯仁之。而且季羡林根本走不了，就是在地上拽着走，等等等等，后来才听说的。

记者：游斗的时候有没有人在喊口号？

周一良：有。街上有人，有人看呢。

记者：而且还有押着你们的人喊着“打倒什么什么之类的”是

不是？一路喊着走的？

周一良：是。

记者：您挂了一个什么？

周一良：我挂了一个什么，很大一个牌子，我都不记得了。

记者：挂了一个黑牌？

周一良：游斗以后就放我回家了。

记者：游斗这个时间长达一个钟头？

周一良：差不多一个钟头左右。回家我还挂着这个大牌子回家，回家以后把那个衣服脱下来，搁在后院晒，当时还没有结婚的儿媳妇从清华来，她说看到这个衣服，怎么整个棉袄都透了，里面有衬衣，有棉背心，棉背心外面是棉袄，棉袄整个都湿透了。就是说这个汗是从昌平县就开始流起，一直流到游斗结束。游斗完了以后，就把历史系从太平庄整个调回本校，劳改大院。这个劳改大院里面我记得还个别地提审过我。我不知道上一次讲了没有，静坐以后曾经把我搞到外文楼，搞到外文楼小屋子里，把我按在地上，跪在地上来批斗，所谓批斗就是辱骂一通。那次是因为是针对静坐，所以，除了我以外还有两个教授，一个是现代史的荣天琳，一个是世界史的张芝联。他们都被押到这个小屋里，跪在地下批斗了一通。这还是在劳改大院之前。

记者：也就是游斗以前。

周一良：对。

记者：跪在地上？

周一良：对。到了劳改大院以后，个别找我所谓提审。提审就是红卫兵，然后还有揭发我“乞活考”文章的那个教员。因为他算是（那）一派，新北大公社的一派。这两个人提审我。我当时很硬气。我也实事求是。我说你们说得入情入理，为什么这个时间写这个文章，为什么文章的内容是那样，你要是解释为帮助蒋介石出谋划策，我觉得你们这样解释也可以。但是我写这个文章绝对没有这个意图，首先我写这个文章的时间并不是因为蒋介石已经逃到南方去了，并不是因为共产党大军要过江了，我替他出谋划策，在这儿安排一些人埋伏下来，怎么样来应付共产党。我说，文章我自己写的，我当然知道。我不能做违心之谈，承认你们这些话。你们愿意这样解释你们可以解释，我不能承认。大概搞过两次，我始终也没有承认，后来也就算了。劳改大院的生活……

记者：当中您还讲了把头按到墙边撞，那是在那儿？

周一良：对，那已经是在劳改大院以后了。在东操场，东门里面操场，这次主要是斗陆平。斗陆平把我们这些人，走资派、反动学术权威一起陪斗。在斗争以前，在台地下那个小屋里头，也是没有任何道理，也不是派性，也不是斗争，就是抓住几个人就把脑袋往墙上乱撞，撞得很厉害。撞得我后来头晕眼花的，站不住的样子。后来我想，这个就像打斗片子里面挨了打的人，小时候看外国电影里面也有这种头晕眼花站不住的样子，没想到我五十几岁还受了这一套。批斗陆平主要是讲陆平的罪行，揭发批判陆平我们就在那儿跟着、陪着斗了，那就无所谓了。劳改大院里……

记者：陪着斗也是要喷气式吧？

周一良：也是要喷气式，那当然是。

记者：他多少时间，3 个小时？第一次斗 3 个小时，这 3 个小时您就这样站着 3 个小时？

周一良：一直站着。后来劳改大院的生活大概是这么个情况。早上起床以后就先集合。集合时间是一定要到的，晚了就要挨骂了。所以我当时也是在劳改大院里养成一个习惯，头一天晚上就漱口、刷牙、洗脸，把这些事情都做完了。第二天早上很快就可以，只要手巾擦一把脸立刻就可以去集合。另外一个就是我有痔疮，大便费时间，所以我要把足够的时间留出来，供我解手。因此，洗脸、漱口这些东西提前一天搞，一直到现在我还维持这种习惯，这也是个很好的习惯。早上起来，几分钟我就完事了。

记者：那时候都可以不做。因为纪念品。

周一良：是纪念品。早上起来集合，训话。训话老是那一套。或者抽几个人出来背语录，或者点几个人的名，你昨天的劳动怎么怎么不好了，来训一通。先是要整个点名，要答到，然后就是去劳动。劳动当时是管理劳改大院的人跟学校的总务处有联系，安排这些人劳动。几个人一队，几个人一队，有的人去种地，有的修房子，有的搬砖，有的搬煤，有的抬煤，配合好，一组一组的。中午回来吃饭，食堂买饭，晚上下工回来以后还要集合一次，然后就解散。规定的是彼此不能交谈。主要的，有一个红卫兵给老佛爷出主意，就说，让他们背语录，背语录以后第一没有时间，也不可能交谈。第二就是说让他们心思也不会用到别处上面去了。就成天念语录。在劳改大院里面住的是二十几个人一间屋子。先是睡在地下，后来因为那个地是洋灰地，太潮了。大概觉得不合适吧，就找了一层砖，铺了一层砖，在砖块上面搭了板子，搭了木板睡在上面。每个屋子有一个室长，管理这个屋子的人，我记得我们那个屋的室长是西语系的一个教授叫李赋宁，另外各种各样的人混杂编在一起，我记得睡在我旁边的是当时法律系的主任，一个老干部叫陈守一。除了集合劳动之外，有的时候好像还组织在屋里学习，有报纸、社论什么的，组织在屋里学习。由室长领导，大家在那儿学习讨论，等等。在劳改大院里面，我是除了两次，大概两次，因为“乞活考”的问题提审以外，别的人也常常有提审，有打。确实听见喊叫的声音。我们心理系的一个老教授叫周先庚，就多次挨打。季羡林是不是挨过打我不知道，反正朱光潜老先生也曾经因为作一首诗还是因为什么也挨过整。个别挨整的是常有。我老伴因为我的缘故，周一良的臭老婆，这样一个名义被抓进去，也一起参加劳动，同时还罚她睁着眼看太阳，诸如此类这种不近情理的体罚。那么，一般的人到了礼拜天可以请假半天或者一天，请假回家去。我老伴也曾经请假回家去。我呢，头一次请假不批准，第二个礼拜请假又不批准。我知道我这个算是特别严重的犯人，不能够批准回家，所以我后来就不请假了，不请假在那儿干什么呢？我就练习缝纫，练习缝我的背心、袜子，等等。因为已经到礼拜天了，差不多都走了。屋里很少有人，也就是一两个人，各人又不能交谈，也不能说话，也没有书，也没有报可看，就一本小语录，所以，我只好搞这个活动。

记者：完全像犯人，犯人还有书看。

周一良：就是，完全像犯人。犯人还有书可看，这个书报都没有。

记者：真是的。

周一良：就是，在劳改大院里头还有一个活动就是外调。外调相当多，这个外调，当然红卫兵也到四面八方调查我的事情了，我估计他们也去了不少，一定也花了不少钱。根据我交待的，认识的人去调查我的情况。但是我后来就发现，从来没有一个揭发我的罪行，或者是告我的状，说我隐瞒了什么什么事实。这说明出去外调我的人没有从被外调的人那里抓到我的什么罪状，相反的，还有人保护我，就是广州华南工学院的副院长，姓冯。

记者：上次写过了。

周一良：冯秉铨。跟他调查，就说周一良是美国特务，你有什么材料补充。他很生气，他就说周一良我很清楚，都是在哈佛的同学，那时候很熟很熟，经常在一起。他说周一良要是特务，那我也是特务，我们大家都是特务。关于这个事情我自己后来也想了，也还是自作自受。就是在1953年，批判胡适的时候我写过文章，讲到一些外国汉学家，外国人研究中国学问的，提到费正清。当时费正清，一般在极“左”情况下，认为费正清就是美国特务，就是美国派到重庆大使馆里侦查中国情况的这种人。所以我就用了美国特务费正清这样的字样。红卫兵看到这个文章，当然想，你都跟美国特务有来往了，当然你也是美国特务。

所以，事后我反省人还是应该实事求是，你自己不实事求是将来你会吃亏，你会遭到报应的。我的这个感想就是，没有人因为外调对我提出不是实事求是的罪状，加重自己的麻烦。这是关于我自己的事情。那么，别人向我外调，我碰到的绝大多数不是很虚心的实事求是来问我，这个人怎么样怎么样，而是采取一种高压的态度。就说这个人，某某人有什么罪行，他已经都交待了，已经都定了，你现在你怎么样，为了赎罪，为了坦白从宽，你应该老实交待他的事情，都是采取这种态度。

记者：完全逼供信。

周一良：完全逼供信的这一套。突出这两个例子，一个是调查我妹妹，我妹妹现在在南开大学生物系，她解放初期50年代初回来的。

另外一次外调就是武汉大学派人来调查吴于廑。吴于廑也是我们哈佛的同学，很熟的人，回国以后在武汉做教授，后来是武汉大学副校长，现在是湖北省的政协副主席，大概吧，也是搞历史的。那么，他们红卫兵不知道怎么知道了我跟吴于廑很熟，就特别提出，你写吴于廑的材料，起码写两万字，这是从来没有过的，一定要写两万字。我心里想我就是跟他很熟，也写不出两万字，给他做个传啊！不过你既然说了，我就拼命地写吧。就把哈佛的中国学生的情况，中国学生会的情况，中国学生的活动，无论跟吴于廑有关的、无关的通通都写上，写了很长。我也没有数究竟多少字。

记者：你没有正面抵抗。

周一良：我没正面抵抗，没法抵抗。我就写吧，反正写了很长，他就拿走了。不过我相信也没有一条可以从中说是吴于廑的罪状，给吴于廑找麻烦，就是这个事情。这是劳改大院的一个活动：外调材料。劳动，外调，另外就是生活。生活我刚才讲了，早晨要点名。我一切洗脸漱口头一天晚上就搞完，第二天匀出时间。还有一点就是饮食。因为那个时候我们都扣了工资，全部工资都扣发，只给十二块五，我老伴当然也十二块五。我家里有一个瘸腿的老丈母娘，还有3个小的孩子，老二，老三，还有一个最小的女儿，每人都十二块五，他们在家里当然很困难了。很困难就卖点东西。东西都不太好卖，有个什么火锅卖掉了，还有什么东西卖掉了。

记者：卖不了多少钱。

周一良：卖不了多少钱，不好卖。书也很难卖，我的书很多，但是人家都不要。只有马列的书还要，所以有一部《资本论》三大本，就卖掉了。没办法，孩子就出去找他们的叔叔姑姑家里去，弄点钱凑合。那时候家里很困难。我记得后来他们告诉我，老三想了一个办法，买了一些，那时候有卖牛油的，买了胡萝卜拿牛油烧了以后可以代替牛肉烧胡萝卜。就是采取这样一些办法，凑合着过。家里原来有保姆，保姆也都辞掉了。我在那儿也是十二块五，但是这十二块五很紧，为什么呢？我不能从家里拿钱，有的人两口子工作，有一口子在劳改，一口子在家里，照常领工资，他回家就可以拿点钱。我那时候就干靠十二块五，而劳动时吃饭吃得很多。饭量大增，我就需要特别小心。所以，我就得出结论，窝头最好，窝头最顶时间，米饭次之，馒头最差。所以，同样四两馒头，很快就饿了，四两米饭好一些，四两窝头是最顶事的。所以，凡是有选择的时候，我一律吃窝头，绝不吃馒头，吃米饭，这是一个经验，还有一个经验就是吃早点。早点奢侈一些，我用两分钱买半块酱豆腐，那时候酱豆腐四分钱一块，现在可能得一毛钱了。那时候可以买半块酱豆腐，两分钱，或者一分钱的咸菜，切好的咸菜丝，一分钱。或者一分钱也不花，我们弄点盐，盐是白给的，弄点盐搁粥里面，粥也咸了，也可以拿粥来就窝头了。后来我怎么讲这个事情，给孩子们讲这个事情，这个对我这种人还是有好处的，因为从来都是衣来伸手，饭来张口，没有说钱上吃过鳖。因为我们家里是很严格的，不许我们随便花钱，小时候虽然不能掌握很多钱，但是也没有到这步田地，这个也还是一种人生有益的经验吧。

除了写外调材料、提审和生活这方面之外，还有一件事情应该提到的就是李克事件。这个事情当时闹得很厉害，全校都知道李克的问题。这个李克原来是美国海军陆战队的，但是他是学中文的，所以，他退伍以后，这个李克先生就到清华大学做英文教员，李克夫人在燕京大学做英文教员。先生是研究中国哲学的，夫人是研究中国文学的。我那时候在清华跟李克先生有来往，我爱人也曾经帮助李克夫人念过中国的诗词。夫人也很喜欢李忆安，所以她起了个中文名字叫李又安。当时念过中文诗词，解放以后也曾经帮她念过延安文艺座谈会讲话。因为她解放前就来了，解放后一直到抗美援朝才走。我们也到（她家），她是住在清华家里，我们也到她家里吃过饭。我们一直到抗美援朝的时候，听说他是因为特务的缘故被抓起来了，关在监牢里头。在他被关以后，公安局曾经来找过我，详细地问过我跟李克的来往、关系，有些什么谈话，等等。但是找过我以后，就找过一次，以后没有再来找过。就说明他们认为我所交待的是清楚的，我跟李克的朋友关系是清楚的，没有参加他特务活动什么的，是这么个情况。但是当时我介入了派性，反对了老佛爷，抓到了劳改大院以后，新北大公社这一派红卫兵就四面八方地搜集我的罪名。除了外调以外，就到了公安局。他看了我的材料知道我跟李克有来往，就到公安局调李克的口供，从李克的口供里面知道他曾经跟我谈过解放以后清华的学制、清华的课程改革、清华的教师的生活，等等，这些东西怎么算是机密情报呢？他跟我来往，我跟他谈这些，完全正常。但是抓住这个，说我跟美国特务李克有来往，因此我也是美国特务，美国特务的罪名很重要一条是根据这个来的。

这个事情新北大公社就把大字报贴出来了，李克的供词里面都牵扯到我们两口子，跟我们谈了什么东西，好像特务就定了案那样。我不是参加了井冈山吗，井冈山也派人去调查，也去查口供，查到确实是如此。所以，井冈山也害怕了，后来井冈山就把我除名了，因为不敢保我了。我跟美国特务有来往，提供情报，井冈山也除了我的名。说明当时就不应该参加（井冈山）……

记者：好玩。

周一良：因为这个缘故，后来李克夫妇做过一本书 *Prisoners of Liberation*，就是《解放的俘虏》，世界知识社（应为群众出版社）把它翻译成中文，中文名字叫《两个美国特务的自白》。

记者：完全曲解了。

周一良：对，把它曲解了。这里面确实提到他请过两对清华的教授到家里吃饭，圣诞节去吃饭，一个是英国回来教文学的，是钱锺书夫妇，一个是美国回来的，教历史的就是我。他里面特别提到我这个人好像对于共产党的新政权还是有好感的，还是愿意接受共产党的。说明他如果把这个书仔细翻翻的话，对我还是有利的一面，不应该说我是怎么怎么样的。后来我才听说李克夫妇也被放回去了。夫人先回去的，先生后回去的。回去以后在宾州大学做教授，而且好像我们在监牢里面对他们的教育还是起了作用，回去两个人都成了左派教授，替共产党，替新中国说话的。而且后来几次到中国来。据说我们的大使馆后来也给他们平反，就说他们根本不能算是特务，本来就不是特务。就是这么一件事情。

记者：这件事情对您的影响也很大，就是好像似乎定案了，造成这么一个错觉。

周一良：就是。后来 82 年、89 年我们到美国去，都去过费城，他们两个人所在的（城市）跟他们两个人两次都见过面，我就不再谈这个事情了，他们也未必知道，因为他们的缘故我跟我老伴受了他们的累，他们可能都不知道，我不愿意跟他们讲这件事。

记者：都见着了，叙叙旧情。

周一良：就是。这两个人后来对东方人很好，他们没有孩子，抱了两个孩子，其中一个是越南的孩子，一个就是中国的孩子（应为从香港领养了两个中国孩子）。所以，对中国还是深有感情的，绝对不是特务。这是在劳改大院，提这么几件事情。五顶帽子讲过了。

记者：讲那个请罪的事。

周一良：请罪的事，那就是每次吃饭以前要自报家门，自报这五顶帽子向毛主席请罪。

记者：最后就是一句向毛主席请罪，才允许吃饭。

周一良：对，但是那时候不能喊毛主席万岁，不能拿着小红旗挥舞，这个都不许，我们的身份特殊，是这么个情况。

记者：没这个资格。什么祝毛主席万寿无疆，林副主席永远健康，这些你们都不行，这些事老百姓可以做。

周一良：都不能讲。劳改大院到 69 年底，就是 69 年下半年，工宣，工军宣传队进校。迟群、谢静宜他们进校以后就解散了，解散以后有个过渡，把我们分到各系，我就回到历史系。历史系那时候是在二院，还是集中住在一起，还是不许随便动。还是照常劳动，不过不是集中在劳改大院里面了。在劳改大院里是校文革负责领导监督，那是聂元梓。迟群他们进校把聂元梓打倒了，（劳改的人）归各系自己管，各系成立委员会，我现在想那时候也是很不人道的。集中在屋里头，晚上把门锁起来，不能出去。所以小便都是在脸盆里面小便，很不人道。岂有此理。

记者：就把你们这些人。

周一良：对，我们二十几个人。门锁起来，半夜不让出来，怕你跑掉。因为在劳改大院的时候有院墙圈起来，你没法走，到各系就比较自由了，可以出去了。所以把这间屋子的门锁起来，二十几个人都在这个大屋子，不许出来，夜里就在脸盆里小便。

记者：空气一塌糊涂。

周一良：简直不像话。搞了一段不久就放回家了，放回家之前，我们听说，偷偷地有人传，还不是正式宣布，就是翦伯赞夫妇自杀。翦伯赞自杀可能也起了一些促进的作用，这样对待知识分子不一定合适。我不太清楚内部怎么回事，反正把我们放回家，放回家每天还要去劳动，去集合，去学习什么的。这是 69 年底、70 年、71 年这个期间，在梁效成立以前。那时候是到系里学习、劳动。那时候的劳动很轻，打扫打扫、擦地板这些事情。我记得在单身宿舍里面擦地板，还有一个事情我也不能忘记。就是跟红卫兵让我把大石头搁在地上一样。我还是老老实实地把这个拖把这头拖到这头，在地下拖了，很认真地扫了。有一个中年教师就跟我说你不要这样，就划啦划啦就行。他也是照顾我的意思，你不用那样认真来扫了，这件事情我也永远不会忘记，他看我弄得很费劲，很吃力。所以劳动不是太重。这个期间就有一次拉练，拉练当时我是最老的一个，恐怕是整个拉练的队伍最老的一个。可是自己还是觉得愿意去的，也是一种改造。自己背着大行李也走下来了。说是多少千里，实际上没有千里，七八百里还是有的。一直走到平谷。

记者：啊，蛮远的。

周一良：是蛮远的，一直走到平谷，从平谷绕回来。

记者：走着去，走着回？

周一良：一直走着，绕一大圈。晚上住在老乡家里头。那些我都还是习惯，因为过去搞过土改。

记者：背着行李是几月份？

周一良：那是冬天。我记得我穿着大皮袄，皮大衣。

记者：带一个被子，一个褥子，相当沉。

周一良：相当沉，也还基本能够顺利，脚也没打泡，也没有生病，一路走下来，还是可以的。拉练，然后就到了开门办学。我当时被认为是改造比较好的，所以没有到江西去，我老伴他们很多人都到江西，到鲤鱼州，很多人得了血吸虫病。其实这个迟群是坏透了，他知道那个地方有血吸虫，把清华北大那些人弄到那个地方去，很多人得了血吸虫病。我们留在学校参加开门办学，就到门头沟去开门办学。所谓开门办学就是一个小组有一两个老教师，我们组有两个老教师，有一个青年教师带着，青年教师作组长，然后带领几个学生，学生也不多，大概十来个学生，到那边去一边劳动，一边讲讲课。讲课没有我们讲的份，主要是青年教师给他们讲。到门头沟劳动我也还是挺高兴的，因为我觉得我这个家庭是跟开滦煤矿关系很深，是开滦煤矿的股东，我吃的这个老百姓工人的血汗钱都是从煤矿工人来的，我应该自己体验体验煤矿工人的生活。从来没有到过这个地方，所以很愉快地去了。到那儿参加劳动也很积极，没让挖煤，挖好的煤我们用铲子铲起来，铲到小车里面，把它拉走。但是也要穿上防护服，到矿井里面去劳动，要说危险也还有一定的危险。

记者：要是矿井倒塌也够呛。

周一良：搞了多久记不清楚了，搞了一段时间，后来就回校。这是72年上半年。紧接着就是“批林批孔”。迟、谢把清华北大的人搞到江西去，他们是知道那个地区有血吸虫病，清华去得比较早，清华（去的）那个地区不好，同时去得早，天气热，这些教师，特别是年轻的教师，喜欢到湖里面洗澡、游水，这样的话感染了血吸虫病的人特别多。北大去得晚一些，天气凉了，不大下水了，同时地区也稍微好一些，所以，北大得血吸虫病的比较少。我有一个亲戚，一个副教授或是讲师，就是得了血吸虫病，回来就死掉了。清华死的还不止是他一个人。北大好一些，我们系里就有一个知道是他得的血吸虫病，回来就治，治的办法也是恶治，也很苦，但是可能控制住，不至于（再）犯。

记者：也不能除根。

周一良：不能除根。很讨厌的。我们这批人算是留在学校开门办学，所谓留在学校开门办学的都是被认为改造得比较好的，自觉性态度比较好的。我呢，大概也是因为当时讲究三个正确对待，正确对待“文化大革命”，正确对待群众，正确对待自己。就是认识自己的罪行，认识群众的正确，认识“文化大革命”的必要性。大概也是因为这样，所以，后来迟、谢就把我和其他的一些人搞到一块，搞成一个小组，搞“批林批孔”，后来就成立梁效了。

所以，我之所以被调到梁效，我想是跟我的三个正确对待有关系。现在回想一下，讲梁效，当时梁效调的人还是比较强，政治上比较好的，当时标准来看。政治上比较好，业务上比较强的人。比如说我们历史系调动我一个，还有一个叫田余庆，现在六十六七岁，脑子很好的一个教授。还有一个叫范达仁，跟何芳川。这都是很能写的。还有一个叫梁志鸣，历史系一共去了五六个人，都是比较强的。别的系也是这样的，像汤一介、叶朗，这都是哲学系里面的。还有杨克明。杨克明就是大字报执笔者，聂元梓大字报，不是聂元梓写的。聂元梓是总支书记，所以（签名时）是头一名。执笔是杨克明执笔，马列主义者，也调到那儿去。各系都有人，中文系也是这样。

记者：中文系林庚。

周一良：对，林庚、魏建功。这个梁效最初还没有这个名字，最初就是一个无名的小组，由迟、谢领导。有清华的人，有北大的人。在临湖轩，就是接待外宾的地方，成立一个班子。主要是搞批孔，就是批林批孔，把林彪跟孔老二拉在一起，借批孔来批林彪，搞了一个文件。里面引了很多孔老二的话，引了很多历史，然后说林彪就跟孔老二一样，怎么怎么样。因为这个东西是文言的材料，一段一段的很难懂。所以，就组织人去宣讲。什么文件我都记不清楚了。曾经组织几次大规模的在白石桥体育馆宣讲，是汤一介主讲，我在后面补充若干个关于历史事件的问题。由这个以后进一步就写文章了，写文章定个什么名字呢？就叫北大清华两校大批判组。由这个两校大批判组就产生了笔名梁效。梁效的成立大概是在宣讲之后，在72年底、73年初的时候，正式成立了梁效。有三四十个人，正式成员。成员之外有所谓顾问，顾问大概也只有冯公冯友兰一个人。梁效的活动最早还是继续批林批孔，搞批孔的材料，写批孔的文章。是不是一开始他们是不是就借着批孔批周总理，我现在也还想不起来，不太清楚。但是有一点可以肯定，梁效成员自始至终并不知道江青他们搞阴谋，针对周总理。后来，梁效事情发现完了以后，我兄弟就告诉我说，我们那个时候就觉得你们这个梁效就是针对周总理，就是搞总理。不过不敢跟你说，因为你在里面，我们不敢这样反映。可见当时外面都有这种感觉，都很清楚，有所感觉，但是我们在里面的人反而很糊涂，都不了解。当时批孔的文章他们写了不少，没有正式提出批周公，好像上海提出批周公的字样。好像梁效还没有正式批周公的文章。那么，梁效成立之后不久就成几个组了。主要的组是写文章的组，几个中年的成立一个组，负责一个方面的文章。那么，据说他们写文章的提纲、点子也不完全是迟、谢那儿来的。有从红旗来的，有从《人民日报》来的，也有从《光明日报》来的，不完全是自己的主张。但是人家点子来了，他们得把它写出来，把意见表达出来。这样当然起了很坏的作用。另外，还有一个组就是一些老家伙，魏建功、林庚、我，还有一个叫吴小如，常常在晚报上写文章，评戏的吴小如。还有几个中年的，田余庆。田余庆好像是跨着（组）的，注释组有他，写文章的时候也有他。这个（注释）组的任务，一个是注解诗词，注解古诗词，一个是把古诗词翻译成白话文。据说那是毛主席要的。毛主席要让护士给他念诗念词。护士不懂，有的时候就要根据我们编的注解去给毛主席讲，有的时候还要把这个翻译成白话的念给毛主席听。

记者：把诗翻译成白话的?

周一良：很难得。

记者：那就没法翻了。

周一良：硬要翻译成白话，念给毛主席听。所以当时我们也觉得很光荣，这是毛主席交待的任务。

记者：觉得很神圣啦。

周一良：对，很神圣。这是毛主席那儿来的任务。另外一个就是江青那儿来的，查典故，江青不学无术，很多事情她不懂。她或者从毛主席那儿，或者从哪儿听来一些典故，不知道，立刻打电话给迟、谢，迟、谢立刻打电话给我们，你查，这个典故什么意思，哪个书上的，这一类的，也是梁效的任务。

记者：你们干过吗？还记得查什么吗？

周一良：我现在不记得是查什么了，反正干过。这是一个任务。江青那儿就是跟着江青出去，到过天津，到过小靳庄，到过杨村。到杨村看解放军打靶，小靳庄看诗画满城，就这些事了。在天津，江青有一次，在很大的一个宾馆，一间大屋子里面演什么电影，让我们一块儿去看电影，外国电影，那时候外面不演的电影。

记者：这 40 个人都跟着？

周一良：都跟着她跑。实际上我们也没什么事。有一次好像冯友兰都去了。

记者：对，去了，去了就住院了。

周一良：对，去就住院了。其实没有任何道理，主要就是一方面是显摆，炫耀这些人都跟着她，她有这么个班子，冯友兰啦，魏建功、周一良什么的，都在里头。一个就是备咨询，随时有什么问题要问的，其实也没什么问题。

记者：要想当女皇帝的那种派头。

周一良：对，就是那种架式。当时在北京的梁效组织是文学系、历史系、哲学系的人，清华有几个不是搞文史的，但是能写文章也弄了来。到天津那次还特别加了地理系的侯仁之、天文系的叫邢俊，搞天文学的，还有……反正天文地理吧，文史哲，通通都带了去。其实没有任何事情，我们就在招待所里住着，听候调遣吧，是这样一种局面。那个时候搞了一些，我现在回想，还搞过有个什么黑画展览，也让我们去看过。猫头鹰一只眼睛睁，一只眼闭。黄永玉画的，也让我们去看过，但是没有让我们写文章。这是注释组。写作组当然写了很多文章，一论孔丘其人，再论孔丘其人，等等。

注释组还有一个任务就是把关，这个把关的任务我现在回想起来并没有多少，就是一次，就是再论孔丘其人。一论孔丘其人，显然至少我们所理解的，是批孔丘，实际上是批林彪了。再论孔丘其人就很清楚了，是批邓。批邓还没有公开，但是这个文章目的是在邓。因此李家宽（军宣队的梁效成员）要把孔丘描绘成一个矮小的人。我当时也很老实，一方面我们当然知道这是批邓了，批邓小平，一方面从历史上来讲，你不能把孔丘描绘成一个矮小的人，孔丘很大个，（是）很有力气的人，魁梧有力的人，这个万万不能，后来这条没写上。这篇文章"四人帮"倒台以后，华国锋还往自己脸上贴金，说"再论孔丘其人"是批他的。其实根本没有那回事。他那时候根本不在"四人帮"的眼里头，是不是？怎么会批他嘛？他是自己要把自己跟"四人帮"划清界限，洗刷自己，撇清白的。

梁效期间还有一件事情应该提到，就是曾经组织我们到毛家湾林彪的住宅去查林彪的书，据说是要查他的反动言论。分成各个组，把所有林彪的藏书，统统一页一页地翻一遍，看他有没有什么批注的东西。我们到了林彪的住宅一看，一方面觉得阴森森的，另外一方面觉得像一个古玩铺，满墙挂的是字画，满桌子搁的是纸墨笔砚这样一些东西。

记者：有名贵的吧？

周一良：都是很名贵的，都是他从各个博物馆抢来的，调来的。还有一个大板子上面是一些有关哲学的笔记之类一些东西，据说好像是邢贲思给他弄的，现在党校的副校长，或者是后来哲学所的一个所长。

记者：对，这个名字我见过。

周一良：是他给弄的。还有一间屋子是林彪晒太阳还是晒紫外线的一间屋子，总而言之是奇奇怪怪的。我那时候负责查林彪的历史书。林彪书很多，但是他根本不读书，而我在《资治通鉴》里面翻了好久，翻到两段很有意思的，就是他密密加圈的，没有字没有批注，但是密密加圈。从他密密加圈可以知道他对这两段非常地欣赏。一段是“三国”时候讲司马懿。司马懿跟他的政敌曹爽斗争，为了迷惑他的政敌好让他的政敌不做防备，他好发动政变，他就装聋做傻，假装自己已经老得不像话了。有一次曹爽派人来看他，这个人要到外地做官了，就讲要去哪一个州，司马懿就假装听不清楚，乱打岔，把地名都搞错了。另外就是他在喝粥，一边喝一边洒，弄得满身都是粥。曹爽这个使者回去以后就报告说司马懿不行了，已经老得不像话了，耳朵也听不见了，生活都不能自理了，不必怕他。就在这种情况之下，司马懿就发动了政变，夺取了政权，把曹爽杀掉了。这是一件事情，这一小段密密地圈了。

还有一段就是隋炀帝。隋炀帝当了太子，把他的哥哥剋掉。当了太子以后，为了骗取他父亲隋文帝的欢心，就也做了种种的伪装。隋文帝是一个很严格的人，很俭朴的人，对待儿子也很严格的这么样一个人。每当隋文帝到炀帝的宫里来，太子就把伺候他的许多漂亮的年轻女孩子都赶走，要一些年老的，老而且丑的女人在这儿伺候他。另外他的乐器上都满是尘土，这样隋文帝来了一看这个儿子很好，既不亲女色，又不玩音乐，等等，这一段也是密密加圈的。所以从这个里头，我就觉得林彪的阴谋诡计是多方面的，他从《资治通鉴》这样一些历史书里面也吸取了很多古代封建帝王的权术、阴谋诡计为他所用了，所以他也可以说是古为今用。

我记得从前林彪有一段讲话，讲历代的政变，不知道你记得不记得。

记者：对。

周一良：当时我们觉得哎呀这是林副统帅研究历史的心得，我们应该琢磨琢磨，研究研究，现在看起来，什么心得，他就是从这里面来。

记者：杀人杀人。

周一良：吸取一些经验来为他所用，《资治通鉴》这两段实际上也是这样的。我看了以后很高兴。我觉得可以写文章，批林嘛，把这个东西作为材料，写一篇很有分量的文章来批判林彪的阴谋诡计。这个建议到了迟群那儿一直没有下文。我当时还很纳闷，为什么不用这个材料来批评他，后来想起来，这个也是难怪的，因为投鼠忌器。

梁效的组织，当然最高的头头是迟、谢了。迟、谢他们当时的岗位是在清华，清华的革委会主任、副主任。所以他们两个就住在清华，但是经常到这边来。梁效成立以后就把现在的北招待所，就是季羡林同志隔壁的楼作为办公的地方了，住、办公都这在这里面，也有两间房给迟、谢。他们有时候来这儿住在那里，门禁森严。门口有一男一女两个人挡着不能随便上楼，不能随便进去。外人来了，只能在客厅里面会面。而且给我们的纪律就是不能泄漏任何在梁效里面做的事情、听到的话，任何事情都不能泄漏，包括自己的老婆、孩子，所以搞得非常神秘。

另外所有的人都住在里面，在里面吃，礼拜天可以回家。有的时候工作紧张的话，写文章的人紧张，通夜地搞。不但住在那儿，连夜里也不能休息。我们几个老的，林庚、魏建功跟我可以回家。晚上回家住，但是晚上还要去，一天三段儿时间工作，整天在那儿。

记者：整天，早、中、晚。除了星期天吧。一个星期工作六天。

周一良：每天在那儿。

记者：平时没事你们干什么呢？

周一良：写文章的人就写文章，不写文章的人可以自己看书。所以那个时候我有一种私心，那个时候已经让我做历史系革委会主任了，等于系主任。我是从革委会主任的位置，由校党委调到梁效来的。我心里也有一个想法，我觉得这样比做革委会主任会好一些，在系里面做主任，啰嗦事情很多，我在这里可以躲起来，自己看一些自己有兴趣的书，因为没有那么多任务。当然后来注释组成立以后就不行了，每天上下午要参加注释工作，集体在那儿搞。比如说这句话，这个字该怎么注，这句话该怎么翻，那是有任务的。但是在注释组成立以前，我又不是写作组，没有很多事情，可以自己看书。所以在那儿总体来讲，是比在系里搞那些杂事对我好像更有兴趣一些。注释组也还有意思，念古诗词怎么样研究它，怎么讲，怎么翻译，等等。

记者：您还记得当时念了一些什么古诗词吗？一般我想像唐诗这种大众化的不会再注释了吧？

周一良：也就是这些。

记者：还要注释这些啊。

周一良：没有什么很特别的东西。比较一般的东西。组织上迟、谢他们经常来，迟、谢底下就是支部书记，叫做李家宽，是 8341 部队的，是迟群的部下，是一个解放军。清华出一个人叫王世敏，是一个女的，教哲学的老师，是人大调到清华去的。北大出的一个叫宋柏年，是中文系的讲师，算是北大出的，两个副书记。日常的工作就是他们两个管。我们那儿的伙食也是比较好的，就是说比外面一般的食堂的伙食好一点。

记者：你们自己开伙。

周一良：自己开伙。我们几个老的就是吃完晚饭就回家了，回家晚上还要去，一般的情况晚上还要去的。大概到十点钟左右回家，梁效的组织是这么一个情况的。当时在梁效的人，每一个好像都还是比较愉快的，比较高兴的。因为觉得这是直接为毛主席服务的。

记者：这是当时你们的心情。

周一良：都以为江青是毛主席的代言人了，迟群、谢静宜是传达江青的意图了，所以觉得我们的工作很有意义的。我当时甚至想，我过去念“四书”“五经”啊，念了这样一些东西，解放以后都没有多大用处了，现在看起来这些东西还能为无产阶级政治服务，还能为毛主席服务，就感觉很高兴的。

记者：当时可以说还是一种欢欣鼓舞的心情，因为从被聂元梓打翻在地这样一个境遇，一下子好像又觉得是完全是另外一种心情。

周一良：觉得我学的东西能够有用，能够为现在的政治服务，为革命服务是很高兴的。我觉得我那些东西，好像原来以为是四旧的老朽的古董了，没有用的，现在拿出来都可以有用，是这样的一种想法。

记者：您这个想法并不是个别的，恐怕这 40 个人，起码三十几个人（都有这种想法）。

周一良：这些老人，老家伙都有这种想法。

记者：包括魏先生。

周一良：包括魏先生、林庚都有这种想法。他们写文章的当然是另外一回事，他们就是凭他们的笔杆子了。这几个组里面有一个组，就是范达仁、何芳川这两个历史系的，还有人大一个叫陈光达这三个人一组，这个组好像是最受重视了。李家宽称他们为尖刀班，他们写的文章比较有分量吧，什么《孔丘其人》了，《再论孔丘其人》都是出自他们组。

梁效是 73 年成立的，74、75、76 年 10 月。

江青到这个接待所梁效来过两次，一次是纪登奎跟她一块来的。

记者：纪登奎也来了。

周一良：还有一次谁跟她来不记得了。她都跟大家见了面，见面只听她了，别人没有话可讲，她也是天南地北瞎讲一通。给人突出的印象就是她跟主席朝夕见面经常在主席身边，主席说这个，主席说那个，主席让我代表他来看望你们，等等，好像她是毛主席亲密无间的战友。

记者：当时真的以为是主席派她来的。

周一良：后来才知道她跟主席早已经分居了，而且两个人根本关系不好，经常见不到面的。当时我们哪儿知道，根本就不知道的。这是给人的印象。第二个印象就是她炫耀自己有学问。在我们老知识分子面前，宣扬她怎么怎么样。不讲她在上海演电影那一套，而讲她在山东在青岛大学。闻一多不是在青岛大学吗，听闻一多的课怎么样的刻苦，怎么样地带着一个烧饼进图书馆呆一天。我当时马上就想马克思带面包进大英博物馆，就是完全套着那些东西来的。

看着杨克明，就是刚才我讲的那个写大字报，第一张大字报的执笔者，看着杨克明头发都白了，“莫等闲，白了少年头”，其实拉扯不上的事情，就是这么样讲一些东西，来显摆自己。也没有讲什么黑话，反总理了，这些话也没有的，她也没有讲的，就是这么一个印象。

另外一次就是8341住北大的头头，是8341的副政委叫王连龙，当时是北大革委会主任，也来了。我就很奇怪。迟群还给江青介绍，这是8341副政委。迟群、谢静宜是在副政委底下的，可是他们两个反而跟江青熟得不得了，而这个副政委反而是要经过迟群介绍给江青，我也觉得这个不大正常。应该副政委位置更高一些。后来才理解，这个副政委人是比较好，不是像迟、谢这种围着江青转的，江青的亲信。他不是亲信，他派到北大来，北大一般的群众对他印象还不错。西门大门的守门工人就跟我说，他说王连龙每次来都下车跟我们聊聊，问问这个，问问那个，我对他的印象也还不错。这个人虽然位置摆在那里，但是他可能不是那么很坏的人。

虽然他跟汪东兴是亲家，后来听说他血压高了，也病了。所以他可能路线错了，可能人还是好人，跟迟、谢这种人不一样的。然后下面分几个组，几个组有的头头我还记得。汤一介大概是一个小组长，写作组的组长；范达仁是一个小组长；还有一个组好像是徐林，人民大学哲学系的一个教授，属于老干部出身的老教授。写作好像就是三个，可能是三个组，再加上注释组，就是这么一个情况。没有什么行政组织，就是党支部，然后党小组。

记者：您上一次还讲到这一点，接着您刚才讲，心情，还是有一种欢欣鼓舞，就是您上次说的，魏先生也是特别高兴，不让他来，他也来。

周一良：就是就是。魏先生也是不让他来参加，他还是来了，有些会觉得他不必来……

记者：考虑到他老了，是不是可以不一定来。

周一良：对，那时候他最老了。冯友兰当然是顾问，就不来了，他最老了他还是来了。

记者：他比冯友兰也就小几岁。

周一良：小不了多少。

记者：他还坚持要去。

周一良：所以那个时候大家的心情……另外就是说对总理。总理逝世的时候，梁效大家都很悲痛，而且自动地有的戴黑箍，有的拿纸弄一个白花，也在梁效里面举行了一次追悼会。但是4月3号还是几号……

记者：您是指的“四五事件”。

周一良：清明，4月5号之前就跟大家打过招呼，不要去天安门。但是还有两个人去了。一个叫钟哲民，他们一家去了，然后我们一家去了。我们全家到那儿转了看了一下。大概梁效违背了事先打的招呼就两个人，回来之后，第二天在小组当然要谈了，我还是交代了这个事，后来也没有怎么着，找麻烦什么，也没有。我记得我们那个组长叫孙静，中文系一个教师，他后来还安慰我，你不要太紧张，不要太紧张。

记者：去了还要交代，因为这边的事情已经参与反革命什么事件啊。

周一良：因为打过招呼不要去，我还是全家都去了。当然我还是有一点紧张。后来也没有怎么搞我。所以后来“四人帮”打倒以后，大家就说你们当时真不知道他们反总理，我说我们确实不知道，而且不知道江青有那么大的野心。他们有那么大的阴谋，我们完全都不清楚。但是在梁效后期确实听宋柏年讲过一次，开玩笑地说，没准将来还出一个女总理呢，就是指江青就想当总理。

记者：他是以开玩笑的口吻。

周一良：当然他一定知道一些东西，知道江青想当总理。当时我们听了有一点诧异，没有往下问。想这个女总理，准是指江青，觉得也很奇怪，江青怎么可以当总理呢。这是透露的侧面的理解他们的阴谋之一。别的事怎么样就不清楚了。

记者：当时迟群、谢静宜，他们是在清华，清华那一批人是他们到这儿办公，还是自己也有一个地方。

周一良：凡是梁效成员都在这儿，他们也住在这儿。

记者：恐怕没有几个人。

周一良：清华人不多，也就四五个人，老的就是清华图书馆的馆长，还有几个中年可以写文章的。

记者：还是以北大为主的。

周一良：人是北大的占多数，写文章也是北大为主，他们参加进来。这里面除去清华、北大两校的老师以外还有一个师傅。

记者：他会写文章。

周一良：他不会写文章，他什么都不会，就是需要搀沙子，所以有一个师傅要在这儿，管管伙食什么的，根本就不可能写文章的，就是摆样子的。

记者：表示三结合。

记者：这样周先生，上一次我们谈到了，就是说梁效把关问题，是吧？您还记得，最后就是（关于）小矮个儿的把关，咱们今天在谈这个以前，我想问您几个小小的细节好吗？就是说上一次因为谈了以后，回去听了一下，我趁着没有往前谈，有一些细节的问题补充一下，对历史记录就更好。就是说您在“文化大革命”挨整的那几个（例子），您上次举了几个你印象比较深的例子。第一个谈到细节的就是您那次游街，您能不能把这个路线或者当时你大概能够回想，有多少里，或者是说多少米，就是说这个路线说一下。因为等到以后，人家不知道，就是很笼统的一个游街。您说您整个一个棉袄都湿透了，只能跟人家说，如果更详细，你们当事人都能够详细回忆一下，这是一个。如果说能够回忆这个路线，比如说从北大的什么地方，经过什么地方，从哪个门出去，离海淀镇有多远，又回到什么地方，这个能不能回忆得起来。

这是一件事情，好不好？因为我想了，第二个您能不能回忆一下，您说有一次斗您的时候，硬把您摁到地上跪着。这个跪的，大概您这个批斗的时间，有多长，比如说是半个小时，或者是一个钟头，或者是两个钟头，这个是不是能够给我们回忆起这个细节，时间长度。

还有一个就是第一次您说批斗会上您和侯先生，当时是给陆平陪斗的，那次是架喷气式飞机的那种。那次您说前半个小时，您还清楚，这个时间大概有多长，能不能回忆得起。因为我想这件事情不是一般的，因为您笼统地讲一讲，后人到时候也不一定很清楚，就是这几个。第四个还有一个，您就说您在牛棚里面的时候，他们不是训话吗，训话的内容，能不能回忆起一两个，您印象比较深刻的，或者有什么具体的。您不一定马上就谈，因为时间很久远了，如果能够回忆起您就补充谈谈，因为这个正好是这一个大阶段的。好吗？

周一良：好的。

记者：要不您说现在谈也行。

周一良：现在谈也可以。

记者：好吧，因为那天也是，我跟季（羡林）先生我也是这么讲。我说季先生您要讲清，张（岱年）先生你们都要讲清楚一点，给咱们后人，有一个更加明晰的（记录）。因为您要是笼统说，开批斗会，这个也是，我说现在你们脑子都清楚，记忆力也很清楚，你们当时是一个什么样的情况。张先生说对，对。我说您看，冯先生现在住院了吧，我要再采访他。那个时候冯先生还没有去世的时候，住院的八九月份。张先生说对，对，他就把他那一段，反右的那一段，我又给他录了。尽量详细一点。当然会有一点不大愉快，让您想起有一点伤心，或者是一个耻辱……

周一良：现在不是这么想的。

记者：这个不是耻辱，而且伤心只是过去的，只不过是留下一个印象。

周一良：没有什么伤心和耻辱的。

记者：如果感情上很不高兴，就不勉强您了。

周一良：没有这个问题。

办公楼礼堂第一次批斗会究竟多长时间，我现在也记不太清楚了。时间不是很长，恐怕不到三个小时，两个人。

记者：那也够呛了。

周一良：先是我了，我完了以后又是批斗侯仁之。

记者：批斗侯仁之的时候您在不在啊？

周一良：我还是在旁边，也要陪斗，大概是这么一个情况。因为那是第一次，也没有经验，开始听了几句，后来20分钟，半个小时以后，简直就听不到他们说一些什么东西了。

记者：头晕了，您像是倒栽葱那样。

周一良：但是批完了以后那时候还让我在家里住，回家有一个红卫兵头头押送的。他说你觉得这个批斗会怎么样，我说完全没有这些事情啊。我就跟他解释了一下。那是在回来的路上。什么宋子文的亲信啊，什么吃纳粹奶啊，给彭德怀翻案了，这个是完全没有根据的话。

记者：您还当时表了这样的态。

周一良：他也没有话讲。这是头一次的批斗会。后来游街那一次，现在回想大概也就一小时左右，路线没有法子记住，因为当时不让你抬头，你根本看不见，你从哪个门出去根本不知道，只能看着地。出发的时候是怎么样的？看见有季羡林和侯仁之。因为也很清楚，那一次是新北大公社主办的，新北大公社是跟井冈山是对立面，而季羡林和侯仁之都是参加了井冈山，或者站在井冈山的观点一边，所以他们两个我记得很清楚。当时还有一个印象，后来季羡林就摔在地上，让他们拽着走是怎么样的，好像是这么一个情况。

记者：季先生说了，那一次他最后已经爬着，被人家拖着了，受罪很大的。那一次是背了一个真正的黑锅，大的铁锅，用铁丝弄着，他这个地方都淌血，你想大铁锅套在脖子上，用一根铁丝，一面流着血……

周一良：不知道给他一个大铁锅，我就是背一个大牌子。

记者：您是情况不一样。他不知道怎么背一个大黑锅，已经走不动了，最后是别人拖着他走的。就是那一次，那一次走完了以后没有批斗了。

周一良：走完了以后就是没有批斗了，就让回家了，第二天又把我送回了太平庄。

记者：具体您不可能看到，出校门怎么游您都不知道。

周一良：边上有没有人看，看的人什么情况，完全都不知道的，只能是看着地，是这么一个情况。

记者：前后有一个钟头左右。

周一良：我之所以全身湿透了，不仅仅是因为一小时的游斗，因为从太平庄起就背着大石头，走很长的路，回到沙河下来以后又走很长的路，到学校那已经是12点左右了，是很热的时候，五月初，五月四五号的样子。

记者：然后不吃饭，就继续。

周一良：饭也没有吃，继续走，所以回家以后，我那个衣服晒在后院，那时候我那个儿媳妇没有结婚，她是清华的，她从清华来，她看到全都湿了。

记者：那个时候您回家还是回到这里吗？

周一良：回到这里。后来又把我送到太平庄去了。后来过了几天就调回本校劳改大院了。把我压到地下跪的那一次时间不长，那次主要的问题又是问“乞活考”，又问这个。参加红卫兵人数也不多。那次显然也是新北大公社红卫兵搞的。因为我上次讲过了，我参加过一次静坐，参加静坐是井冈山组织的反聂元梓的静坐。参加静坐有几个教授，我一个，还有一个教中国现代史的叫荣天琳，还有一个教世界史的叫张芝联，他们都参加静坐了。所以参加静坐以后，就把我们几个抓了去，我还记得很清楚，是在俄文楼，在俄文楼一个小教室里面。把我们一个一个地，不是同时，先把我抓进去，后来又把荣天琳抓进去，我后来才听说张芝联那次也被抓了去。大概都是摁在地上，跪在地上，一种审问的样子。

记者：一种报复。

周一良：就是一种报复，就是对静坐的报复。在劳改大院早上的训话，现在记不太清楚了，不外乎反正骂一通。有的时候也提溜几个人出来，特别地训一通。除了早操的时候训话，平常有的时候也训话，那个时候就是聂元梓是校“文革”了，“文革”有一个委员，是聂元梓得力的助手，也是我们系一个学生，姓刘，叫刘什么我现在记不起来了，他常常要训话。还有生物系一个学生姓孙的，有的时候也来训话。训话的内容现在都记不住了，不外乎就是你们这些牛鬼蛇神要好好好改造。

记者：有没有单独把周一良提溜出来。

周一良：没有单独把我拉出来过。但是在劳改大院期间，有一两次不是在训话的期间，就是在劳动期间把我拉回来，还是“乞活考”的问题，追这个“乞活考”的用意，是不是为蒋介石出谋划策啊，当时为什么要写这篇东西，为这个问题搞了一两次，那是把我单独弄出来了。大概就是这么一个情况。在那儿是不许交谈的，背语录很强调的。大家拼命地背语录。

记者：您当时能够背出来吗？

周一良：能够背出很多条。现在当然不行了。老三篇也都是能背的。他常常在开大会，就是早晨点名的时候，揪个人出来背语录。

记者：他是随便弄哪一条吗？哪一本书？基本上您都得背出来。

周一良：差不多都能背出来，所以没事的时候就要背语录。……

记者：……您那一本书，差不多都能背出来了，还外加了老三篇。

周一良：包括老三篇，还有劝杜聿明投降书都背得滚瓜烂熟的。很多细节现在想不起来了，当时也不能记，笔记和日记都没有的。

记者：我们就谈谈您说的那个把关，从梁效那个问题上继续下去，您还记得吗？

周一良：上次就谈到梁效注释组的几个作用。

记者：什么小矮个，谈谈这个问题。

周一良：那时李家宽，那个支部书记。我就不同意他那个的意见，总算是把关了。这篇文章很妙了，当时显然是批邓的，没有公开批邓以前先发表这个文章。

以后就讲到梁效倒台的问题。我记得很清楚是10月6号的第二天10月7号，10月6号"四人帮"打倒了，1976年10月7号是礼拜一，我早晨去上班去，就到北招待所，现在的招待所去上班。门口有解放军把着不让进去的，也没有说什么理由。后来还是李家宽，那时还没有把他抓起来，告诉我们到另外附近一个宿舍里面去集合。头几天很混乱，我们也搞不清楚怎么回事，后来才慢慢地清楚，"四人帮"被抓起来了，他们是反党的。紧接着就把我们集中在湖边上一个楼，湖边上的红四楼，后来又到了红三楼、红二楼。几个楼转了几处，集中到一起，集中学习审查。集中审查期间从76年10月、77年10月、78年10月，大概到79年初，在"三中全会"前后……

记者：76、77、78、79，那也有好几年了。

周一良：好几年了。

记者：等于你们是每天早晨到那儿去，学习审查。

周一良：中年、青年还住在那儿。

记者：你们每天还是能够回来。

周一良：我们几个老的，就是每天三段时间去。

记者：早、中、晚。

周一良：晚上回家睡觉。是这样的情况。这个中间也搞过一些批斗会，一些小型的。首先就是我们每个人自己写材料，写你在梁效的所见所闻，详详细细地写。其实也没有太多的东西可写，做的事情各不一样了，共同听到不外乎就是有的时候迟群来讲一些话。我们当时能够交代的，没有感觉到他们对总理怎么样，但是感觉到他们对于一些老干部是很不敬的。我记得很清楚的就是他提到一个姓马的，叫马什么的，这个人还跟他一起去过日本，搞工会（工作的）一个老干部，说他好像身体走路都走不了了，坐着轮椅，还要来开会，要他干什么。好像是这一类的话，对老干部很不敬的口吻。还没有听到反对总理、打倒总理什么的。

纪律是非常严格，你在这儿做的事情，听到的话，回到家里老婆、孩子都不能够传达，不能让外人知道任何一点梁效里面干的事，做的什么。我们当时也觉得很奇怪，因为没有什么国家机密的事啊，为什么那么严格，不让说呢？当然也就不能说了。现在回想起来，那个时候做的事情有一件事情挺有意思的。除了当时在梁效期间跟江青出去过两次，去一次天津，去一次小靳庄。还有一个有意思的事情就是派梁效的成员到西四那个叫什么地方，叫毛家湾，到林彪住宅去检查林彪的书。为什么要检查林彪的书呢？就要看他书里面有一些什么批的、注的字，有一些什么反动的东西，要把它都抄下来。所以我们也有机会到毛家湾去了一段时间。

记者：您去了。

周一良：差不多都参加了。毛家湾里头，那个古玩、字画挂得像一个古玩铺一样，一点没有章法，一点没有这个，英文叫 taste，就是文人的修养。满墙都挂的是比较好的字画，屋子里面的桌上也是堆着一些砚台、笔什么的。林彪单有一个晒太阳的屋子是晒紫外线还是什么东西的，里面给人的感觉阴森森的。我们的任务是分工把林彪的书从头到尾翻一遍，一页一页地翻。

记者：那你们还翻了很长时间。

周一良：翻了很长时间。林彪这个家伙，书搞了不少，但是他并没有看，没有找到多少批注的东西。

记者：大部分都是空白。

周一良：大部分都是空白。但是我也发现有意思的东西。我是负责查历史书的，有一部《资治通鉴》，当然是重点的，应该看了。我翻这个《资治通鉴》的时候，就发现有两处是密密加圈的，就说明这是林彪看过的，加了圈的。(他)很注意。没有字，但是圈了圈。这两段是什么呢，就是跟林彪的阴谋诡计密切相连的。

从这个就可以看出来，林彪也读点书，他就是读这些书，从这些书里面搞政变的经验。看了这个，我当然很高兴了。我们不是批林嘛，就可以把这个作为材料写一篇很好的文章，来揭发林彪的阴谋诡计来批评。

但是这个建议给迟群说了以后没有下文。这是一个梁效期间一件事情，我还记得很清楚的。梁效受审查以后，先是交代材料，交代不出多少东西来。江青来梁效看过两次，讲过一些话，不痛不痒的，都是炫耀她自己，也没有什么说是可以上纲上线、可以抓住的东西。除了交代自己的事，也要揭发别人，向来运动都是这样的。揭发别人也揭不出什么东西来，当时就说是两个中年的写文章是攻击总理的，他们两个是反对总理的。一个叫范达仁。

记者：我见过。

周一良：你见过他？他后来……

记者：在文化书院还教过课。

周一良：一个叫何芳川。就是说他们两个是反总理的，要开会批判他们。批判他们以前，派来的工作组就找大家个别地谈。我就说梁效我不知道任何人反总理。这两个人是我的学生，我比较了解他们，他们也绝不可能反总理。我当时是采取这样的态度，要保他们，从我的立场来看他们不反总理。小会开过几次，主要是批斗几个支部书记，8341的李家宽，跟北大的宋柏年、清华的王世敏。系里也开过会，比如说历史系，就把历史系派到梁效去工作的调回来，来批斗。

记者：也是批斗，但是那个时候就不是……

周一良：不是像“文化大革命”搞喷气式了，是比较文明的。从这一点上来讲，比“文化大革命”当然不一样了。但是另外一方面，威胁的严重性，有过于“文化大革命”。因为“文化大革命”大家知道是革命小将在那里搞，这个是市委领导之下派来的工作组来批判，压力就大得多。

记者：对你们的压力大得多，站起来还是让你们站起来的，低头不要的。

周一良：也要低头的，不过比较文明了，不是喷气式，没有打骂这些东西了，但是我感觉压力还是更大一些。

记者：一直批判，从头到尾都要站着。

周一良：是的。

记者：那个压力远远过于那个，这一次心灵上受到了……

周一良：我当时是这么一个情况，我自己因为经过“文化大革命”了，那么暴风骤雨，喷气式，还有打和骂都搞过，这一次虽然压力很大，但是是文明得多了，我就比较轻松。

记者：您心里怎么想呢?

周一良：因为我觉得，我没有反总理，我也不知道江青当时是反总理的，江青更没有跟我讲过，迟、谢也没有跟我讲过我们一块儿反总理。我觉得无所畏惧，我人不做亏心事，半夜不怕鬼叫门。

我是这样一个态度。我觉得我没有做任何对不起人的事情，我没有什么可怕的。而且这次又不打不骂，我一直是处之泰然的，知道什么我就说什么，什么事情我做了，我承认。但是我没有做什么坏事，我当时还认为是替党工作的，是这样一种想法。

记者：您自己本身是这么一个心理。

周一良：但是别的人不一样，好多人都是中年，“文化大革命”他们不是靠边站的，而是斗人的，是革命群众。这次反过来变成反革命了，一夜之间变成现行反革命，比较紧张。有好多人我都害怕他们会不会自杀之类的。范达仁、何芳川他们那个组文章写得多，当时号称尖刀班，就是文章写得多，写得尖锐，何芳川、范达仁，还有人民大学一个叫陈先达，这三个人是一个小组的，他们文章写得最多。而那时候每次到放风时候，就是到 9 点多钟放风大家可以出来走走，在湖边上，我看这几个人的神色，很替他们担心，当然后来没有出事情。除了小会批斗，自己写检查交代，有一次大会，就是在体育馆。

记者：在北京体育馆吗?

周一良：在动物园那儿，白石桥那个体育馆，有一次大会。这个大会主要批斗的对象是迟群、谢静宜，然后让整个梁效的成员去陪斗。陪斗的人又分成两种，一种是坐在后头，跟群众不见面，坐在后面听。

记者：群众没看见。

周一良：一种是站在迟、谢的旁边，跟他们一块儿。

记者：那就是升级了。

周一良：我跟汤一介都属于升级这一拨里面的。

记者：站在旁边的呀。

周一良：当然是低着头在那里，没有喷气式，但是算是比较重要的。

记者：你也被列为这个了。大概就是因为那次你那次公开的发言，所以把你列为这么重要的了。

周一良：不知道是怎么回事了。

记者：我估计是这样的，那一次您心里是怎么想的？

周一良：我当然是处之泰然。我觉得无所谓了，跟我没有关系，我觉得是这样的。迟、谢是知道阴谋的，他们是执行这个阴谋，那我们根本不知道，就知道批林批孔，执行毛主席的意图。

记者：汤（一介）先生也在您旁边，低着头。

周一良：汤一介也在，还有范达仁，这几个人。

记者：关了一年的那个。

周一良：就在那天那个会上，体现宽严，就把范达仁从严，关了一年，也没有任何审判手续。

记者：这个也是违法的。

周一良：当然不合法的。然后放了一个，叫林庚。

记者：林庚就是林宰平的儿子。

周一良：他参加注释组比较晚，大概总要放一个表示从宽，林庚就从宽了。完全是随心所欲地搞。剩下的人还回去继续学习，继续交代，哪里有那么多东西交代啊。

记者：就是，已经搞了好几年了。那一段时间，群众对你们怎么样，您自己心里是怎么样的？

周一良：我自己心里是比较坦然的，群众当然还是很愤怒的，这也可以理解。因为梁效的文章起那么坏的作用，群众不可能把梁效成员跟梁效分开，不可能把梁效成员是调了去的，我们不是自己报名去的，是党委调去的，分得很清楚。其实那个时候，很多人还想进梁效，都进不成。（形势）反过来以后又来打我们，就有这种人。这种人最坏。

记者：那时候想钻进去自己钻不进去，对你们的态度还是也很坏吧？

周一良：很坏，群众感觉很坏。

记者：就是社会上的压力还是有的，因为这个压力也不小。

周一良：有压力，很大压力。那个时候很多人跟我们就等于说不认识了。

记者：断绝往来了。

周一良：不但断绝往来，见面都不招呼了。我心里很坦然，你不招呼我，我也不招呼你，无所谓。就跟从前的右派一样的。

记者：您又当了一次，这只不过是“四人帮”之派，实际上从您的人生经验上，又是增加了，好像您的心胸还比较豁达。

周一良：我的心胸比较开阔一些。

记者：您不容易啊。

周一良：我有自己的主张，我没干坏事。我总想着毛主席那个话，善有善报，恶有恶报，不是不报，时候未到，时候一到，一切都报。还有他说的风物长宜放眼量，我总想着这句话，风物长宜放眼量，你放开往长看，时间总会考验出来，总会证明……

记者：那有这样子的想法是……

周一良：我当时心胸比较开阔。

记者：因为当时冯先生的想法就是说我是赤条条来去无牵挂，这是冯先生的想法。冯友兰啊，因为他也受压力，他是所谓黑顾问，有什么历史研究专门有很长文章批判他呢。他说当时一句话，赤条条来去无牵挂，好像已经是到了这一步，我什么都一抹到底了，本来是什么政治待遇都没有了，又是打又来一次批判，我也就是这种心情。他倒是好在他有这样的心情，也比较看得透。他的夫人就不行，没有多久就得病了，您有这个心情也是……

周一良：我后来想，我要是心胸狭窄的话，我恐怕我几次癌症都得过了，文化革命一次，后来梁效又一次。

记者：您心胸很宽啊。

周一良：想得开。反正我交代也是这样的。我做的事情我交代，我听到的，我就交代，我不知道的我不能乱说，我不能说我反总理，我也不能说我知道他们反总理。她（江青）那个时候讲好像成天跟毛主席在一起，后来知道根本多久见不到一次面的，根本就是打着毛主席的旗号来发号施令的。

记者：这一段您又经历一次考验，而且很严峻。

周一良：又经历一次考验，很严峻。压力比上次只有大，没有轻。

记者：对的，这一次因为是看明白了，结果你们又一次受到审查，没有想到这么样的受审查。

周一良：当时大家也很着急，怎么老审查不完啊。两年多了，差不多三年了。这一次不像从前一样，不许交谈什么的，大家可以交谈。一交谈，常常有一些风闻说是要做结论了，或者是要定案子了，可是一次一次地推没有实现，这个中间恐怕是跟这些领导不敢作主有关系。

记者：所谓领导你是指北大的领导啊？

周一良：北大的领导……

记者：还是市委？

周一良：北大的领导对于梁效比较了解，因为这些人都是北大党委知道的人，调是通过党委调的。这些人平常从那个时候的标准来讲，政治上是比较好的，业务是比较强的，所以他们知道这些人，梁效的骨干，也是北大的骨干，比较好的。所以当时北大管这个事情的书记叫马石江，这个人后来调走了，他还是比较实事求是的。

他跟我们见面的时候，也还谈话，也还表示，你们的事情我们都清楚的，意思就是你们不是阴谋里面的人，不是跟迟、谢一样的，是这样的表示。但是他的话到了市里头，大概市里头不能够听，听不进去。因为在那样一个大的运动之下粉碎“四人帮”之后，对于梁效大家是很气愤。一方面很愤慨，一方面不愿意担这个沉重，担这个责任。

记者：对，对。

周一良：为梁效说话这个东西不得了，在当时担不起这个沉重。

记者：在当时不可能的。

周一良：所以马石江虽然比较通情达理，大概也做了一些具体的分析。这些人怎么样分一分类，有的文章写得多的，有的文章写得少的，有的文章是要害的文章，有的是一般性的文章，他们都有一个了解，比较清楚的。但是这个东西他们最后拿到市委，大概市委通不过。后来了解大概是这么一个情况。所以就一直在拖，谁也不愿意担这个责任。说是梁效的罪名是深重的，但是梁效成员可以做结论，可以放回去，没有人敢这样搞，所以就一拖再拖，一直拖下去，拖了两年多。当时大家情绪是很低落，因为老在那儿吊着。亏得跟劳改大院有所不同。劳改大院是你不能交谈，又不能看书，又不能写字，只能背语录，或者是补袜子，就是这么一个情况。这次不一样，这一次还是有人所谓监管。

记者：有监管人员。

周一良：从各系调的人来监管。监管的人当然有的严一些，有的松一些。晚上这些人在那儿住，还找工人来值班，怕这些人跑掉什么。工人值班据说是五毛钱一夜，有的老工人不让他们在家里睡觉，到这里来睡觉，一晚上给五毛钱。有监管人员，监管人员一般的话，也还是不像红卫兵那么厉害。

我头几个月，还有可写的，搜索枯肠吧，把鸡毛蒜皮、鸡零狗碎的事都写出来，还有一点批斗。后来就没有什么事了，已经两年多、三年了。后来我就自己看书了，不管他了。每天三段时间都得去，两个人一个屋子。后来我就开始看《毛选》了，马恩列斯的选集了。《毛选》、马恩列斯选集都看完一遍以后，我就索性看业务书了。我就看二十四史了，就《史记》《汉书》这样地随便看，按次序看下去，是这样的。后来看到三国魏晋是我从前搞过研究过这些东西，当然就是等于说是坠欢重拾的这种意思，那就一边看一边也写一点东西，所以后来 82 年还是八几年，我出了一本《魏晋南北朝史札记》，主要就是在梁效的时候搞出来的。

记者：副产品。

周一良：总算没有白花时间，搞出这点东西。晚上还要去，晚上去我就看日文的小说，因为从前我家里有日文的小说，借此提高日语，我就看日文的小说。

记者：时间也没有浪费。

周一良：这个跟“文化大革命”劳改大院不一样，后来这一段时间确实没有浪费。重理了旧业，后来搞出一本书，看了一些小说，提高日语的水平，是这么一个情况。说明当时心情是有压力，但是还是比较坦然的，不是那么紧张。

记者：您要是紧张，搞不下去的。

周一良：有的同志就比较紧张，就是发愁，也干不下事。

记者：为什么呢？他们是什么原因，并不是他们本身罪孽深重，主要就是像您说的他们没有经过。

周一良：没经过，想不开。也有的人，也通过这个时间学了外语。有的人学了法语，有的人学了日语，也搞了一些自己的业务。

记者：这一段也是，这一段是特殊的经历，你们和所谓全国人民又不一样了，你们这一段的经历是相当特殊的。

周一良：又不是人，又不是鬼的。

记者：这一段的经历压力也很大，可贵在于您居然好像，你这一点到底是不一样的。我当年就说在这种的情况下，全国人民都开心之日，你们受到这样子的待遇，想不开是自然的，就是没有想到您还挺坦然的，这是因为您已经经历过。

周一良：跟头一次“文化大革命”有关系的，大有关系。没有经过那个，这个也受不了。

记者：挺不容易的。

周一良：我当时还开玩笑，当时农村有这个话是楼上楼下电灯电话，形容农民富裕的生活，幸福的生活。我说我从前也是这样的，楼上楼下，有电灯也有电话。等到“文化大革命”当中，这间屋子被别人住了，只有楼上没有楼下了。等到梁效一审查，电话是一种政治待遇，就把电话也撤了，原来是楼上楼下，电灯电话，我现在是只有楼上，没有楼下，只有电灯，没有电话。

记者：还说出笑话了。

周一良：就说明我当时还是挺想得开的，比较豁达。豁达的原因还是因为相信自己没干坏事。

记者：而且您也相信，“四人帮”也倒台了。

周一良：将来总会搞清楚的。

记者：会搞清楚的，“四人帮”都倒台了，他不会再怎么样了。

周一良：善有善报，恶有恶报。

记者：对整个形势您还是乐观的。

周一良：不过在审查过程当中，我没有什么特殊的，好像写了特殊的文章，因为我没有参加写文章。但是也有批判。批判我的一个是有大字报。

记者：大字报批判您。

周一良：大字报揭发我。梁效一倒，一审查，北大就有很多大字报。有的大字报就说我屋里头有一个保险柜，保险柜里头藏的是诬蔑周总理的黑材料。说是6号那天晚上，“四人帮”倒台那天晚上，解放军包围了招待所，进了我的屋子，就让我把保险柜的钥匙交出来，就跟我说你要是把钥匙交出来，你还是人民内部（矛盾），你要是不交钥匙，顽固到底，那你就是敌我矛盾了，就要把你抓起来怎么怎么样。大字报是这样讲的。

而这个话就不胫而走，南方、北方、西方、东方各地方都知道了，都知道周一良屋里有保险柜，里头藏着周总理的黑材料，解放军对他怎么怎么样，到处都说，可以说是大江南北、长城内外都知道，我的好些朋友亲戚都知道这个事，都替我担心了。但是有的人也说不可能，相信不会有这个事的。其实完全是胡说八道。因为首先我屋里面没有保险柜，这样重要的东西怎么会搁到我屋里面去呢。其次就是我晚上不在那儿睡觉，更不可能有解放军进来，包围了梁效的驻地，来跟我要钥匙这种事情。很清楚当时梁效所以要搞几个老家伙，像魏建功是一级教授，林庚跟我都是二级教授，是摆样子的，是为江青增加身价，好像这些人都受她笼络，都捧着她，都为她所用，是这样一个作用。而外头误传我就是梁效的组长或者是头头什么的，完全不是那么回事。

记者：说是冯友兰是中国哲学史的顾问，您是世界历史的顾问，我那个时候也知道一点，还不大了解。

周一良：甚至说我是头头。

记者：说您是头头我没有听到过，顾问我听到过。

周一良：实际上我们不算顾问，我们算组员。

记者：顾问还不够那格。

周一良：顾问更高了，冯友兰才是顾问。所以有这样的大字报，而这个大字报起了很大的作用。后来社科院文学研究所有一个人叫舒芜……

记者：舒芜我知道，也是“臭名昭著”了，不过这个人现在发表文章挺多的。

周一良：他写了四首诗叫《四皓新咏》，我不知道你听说过没有。就是四首诗 。

记者：没听说这个。

周一良：四皓，就是四个老头。这是汉朝的故事。汉高祖的时候有四个老头，隐居，秦朝的遗民吧，隐居不跟他合作。后来他的儿子把这四个人笼络来了，作为他的部下了。汉高祖看到他儿子，这四个老头自己招不来，他儿子居然把他们招来了，所以就决定立这个惠帝做皇帝了，是这么一个故事。

他这个四皓意思就是四个老头的意思，借这个名字代表梁效比较老的。老的谁呢？一个是冯友兰，一个魏建功，这两个一级，然后林庚二级，我一个二级。写诗骂这四个人。冯友兰，他过去跟国民党，魏建功一首，我一首。我一首主要的内容就是说我屋里有保险柜，不肯把钥匙拿出来，所以那一张大字报还是流传了很远，到处都用这个话来说。

这是一个事，还有一个事就是我在梁效受审查期间，收到一封信。这一封信，我家里一直瞒着我，没有给我看。有一天偶然之间，我打开看了，哈哈大笑了。这个信是毛笔写了四个字，无耻之尤。

记者：没署名，是匿名的？

周一良：下面是“一个老朋友”。我也琢磨不出来是什么人写的。

记者：笔迹您认识不认识？

周一良：也认不出来，是毛笔写的，肯定是比较老的人写的。

记者：肯定是（那个说法）也传给他了。

周一良：所以当时还是有一些人是很气愤的，听到这些传言，觉得我实在是差劲的，所以写了这个。家里人怕我看了会受不了，没有给我看。后来我无意之中发现了。我觉得无所谓了，反正是非曲直将来总会知道的，没有什么关系。

这是对于我。当然熟人都不认识了。包括小孩，院里面的小孩就讲牛鬼蛇神。

记者：又当了一次。

周一良：这是关于我的。自己固然没有感觉到怎么样，外头也就是……啊，还有一篇批判文章，《历史研究》里头……

记者：有您啊。

周一良：批我的诸葛亮研究。因为在梁效时期，批林批孔，后来叫儒法斗争，我写过一篇文章，我讲诸葛亮与法家路线，就是说诸葛亮是执行的法家路线，而不是儒家路线。这个文章恐怕应该也是一分为二，就是说诸葛亮确实有法家的东西，他并不完全是孔夫子的一套，他有法家路线，所以说他执行法家路线，还是对的。

记者：从学术上没有错的。

周一良：从学术上没有错，但是你在那个时候，用这个题目写文章，显然是为"四人帮"服务的，是应该承认这一点的。当时有一篇批判我的文章，在《历史研究》里面登。还有一篇据说是送了去，没有发表的，是讲柳宗元的。我也写过一篇关于柳宗元的《封建论》的问题。这篇文章《历史研究》据说是送去了，没有发表。柳宗元这一篇文章比较早的，还是在梁效成立以前《北京日报》找我写的。他是跟我这么讲的，他说毛主席很欣赏柳宗元这篇《封建论》，意思就是说这个《封建论》是反对地方军阀割据的。当时毛主席对各大军区的头头有戒心，所以想表扬这篇文章，让大家知道知道，有所警惕。

当时不是有这种习惯吗？常常把毛主席的意图传达下来，让大家写文章，大家还是觉得很高兴的，贯彻毛主席的意图。

记者：这件事情也还是“四人帮”没有打倒的时候？

周一良：这是比较早的时候，梁效没有成立以前，是71年还是72年的时候。

记者：是《北京日报》。

周一良：《北京日报》大概是那里来的意图，跟我说的，我也写了这篇文章。我写了这篇文章，当时是这么一个想法，一方面当然是贯彻毛主席的意图吧，来发挥一下这篇文章一些想法，希望起一个能够遏制地方大军区头头的势力（的作用）。另外一方面这里面有一个交代下来的论点，我也不太同意。是一个什么论点呢？就是说奴隶社会跟封建社会，奴隶社会的时候，一定是分封，就是封建的地方割据。到了封建社会，进步了，然后就设立郡县了，就是由地方州、郡、县，中央集权了，几级组织中央集权，奴隶社会必然是诸侯分裂，封建社会就必然是中央集权。这句话其实是不对的。其实奴隶社会也有中央集权的，封建社会也有各地分散的。中国历史是如此的，外国历史也是如此的。《北京日报》交来的意图，一定是说奴隶社会怎么不好，因为当时分散的，封建社会怎么好，一定是集中的。其实这个不通，我就对这一点，我没有照他给我说的意图写，而是按历史事实来写的。我自己觉得还比较得意。一方面发挥毛主席的想法了，遵命文学，写了这篇文章；另外我也从学术上，纠正了他不对的地方，就是这么一个想法。

这一篇文章是在梁效成立以前写的，是《北京日报》交来的，后来梁效成立以后又把这个文章重新又发表了一次。

记者：发在哪儿？《北京日报》上？

周一良：不是《北京日报》上，头一次是《北京日报》，后来在《红旗》上发表的，起批林批孔的作用吧。所以后来也有人预备写文章批判这个。但是这一段批判文章据说送到《历史研究》那儿没有登，大概也觉得这个没有什么意思了，起不了什么揭发“四人帮”的作用，也起不了把我打倒的作用，所以就没有再发表了，可能是这么一个情况。

批判我的文章就是这么样的两篇。外头的大字报这么一份，然后接到这么一封信，然后就是《四皓新咏》，不但是舒芜又写了，别人还和了。

记者：舒芜写了，发表出来了？

周一良：发表出来了，在哪儿发表我不知道，后来别人抄给我看的。后来据说好几个人都写了《四皓新咏》，用同样的题目，同样的意图，攻击骂这四个人，写了一些诗。据说是香港有一个《明报》月刊都登出来过。总的来讲，我是刚才说的那个态度，我心还是比较坦然的，觉得无所谓。到后来也没有……不明不白地就说你们可以回家了，就不用来了，好像是解放了，也没有正式宣布。

记者：也没有跟您正式说周一良你怎么经审查没有和“四人帮”……

周一良：后来很晚才通知我们分成几类，我是最轻这一类，根本不入档案，没有问题的。

记者：还有入档案的？

周一良：有入档案的，有的像范达仁这样被抓起来的，大概还是要有处分的。听说他没有，他自己跟我说，他自己没有签字，但是给他有处分。

记者：他抓起来，就整整呆了一年。

周一良：呆了一年。

记者：出来以后还照样回到系里。

周一良：回到系里继续做老师。

记者：这个没有什么影响？

周一良：工资待遇都没有影响。但是给他一个处分，什么处分我记不清楚了，他说他没有签字。少数几个人是有处分的，还有一些人入档案但是不处分。有的是既不处分又不入档案。

记者：像您就是最轻了。汤先生入不入档案啊？

周一良：汤先生好像入档案里了，我记得老X跟我说过。没有处分但是入档案了。

记者：和您还是有区别的。

周一良：有区别的，他比我还是要厉害一些，因为他写文章。

记者：我曾经听别人说，这是第三者，我也没跟他讲过，“汤一介无耻文人”。那个时候我已经进来了（中国文化）书院了，我还说我们院长是汤一介，“汤一介啊，这个人是一个无耻文人！”

周一良：跟“无耻之尤”是一样的。

记者：我过两天跟汤先生比较熟了以后，我也没跟他讲这个事，因为我想这种完全就是像你说的，旁边的、社会上的人知道他的就说了这个话。

周一良：还有两种可能，一种可能是确实认识你，觉得你这个人怎么干这种坏事，非常地气愤的，这是一个。还有一种就是随着谩骂。

记者：人云亦云，就是属于这个，他也并不了解里面真正的内情。

周一良：注释组里面还有一个事情，在审查的过程当中，搞得很热闹。就是批林批孔期间，江青是为了把林彪跟孔老二拉得更紧一些，就想从思想方面，什么从克己复礼，把孔老二跟林彪挂钩。还想从生活上，林彪生活上有很多奇怪的事情，他吃东西什么，选择很严，他的衣服都有温度的，你知道吗？他的衣服上头都写着多少度多少度的，穿这件衣服就增加多少度，穿另外一件就要增加多少度。

记者：不知道。

周一良：确实是这样的，他穿衣服都是几件配合在一起，加成多少度。今天的天气怎么样，根据天气的度数，他的衣服穿哪几件，搁在一起，是这么一个情况，所以这个人后来不像……

记者：阴阳怪气的，包括吃东西。

周一良：吃东西也很讲究的，特别是穿衣服，从来没有听说过，闻所未闻的。一件衣服加多少度，（另）一件衣服加多少度，然后加在一起是多少度。

记者：绝不同其他的十个元帅一样，这个人是一个很特殊的。

周一良：奇怪得很。就说是要把衣食住行这方面把林彪和孔老二也联系在一起。孔老二的衣食住行都在哪里呢？在《论语》里面有一篇叫《乡党篇》。《乡党篇》里面就是讲孔子吃什么东西，穿什么，平常怎么待人接物，等等。说是要让广大群众都知道林彪，都能把林彪和孔老二够挂起勾来，《乡党篇》一般人看不懂，就得把《乡党篇》翻成白话。这就是注释组的工作了。你们把它翻成白话，然后广泛印刷，大家就可以根据《乡党篇》来看林彪，或者是把林彪的事跟《乡党篇》挂上勾。这个任务落到注释组，我们大家就把《乡党篇》整个从头到尾翻成白话，而且印出来了。在翻的过程当中，有这么几句话，讲在国王的面前，他（孔子）走路怎么怎么样。有这么一句话是“趋进”，他往前走的时候，“翼如也”，翼是翅膀。大家就琢磨怎么翻法，翻成白话怎么说呢，说跟翅膀一样，也不大通，也不好讲。没有法子让大家懂得这个话。后来魏老，魏建功，他是搞古文字学的了，他就琢磨出一个想法。他说我看是不是这样翻，就是往前跑，往前走的时候，皇帝在那儿，他往前走，翼如也可以翻译成端着两个胳臂，表示他很恭敬又很谦虚，端着两个胳臂。大家都叫绝，感觉这个很好，端着两个胳臂，就不用带翅膀这样的字样了。大家都同意，就这样写上去了，也这样翻译出来了。后来大概有人写文章，就是梁效的人写文章，也用了这个话，说孔老二在朝廷上，往前走端着两只胳臂。等到“四人帮”打倒一受审查，就有人写批判梁效的文章了，就说这个话是恶毒攻击周总理，因为端着胳臂。当然这个工作组也很相信这个话了，就审魏建功了。那魏老很紧张。除了审问魏建功以外，但是没有开批判会，另外把注释组一个一个找去问是不是。那我说这个确实是如此，是魏建功的建议，是他建议这么翻，但他当时绝没有借这个反总理的意思。而且说这个是说端着两个胳臂，总理是端着一个胳臂，所以另外一个胳臂还是好的呀，怎么能够说他是反总理呢？所以大家大概一致都承认有这件事，这个话是魏建功建议的，但是他没有反总理的意图。这件事情后来就解决了，没有进一步地加温。

记者：这件事情对魏建功压力很大的。

周一良：压力很大。端着两个胳臂，他亏得当时说是端着两个胳臂。因为翼嘛是两个翅膀，当然是端着两个胳膊。

记者：因为反总理可是非同小可的，关键是在他自己的心里。

周一良：他也说我怎么会反总理呢，我对总理向来是敬爱的。所以那个时候搞的就是这样的。

记者：还是延续了“文革”那一套，一个家传下来的，只不过你倒了，我倒了都是一样的。现在大家看得很清楚。

周一良：我当时也悟到这一点。我当时就跟大家说，你们不用紧张，我们现在所受到的待遇，就是以“文革”之道，还治梁效之身，我说就是用“文革”那种办法来整我们，就是这样的。

记者：已经认识到这一点了。

周一良：所以用不着着急，用不着害怕，也用不着发愁。魏先生我想这次审查受到的打击很大。后来他去世追悼会那一天，周扬同志也去了。他特别找人找我，跟我谈。他问我怎么样。我就说现在算没事了。他就跟我说了一句，哎，好好地吸取经验教训吧。他说了这么一句话。我当然也没有话讲，但是我当时心里想我吸取什么经验教训，我又不是自己报名去梁效的，是工作决定，党委决定调我过去的，我也不知道怎么回事，我怎么吸取经验教训呢？但是周扬同志后来一些情况，我也有所了解，我觉得他这个人还是有政治良心的。

记者：真正的，不是一般的此一时彼一时讲的。

周一良：所以反精神污染，他都是很硬气，很正派的。

记者：最后受到大家的尊敬。

周一良：所以他在世的时候，曾经提出要我负责主编一部《中外文化交流史》。

记者：是他提出来的。

周一良：后来教委也按照他的话也让我编了，我也确实把这个书编出来了。在前言里面我特别写的就是周扬同志让我编这个书，我现在编出来了，把这个书敬献给他。但是那个时候，他已经成了植物人，已经不能够看了，很可惜了。

记者：周扬和您过去，对您了解吗？有交往吗？

周一良：过去有了解。因为过去周扬负责文科教材的编写，那时候教材编写历史组的组长是我。魏先生是80年三四月份去世的，5月初开的追悼会。在追悼会上我看到周扬同志他跟我讲……

记者：追悼会规模大吗？在北大召开的？

周一良：在八宝山，规模相当大。魏先生显然是因为梁效的问题受到刺激，再加上年纪大生病了，等等，去世了。如果没有梁效这个事情，他不至于那么快去世了。魏先生这个追悼会，两件事情，一件事情就是周扬同志找我，对我表示要吸取经验教训，我心里怎么个想法；第二点就是我看到他一个老朋友给他的挽联写的“五十年风云变幻，老友毕竟是书生”。这个“毕竟是书生”五个字打动了我，我很有感触，也可以说是一种反思，我说他毕竟是书生，我也毕竟是书生。因为这个时候，我讲讲我对于知识分子的反思，以及对于政治的反思，这是你上次讲的那个。到这个时候，我可以说在某种程度上，对于“文化大革命”，对于知识分子的命运有所认识，有所体会，所以才对“毕竟是书生”这几个字感触特别深，但是还没有真正的了解吧。当时就感觉到“文化大革命”这一场大灾难，实际上很大的程度上，当然是对老干部有冲击了，另外对知识分子是很大的冲击，因为几乎所有的知识分子没跑儿嘛。你包括反右的时候那几个积极分子，像吴晗这种人到现在都给打翻在地了。因此我就回想一下，延安时期我不大知道，解放以后的情况我了解一些。1957年的“反右”是知识分子为主，后来1959年反对党内资产阶级专家，我们学校大搞一通，搞党内专家的，党内知识分子。以后紧接着就是“文化大革命”，所以看起来这个知识分子一直倍受歧视。

记者：什么叫外秧？

周一良：是一个北方话，就是带来的孩子，不是自己生的，秧就是秧苗的秧。知识分子简直就是一个外秧，你怎么改造，怎么力图改造自己，好像都是白搭似的，有这种感觉。这个时候我也就回想到“文化大革命”初期一件事情。这个事情我当时就有所触动，后来等到“毕竟是书生”这几个字打动我以后就更联想起来。就是在“文化大革命”开始不久，毛主席接见写第一张大字报的作者。当然聂元梓为首，杨克明也被接见了，也参加了，几个人都参加了。但是后来登的相片就是毛主席跟聂元梓两个人，杨克明就是两个脚丫子露在那儿，上头没有人。我知道这准是杨克明。这一次谈话，主席就问聂元梓，你是干什么的原来？聂元梓就说我是中专师范，毕业以后教小学。毛主席立刻就说，对，我也跟你一样，我也是教小学、教中学的。

我当时就想到，他干嘛这么说呢？我就意识到，他有一种现在话叫情结，……（是对）小知识分子（的）。……他才立刻响应聂元梓的话，跟她表示同情。虽然我是很不敏锐的，但是我敏感到这一点。看到“毕竟是书生”以后，我就想到更多。……

张铁生交白卷，后来还有一次考教授的闹剧，我不知道你知道不知道？

记者：考教授是，哎呀，知道，现在到处传，有一个老教授，最后问了什么问题，最后打零分什么的。

周一良：考教授那个时候我跟魏建功都在梁效，亏得在梁效，免了，我们没有参加，我们要是去肯定也是零分。……就是看看你们知识分子究竟怎么样，你们高级知识分子也不过如此。

记者：出出你们的丑。

周一良：就是这种心理，对知识分子一种侮辱，一种仇恨，一种蔑视。到这个时候我就想到红楼时期了。

记者：即使那么善良，作为您，您还是也想了一些。

这个观点，我是在哪里看到的，是哪一个作家啊……

周一良：这个文章我在国内还没有看到。

记者：真的啊。

周一良：在毕竟是书生的时候，就想到“文化大革命”是要知识分子，包括聂元梓、蒯大富也是被耍。然后又联系到一系列的，“反右”以后一系列事情，“反右”以前还不知道。

记者：那很晚了。

周一良：还看到一篇讲王实味，就非常难过，也恍然大悟。王实味是这么样一个人，当初我们就知道王实味写了野百合花，一句话，什么都没有……

记者：因为他就是一个托派，而且是反党，而且还是特务。等到野百合花，真相大白天下了，这个人是这么一个人，最后是这么样的死掉。

周一良：就是的，很早就参加革命，懂得很多外文，翻译过很多，是有贡献的。而且他这个野百合花，也不是反党反社会主义怎么样，是这么样一个人，一下子就（死了），我是非常震动的。

记者：对这个问题有所思索。

周一良：其实我 1982 年就去过一次美国，待了半年，那个时候还是很天真的，觉得我长期脱离了业务，特别是对于海外的，港台这些历史学的文章都不了解，都不知道，我应该趁着在外国的半年抓紧看这些文章。所以当时就拼命看英美、欧美和我国台湾、香港地区关于历史学方面的文章。对这些政论的文章我一概都不看，觉得这些东西都是造谣，瞎说。根本就不看这些。所以都没有接触到这些东西。

记者：就是十年思想解放以后对你的影响。

周一良：（后来）找到一些旧杂志看，发现这些刊物里面不是都是诬蔑的，瞎说八道。人家有透明度，讲了很多东西，特别是两篇讲储安平跟王实味的文章，印象很深，非常震动。

记者：我们从小学的课本，还是什么中学的课本，就知道他是一个大坏蛋，我们什么也不了解，他就是一个大坏蛋。丁玲也是大坏蛋，右派全是大坏蛋。

周一良：所以关于知识分子，这两篇文章对于我的启蒙作用很大的，也是决定性的作用，在以前已经联系到一起，联系到文化革命，有些想法了，但是到这儿我就觉得是一贯如此。

记者：党内、党外的知识分子受到的，你说还有一个老舍先生。这一系列的，我说这个事实胜于雄辩对不对，这些事实你要想一想，那么热爱这个新社会，怎么最后老舍先生……季（羡林）先生专门还写了一篇，他的那个书里面，“万泉集”里专门写的。这个问题就让你去想，这些人很绝的，因为他现在发表，他不能把很多事情说明白，他就说最后老舍先生去世前，他想了一些什么，我想他已经死了，没有办法再讲给我们听，就让你去想。季先生专门写这一篇文章，还得了一等奖，《文汇报》也登了。

周一良：就是这两篇文章对我是起了决定性作用，震动也很大。同时让我再回头想这一系列的事情，我就觉得中国的知识分子，实在是太好了，因此也就想到过去自己的负罪感是没有什么根据的。我是家庭出身不好，是没有参加革命的，但是解放以后我还是要求进步的，愿意靠拢人民，愿意改造自己的，怎么还会搞成这个样子。所以这一次再党员登记，我说我过去党员登记，我说自己总是忏悔，这一次党员登记我不能那样写了，我觉得还是有我的长处的，我还是有我的对头的地方，不完全是该负罪该负荆请罪的，不是那样的。

记者：实际上您的记忆当中，每一次的整风，党员登记，您都自己批评自己，骂自己一通，不是这个就是那个。这一次算第一次。

周一良：过去是一无是处，我在小组会上讲，我说这一次我写的不是这样的，因为我的想法改变了。

记者：这也算是小小的一个进步了。

周一良：小小的进步。然后就讲到 1989 年这一次出去，我本来对知识分子问题的一些想法改变了，也可以说是一些觉悟，一些认识。现在我想谈一谈对整个政治的一些看法。解放以后一贯的表现不必谈了，是这么一个情况。

在北大，紧接着就搞了一个运动叫反党内专家，是陆平同志负责搞的。就是每一个系，都挑出一两个党员里面的比较有学问的，教授、副教授进行批判。我们系里选了两个，一个就是田余庆，我刚才讲的，后来也被吸收到梁效去了，还有一个叫汪篯教授，钱币的钱加竹字头。

记者：批判对象。

周一良：化学系是批判文重，化学系教授。各系都有的，都是党员，而且是教授身份的。

记者：算不算是业务尖子呢？

周一良：总是比较是业务尖子。搞得也挺厉害的。像田余庆同志，他当时挨了批判以后，他把他写的文章，稿子都烧掉了。一气之下，觉得将来搞这些东西都没有出路了，稿子都烧掉了。我现在回想，当时的批判也没有什么太大的，也记不太清楚了，好像就是觉得这些人重业务，轻政治。

记者：业务挂帅，白专道路。

周一良：就是批这个，所谓批党内专家，搞得大家很灰心，很多人很灰心。

记者：作为批判那个时候不像“文化大革命”喷气式，但是党内思想交锋，所谓的交锋也相当的厉害。

周一良：对。也让我参加批，我记得我也发过一次言，发了言之后总支书记说你这个发言好像没到点子上，就像批“右派”一样的，不到点子上，好像还有一种同情。

记者：您自己没有作为靶子。

周一良：我没有作为靶子。

记者：那时候翦老也没有作为靶子。

周一良：翦老也没有作为靶子，那次还没有搞他。

记者：那一次还没有。

周一良：有这么一次。反正在好多党内的教授脑子里面这个运动大概还是留下很深的印象。

记者：学生都不知道，那时候没有把学生动员起来，就是你们教授自己批判。

周一良：对，就是教授自己。现在看起来就是说，历次运动都有积极分子，都有带头的人。

记者：很残酷的。

周一良：很残酷。对中国的文运，对中国的文化事业、学术事业是很大的摧残。

上一次谈到关于知识分子的反思问题。今天我想再谈谈关于政治我的一些想法的改变吧。解放以后一直到梁效结束，我已经用了五个字概括了，就是“毕竟是书生”。但现在想起来当时的认识还是不够的。我现在回想就是一个知识分子特别是像我是学历史的人，对于历史事实看得很重。觉得你拿事实来，让事实摆在那儿，只要是真实的历史，就能说明问题，你不需要做任何的解释，不需要用任何的观点去来说明这个事实，事实摆在这儿，就是事实胜于雄辩，可以这样说。所以随着我对事实的理解，越来越深刻了，对事实的了解认识越来越多了，自己的想法考虑也就逐渐改变了。粉碎“四人帮”以后，很多事情搞清楚了。比如说胡风事件，搞清楚了，知道是冤枉的，反“右派”，知道是扩大了，无限扩大了。章罗联盟根本不存在。

刘少奇同志是冤枉的，一张大字报就把他打下去了。这个事情也让我考虑了很多。

我就想我们搞历史的人，历史事实你都不知道，你怎么样判断，你怎么去做人嘛，怎么去做历史学家呢？就有这样的想法。我报道和分析的文章看得比较多，了解得比较多一些，有很多事情帮助我思考了。

我现在经过苏联这个事件以后，我是这么一个想法。我就觉得马克思、恩格斯还是值得尊敬的。在当时资本主义社会他有这样一种看法，作为一个学者，作为一个对整个世界历史整个人类的发展有这样的看法，还是值得敬佩的。而这种世界大同的思想，也不光他们有，中国古代就有，一直到康有为还有大同书。而且我也相信没有剥削，没有人欺压人，没有剥削这样一个社会，最终也还是会有的。至于怎么样达到这样一个社会，那就是问题了。当然苏联今天这个情况还有很多的原因，列宁、斯大林，特别是斯大林的做法是一方面，另外就是老沙皇已经种下了根子。我这一次我就把我们系编的《沙皇侵略扩张史》重新又温习了一遍，看了以后就恍然大悟。波罗的海三国肯定是他吞并了，因为当时立陶宛很大，立陶宛还跟俄罗斯争霸呢。不仅是这三个国家，包括格鲁吉亚，斯大林的老家也是吞并进来的，格鲁吉亚、阿美尼亚、阿塞拜疆，再加上哈萨克、塔吉克，这些统统是扩张的结果。不仅仅这些是扩张的，包括白俄罗斯、乌克兰都是俄罗斯侵略去的。所以归根到底，他划拉来的这些现在慢慢一个一个都独立，这个情况我说也是报应，几百年以后的报应。善有善报，恶有恶报，这是报应。所以一个民族的问题，斯大林那种做法，苏联今天这个样子是有其历史渊源的。我现在最后得这么一个结论，就是世界大同共产主义的前途应该是肯定的，人类将来也应该走到这一步，但是通过什么途径，用什么方法，什么样的机构去达到我就不知道了。这是一个方面。

另外从学术的方面讲，我觉得马克思主义唯物辩证法在学术研究上还是正确的，还是起作用的。我就常常这样比较，比如说我们研究中国古代史，中国台湾也搞，中国香港也搞，日本也搞，我们大陆也搞，那显然我们搞的这个成果，不一定是我个人的成果，就是我们整个学术界的成果，比中国台湾、比日本搞得就是深入，就是好。因为日本他都是就事论事，它不可能比较全面地来研究。中国台湾也是这样一个情况。这都是中国旧的传统。当然这个传统有好的一面，就是材料要充分，立论要有根据，不能放空炮，不能瞎说，这些都是对的。但怎么加以解释，怎么把这一件事情跟横的全局纵的发展联系到一起呢，我觉得他们办不到。他们的学者就没有那种眼光，而中国大陆的学者很多人是能够做到这一点的，这是解放以后的功劳，解放以后学马克思主义，学历史唯物主义，学辩证法的结果。

记者：就是说历史唯物主义，还有一个辩证法。

周一良：在辩证法指导之下搞学问，可以从小见大，由这一件事情就可以看到整个的全局，由这一件事情可以看到前后的发展，另外就是说可以看到一个事情的两面，正面和反面。当然我自己并没有做到，我就看到正面看不到反面，这就是不够辩证的。而真正做学问做得好的是，既看到这个事情的正面又看到事情的反面。看到表面上没有联系的事情，但是实际上他这个内里是有联系的。两个不同的事情看起来毫不相干，但是从这个事情联想到那样的事情。这种途径，这种学风，我觉得中国台湾也好，中国香港也好，日本也好，欧美也好，做不到。用这种方法，这种眼光，这种途径来研究学问，只有马克思主义唯物辩证法可以做到。所以我觉得我们中国大陆学者，就搞中国古代史（来说），所以胜过日本、胜过欧美、胜过中国台湾，恐怕就在这里。我觉得一方面世界大同应该是一个前景，这个前景应该可以达到的。

记者：周先生，我提一个很幼稚的问题，您这样说的话，您现在的观点还认为在史学界中国大陆的知识分子获得的学术成就胜于海外的？

周一良：某些我们高明的，不是全部。有一些像我们系的田余庆同志，还有其他一些同志的研究成果，我觉得比他们强。

有些同志写的东西还是不错的，就是排除了一些过去的束缚，(排除)沉腐、固定、刻板的观点，能比较自由地研究。这些东西也都是打倒“四人帮”以后近十年的成果，不是50年代，50年代还是五朵金花，那些东西是不行的。

记者：您是指这以后的。这近十年，学者既思想解放，又真正能够用起武器，能够辩证的历史唯物主义的。

周一良：好的东西都是粉碎“四人帮”以后，思想解放以后，既思想解放，又能用历史唯物主义辩证法来看问题。

记者：是这个意思。

周一良：以前的东西教条太多了，很难说他比西方怎么样进步，怎么样的好。而且在某些方面，提倡以论带史，拿历史唯物论来代替历史，那种做法是不足为训的，那时候“四人帮”搞的影射史学就更没有道理了。

从总的来讲，当然我们的时间浪费了很多，我们的资料也不足，外文的工具也差，这是从整个的学术界来讲。特别是你讲那些，像熊十力了，冯友兰了，张岱年，从哲学或者是哲学史的研究来讲。我说的主要是从中国的古代史来讲。从这个范围来讲，刚才 ×× 同志说的不足之处，遗憾之处，很多人当然都有，我们在干校里头也浪费了很多时间，也有很多材料闭塞看不到，外文工具也差。尽管如此，但是在中国古代史的范围之内，还是有一些学者在近十年里面，运用我们所独有的这种唯物辩证法的办法研究的成果还是超过我国台湾、香港地区，以及日本，而且在年轻一代，博士生、研究生里面，这种倾向就更明显一些，在中国古代史研究方面。我这个也是指近十年，就是粉碎“四人帮”以后。

在这个以前，那个时候的研究历史好像是拿历史事实来给马克思主义做注脚，这是一种办法，还有一种办法就是索性拿立论代替历史，还有一种就是放空炮，根本没有具体材料，乱说一通。而这两种学风都是过去范文澜、翦伯赞同志所反对的。所以翦老之伟大我觉得就在这里。顺便就谈到翦老，翦老伟大我觉得两点，一点就是解放以前他用历史作为工具，来反蒋。这个当然后来影射史学也是这样子，其实这个做法是一样的。

记者：这并不一定对的，按今天的眼光来看的。

周一良：今天来看这个方法是不对头的，但是翦伯赞用这个历史当时还是起了作用的，因为骂蒋介石不能随便，不能公开地骂，不能正式地骂，不能点名地骂，就用历史事实来旁敲侧击来挖苦蒋介石，批判抨击蒋介石，还是起了作用的。

记者：但作为一个学者是不应该的。

周一良：是不应该的，这是一点。第二点就是在解放以后，当极“左”思潮占统治地位的时候，说一些空话，拿议论代替历史，没有历史根据，没有历史资料就胡说八道，翦伯赞是非常反对这个的。所以他写了关于历史研究的60条，他有一个纲领性的材料，那都是脚踏实地地，根据唯物论，根据辩证法来研究历史，功绩还是很大的。完全改变了他解放以前借历史来骂蒋介石那种做法，完全摆脱了那种做法。

范文澜也是这样的。范文澜专门写了一篇文章，反对放空炮。什么叫反对放空炮呢？那就是在极“左”路线之下，根本没有任何具体历史事实就瞎说一通，完全没有根据地谈历史，这个当然也是不对的。

记者：这是历史学一大忌啊。

周一良：历史学就是要真实。

记者：历史历史，就是要实的历史。

周一良：所以我总觉得历史这个东西，是能够为政治服务的，会起作用的，并不是要歪曲它，利用它，而是要把真实的历史摆出来。只有真实的历史摆出来以后，是非、善恶、真假就都可以知道了。就像林彪这个事件一样，你把真实事件摆出来就一目了然，大家都清楚。你真实的事实掩盖的，都是一些伪造的事实，那你这个历史就不能起作用了。谈到这里我就想到解放以后，我常常自己开玩笑这样总结，解放以后这几十年也是红与黑，一会儿红了，一会儿黑了，一会儿黑了，一会儿又红了。现在当然是不红不黑了，做了一个灰色的人。我想做一个灰色的人也罢了，也好，这是一个想法。

还有一个想法就是我偶然看到有一部书，他署名叫“太平老人”。一个小书叫《袖中锦》，就是一小段一小段的，要说是格言也好。这个太平老人自称是宋代的，我看不是宋代的，我看是后来伪造的，大概是明朝人写的。他这里面讲四件事情不可久恃，就是不可靠，不可恃。哪四件事情呢，我觉得说得很有道理，我看一直到今天还起作用。一个是春寒，春天寒不了多久就要到夏天，就要热了，所以春寒是不可靠的。第二个是秋暖，秋天暖，秋天热，秋天热也不可靠了，因为秋天很快就要到冬天了，这都是自然规律。第三条也是自然规律，现在对我们这些人也适用，就是老健，就是老而很健康。老而健康，当然是好事，但是也不可久恃，因为终归是老了，所以老健也不可恃。这三条春寒、秋暖、老健这都是自然的规律。还有第四规律是，在封建社会里面是君宠，君王的宠信。君王的宠信也不可恃，这是人事的规律，有道理的。所以我最后总结出来就是这样几条，我觉得一生就是这样子的，老健也不可恃，君宠也不可恃。红与黑，既红也黑，不如不红不黑好一些，也别红也别黑。大概就是这么一个情况。

谈到学术我刚才讲了一下，新中国的学术还是有希望的。马克思主义在学术上，唯物辩证法在研究学问上，我觉得还是有一定的作用的。就拿研究哲学来讲，你也是需要辩证地来看问题，也是需要有足够的资料。

记者：因为马克思主义也是从人类的精神宝库吸取的营养，并不是说马克思怎么样。

周一良：自己从脑子里面发明出来的。

记者：所以他是一种总结，也算集大成，黑格尔的，康德的。

周一良：他吸收了很多。

记者：他自己再研究，他是一个真正的学者。

周一良：我觉得马克思、恩格斯是真正的学者。

记者：还是有道理的。

周一良：但是你把他的话完全搬到今天都要适用，那是完全不可能的，他是100多年以前的。所以现在总结一下，就觉得新中国成立以来这几十年当然很多时间是浪费掉了，运动太多了，浪费掉了。很多精力也都浪费掉了，没有搞学问，搞批判搞斗争，时间浪费掉，精力也浪费掉了。这是很可惜的，我看不光是我一个人，是一代人。

记者：一代都是这样的情况。

周一良：很重要的一点，就是不了解情况，什么事情都不知道，蒙在鼓里面，叫你知道什么就是什么，不叫你知道什么就不知道什么。

下面我再谈一谈我们在学术方面。我也没有什么体会，我觉得搞历史啊，跟美国的发明家爱迪生说的那个话一样。爱迪生曾经说过，九十九分的努力，一分的灵感。所以要有所成就，努力是很重要的。但是这个努力要有灵感去驾驭它，要在灵感指挥之下去努力。我觉得这个话说得很对。就是说天才占的分量很少，天分占的分量很少，努力占的分量很大。但是如果你没有那个百分之一的天分的话，你九十九分努力也是白搭的。我是这么一个看法。所以我觉得一个人的成就的高低，跟他的天分还是有密切的关系的。我觉得我这个人天分不是很高，也不是全没有天分，但是天分也不是很高，努力还是很努力的，就是这么一个情况。我的业务范围从大学时期起，就是搞魏晋南北朝了。我的导师邓之诚先生讲魏晋南北朝史，我很爱听，后来也写过这方面的文章。后来跟陈寅恪先生在历史研究所，也是搞这个方面的。

记者：也是搞这一段。

周一良：同时想走陈寅恪先生的路，觉得学梵文很要紧。因为学了梵文就可以了解魏晋南北朝时期中国跟印度之间的关系、佛教的影响，等等，所以在国外也还是想走这一条路。这是一方面，另外一方面，我从小学了日语，对于日本语言文学也有兴趣。到美国去名义上我还是东方语言系，主修还是日语。因为洪先生让我学比较文学，我放弃了。我跟当时的主任教授谈好了，我学语言，日语跟梵文，梵文还是在其次的，主要是学日语。所以就跟这个法籍的俄国教授，他是俄国人，但是入了法籍，搞日本文学、日本历史，搞了一段时间。所以这个也算是我一个方面。回国以后，开始还是搞魏晋南北朝为主。解放以后，1953 年因为服从需要，学习苏联的教学计划，要开亚洲史的课，我就放弃了南北朝，就搞亚洲史。搞亚洲史以日本为主，后来周扬同志负责编教材，让我组织世界史课本，所以我后来又跟武汉大学的吴于廑教授一起就编了世界通史。所以搞成这么一个局面，就是说中国史、古代史也搞一点，亚洲史也搞一点，日本史也搞一点，最后搞了一点世界史。我解放以后在学术上，第一是杂务太多，第二是运动太多，没有太多时间去搞学问。而有限一点时间搞的学问，又都是游骑无归，我觉得是这样，就是东搞一点，西搞一点，没有搞出什么名堂。

记者：什么叫游骑无归。

周一良：骑，就是骑马的骑，游骑就是骑着马到处乱走，没有归宿。就是各个领域里转来转去没有专门一样东西搞下去，变成这样一种。

记者：把您的精力分散了。

周一良：日本史也搞了一点，写了一点东西，但是也没有能够集中深入下去，是这么一个情况。但是我还是有兴趣的，包括日本的语言、文学，都还是有兴趣，也不愿意放弃。粉碎"四人帮"以后，我第一个业务上的收获就是回到魏晋南北朝这一段来了，搞了一本札记。我上次讲过，审查期间看这个时代的历史，就搞了一本札记。在这个领域里面很难说我有什么创获，个别的文章也有一些。我写文章总还是要求有新意，就是过去的人已经说过的就不要再说了，总是要说一点新的东西。但是距离真正构筑一个系统还是没有。比较零碎的、不同问题的文章写了一些。这些文章今天在魏晋南北朝史这一个领域也还是受到重视的。虽然没有一个系统的专书，但是有两本文集，就是这个时期的历史的文集。集中的方面还是文化史方面多一些，民族、文化这些方面比较多，这个也是陈先生开创的领域，他研究的南北朝主要是从民族的文化这些方面来研究的。搞学问我一个总的思想就是觉得是百分之九十九的努力，百分之一的天分了。另外我的做法就是有一个比较切实的办法，比较广泛地搜集资料。搜集资料以后，从时间上加以排比。时间的顺序是一个方面，从时间的顺序里面有的时候可以看出逻辑的原因跟结果。对事情的源流发展、前因后果，你把事情排出来以后，就比较容易觉察出来了，容易考察出来了。所以我的做法总是把材料搜齐以后，先按时间排比一下，然后再看内在的联系，原因在哪里，结果在哪里，是这样的。

另外我这个得力之处就是古文献，阅读古代历史资料的能力比较强一些，小的时候在私塾里面有这方面的训练，所以看史料比较快，也比较准确，就是理解历史的原始资料很少走弯路，或者是理解错了。现在常常有这种情况的。青年人的文字不太通，理解偏了，然后顺着那个偏的路去走下去，会走一些弯路。

记者：走很大的弯路。

周一良：这是一个方面。另外一个方面我的长处我觉得是外文。有日文，有英文，我还学过法文、德文，法文用过一点，德文没怎么用。俄文是解放以后学的，当时学俄文还得奖，考试得奖，我还得过 50 块钱的奖金那个时候，但是后来也没有继续用俄语。这是在魏晋南北朝史这一方面。所以今天在魏晋南北朝史这个学科里面，大家觉得我还是一个前辈吧，总之是有所贡献这么一个人。也就是因为有这么一点资本，所以后来《大百科全书 · 中国历史卷》在孙毓棠先生去世以后，他们就找我做常务副主编，负责全面地搞中国历史这一卷，也算是完成了任务。

记者：这个是哪一年？

周一良：打倒“四人帮”以后。

记者：八几年的事情？

周一良：86、87 年以后的事情，就是最近这几年的事情。

记者：季先生也去的。

周一良：他是参加外国文学卷的。这是一个方面，第二个方面就是中外关系了。因为我懂点外语，又搞点儿亚洲史，所以我搞了点中外关系、中日关系。另外在为政治服务这个意义之上，我也写过一些东西，就是中国跟伊朗的关系、中国跟阿拉伯国家的关系啊，中国跟柬埔寨啊，这都是《人民日报》邀的稿子。那个时候凡是这些国家有代表团来，有首长来，总要这么一篇应景的文章啊，讲我们国家跟他们的关系。那个时候好像常常来找我写这方面的东西。这种文章写过一些，当时也是起了作用的，为政治服了务。不过从长远来讲不是什么很学术的东西。跟朝鲜也是这样的，最先写的是关于朝鲜，抗美援朝的时候。邓拓同志主持《人民日报》，找我去写一篇从历史上看中国跟朝鲜的关系。所以我写过一篇比较长的中朝的友好关系文章，后来发展成为一个小册子。这个东西在当时还是起了作用。因为过去人家都不知道，朝鲜跟中国是怎么一个关系，关系那么密切，都不清楚的，文化交流那么密切，不清楚这些。写了这个东西，还是起了一些作用。

记者：就是亚洲、非洲和我们国家和他们的关系，这方面的文化史是您的专业之中。

周一良：中国跟亚洲国家，后来又写了一本中国和亚洲国家和平友好的历史，也是一个小册子。这个是亚非会议期间写了这个，也是服从政治需要写的，当时还是起了作用，应该承认。这是中外关系的。后来就受了周扬同志委托，编了一本《中外文化交流史》，主要是依靠北大以及北大以外一些专家，共同写的。这里面中印这一部分就是季先生写的，中俄那一部分是找戈宝权写的，都是专家了。这本书还有它的作用吧。我想十年之内还没有书能够代替它。十年以后也许有新的专家出来了，会代替这本书。这是魏晋南北朝、中外文化关系史。

还有一个就是日本史。日本史我也写过一点东西。我上次讲了，写了两篇文章，一篇是56年向科学进军的时候，一篇是62年右倾回潮的时候。就是这两段时间，稍微有一点空闲，知识分子可以写一点东西，以后就没时间了。我本来是计划1968年，就是明治维新100周年，明治维新是1868年，1968年是明治维新100周年，我自己和系里几个研究生，写一本明治维新的纪念论文集。这个文章已经写了稿了，写一了部分了，后来“文化大革命”了，1966年“文化大革命”，所以根本就吹了。那个稿子红卫兵没收了，后来又还给我，我觉得已经没有心肠再继续搞这个东西，就扔下了。但是从去年起，我就觉得现在中国搞日本的原始资料注意得不够。我日本语言有一些基础，特别是日本古代语言有一些基础。我应该用这个余年，利用我的日本古语的基础翻译一些资料。就是上次我说的翻译一些原始的史料，重要的史料。全部日本历史的史料翻译起来很困难，我就想集中在后面这一段，就是日本所谓德川时代，就是相当于中国的清朝。这个时期主要的历史，翻它个十种八种，编成一个日本德川时代史料译丛这么样一个东西。我想我要是能够把这十本八本翻出来的话，这一辈子也就差不多了，在日本史方面做一点比较有长远性的贡献，因为翻译的这种东西，它会站得住的。

记者：它是作为一个历史，不是说此一时彼一时。

周一良：可以加一点注解，加一个比较有用处的序言，这个书还是很有用的。

记者：您已经做了？

周一良：在美国的时候，90年后期和91年我已经开始翻译一部自传，叫新井白石这个人，18世纪有名的学者跟政治家。他有一个自传在日本很有名的，在史学界也好，在文学界也好，都很重视的。

我想从这一部书开始，已经翻了 2/3，还有 1/3，然后再陆续地选择七八种，凑成一部丛书。

记者：将来变成一部丛书。

周一良：编成德川时代史学名著译丛，这么一个东西。

记者：这个任务蛮艰巨的，对您来说其实一个宏大的工程了。

周一良：能不能完成得了很难说了。有这么一个想法。我翻了 2/3 就回国了，去年 7 月份回来一直到现在，就没有能够继续搞下去。这个原因何在呢？我自己分析了一下，也是这么一个情况，我就用四个字来概括，就是我现在是一个八面受敌的情况。怎么叫做八面受敌，这是苏东坡的话。苏东坡给人写信，讲到说念书应该八面受敌。怎么叫八面受敌，就是你第一遍看这个书，你注意它的政治方面的事情，比如说。你第二遍再看这个书，你就注意经济方面的。第三遍你也许注意文化方面的。第四遍你也许注意人物方面的。就是你看一个书，一遍一遍地看，你就会八面受敌，八是比喻的意思，你就从书里的许多方面来吸取资料。

记者：是好事了。

周一良：是好事，读书应该八面受敌。可是我现在这个八面受敌，用这个词，但是不是这个意思。我这个意思就是说，我兴趣比较广，想看的东西比较多，不是一本书里面的多方面，而是许许多多方面来的东西。这个八面也有两层意思在里面。一方面是我自己的兴趣广，我喜欢看这个，喜欢看那个，中国古代的东西也喜欢看，日本古代的语言的东西也喜欢看，文学的东西也喜欢看。这样子的话，时间究竟有限了。现在每天我工作四五个小时，所能够看到的书也有限的。中文想看看，英文也想看看。这个是一个八面。另外就是外头来的这个，我上次讲的应酬。看论文了，参加答辩了，提级做评委了，写序言了，这样一些东西。参加讨论会发言了什么的，你要做准备的。这也是八面。所以两个方面，一个我自己的兴趣广泛，一个是外面四面八方向我来进攻的这个面很广，在这样一个情况下，八面受敌。所以我觉得现在是处于八面受敌的情况。我想我还是要摆脱这种局面，一方面我的兴趣不能够减弱，一方面我自己这个计划比较长远，还是要实现的。我是这么一个感觉，我觉得知识分子他脑子总是要动的，不可能说是在那儿停留不动，总是想要看一些东西。我们系里从前有一个教授叫陈庆华。他是（研究）中国近代史，这位先生很妙，六十多岁就去世了，去世得比较早。他不写东西，也不大讲课，讲课是讲一点了，他主要是看书。我说他拿看书当做娱乐，拿看书当做抽鸦片，他可以通夜地看书，但是不写，人家叫他写，他也不写。

记者：像书箱子了。

周一良：就是。他知识很广博，东西看得很多。人家问他，他可以讲很多，但是他也不肯写。人家说你是不是录音，你讲我给你记下来，他也不肯搞。最后去世以后，什么东西都没有留下，都留在他自己脑子里头了，很可惜的。但是我觉得陈庆华同志有一点可以羡慕的，就是他充分地享受读书的乐趣。

记者：通宵读书。

周一良：常常通宵读书，所以后来身体也搞坏了。但是他享受到读书的乐趣。我说我现在退休了，又没有教学的任务，也没有行政的任务，我希望做陈庆华，能够各方面的书我愿意看的就看。

记者：其乐无穷。

周一良：这也是一个很好的享受。虽然我的记性现在很坏了，看也记不住了，但是看的时候还是觉得有兴趣的。

记者：不过后面一面您不要学他，您别一点不留下来太可惜了，陈庆华录一个音也好啊，将来别人为你整理，我觉得这也是。

周一良：大家一再劝他，研究生也劝他，他都不干，很可惜的。

记者：学问是有的。

周一良：很有学问的，搞中国近代史的。

记者：是一个教授。

周一良：他原来是我们近代史的博士生导师啊，他去世以后这个博士点就撤掉了。

记者：太可惜了，他身体给他搞坏了。

周一良：他原来身体很棒，后来就是通夜读书，这样子搞坏了。我说你现在就是把读书当成鸦片烟了，这是不对的，对健康不负责任的。是这样一种情况，我现在已经退休了，无所谓了，我可以放纵一些了，愿意看什么就看什么了。

记者：行，那你这个计划还是要放长线慢慢来的。

周一良：要抓紧一点实行的。

记者：这个计划我觉得您做完了以后，您对历史起了一个很长远的作用，没准比中文通史还要长。因为像您这样的修养，日文的修养，又懂历史，日文又这么好，不多了呀。

周一良：现在懂日语都是口语，当前的口语。真正古代的日语不行。

记者：您说除了钱稻孙，还有一个我知道周作人，这两位老先生，日语权威，他们去世以后懂古语的人，这是萧乾的夫人，她是在日本学的，所以她也是日语方面的。她说她就是这两位先生健在的时候，是她联系的，人民文学出版社的日语编辑。所以他们去世了，您现在也算是留下来的，懂得日本古语，所以周先生您这个任务，您要利用好。

周一良：我是想利用这个条件，别人没有的条件。

记者：您独有的，您这个想法对的。因为人家光是写一般的历史，他们也能看的。但是您周一良能看的，他们不一定能看的。您就能把这个东西，她是说，是文洁若吧，她说这个自从钱稻孙和周作人两位老先生去世以后，看来很多日本古语就没有人可以翻出来了。

周一良：他们两个是翻古代文学很好的。

记者：除了他们两个没有人可以翻出了。她说的我感觉特别的遗憾，趁着他们在世的时候，抢着抢着那么翻了几部。但是“文化大革命”一来，这两位就很快过去了。所以您这个想法，我觉得太及时了，太及时了。所以这是一个宏大的想法。

周一良：最后我想再谈一点，你上次提到这个陈寅恪先生。我想陈先生的学问，大家都清楚，我不谈了。我主要是想说明一点，有人也还不太同意，我是觉得陈先生是一个文化遗民。这四个字有人不太同意，觉得好像贬低了陈先生，我觉得也不是。我觉得他这个人确实是中国传统文化培养熏陶出来的人。他曾经写过一个碑，纪念王国维。他就觉得他的意思王国维就是因为北伐将要胜利了，他怕中国的文化就从此断绝了，所以很忧心，很担心，后来就自杀了。陈先生就说王先生就是中国文化熏陶培养之下的人，他是为文化而死的，并不是因为什么政治原因。

陈先生这个人我觉得也是这样子。他是爱国的，他爱的国，代表什么呢，就代表中国传统的文化。他所以留下，当然他对国民党是反对的，对国民党的腐败贪污他是很痛恨的。虽然他跟国民党的关系，他要去台湾是很方便的。因为国民党国防部长俞大维是他的妹夫，表弟兼妹夫。傅斯年也是他的亲戚。他跟国民党上层关系要是拉关系的话，去拉的话，那是关系多得很，而他不去。最后留在广州，就没有再往前走。但是他是不喜欢马克思主义的。他曾经说过，我在瑞士的时候就听过列宁的演讲。他这么样讲的。他说《资本论》我也翻过，但是他对这一套，我觉得是不欣赏，不信的。但是他对国民党又讨厌，不喜欢，所以最后留下了。他留下以后，我们这边开始是范老范文澜同志让我写信给他，劝他回北京。我也给他写过信，他没有回信。后来社会科学院尹达同志又派他一个学生，姓汪的一个学生去请他。结果不但没有请来，反而闹翻了。他跟那个汪大怒，说你以后不要进我的门什么的。这个汪去的时候很自信，因为这个姓汪的同学是汪篯，就是上次写的那个名字，党内专家，批判他的。他去的时候很高兴的。他说我是陈先生的老学生，也是很得意的学生。这个汪篯很聪明，过去帮陈先生工作很久。他说我去一定能够说服他，请他回来。结果闹翻了，不欢而散。他去以前我就对汪篯说，我说你不要太乐观。我当时对陈先生有所认识，我觉得……他不见得肯来，果然他就没有来。我说你不要太乐观，你请他不一定请得来，果然他就没有来。……

所以我说他是文化遗民。他不是政治遗民，他不是维护国民党的统治，并不是。但是他要维护国民党当时所标榜的中国传统的文化。对马克思主义他是不赞成的。所以他当时留下的时候，请他上北京来，他还说我不能来，我不愿意参加学习，就是不愿意学习马克思主义。这个就谈到余英时先生了。

记者：对的。

周一良：余先生是研究陈寅恪先生的。他从前曾经讲过，说陈先生一开始就是想要去台湾的，离开大陆去台湾的。这个话我不同意的，我觉得是不对的。因为有很多材料说明，陈先生当时是不打算去台湾的。据说在南京的俞大维家里，陈寅恪、胡适都在那儿，胡适就劝他去台湾，他说我不去，陈太太也表示我不去。是这么一个态度，所以那个时候余英时说他想去台湾，我是反对的，我认为并不是事实。

因此我觉得文化遗民这四个字，搁在陈先生身上是恰如其分的，并不是诬蔑他，也并不是骂他的，还是有道理的。

记者：您是这样分析的。

周一良：我现在是这么样一个看法。

记者：陈先生在生前后来您再也没有见到过他。

周一良：我见到一次。64 年，我陪着一个越南的专家，到广东去，有一个晚上，我抽空我去看了他一次，那是最后一次见面，那时候他已经瞎了，腿也断了，只能够躺在床上。

郊叟曝言

前　言

此书收录的主要是1997年我患帕金森症以后继之以双腿先后骨折，卧床数月，加以左脑腔隙性梗塞，以致右手不能写字，一切口授，由其他同志笔录的文章。

一

首先，关于书名作一解释。20世纪70年代中期，社会上给了我一个代号——某教授。其谐音为牟郊叟。既然久居西郊，称为郊叟亦无不可。从此家人包括老伴和孩子们都以此见称。我也刻了一枚郊叟的图章。代号的谐音成了我的别号。

此书戏称为《郊叟曝言》，又有其来源，回想起来，还是很有意思的。1939到1946年的八个年头，我在美国哈佛大学。当时的远东语文系（现改名东方语言文化系）和哈佛燕京学社合在一起，都在校园内博义思同楼里，学社的办公室和图书馆馆长室，以及大阅览室都在二层。下面一层比较黑暗，是书库和编目室，厕所也在这一层。因为在书库内，不必办手续即可从架上取书。我上厕所时，经常从架上随意取书来看，看完归还。因久闻其名而未曾读过《野叟曝言》，因此有一次，从架上取了一本木版大字本阅读。没看几页就觉得此书毫无意味，不能引人入胜，未再读下去。也许因为这个缘故，在书库厕所中读了哪些书，已经全无记忆，只记得读过《野叟曝言》。

因为“叟”字而想到《野叟曝言》，由“野叟”而想到“郊叟”，我这本小书无论就献芹或献曝而言，比起夏敬渠的迂腐议论和庸俗描写，对文化学术、世道人心相信还是有些益处的，以《郊叟曝言》为名，当无不可。

二

此书卷首所载《追忆胡适之先生》一文系应李又宁教授要求所写，刊登于《回忆胡适之文集》第二册，1997 年，天外出版社出版，现经李教授许可转载，谨志感谢。

写此文时，我作为“书生”的觉悟还不够高，见闻也很狭隘，此处有必要补充说明。例如胡先生“大钱和女孩子”的比喻，现在看来，确实存在这种现象。……

批胡运动开始时，我们这些旧知识分子摸不着头脑。我心里想，将来还会见面，自己的批判应该有根据，以理服人，不宜乱说。后来运动日益扩大，各种各样的论点都出来，也就顾不得许多了。我所写批胡的另一篇文章题为《西洋汉学与胡适》，是尹达同志以《历史研究》主编的身份交下来的题目。其实，西洋汉学不一定每人或每篇文章都与帝国主义挂钩，而胡适之先生与西洋汉学也没有多大关系，这种做法就是“欲加之罪，何患无辞”！就在这篇文章中，我还荒谬地指责费正清是美国特务，“文化大革命”中我自食其恶果。1955 年 9 月 28 日杨联陞给胡适的信中说：“今夏在莱顿举行的少壮汉学家年会，中共派翦伯赞、周一良参加。正好叶理绥、费正清也去了，都与周一良谈过（周一良在《历史研究》那篇《西洋汉学与胡适》文中曾说费正清是‘文化特务’，见了面倒很客气），今天叶理绥给我看一张照相，里面有周一良，他比以前好像胖多了。站着的时候头项有几分向前弯，还是他从前常有的那个姿势。（他那篇文章里，没骂哈燕社，哈佛的人除费外，只骂了魏楷一人，说他在中日战争时曾公开发表‘应听任中国亡于日本’之谬论）〔周按，这是我听哈佛燕京学社汉和图书馆馆长裘开明先生说的，他当时从皮夹中取出载有魏楷此语的剪报给我看〕对西洋汉学者好像只捧了Arthur Waley一人。”①

我最近从《胡适遗稿及秘藏书信》中，发现了早已忘记的1945年7月21日给他的一封信：

小儿出世，蒙您厚赐，不胜感谢。今年夏间哈佛没有日文课程，一良幸得以全力应付家事。中国人常说为儿孙作马牛，其实不来美国作父母，马牛犹作得不到家也。

一良仿六朝人旧习，先给小儿起了个胡名作小字，叫Roland。因为这字的原义是glory of the country，并没有宗教意义。目前沦陷区音息不相闻，没法通知家父。所以我们想请您给取个中国名字（排行字是“启”）。希望长者的福德智慧他异日能企及一二！好在这事不亟亟，您几时高兴想起再告诉我们！

我的习惯是请我父亲为孩子取名，以示对老人的尊重。胡先生与我父亲同年，这时显然是以同乡长辈来对待他，所以有此请求。后来，国内可以通信，我父亲给这孩子起了名字叫“启博”，于是就不再麻烦胡先生了。

---

① 胡适纪念馆编：《论学谈诗二十年：胡适杨联陞往来书札》，联经出版事业公司1998年版，第246~247页。

当时我对于胡先生确实是尊敬和爱戴的。我现在年近九十，不可能再跨过海峡到胡先生墓前顶礼膜拜、去赔礼道歉了，愿以此小文表达自己诚恳的请罪的心情。

三

1947年，赵元任先生把赵太太杨步伟所写《一个中国女人的自传》译成英文，在美国出版后寄给我们一本。我们立即写了书评寄给天津《大公报》图书副刊，意在促其从速翻译。后由于种种原因，此书的翻译耽误了五十年。编此文集时，我曾命长子启乾在《大公报》的老家天津复制此文，谁知复制后一塌糊涂，完全不可辨认。幸好北大历史系陈凌同志找到放大了的《大公报》，才复制成功。文中提到董作宾先生“自传即是合传”一语，与杨联陞先生庆祝赵先生夫妇金婚时所说相同，不知版权究属谁家。我当时还就书中罗马字拼音挑了几处毛病，后得赵先生回复，说是杨铨的铨拼成chien是他自己用的拼法，也许是杨先生家乡的发音吧。《〈一个中国女人自传〉评介》是我与老伴两人合作写成，也是唯一一篇合作的文章，署名岱侣，即“泰山情侣”之简称。老伴于20世纪末去世，我们共同庆祝了钻石婚。而赵先生夫妇却没有庆祝钻石婚，因他们遵循美制75年才算钻石婚，而我们采取英制，以60年一甲子为单位，也是中国的习惯。

四

前几年，我到纽约探亲，丁声树先生的夫人关淑庄大姐从康桥来看我们。当时谈到纪念丁公逝世十周年，组织人写文章。我自告奋勇，建议去向史语所的旧人征求文章。当时想到劳干先生在美国，于是先约了他。回国以后，才发现有限的史语所旧同事如陈述、周祖谟等同志早已先后凋零，而社科院语言所的同志我又不熟悉，无法组稿，纪念文集迟迟未能编成。因此，在此文集出版之际，把劳先生的文章和我的纪念文章一起发表，并向劳先生致以歉意。

五

我对红卫兵的喊话，吴小如先生有不同看法，见《涉斋笔记》260条“有感于‘一笑泯恩仇’”。现征得吴先生同意，收录此文以供参考。

六

此书中包括一篇新中国成立前所写关于《秦妇吟》的小文，刊载于《清华学报》。1962年出版论集，去取从严，没有收入。现在敦煌学成为显学，这篇一得之愚，似也不宜漏掉。

七

《大方联语辑存》刊于《文献》季刊2001年1月第1期，集得115副，意在抛砖引玉。半年于兹，共得180余副，暂名为《大方先生联语集》。

清末民初人物的事迹往往不易寻找，大方先生的联语生前亦未收集刊印，今日已难窥全貌，年龄如我辈者尚可追忆，此时如不搜集先生生平事迹及作品，数十年后当更无法考订，自感责无旁贷。半年以来新收得70余副，其中杨根先生示知天津《风月画报》，陈朝富先生亦从各种渠道搜访，而最重要者扬州周世恩先生乃泽山先生之外孙，从其母及两位姨母获知大方先生早年联语之背景甚详，足以补方慧云原注之不足，尤为不可多得。因按联语来源暂分为五类：（一）方氏家族提供者，多为大方先生早年作品；（二）《北洋画报》(1926—1937)所载;(三)从亲朋征集所得20年代初至30年代作品;(四)《风月画报》(1933—1937)所载;(五)龚联寿编《中华对联大典》所收民国初年笔记所载。

闻江苏省文联正大规模收集先生联语,建成巍峨大厦可以预卜,目前暂与晚生小辈之《郊叟曝言》为伍,豁达开朗之大方先生当顾而乐之,不以为忤也。

自从不能握管以来,为我笔录的诸君姓名具见文章末尾,在此再次一并向他们表示深深的感谢!从两种画报迻录联语,及总《曝言》全书之成者周启乾也。

2001年8月1日　周一良

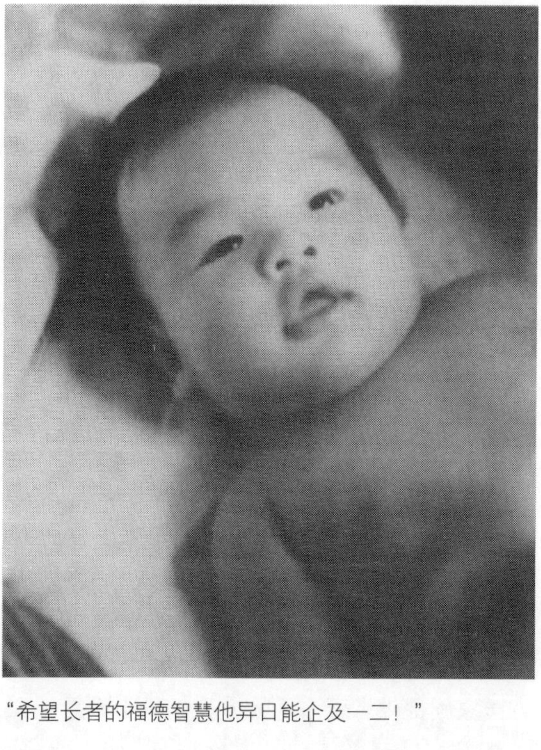

“希望长者的福德智慧他异日能企及一二!”

適之先生：

王五泉先夫婦過劍橋，藉悉道體康吉，為頌為慰。

小兒出世，蒙您厚賜，不勝感謝。今年夏間哈佛沒有日文課程，一良幸得以全力應付家事。中國人常說為兒孫作馬牛，其實不來美國作父母，馬牛猶作得不到家也。

一良做六朝人舊習，先給小兒起了個胡名作小字，叫Roland。因為這字的原義是glory of the country，並沒有宗教意義，目前淪陷區音息不相關，沒法通知家父。所以我們想請您給取個中國名字（擬行字是"啟"）。希望長者的福德智慧他異日能企及一二！好在這事不亟，您幾時高興想起再告訴我們！

不一一，專此敬謝，並請

道安！

晚 一良 謹上 七月廿一日

內子附筆問安道謝

目　　录

追忆胡适之先生

我最早知道胡适之先生，是十六七岁时读了他的《中国哲学史大纲》上卷。我家居天津，长期在私塾里攻读《四书》《五经》。那时上海有一家用邮递方式出借“五四”以来新书籍的图书馆，我从那里借到此书。读了以后，感到既平易，又清新，似乎赋予了自己熟悉的那些古书以新的意义和生命。后来一位表兄来自上海，送我一本当时新出版的胡先生选的《词选》。这本紫红色硬封面的小书，启发了我对长短句的爱好，以后长久留在手边。

第一次见到胡适之先生，是20世纪30年代前期，我在燕京大学读书时。大约是1933或1934年，我到北平城里协和医学院的礼堂听他讲演。内容已经不记得，好像是用英文，但他当时的一件小事给了我深刻印象，也给了我长远影响。胡先生身穿长袍，头戴呢帽，上台一站，摘下呢帽，不是放在面前的桌上，而是随手扔在桌旁地板上。我当时非常诧异。因为我的老师邓文如先生（之诚）总是戴一顶有红结的瓜皮小帽（他常说，这就是明朝人所谓的“六合一统帽”）。走上讲堂，摘下帽子，一定是放在面前的讲桌上。我看到胡先生这种做法，心想大约是西方绅士的教养，可能为了表示对于听众的尊敬吧？从此以后几十年来，我每遇到这样场合，总是按照胡先生的办法处理，自己觉得还是颇为得体的。由此可见，当年长者的一举一动，对于青年学生都会有影响，虽然多年之后始终没想到和胡先生谈起这件事。

第一次和胡适之先生谈话，大约是又过十年以后了。20 世纪 40 年代前期，我在美国哈佛大学读书，担任哈佛大学中国学生会会长，为了中国留学生服兵役事，中国留学生向中国政府有所建议。我被推为同学代表，到华盛顿去见了当时任大使的胡先生，和任特使的宋子文。谈话情况及内容早已忘记。但二十多年之后，史无前例的“文化大革命”中，北京大学大礼堂批判斗争我的大会上，因为我这次去见了宋子文，而给我加上了“宋子文亲信”一条“罪状”！

我与胡适之先生谈学术，是在他大使卸任后到哈佛大学短期讲学时，我当时在那里作日文教员。胡先生住在剑桥的旅馆里，但在赵元任先生家吃中国饭。我听过几堂课，常在赵家碰到，有时去旅馆拜见。记得他那时研究《易林》作者问题，谈起来眉飞色舞，滔滔不绝。他所引证的句子，如“蚁封穴户，大雨将集”之类，我至今还有印象。我的感觉是，他很会把颇为枯燥的内容讲得通俗易懂，引人入胜。读过他的《四十自述》的人都知道，他在童年即已擅长讲故事，看来他把讲故事的本领带到考据之学的领域里来了。关于胡适之先生所谓的“考据癖”，我认为根源在于知识分子的求知欲，曾有论考据与推理小说一篇小文涉及（载北京大学日本研究中心的《日本学》第一辑），这里不赘述。由此也想到胡先生的名言：“大胆假设，小心求证。”这两句话后来受到种种无理非难与批判，其实本属至理名言，是作学问必经的步骤。犹如把对学生的教学比作应当给猎人一杆猎枪而不是给一袋干粮一样，都是真理而被错误地荒谬地批判。胡先生这两句话，近来已有人为之“平反”，恢复名誉了。

在剑桥时，曾请胡先生书扇，另一面是抗战前在南京时张政烺先生所写篆书，不幸在“文革”大灾难中化为灰烬。只记得胡先生写的是辛弃疾的词，末二句是：“醉疑松动要来扶，以手推松曰去。”他似乎颇喜稼轩此词，我后来在别处也看到他写的这一首。1945 年 4 月 12 日，我们夫妇请胡先生和赵元任先生与杨步伟师母来家吃饭，恰恰传来罗斯福总统逝世消息。可惜现在记不起当时胡先生对罗斯福有什么评论，而赵先生却在我们的纪念册上写下“今天罗斯福总统”下面画了一段大约是哀乐的乐谱。赵先生用自己熟悉的方式表达了他的悲伤。

胡先生回国后任北京大学校长，曾约我到北大任教。由于种种原因我没有接受，但仍到北大兼课，讲日本史。当时班上一位历史系四年级学生，日文很好，提出要到清华作研究生，搞日本史。我辞以清华大学的日本史专家王信忠教授尚未回来，我自己日本史造诣不够，无指导资格。后来这位同学进了考古研究所，成为出色的考古学家，即夏鼐教授的接班人王仲殊先生。而王信忠教授也始终未回清华，听说放弃了“冷板凳”，在日本面团团作富家翁矣。多年之后，我深幸当初有自知之明，没有误人子弟，同时也不得不慨叹人生变幻，难于预测。胡先生回国后一度据云要出访日本，我心慕杨守敬其人其事，于是向胡先生毛遂自荐，作他的随员。蒙胡先生同意，但他后未成行。我则等到 1973 年才有机会东渡扶桑，距离我开始学日语已经几乎半个世纪了。

胡适之先生倾注几十年精力，研究《水经注》赵戴公案。我虽喜欢南北朝史，对他所钻研的赵戴公案，却毫无兴趣。我父亲叔弢先生是藏书家，不搞学术，但一向热心从藏书方面为学者提供资料。他听说胡先生研究赵戴《水经注》问题，命我把他所藏一册写本《水经》本文送给胡先生。后来胡先生考订，这是根据戴震整理的本文钞写的。又如我的老师洪煨莲先生（业）研究刘知幾《史通》，准备勒成定本，父亲便把一部旧版《史通》交我转赠洪先生参考。洪先生生前把留在北京的藏书捐给中央民族学院，特别嘱咐代他处理的王钟翰先生，把这部《史通》还给我，而我早已忘记了此事。1948年我写过一篇《牟子理惑论时代考》，就正于胡先生。他写了长信讨论。后来我在《燕京学报》发表此文，附载了胡先生的讨论函。1963年结集论著，收《牟子》（编者：即《牟子理惑论时代考》）文而删除了胡函。（参看拙作《我的〈我的前半生〉》中［新史讳举例］条，载台湾《千秋评论》第一百期）近来思想认识有所提高，决心如再印文集，一定要再收入胡适之先生这封信。这些有关学术的活动，昔人所谓“翰墨因缘”，本不应受政治影响也。（此信收入《胡适手稿》第八集，题为“从牟子理惑论推论佛教初入中国的史迹——与友人书的一段”）

20世纪50年代中期，“批判胡适唯心史观运动”中，我曾写过文章，作过报告，参加了批判。现在回想：第一，当时确实是诚心诚意，认为自己作为新中国知识分子，应当改造思想。“不破不立”，应当根据自己理解进行批判，即使是过去所敬重的人。第二，确实认为，历史长河从总的看，从大处看，从长远看，应当是有规律可循的，是有其必然性的。但另一方面，历史上千百年来的人和事千变万化，又有无数偶然性，是不能用一成不变的规律来解释的。因此，历史的进程是必然性与偶然性辩证地相互作用而发展的。这个看法，我今天仍然相信其能够成立。话又说回来，胡先生说，历史犹如十七八岁女孩子，任人涂脂抹粉加以打扮；或如一百个大钱，任人随意摆布。这些话，今天看来，也并非全无道理。世界上多少伪造的历史，包括伪造的当代历史，不就是这样写成的吗？古今中外胜利者所写历史，都逃不脱胡先生所指出的现象，此秉笔直书的董狐南史之所以可贵也！

1989年访问普林斯顿大学，听“中央研究院”来美的先生们说，胡适之先生之所以回台就任“中央研究院”院长，因为当时形势下如果他不出山，院长之位将落在某人身上，“后果不堪设想”。又听说，他在酒会上讲话中，谈到自己被“围剿”，因而犯了心脏病。听了这些之后，我深深感到，胡先生仍是30年代的胡适之，政治上、学术上自由主义者，始终未变。我相信，在中国近代文化史上，他是一座永远推不倒的丰碑。

1990年5月16日写成于布朗克司

补记

戴震自定《水经》钞本今藏北京图书馆善本室，编号18235。适之先生在书尾跋云：“民国卅五年八月我才看见北京大学图书馆藏的李木斋旧藏的戴东原自定《水经》一卷。我在八月里写了两篇文字，指出这稿本的重要。卅六年一月十日周一良先生来看我，把他家叔弢先生收藏的一本东原自定《水经》一卷带来给我研究。我今年才得空写成两篇文字，其中一篇是比较这两个本子的。简单说来，周本是从东原在乾隆三十年写定本抄出的精抄本。……周本抄写最精致可爱。今年一良奉叔弢先生命，把这本子赠送给我，我写此跋，敬记谢意。胡适，卅七、八、十二。”

1993年3月13日看校样时周一良补记于北大

旧文新刊

读《冯秉诠教授的道路》
——纪念两位挚友之一

从抽屉捡得未刊文稿二篇，一篇的题目是《〈冯秉诠教授的道路〉读后感》，另一篇是《丁则良文集序》。重读一遍之后，感觉到文中的感情，虽经岁月蹉跎，并没有磨损，而文章里边的材料今天看来，也仍然有用，因此交给杂志发表，就正于读者。

《冯秉诠教授的道路》，姚树华著，华南工学院出版社 1987 年 11 月出版，印数六千册。这篇读后感原来是应作者的邀约而写的，后来不知什么缘故，作者与我失去了联系，所以就搁在抽屉里，一直没有发表。我 1989 年赴美时曾把此书在冯公的好友戴振铎、施于民诸位先生当中传观，他们都很受感动，复制珍藏。我看此书不妨把"荣哀录"性质的部分删掉，加以重印，是很好的科教兴国的教材。秉诠是华南工学院无线电系的名教授，秉诠的夫人高兆兰是中山大学物理系的名教授，曾任人大常委，现在广州颐养天年。

我与秉诠同志从1940年起，论交四十年，友谊甚笃。但由于专业相去很远，工作地点又天南地北，新中国成立后三十多年来，关于他的贡献和遭遇知之甚少。1980年他逝世时，我在当时处境下，不可能收到讣告。是我的在清华学习无线电的儿子，拿来一张广东出的报纸，我边流泪边读了那整版的报道。读完后立即跑去通知我们共同的好友北大哲学系教授任华同志。他高度近视，加之久病，不能阅读。我为他又重读了一遍，两人黯然神伤，唏嘘不能自已，同时也才粗粗了解“冯公”（当年哈佛中国同学中不论长幼，都戏以公相呼）回国后的工作与贡献。现在读到姚树华的《冯秉诠教授的道路》，才真正较全面、较深入地认识了这位老朋友。作者不仅如实而生动地描述了冯公的一生，更难得的是笔锋常带感情。书中说：“他是直到古稀之年还盛开着鲜艳花朵的一棵参天的红棉树，他达到了学识、人格和胆略的高度和谐。在他的身上，显示了中国优秀知识分子的坚贞情操和浩然正气。”我想，凡是读了这本小传的人，都会对此评价表示首肯。这又说明作者充沛的感情是有理智做基础的，他对秉诠同志这样的评价是站得住的。作为冯公的老友，同时也作为一个来自旧社会的老知识分子，我读完此书后由衷地感谢秉诠同志有幸遇到的伯乐（这大约也是他始终愿意留在广东的原因之一），由衷地感谢讴歌冯秉诠这样老知识分子所走道路的本书作者！

书中讲到秉诠同志任哈佛大学中国学生会主席，这也是我和他在哈佛熟悉起来的契机之一。回想史无前例的大灾难中，关于旧社会许多事都茫无所知的红卫兵们，对于新中国成立前的任何一个“组织”都投以怀疑甚至敌视的眼光，要从其中嗅出什么反动政治的气味，要查出担任职务的成员是否有反动政治背景。哈佛大学中国学生会这个组织当然也逃不脱。不过，一而再，再而三的“交代”，倒促使我回忆总结了一下。哈佛大学中国学生会是一般学生组织，而被选担任职务的条件，可以归纳成三条——为人正派、功课好、群众关系好，如此而已。当时一般头年任文书者，次年总被选为主席，现在记忆所及，我当文书时的主席是现在台湾的刘毓棠先生；我任主席时，冯公任文书；次年冯公选为主席，现在武汉大学的吴于廑同志任文书；次年吴公也选为主席，而文书是现在南开大学的高振衡同志；后来高公也当选主席。如今冯公去矣，我们后死者决不能愧对亡友，正如周培源老教授题词所说，定要以冯公为楷模。

书中讲到秉诠同志在“文革”的非人遭遇下，既诚心诚意接受改造，又坦率耿直不做任何违心之谈。此点我也深有体会。“文革”中由于我错误地介入派性斗争，一派的红卫兵到各地搜集我的“反动历史罪证”。他们根据抗战期间教过美军日语和认识哈佛大学费正清教授两点，迫使冯公写材料证明我是美国特务。冯公的回答是：“周一良不是美国特务！如果他是美国特务，我们都是美国特务！”

书中讲到秉诠同志除政治上、工作上严肃认真之外，还有日常生活中随和幽默的一面，这方面我可以补充一点。他与高兆兰同志都非基督徒，而结婚是在教堂举行的，这是入乡随俗，也是当时中国留学生正式婚礼的惯例。西方风俗新娘须有男家长一人陪同进入礼堂，并由他表示将新娘嫁给某某。记得兆兰同志是由她在岭南时的导师、一位美国老教授担任了这个角色。他们新婚燕尔时，戏仿欧洲方式早晨未起床时用早餐。两人约定，轮流由一人先起床准备，给另一人送到床边。当时同学中传为美谈，也是冯公男女平等和生活风趣的表现。

最后，想指出两点不妥之处。第一，第 77 页说陈寅恪先生飞到广州后“准备再去香港”，不确。陈先生从无赴香港的打算，而是与陈序经先生联系到岭南大学的，见蒋天枢《陈寅恪先生编年事辑》第 133 页。第二，常迵教授的名字两处误为迥。

1987 年 12 月 29 日

未刊丁则良文集序
——纪念两位挚友之二

丁则良教授平反以后，他在海峡彼岸的朋友，准备给他出一本文集，要我写一篇序。后来不知什么缘故，这部书没有出，我的序也就搁下了。则良含冤自杀以后，他的爱人李淑蓉同志曾经多次跟我讲到则良在东北努力工作，及取得的成就。也跟我讲过，系里某位党员领导，为表示谦虚，把自己的稿子给则良提意见。则良见领导如此谦虚，于是知无不言，言无不尽，写了一大堆意见。这一下捅了马蜂窝，因此“鸣放”时，他虽不在国内，却与其他两位北京来的教授结成了“反党小集团”，不仅个人受难，而且殃及子女。她又跟我讲过，吉林大学的匡亚明校长，对待他们如何的通情达理，对他们起了很大的鼓舞作用，应当感谢。她还谈到她的子女，她的大女儿从小就有学钢琴的天赋，但是，遭家难之后，做钢琴家的梦就完全破灭了。这个孩子后来在吉大图书馆工作，也做出了很好的成绩。他们有两个儿子，当时不但不许报考大学，甚至不许报考中专，其中一个很有才气，非常喜欢文史之学，想继承父业，他们全家一致坚决反对他学文科，最后终于学了理工科。现在兄弟两个都在美国大学教书。其中一个还到北大来讲过学。可见，反“右”派运动除了制造了50万“右”派分子以外，还有多少幕后的悲剧呀。

1999年10月17日周一良记

丁则良同志（1915—1957）不幸含冤而逝，已经将近25年了。经过十年的内乱和粉碎四人帮的斗争，他终于得到平反昭雪，这本论文集也得以问世。面对故人遗稿，不禁百感交集。

则良同志出身于北京著名的男四中，考入清华大学历史系，1938年毕业。抗战期间先后在昆明西南联大师范学院史地系和云南大学历史系任教，1945年调回联大。“一二·一”运动期间曾参加联大法律委员会和讲助会，声援“一二·一”运动。1946年随清华大学复员。1947年赴英国，在伦敦大学学习。全国解放后，他放弃去美国的机会，于1950年春欢欣鼓舞地回到新中国，回到清华园。在党组织领导之下，按照负责校委会的吴晗同志的具体指导，则良同志积极热情地参加清华历史系的工作：学习马克思主义，改进教学，开展研究，团结老教师等等。他善于出主意，也乐于出力气，工作有热情而负责任，发言富于感染力。1952年院系调整，他愉快地服从组织分配，到东北人民大学（今吉林大学）任教，直到逝世。

在旧社会，则良同志是走过一段弯路的。“一二·九”时期，他从一个埋头读书的高材生，成为积极投身于火热的爱国救亡运动的战士。但是，这条革命的大道他没有坚定地一直走下去，而是又回到了书斋。这一点，我看他是始终歉然不安，对党对革命事业抱有沉重的悔恨心情的。我还记得很清楚，“三反”运动知识分子思想改造时，一位老教授在清华同方部做了自我检讨后，则良同志登台发言，痛哭流涕。当时我很不理解，以后逐渐了解他的过去，才恍然领悟，这是他悔恨交加的心情的表现。这种心情，转化为他积极工作的热情，成为支持他勇往直前的动力，使他努力为党工作，奔向社会主义前途。1952 年 10 月，他一到长春，就给我们几个从清华调整到北大的同志来信。这封信经过浩劫之后，1979 年初意想不到地又回到我的手中。现把信中最后一段抄在这里："东北经济发展在国内是进步的。各种建设在突飞猛进之中。文教方面，普及与提高都是极迫切需要的。经费不少，缺的是人。看到这点，就了解抽肥补瘦的必要与不可缓。在这样一个新环境中，我将在工作中锻炼自己。常常会想起你们，想起我们一起搞过的工作。但我们必须向前看，尽自己的一点力量，创造更美好的将来。对新环境，了解情况是必要的，但不可存'先观察一下再说'的想法。最重要的是站稳人民立场，不旁观，不客观主义地对待新人新事物新工作。当然说话做事要考虑效果（这一点我过去极欠缺，给工作带来损失）。考虑之后，话还是要说，事还是要做，否则就不对了。短短的五天，已使我感觉到这点。希望你们多来信，督促我，地区虽然不同，我们要做亲密的战友，奔向一个共同的目标。"这些都是则良同志的由衷之言。他对党的政策的认识，他的工作干劲与热情，他的自我批评精神，不是都跃然纸上吗？

则良同志天资聪颖，学术兴趣很广，但并非泛泛涉猎，而是富于钻研精神。他教过中国通史、宋史等课。到东北后，系里添设亚洲史新课，他服从工作需要，又改治亚洲各国史。由于他中国近代史的功力深厚，西洋近代史的基础扎实，又掌握英俄文这两种重要的语言工具，所以在马克思主义指引下开始研究亚洲史的时间虽不长，就已经卓然有所成就。本书所收关于近代亚洲民族解放斗争的三次高潮、1857 年印度大起义、孙中山与亚洲民族解放斗争等论文，资料翔实，分析深入，论断精当，在当时的亚洲史学界，是拓荒之作；从今天来看，依然有其不灭之价值。当时高教部委托他编写亚洲各国史教材的近代部分，委派他出国参加东方学会议，都说明对则良同志这方面成就的高度评价。

抗美援朝期间，清华历史系的同志们在吴晗同志的倡导下，积极用自己的专业为人民服务，撰写了一系列揭露帝国主义、回顾中朝友好的文章，当时起过良好作用。本书所收有些篇，就是那时的作品。今天看来，其中某些提法或许不尽恰当，某些论点（如戊戌维新的评价）或许是错误的。但文中鸠集的史料，今后还是很有用的。我们采用历史主义对待，一律不加改动。附录所收两篇有关宋史的文字，则是出于纪念意义，使则良同志这方面付出的心血，不致流为雪泥鸿爪。他还翻译过一些著作，这里就割爱了。

我与则良同志相识，是在新中国成立初期他回清华以后，工作上接触比较多。他去东北后，由于我们都改行搞亚洲史，增加了学术上的共同语言。我对他的成就是极为佩服，自愧弗如的。我们相

为身在国外未参加任何鸣放而被打成右派的丁则良举行平反追悼大会

识、相处的时间不过六七年，但我永远不能忘记我们学术上的切磋，永远不能忘记他对我工作上的支持和政治上的启迪。是他介绍我参加民盟，也是他第一个鼓励我这样一个旧知识分子争取入党。回忆往事，历历在目。当这本文集将要出版之时，我感到万分欣慰，更感到万分惋惜，则良同志如果健在，这四分之一世纪中，以他的热情与努力，以他的学识与才华，对中国史学界和中国人民，会做出多少更宝贵更有意义的贡献啊！尤其是在粉碎“四人帮”之后，迎来百花齐放的科学的春天。则良同志已经享受不到这个春天的温暖，就让他用心血浇注而结出的学术成果，来装点史学界的百花之园吧！

1981年12月写于北京大学燕东园

哈佛大学中国留学生的“三杰”

盛巽昌、朱守芬编著的《学林散叶》共 4 033 条，其中 2 419 条记“1919 年，中国留美学生誉称陈寅恪、吴宓和汤用彤是‘哈佛三杰’”①。《汤用彤年谱简编》1919 年也说“暑假期间与吴宓同留哈佛校园，进暑校。此顷，公与陈寅恪、吴宓被誉为‘哈佛三杰’”。据汤一介同志说，《汤用彤年谱》中“三杰”一条，是根据李赋宁先生在纪念吴宓先生一次会上所说，必然可信。从《吴宓日记》1920 年 12 月 4 日所记“工校〔工学院〕中国学生，于宓等习文学、哲学者，背后谈论，讥评辱骂，无所不至。至谓陈寅恪、汤锡予两君及宓三人，不久必死云云。盖谓宓等身弱，又多读书而不外出游乐也。

① 《学林散叶》材料丰富，如陈寅恪共有 36 条，其中说到蒋介石曾请陈先生写“唐太宗传”，陈先生未加理睬。又一条记着陈先生上课时，讲普通历史，使用黑色包袱包书，讲有关佛教问题时，使用黄色包袱包书。这两条不见于其他著作。但此书亦有错误，如 506 条记载周叔弢上课云云，先父平生从未教过课，《散叶》盖误解黄裳同志一篇文章，讲到他与舍弟杲良在南开中学同学，国文教师指定戴震的《屈原赋注》为教材，图书馆找不到，而杲良次日即从家里带来先父所刻的此书。

呜呼，为功名权利之争，处升陟进退之地，则忌嫉谗谤，诽怨污蔑，尤在情理之中。今同为学生，各不相妨，宓等又恭谨待人，从未疏失之处，而乃不免若辈之咒诅毁骂。为善固难，但不肆意为恶，已不免宵小之中伤”。这也可从反面证明陈、汤、吴三人的特殊。

“三杰”之称自然是因为他们的学习成绩杰出，可能还有一个原因，即他们三人到哈佛大学本来只是求学问，不求博士学位。哈佛的规定，研究生选课够一定学分，即授予硕士学位，《吴宓日记》1920年3月10日说“硕士得之甚易”。而博士学位则颇为复杂。除选修一定学分之外，经过一次由四位教授同时参加的口试，这一般包括考四门课程，通过以后才允许写论文。论文完成后，还要就论文考一次口试。在论文完成以前，还需要通过英文以外的两门外语，一般是德语和法语。两门外语的要求是具备阅读能力，因此必须记忆大量生词。为了不妨碍业务课程的时间，学生往往利用暑期学校学习两种外语，有的学生把德、法语言的单词卡片堆积起来，用它的高矮来计算记忆了多少生字，开玩笑地用英寸来计算卡片的高矮。

当时旧制清华学校的规定，留学五年为期[①]，一般是到美以后，先入普通的大学，完成大学毕业的课程，然后进入有研究院的大学，如哈佛、哥伦比亚等，做研究生，时间已经很不富裕，一般很难在短期内再做毕业论文争取博士学位。如果写博士论文就会影响广泛知识的获得。所以像吴宓、汤用彤诸先生都是只求学问，不求博士学位。而像陈寅恪先生是江西省官费，又常常不能按时寄到，以致陈先生以白面包度日，所以陈先生表示如果把时间放在一个小题目做博士论文，影响广泛知识的获取和材料的收集，所以也是只求学

① 《吴宓日记》1920年2月24日至28日，见第二册134页。

问，不求博士学位[1]。

40年代的中国留学生情况与清华旧制的学生不同，都是在国内已大学毕业，到美直接进入研究院，一般用四五年时间既可以广泛获得知识，又有足够时间选择一个题目写博士论文，因而是既求学问又求博士学位了。20年代哈佛的中国学生不多。到40年代增加到五十多人，这时文科的留学生中又有三位既求学问，又求博士学位。我“私谥”他们也是“三杰”，这就是杨联陞、吴保安（字于廑，归国后以字行）、任华。

20年代的“三杰”，回国以后在文化学术界起了很大作用，有目共睹。40年代的“三杰”，有的回国，有的留在国外。回国者因为时移世易，发挥的作用就很不一样。一般说来，与20年代的“三杰”相去甚远。未回国者，“独在异乡为异客”，反得施展其才能，作出贡献。

现在以年龄次序，先说任华。

任华与陈谦

任华（1911—1998），字西岩，贵州安顺人。父亲任可澄，光绪二十九年（1903）中举，次年丁忧回籍，开办师范传习所，招收

① 见《文汇读书周报》2001年3月17日智效民《陈寅恪是否获得过学位》。

各县生员入学培训师资。光绪三十三年（1907）创办优级师范。分国文、史地、数理化等三系，学生二年毕业，可以担任中学教员。光绪三十四年（1908）筹办“贵州通省中学堂”，规模宏大，设备周全，培养不少人才。当时朝廷准备立宪，推行新政，宣统二年（1910）任可澄等创立“宪群法政学堂”，分政治、法律两系，作培养干部之准备。

武昌起义后，贵州宣布独立，设立枢密院，处理本省一切政务，任可澄任副院长。袁世凯复辟帝制，蔡锷抵达昆明，与唐继尧、任可澄等决定推翻帝制，拥护共和，宣布云南独立，出兵讨袁。任可澄撰拟通电全国，电文中有句云，“成则为少康一旅之兴夏，败则为田横五百壮士之殉节”。任可澄以后历任云南省长、教育总长等职。他对地方文化学术之贡献尤为显著。负责总撰《贵州通志》，共一百一十卷，其中十九个专志的古代部分即所谓《前世志》，上起殷周，下迄清末，皆由任可澄一人撰写，字数约占《通志》的三分之一。此外，他还编印《黔南丛书》网罗前人著作，共出版正集六部，别集一集。任可澄有诗文集传世，关于骈文和联语也有专集，说明他中国文化修养之深厚。他对于贵州文物古迹之考察鉴定亦极为注意。

任华是任可澄第四子，出生后母亲去世，他又身染天花，眼睛高度近视，几乎失明。1921年，到北京入中学。戴眼镜还要贴书至鼻才能阅读。然天性聪颖，又承家学。1931年考入清华大学哲学系，成为金岳霖教授的得意门生。1935年入研究院。毕业后，学校拟送他到英国牛津学习，由于第二次世界大战爆发，改派到美国哈佛大学。

任华在哈佛师从刘易斯（Lewis，C. I.），他对英美实证主义（广义的）思想的诸流派有较深的研究，他的博士论文题为《当代哲学中现象主义的三种形态》(*Three Types of Phenomenalism in Contemporary Philosophy*)，具体地说，就是“罗素的结构论的现象主义”“艾耶尔的语言学的现象主义”和“逻辑实证主义与实用主义的现象主义”。论文中所用的“现象主义”一词不是现在哲学界所讲的欧洲大陆的胡塞尔·海德格尔等人为代表的“现象学”，而是广义的实证主义。任华在论文中明确表示，他比较赞成现象主义的第三种形态即“逻辑实证主义与实用主义的现象主义”，他把这种形态的现象主义特意起了一个专门的名称，叫做“认识论的现象主义”(Epistemological Phenomenalism)，他认为这种现象主义应以他的导师刘易斯(Lewis，C. I.)为代表。他强调，这种现象主义与实在论(realism)是可以调和的。他认为刘易斯的哲学——“概念的实用主义”是美国实用主义与欧洲逻辑实证主义相结合的产物，它发展了美国的实用主义。在博士论文中，任华倾向于把刘易斯的哲学看成与实在论相近，即与承认客观对象的存在的观点相近。关于各种流派的实证主义在中国的影响，任华认为其中实用主义比逻辑实证主义等的影响要大，逻辑实证主义等流派主要只是对哲学专业工作者的影响较深。60年代，由于时代的影响，他着重批判刘易斯的主观唯心主义而不及其他。

任华不仅有他自己的哲学主张，对于西方哲学史也很有研究，特别是古希腊哲学和当代西方哲学，他都曾细致深入钻研。新中国成立前大学哲学系虽设有西方哲学史的课程，但一般仅是根据西方教材加以介绍。真正把“西方哲学史”当作一门学科来建设，始于新北大哲学系。当时教师们一方面编译西方古典哲学的原始材料，一方面经常一起讨论方法论，任华都是积极参加者与组织者。特别是1958年，他任教研室主任以后，系统讲授了这门课。由于新中国成立后特别重视唯物主义，他又系统地研究了18世纪法国唯物主义。当时北大接收了各兄弟院校多名进修教师，如中山大学的胡景钊教授、辽宁大学的陶银骠教授等，他们至今仍念念不忘任先生的教导。1960 年，中央组织全国统编教材，任华被任命为《西方哲学史》教材的主编，是当之无愧的。

他对中国传统文化的修养，可以和中国哲学史教研室的教授相媲美。50 年代，教研室为编辑《西方古典哲学原著选辑》翻译任务较重。虽然各位老专家外语水平都很高，但常常发生看懂了说不出来的情况，对此任先生总能找到一个合适的词来，这有赖于他对中国传统文化的造诣。

1952 年院系调整，全国各大学哲学系都停办，哲学系的教师都集中到北大学习。以后虽然陆续地有几个大学的哲学系恢复，北大也在其中，但是西方哲学的课程很少，教西方哲学的人等于投闲置散，无所发挥，像洪谦、任华、熊伟、张世英这些西方哲学的专家，实际上没有太多工作可做。

在这期间，任华幸好在家庭生活方面得到了补偿。他由于年幼时出过天花，所以不得不与“江山九姓美人”为伍。大家对他的婚姻问题一直颇为担心，但他这方面的运气却非常好。陈宝琛太傅的侄孙女陈谦女士慧眼识英雄，1947 年与任华结了婚。陈谦端庄贤淑、精明能干，而且也很有学问。她的欧体字写得清新秀丽，在数学方面也颇有灵感。在清华大学材料力学实验室工作被评为实验工程师，几乎年年都是清华大学的先进工作者。她生了两个聪明伶俐的女儿和儿子。任华得到很好的照顾，家庭生活极为美满。他虽然业务上不能有所开展，但生活上还是愉快的。不幸到了 1967 年陈谦女士突然因病逝世，这对任华来讲，实在是一个晴天霹雳，是个莫大的打击。

任华的近视程度日益增加，由 1 000 多度发展到 2 800 多度。陈谦去世后，儿子去山西插队，女儿分配工厂劳动，任华沉痛的心情可想而知。从1972年以后，任华除了多年的腹胀以外，常常感到头晕、心慌、心速加快、出汗、气闷等等，经检查之后，是得了甲状腺瘤，1974年到三院做了摘除手术。之后症状仍没有改善，又经过检查，有冠心病、白内障，特别是甲亢较严重，因此又在北京医院碘131放射性治疗，才得以控制。与此同时北大校医院组织高知检查身体，对他眼睛高度近视的特殊情况没有特殊考虑，像常人一样放大瞳孔检查，回家后不久就出现眼前黑影、复视，经查是视网膜脱离。预约到北医三院做手术，1976年唐山大地震，三院停诊，不接受入院，使病情耽误了，终不可治。任华的眼睛只有一些光感，距离很近才能看到几个手指的影子。原来比较好的一只眼完全失明，左眼仅有0.05以下的视力，进入盲人的行列，从此任华完全不能看书写字了，逐渐生活不能自理，需要别人照顾了。儿子年近四十为了照顾父亲没有结婚。女儿长期回娘家，也是为了照顾父亲。儿女无微不至的照顾，使他心里得到安慰，使他感到温暖。

1990年任华突发心肌梗塞，经过及时抢救，得以脱离危险。到了1993年，突然又大吐血，吐出来的都是大血块，经校医院给了云南白药才控制出血，原因始终查不出来。1994年经常出现心动过缓的现象，经常靠间断走路来提高心速，误以为是冠心病。经常出现休克状态，脉搏微弱，嘴唇僵硬，几乎停止呼吸。这时家人非常紧张，在家自行抢救，掰嘴塞进硝酸甘油、速效救心丸等，居然多次转危为安。到1995年继而发现全身发红，脱皮，被诊断为红皮病，是非常罕见的，每天脱肤二三两，瘙痒难耐。他的儿女往往彻夜不眠，为他搔痒。有时出现暂时神志不清、说胡话。他的儿女倾注全部心血用各种方法，中西结合，最后不得不用少量激素才控制住。以后又有水肿现象发生。医院诊断为甲低，估计是20年前治疗甲亢服用放射性碘 131 的副作用，因此服用甲状腺素、阿托品，心缓多有好转。

到 1998 年，他已经是 87 岁高龄，经过风风雨雨，健康状况算是比较稳定，精神状态也还可以，8 月份左右，右胳膊处发现一小块红肿，认为是丹毒，或者与皮肤病有关。送进西苑中医研究院，点滴、消炎、治疗。在医院传上了感冒，由于医院的医疗技术、道德极差，严重不负责任，没有及时发现病情的发展变化，导致错误判断，而贻误了治疗，抢救也不及时，终因肺炎并发心梗，发生心肺衰竭而意外地去世了。

任华为人憨厚笃实，毫无机心，处事非常随和，有时甚至显得毫无主见的样子。比如说中国留学生到周末，或者是花四毛钱看一次电影，或者花一块钱到中国城吃顿中国饭，在这种情况下，任华经常是没有什么主张，别人到哪里，他就跟着走，非常随和。起初他总是跟我在一起，唯我的马首是瞻。后来我爱人来到美国，我不能总跟同学在一起了。他好像就改为隶属杨联陞，听杨联陞的领导。虽然他是很随和，但是遇到是非问题，他的立场还是很鲜明的。他住在赵元任先生家里，遇到不公平的事，他总会不顾情面站出来向不对的方面提意见。任华也很富于感情，1945 年他父亲去世，不能回国奔丧，他到同学王伊同处痛哭一场。杨联陞 1947 年 2 月 21 日给胡适之先生的信里说："1 月 20 日，任华回国，过纽约，保安请客，我们集体作诗给任华送行，保安写了两首，我写了一首，任华心烦意乱，未写成。从吴家辞出时，任华挥泪不止，我与保安都觉黯然。" ①

吴诗云："海外年年感物华，天涯何处不为家。载将风雪君归去，

① 见《胡适书信选》（下）第 175 页。

二月春明看早花。”又一首云：“老拥书城肩绝学，每令诗国纵奇兵。相纵天东怀知己，万水千山共月明。”杨联陞诗云：“海天空阔来玄思，故国山河有劫灰。追上东风先着力，满园芳草待君回。”[①]

任华的人缘很好，哈佛一位政治系毕业的华侨留学生，后来也在清华教书，1948 年离开。80 年代初从台湾和我开始通信，信里还问到“我们的哲学家怎么样了”。任华平常说话不多，但发言很幽默。有时唱两句京戏也很有韵味。据他的子女说，原来是想进大学学文史方面课程的，他的一位亲戚叫熊伟，自己到德国去学哲学，同时力劝任华也学哲学，他才进了清华哲学系。在哈佛，任华也曾跟我念叨过他做的旧诗，可惜当时都没有记下来，只记得零星的断句，如咏抗战时期北方人士到西南来，有“今见衣冠度两盘”之句。他在美国患甲状腺机能亢进，在波士顿医院里割甲状腺，戏仿唐人诗句云：“尚有群公日日来。”现在把他去世后，子女发现他写的一首诗抄在这里，借以窥见他当时的心情。（当时为 1969 年 12 月任华爱人去世二周年）：“两年老去谁存问，顾景无俦我自怜。音响常劳思虑转，梦魂不到枕衾边。鼓盆放杖真达者，落叶哀蝉亦枉然。幸有红书四卷在，好凭激壮为元元。”

如果把 40 年代的三杰和 20 年代的三杰比较一下，那么，任华就比较接近汤用彤先生。但汤先生回国以后，不仅教了西方哲学，而且还开创了中国佛教史的研究，后来在傅斯年跟胡适之先生还没到校以前，他还曾主持北大校务，鞠躬尽瘁，做了很多工作。虽然新中国成立以后突然生病，仍然做了不少事情，写了不少文章，虽然他主管基建的副校长是个虚名而已。而任华呢，回国之后从事业务的时间不多，除了教学、搞翻译、带研究生、发表一些文章，并

① 见《杨联陞日记》。

与同仁合著《哲学史简编》《欧洲哲学史简编》《欧洲哲学史》三本书先后出版外，在60年代赴成都讲学，讲题为“现代英美资产阶级中的实证主义流派”，约16万字录音稿，回京后着手润色整理成书。在此期间，曾受教育部委托主编计划约百余万字的西方哲学史教科书，几经修改，准备出版。由于“文革”十年动乱，不能如愿以偿。“文化大革命”运动中，又遭鼓盆之痛，给他以很大打击。改革开放后，许多知识分子都在此时出成绩，而他却已进入高龄，只能与失明、病痛作顽强斗争，终未能继续工作，就这样度过了他最后的三十年。

吴保安（1913—1993），字于廑，回国后以字行，安徽休宁人。休宁吴氏是清朝以来的世家大族，太平天国时吴保安的曾祖只身跑到江苏宝应。父亲在南货店学徒，虽是生意人，却略通文墨，讲究所谓“旧家风范”，从不因为离乡几代而更改他的籍贯。他要求儿子读书上进，恢复久已失去的书香世族之光荣。吴保安十五六岁时，父亲曾经失业，日子过得很艰苦。吴保安勉强念完中学，考进高中第一学期就因交不起学费而被迫辍学。有人介绍他到一个机关去当司书，那时他十六岁，怕人家不要，靠个子长得高，冒充十八岁。当了一年司书后，他的大哥学满三年生意，开始拿工资，他才又回去念中学。高中毕业考第一，得到升学的奖学金，又凑足了膳费、杂费和书籍费用，勉强进入苏州东吴大学历史系。又因成绩好获得奖学金，直到毕业。中间曾想转学到北平的大学，因经济困难而不得不打消此想，毕业后在东吴附中任教。1939年到1941年，吴保安到昆明南开大学经济研究所，和导师陈序经先生一席谈话，未经考试就被录取为研究生，毕业论文的题目是《士与古代封建制度之解体》。

吴于廑与刘年慧

在旧制清华学堂选送学生去美国读大学的制度废止以后，除去私人送子弟出国以外，公派学生有这样几种途径：学校选派，地方省市选派，工厂选派。而社会上认为最难的途径是英国庚款和美国庚款留学考试。各门学科都有，隔几年考一次，对学生要求较高，题目较难，因此考取的学生地位声望都在其他各种公费生之上。有人曾多次报考，如杨人楩先生是失败一次之后第二次才考取英庚款。吴保安1941年考取第五届清华留美公费，到美国学习历史。同到哈佛学习的还有张培刚（经济）、陈樑生（水利）等。

吴保安的导师是历史系和政治系合聘的英国史专家麦克文教授。他的博士毕业论文的题目是《中世纪东西方政治制度的比较》。1947年回国，任武汉大学历史系教授，后兼任系主任、副校长。他还担任许多社会工作，包括史学会及世界史一些分支学科学会理事、理事长，武汉市、湖北省及全国人民代表大会代表，九三学社中央常委兼湖北省主委、名誉主席，等等。1979年入党。

新中国成立后，大学历史系采用苏联教材，教条主义比较严重，资料比较陈旧，中国教师颇不习惯。60年代初，根据全国高等学校文科教材会议的决定，吴于廑和北京大学周一良等共同主编了《世界通史》四卷本。这部书虽然没有完全摆脱苏联教材的影响，但在很大程度上打破了西方中心论观点，增加了亚非拉部分和中外文化交流的内容，许多观点采取了一般流行的说法，材料比较新鲜，一般说来，比苏联教材更适合中国学生。此书编写过程中，资料的核实与文字润色，尤其上古、中古部分，吴于廑出力最多。“文化大革命”后，吴于廑又与齐世荣等，进一步修改此书，又有提高。

但是，吴于廑认为这种国别史的拼凑，终归不能成为世界史。他从马克思《政治经济学批判导言》中“世界史不是过去一直存在的，作为世界史的历史是结果”的话得到启发。又从马恩合作的《德意志意识形态》第一章《费尔巴哈》中所说“各个互相影响的活动范围在这个发展过程中愈来愈大，各民族的原始闭关自守状态则由于日益完善的生产方式、交往以及因此自发地发展起来的各民族之间的分工而消灭得愈来愈彻底，历史也就愈来愈大程度上成为全世界的历史”，进一步得到启发，批评西欧中心论和各国历史汇编的作法。他明确指出：“世界历史是历史学的一门重要分支学科，内容为对人类自原始、孤立、分散的人群发展为世界成一密切联系整体的过程进行系统探讨和阐述。”他根据上述的论述，为《中国大百科全书·外国历史》卷撰写了“世界历史”这一概论性很强的条目。此外，还连续发表了四篇相互关联的重要论文：《世界历史上的游牧世界与农耕世界》《世界历史上的农本与重商》《历史上农耕世界对工业世界的孕育》和《亚欧大陆传统农耕世界不同国家在新兴工业世界冲击下的反应》。这四篇论文都是从宏观角度来写的，体大思精，体现了他研究世界史数十年的深厚功力，博得我国世界史学界的一致好评。他特别强调15、16世纪，他认为：“从全局着眼，这两个世纪是历史发展为世界史的重大转折，也许是意义最深、最大的转折。这两个世纪是世界性海道大通的世纪。海道不仅取代了以往联结亚欧大陆东西两端的陆上通道，而且大大扩大了联结的范围，海流所至，无远弗届。由此开始，孕育诸古典文明的亚欧大陆和北非，与在此以前基本上处于隔绝状态的撒哈拉大沙漠以南的非洲，和旧大陆隔着两大洋的美洲和偏处南太平洋的澳洲，逐步联系了起来。各大地区间的闭塞，从此获得世界性的突破。这两个世纪也是资本主义生产方式以其初生的姿态登上历史舞台的世纪。世界市场自此渐次形成，资本主义最初以其触角，其后以其超越前资本主义一切生产方式所能产生的巨大力量，伸入地球的每个角落，终之席卷世界，在全世界范围内引起经济的、政治的、文化的冲突和对抗、适应和调整、新旧嬗递中的批判和剧变。世界各民族间‘闭关自守状态’‘愈来愈彻底’的消失，从世界全局说，这个过程也要到十五、十六世纪才算真正开始。”

吴于廑在武大历史系创建了“十五、十六世纪史研究室”，并有出版物刊行。1987 年，国家教委委托吴于廑、齐世荣主编新的 6 卷本《世界史》。这部书把现代部分补齐，并有几个新的特点：①包括中国部分，体现了吴于廑对世界史学科的看法（见上述说明）。②在分期上，上古、中古不分做两段，统一为古代部分；近代以 1500 年为起点，不以英国资产阶级革命为起点；现代以 20 世纪初为起点，不以十月革命为起点。③冲破了苏联学者沿用多年的某些观点，如不再用巴黎公社划分世界近代的两个阶段，等等。

吴于廑对希腊罗马史也有研究，多次讲授这门课，并有有关论著。西方史学史是他研究的另一个方面，他对修昔底德、伏尔泰、朗克以及现代的形态学派都写过一些很有深度的论文，他在《朗克史学与客观主义》一文中指出：“朗克曾经使两三代的西方史学家深信出自他笔下的历史是科学的、客观的、如实的历史，但是揆之实际，却往往是从内阁官房的窗口，按照官方提供的示意图，认真观察而又不能尽得其实的政治人物行动的历史。”中外学者论朗克史学的著作不计其数，但像吴于廑这样的深刻分析，尚属少见。他在主编的教材《西方史学名著选》中选译了普鲁塔克《传记集》和修昔底德《伯罗奔尼撒战史》两种。

吴于廑中国文学的修养也很好，杨联陞赠他的诗云：“思能通贯学能副，舌有风雷笔有神。同学贤豪虽不少，如兄才调恐无伦。”1941 年香港沦陷，吴于廑有诗和杨联陞，在哈佛中国同学中一时传诵，现录其诗于下：

莲生哀香港诗七古一首，西岩已依韵和之[①]。不自藏拙，聊复学步。

西方岛国夸艨舻，旌飏剑及势炎午。
楼船十万压海来，劫我咽喉尺寸土。
东方岛国无完片，酋首居然知教战。
一朝坛坫折盟符，天下睥睨棋局变。

（明治维新后，东西两岛国，三结同盟）

神州荡荡起蛟龙，禹鼎重光歌大风。
方欣云汉中兴运，递报渔阳烽火通。
十年辽患倾巢窝，坐论非攻可奈何。
倭刀六月割占城，宰相衣冠尚吸娑。

（日本攻我十年，英美为国联及非战盟主，坐观不救。及日本据安南，英伦及华府犹复议论逶迟，图苟安自保）

忍从前史识兴亡，宋帝台边吊白杨。

① 西岩是任华的字，当时没有听说任华有和诗。

蹈海大夫遗迹在，弄潮渔父说沉枪。
嶙峋故垒何堪视，哀古词人涕不止。
独当风落暮涛横，星影垂垂惭后死。

（九龙有宋帝昺及陆秀夫观海台。石城依山而筑，荒废已无人居。日暮临风，唏嘘欲泪）

珠帘常卷春三月，蜃市烟销鼙鼓发。
妖兵闪电出羊城，遍地洪流皆螫蝎。
孤嵎负水初难保，况复偏师悬半岛。
六街芳树碧如油，弹裂飞花何处好?
凌波犹是旧艨艟，纵栫谁期以赘痈。
乃知士老不堪战，奇策盈廷空讼讻。
昔闻雅典余残垒，文客一呼声贯耳。
临风悲诵拜伦诗，掷卷徘徊思登埤。

（希腊独立之战，英国诗人拜伦犹奋身从阵。文士死而壮士不作，英伦三岛为有人乎？）

从君上溯二千年，五百田横死敌前。
帐中今有将军印，捧献降图绝世怜。
云车朱旆浑无彩，欲上高峰窥碧海。
人间何处结豪雄，拳握扶桑投大鼐。
元凶宇内任披猖，诸夏男儿气未丧。
铁锁沉江夜拭戟，岳家军阵尚皇皇。
百年百战志无离，一旅犹尝复四陲。
会看风云渡辽西，万里长营尽汉旗。

2 月 5 日大雪之夜，于廑未是稿

如果说任华的工作与汤用彤相近的话，吴于廑则和 20 年代的吴宓比较接近。吴宓在英美文学方面堪称多面手，好多时代和各种文学体裁他都能讲授。吴于廑对于西方的历史，各断代和某些国别都很熟悉。两位吴先生还有一点相似之处，就是他们的第一次婚姻都不美满而破裂。吴于廑在美国时，有一位他在中学教过的女学生陈安励，由于爱慕他，千里迢迢来到美国，要求与他结婚，吴于廑同意了。但是结婚以后，由于年岁过于悬殊，兴趣不太一致，吴于廑老成持重，乐在读书，而这位女生年轻贪玩，初到美国这样的社会，当然在家里坐不住。吴于廑常以老师的身份规劝她，因此感情不甚协调。这时，哈佛又有一个同学，也是我们大家的熟人，乘虚而入，从中离间。其实这位同学也是受害者，他的夫人被某“大少”作为闺中腻友，因此这位同学家虽然在剑桥，而有家归不得。最后，导致吴于廑夫妇离婚。吴于廑为人忠厚老实，他的离婚方式也很别致，可以说是君子绝交，不出恶言。离婚的证书是他自己写的，在他的一位叫戴振铎的朋友家中举行了离婚仪式。证明人有两位，戴振铎（哈佛物理学博士）、桑恒康（哈佛经济学博士）。戴振铎买了一束鲜花把屋里装饰了一下，就是这样在和平友好的气氛中离了婚。杨联陞 1947 年给胡适之先生的信中曾提到此事：“1947 年 2 月 21 日，这几个礼拜，联合国中文翻译组颇有新闻。一是吴保安和陈安励离婚。他们夫妇虽然结婚已经一年多，感情并不十分融洽，最近张隆延乘虚而入，自旧历年（一月二十一）以来，吴、陈大反目，终于离婚。吴已辞翻译职务，回到康桥，预备三月底到武汉大学去作历史系主任。张、陈是否能结婚，还很难说。多数朋友的意见，是两个人都不大靠得住，结婚也未必长得了。……保安也过分相信朋友，故至于此。”

以后，离了婚的陈安励见到吴的朋友，还常常问起他的情况。我 1982 年重访美国，在普林斯顿大学的饭馆中与陈安励不期而遇，她也过来与我寒暄，并了解吴的情况。杨联陞的信中推断陈安励跟吴的这个朋友不会善始善终，然而使人意想不到的是他们竟白头偕老，有了四个儿子，所以世界上的事是很难说的。

两位吴先生都离过婚，吴宓先生离婚以后多年未娶，晚年虽然再婚，不久又丧偶，晚境极为凄凉。吴于廑则恰恰相反，不但再结婚，而且异常美满。

第二位吴夫人刘年慧是英语教授，明丽端庄，雍容大雅，与吴公的翩翩风度极为般配。刘大姐的气度尤其使我叹服。1982 年我与老伴由四川回京，经过武汉，吴于廑夫妇陪我们参观市容，顺道去看一个燕京的老同学。这位同学年近八十，双目失明，因为多年不见有一肚子的话要对我们说，而主要内容似乎是家庭婆媳关系不好。他对四个湖北人的儿媳都有意见，滔滔不绝地诉起苦来，一再说什么“天上九头鸟，地下湖北佬”等等讽刺湖北人的话。当时湖北人的刘大姐就在身边，我如坐针毡，又无法劝阻这位老同学。偷眼看看刘大姐，她却很自然，没有任何不悦之色，有时对吴公做个鬼脸，我这才放下心。事后我们也无法向刘大姐解释或道歉，但是我们心里都觉得吴于廑（得以）有这样气度的夫人是莫大的幸运。

吴于廑的长子吴遇不愧为名父之子，世其家学，在约翰・霍普金斯大学学历史，1993 年将取得博士学位。这年一月份我过八十生日，写信给吴于廑说，凡是年长于我的一律不惊动，但是要求他给我的纪念文集题签。他欣然同意，用毛笔给我题了字，并表示同意我的做法，不惊动年长的朋友。但到他过生日时，由于他在武汉地区的身份和地位，不得不有些铺张，应酬较多，同时又举行他的博士生答辩会。因为同行云集，于是又利用这个机会召开了他与齐世荣同志主编的《世界史》教材的讨论会。这样三件大事连在一起，大大加重了他久病之身的负担。武汉大学地处山区，道路崎岖，那天接他的汽车没有及时到达，他不愿让客人久等，于是步行赴会。

他以久病之躯请大夫检查，本来以为他暑假可以远渡重洋参加儿子的毕业典礼。这天在讨论会上他首先发言，谈了他对这部教材的主题思想等意见，讲完以后在沙发上坐下，就奄然化去，像是一个老兵在战场上倒下去那样。

吴于廑同志将永远活在中国历史工作者的心中！

附记

关于吴于廑先生对于世界历史研究的贡献，可参见李植枬《无私奉献　开拓进取——深切怀念吴于廑老师》(《史学理论研究》1994 年第 1 期)、陈勇《吴于廑先生治学追忆》(《史学理论研究》2000 年第 3 期)。

杨联陞与缪铃

杨联陞（1914—1990），字莲生，生于河北保定，原籍浙江绍兴。他过继给他伯父，伯父是盐务官员，退休后以吃瓦片为生。他在保定上初级中学，成绩优异。当时缪钺先生因家庭困难，考取北大而不能入学，在保定志存中学教课，杨联陞不在他的班上，与缪钺之弟同班。缪钺听说杨成绩很好，为人忠厚，后就把妹妹缪铃（宛君）嫁给他。多年后，缪、杨两位在中国文史之学都出人头地，郎舅齐名，扬声中外，成为佳话。

杨联陞后到北京，考入师大附中，读高级中学。1933年毕业，同时考取北京大学中文系和清华大学经济系。他个人志趣想入北大学文科，但由于其父的期望，去清华学了经济。然而，他对文史的爱好并未减少。在清华他受知于陈寅恪先生，毕业论文即由陈先生指导。在学生时代他已在《清华学报》《食货》杂志等刊物上发表文章。他关于汉代和唐代社会经济的文章，当时很有影响。卢沟桥事变前夕，清华学生左右派分野鲜明，杨联陞因功课好，政治上又属于中间偏右，一时左右派学生都拥护他，被选为学生会主席。

1937年毕业后，抗日战争爆发。当时，尚未沦为汉奸的钱稻孙，组织人力编写一部《日华字典》，为谋生杨联陞参加了这个工作。关于此事我在1990年11月20日闻杨病逝噩耗后的日记这样记载："论交五十余年，37年在钱稻孙家初识，即一见如故，意气相投……杨脑筋敏捷，博闻强记，治学多所创获，悟性记性都远胜自己，迥出侪辈之上。且多才多艺，能诗善画。可惜者，好胜之心过强，未免不少事想不开而自苦耳。哈佛三杰弱其一矣。"

到1939年前后，钱稻孙沦为汉奸，主持伪北大，呈送助教聘书给杨联陞，杨将它退回；次日，钱又送来副教授聘书，杨仍然婉言拒绝。他当时对人说："八毛钱一斤的酒我不喝，一块二的酒我也不喝。"（当时助教月薪八十元，副教授一百二十元）他就是这样寓爱国正义于诙谐之中。后来，钱稻孙又推荐他到日本某商业大学教中文，同样被他拒绝。他家本不富裕，这时更渐渐紧张起来。

1938、1939两年间，我以洪煨莲先生之介绍，协助访问北京的哈佛大学中国史教授贾德纳阅读日文杂志。1939年我获得哈佛燕京学社奖金，去美读书。贾德纳希望我推荐一人，我即考虑到杨联陞。在向钱稻孙了解了他的日文程度后，遂推荐他到贾德纳处工作。1940年秋后，贾德纳回到剑桥，计划仍请我帮他阅读日文杂志，而我那时已经领取哈佛燕京学社全时奖金，不得再兼工作，因此贾就自费邀请杨赴美一年，帮他工作。杨到美后，在贾家吃住，贾德纳在各方面予以照顾。以后，他又受知于赵元任先生，协助赵教汉语、编辞典，以后也领取了哈佛燕京学社奖金，成为哈佛研究生。

现就三方面记述杨联陞的事迹：一、为人；二、为学；三、才艺。

杨为人忠厚老实，喜交朋友，与人来往坦诚相待，没有机心。他在哈佛教书三十年，交游的面极广，很好客，1948 年秋夫人抵美，1949 年在康桥购房后，每礼拜总有一两次有友人到他家吃饭。70 年代末迁居阿令屯之后，由于地势较远，他本人健康情况日坏，家里招待客人的次数也就少得多了。新中国成立前的旧中国知识界中派系纷呈，彼此并无原则分歧而门户之见相当深。北大、清华、燕京等校彼此多少都有隔阂，北方的学者与南方的学者如柳诒徵、吕思勉、张其昀等互不相下。杨联陞虽出身清华，但对各派系学者都一视同仁。我读过他家来宾留言簿，其签名的学者，几十年中前后不下一百人。北大胡适先生很赏识他，两人论学谈诗二十年。史语所赵元任先生与他同编字典，研究汉语文法，他挽赵先生云：“岂仅师生谊，真如父子缘。”傅斯年先生到美后，也与他有来往。清华校长梅贻琦与胡适之先生等来康桥时都曾在他家下榻。清华、北大、史语所的学者们凡到剑桥者无不在他家作客。燕京大学由教会主办，在当时北平虽与以上各校有所不同，但司徒雷登仍然是遵循蔡元培先生“兼容并包”的办学方针。洪煨莲（业）先生在几所教会大学的文史系中影响较大。杨联陞与洪先生及其门下诸弟子关系也都很密切。他曾为洪先生抄剑桥感暮八首（用秋兴韵）：

白发飘萧矍铄翁，老师洪姓最声洪。

朗吟新句追秋兴，细写长编注史通。

引得惠人功莫大，探研捉贼乐无穷。
不嫌海外从游晚，上寿先生日正中。
（见杨 1955 年 2 月 10 日日记）

洪先生逝世后，他有纪念洪先生的诗：

康桥岁暮诗重咏，夫子音容尚俨然。
东布春风西化雨，量如巨海德长川。
子玄子美功臣并，八十八年福寿全。
文史洪门多健者，先生含笑住钧天。
（见杨 1981 年 5 月 14 日日记）

杨联陞家的留言簿上有从大陆到台湾又到美国的学者，如陶希圣题辞云：“1967 年 4 月 11 日之夜，在联陞夫妇招待晚餐席上谈三十年前旧事，此为赏心乐事，亦感慨系之。谨志数语以资纪念。”沈刚伯题辞云：“同是天涯沦落人，把杯不觉青衫湿。”也有回到大陆多年后又出访美国的，如瞿同祖题辞云：“廿二年前客居康桥，常为座上客。旧地重游，久别重逢，畅谈古今，为此行快事。”周一良题辞云：“三十六年，沧海桑田，康桥重晤，极乐尽欢。”语虽平淡，几十年的酸甜苦辣尽在其中了。还有钱端升题辞：“民国卅七年春重来康桥哈佛街三三一号。先后有〔李〕方桂及莲生卜居，时相过从，请益之外，亦作桥戏，弥足为乐。今返国有日即须言别，诚有不胜依依者，第望天下太平，舟车畅通，或北平或康桥重聚匪遥耳。1948 年 9 月 5 日。”可叹的是，钱端升所想望的康桥、北京之间自由来往的太平世界并未实现。他在北京被打成“右派”，足迹未再出国门一步。

留言簿中有不少外国学者，如叶理绥、赖肖尔、费正清、柯立夫等；也有日本学者如吉川幸次郎、宫崎市定、小川环树等。杨联陞不仅与学者来往，他的座上客及友人还有其他文化人，如国画大师张大千，作家老舍、曹禺，科学家任之恭、林家翘、陈省身，以及旅美的艺术家王方宇，旅欧的画家蒋彝等（与蒋彝的诗词唱和尤多）。在学术界杨联陞毫无畛域之见，对柳诒徵、吕思勉先生极为尊重。他在《汉学论评集》（英文）的中文序中说："老辈中用卡片最得力的，我要推重吕思勉（诚之）先生。他的几本大书，貌似堆砌，实有见解，钱宾四、赵元任先生早年（小学年龄？）似皆曾受教于吕先生。""我最近收到吕翼仁先生寄赠诚之先生遗著《史学四种》小册，颇有独到之见。"

杨联陞经常主持公道，好打抱不平。他对中国台湾学术界的主流派长期以来排斥钱穆（宾四）、洪业两先生于"中央研究院"院士行列之外深为不满。他曾告我说："说老实话，钱先生《朱子新学案》这部书，胡先生是写不出来的。"他还曾说过："下一次院士会上，我一定力保房兆楹先生当选。"可惜房先生没等到院士开会就去世了。有一次我们谈到两人都知其名而不识其人的一位学者，我当时有鄙夷之色，杨联陞正色对我说："可不能那样说，人家自有其长处。"此事给我印象极深。

杨联陞为人谦逊，对于他所谓的"工作在第一线的人"都很尊敬。平时言谈如此，也见于他的诗和书信里面。如赠张政烺诗云："我爱张夫子，学渊思更奇。六书申古意，八卦释群疑。广雅兼通考，潜研继日知。骅骝能缓步，驽马欲相师。"还有赠王伊同诗云："五朝门第欣重印，记得伽蓝喜译成。余事增删南北史，神州海宇定留名。"又《为邹衡作小诗》云："湘人来此学，考古汇群流。上通兼下贯，何止夏商周。"赠诗自然是颂扬为主，但他的诗中表现出他的谦虚和对别人的尊重。在给胡适先生的信中提到刘子健教授："这几年不但在学问（尤其在宋史）很努力，在办事方面也很出色。”1988年11月15日赠周一良诗云：“才高四海推良史，学贯八书谁比肩。”1982年《赠周一良诗》云：“劫后重逢迸泪珠，山山呼应有还无。遗山才学兼身世，《季木藏陶》待价估。”《季木藏陶》是先叔周季木先生所藏陶片，40年代我的表兄孙师白请顾廷龙先生整理、精印成书，带给我若干部，在美国出售。我回国时，还有一部没有售出，就交给杨联陞代售，1982年我重到美国，谈到此书，他说，尚有一套没有售出，他愿出5美金收下。我当时因为孙师白这时已经不需要这几十块美金，便慷他人之慨，把这部书送给了杨联陞。因此有人讥笑杨联陞吝啬，其实，这是他节约的美德。

杨联陞为人的另一个特点，就是持家以俭。一般在美国的华人教授住宅大多很高级，拥有花园洋房的不乏其人。而他的家（我只去过他在阿令屯的家）虽然很大，但并不华丽。他在美几十年始终不会开汽车。我想，这与他家庭出身有关。他的家庭本不富裕，养成了节俭的习惯，哈佛大学教授的薪金虽然不算少，但他和夫人都不会经营，如投资股票，等等。不像有的教授，身后仍有上百万美金的遗产。这里，我想提到另外一位哈佛的老朋友于震寰先生。他是哈佛燕京图书馆的日文编目主任，月薪远不如教授之多，但他善于经营，工作几十年退休以后，拥有不少房产。他曾用这些房产支援从台湾去美国的有困难的留学生。他夫人晚年多病，长期住院，幸亏有这些房产，一所一所地充当了医药费。总而言之，杨联陞在美国几十年，我认为他并没有美国化，本质上还是一个中国旧式的读书人。

杨联陞最大的不幸，是自1958年起患精神病——抑郁症，犯病时不能读书思考，烦躁不安，夜不能寐，有时甚至想自杀，必须入院治疗，周期常常达一年，后两年就比较好，脑筋特别敏锐，学术上也多有创见，然后到第三年，病又会来，越来越重，如此直到去世为止。他有时显得心胸狭窄，多所疑虑，大概是病态之一。1982年9月，他对我谈了很多学术上的新见解，同时表示哈佛在排挤压抑他，因此心情不愉快。我当时就问过哈佛了解情况的人，他们都说杨联陞绝没有受排挤压抑之事，如在退休之前，被授予哈佛—燕京讲座教授的称号；退休以后，仍保留他的研究室，这些都是受重视而不是受排挤的证据。

他晚年多病，最后几年又中风生活不能自理，一切全靠他笃信基督教的夫人照顾。1989年冬天，我到他家，亲身体会到缪大姐对他无微不至的照顾，使他病中的生活仍很愉快。缪大姐现已85岁，一人独自住在阿令屯那所房子里，我想是宗教信仰支撑她的缘故吧！

在为学方面，杨联陞1942年获得哈佛大学硕士学位，1946年获博士学位，1947年任远东语文学系（后改称为东亚语言文化系）副教授，1958年任教授，1959年当选为台湾"中央研究院"院士，1962年应法日两国之邀，先后分别赴法国法兰西学院及日本京都大学讲学，在巴黎曾用法文做公开讲演。1970—1976年相继获得美国圣路易华盛顿大学与香港中文大学名誉文学博士。1974年获法国铭刻与文学学院德卢恩奖。他多年来还担任过《哈佛亚洲学报》编委会编委及新竹《清华学报》主编。1965年获哈佛燕京学社中国历史讲座教授称号，1980年，以名誉教授退休。除数百篇论文与书评之外，他结集成书的英文论著有《中国史专题讲授提纲》(1950)、《中国货币与信贷简史》(1952)、《中国制度史研究》(1962)、《汉学散策》(1969)、《国史探微》(中译本，台湾联经出版事业公司，1983)，与赵元任先生合编过《国语字典》(1947)。另外有18篇中文论文，由我编为《杨联陞论文集》(北京：中国社会科学出版社，1992)。

美国哈佛大学为他发的讣告说："杨联陞教授在国际上以学术辨析能力与才思敏捷著称，是几代学生所亲切怀念的好老师，是协力培育与造就美国汉学的先驱学者之一。"法国汉学耆宿·戴密微（Paul Demiéville，1894—1979）说："总之，杨联陞的学问继承了中国百科全书式学问的优良传统，发挥其个人天赋之才，在广阔范围的资料中，以细致严密的分析作出综合性结论。"这两段话准确而恰当地概括了杨联陞教授一生的学术和事业。严格地说，史学家或语言学家都不足以说明他的成就，他著作涉及的范围很广，只有西方人使用的"汉学"二字可以概括。

1946年3月15日他给胡适的信里说："假如我能到北大来，教的东西您可以随便（点）指定，大约中国史，秦汉到宋，断代史都可以来，通史也可以勉强。专史则除了社会经济史之外，美术史、文化史、史学史等也可以凑合。日本史也可以教，但明治以后不灵（得大预备），西洋史很糟，必要时可以教英国史。如果国文系能开一门'国语文法研究'颇想试教一下，指导学生的事情当然很高兴做（东西洋学者之汉学研究也可算一门）。"[①] 我想，除去教英国史是一时兴到的话以外，其余的课相信他确能胜任。从他的论著可以看出来。

作为他的主要著作之一的《中国货币与信贷简史》，是一部具有开创性的著作，对中国货币和银行历史上的约300个关键词语着重作了记述和分析，绘出了具有重要意义的细节。在有关货币的部分，首先介绍了各种形式混杂的货币，然后重点讨论了圆形硬币、金银以及纸币。在研究信贷的部分，则叙述了从当铺等传统信贷机构到现代银行的兴替，并对贷款和利率方面的几个特征进行了探讨。这

① 注:《论学谈诗二十年》64页。

部书的成功有三方面的原因：一、此书以类别为经，时间为纬，叙述历史上货币与信贷的演变，脉络分明；二、探讨经济问题时，很好地结合了时代的政治、军事、社会等方面的背景，这应与作者本人深厚的史学根基分不开；三、具有批判性的观点在书中随处可见，颇具启发性。对于贷款为何被普遍地用于消费支出而不是创造资本，他一方面指出传统中国歧视工商业，倾向于阻止经济规律充分地起作用，另一方面又从经济学的角度，指出投资土地虽然回报率低，但风险很小。此书是从历史的角度，运用经济学的原理和分析方法写出来的，它不仅是有关中国货币和信贷的关键词语研究的集大成之作，而且揭示出古代中国货币、信贷以及总的经济发展的传统模式。

杨联陞的《汉语否定词杂谈》体现了他在语言学方面的成就，也是汉语否定词研究领域有影响的论著之一。对于典籍文献中的否定词，古人的经籍训诂里面有零星的考证。以现代语言学的观念和方法，深入、系统地研究汉语否定词的，国内外语言学家中不乏其人：国外如瑞典高本汉（B. Karlgren）、美国金守拙（G. A. Kennedy）、杜百胜（W. A. C. H. Dobson）等；国内有赵元任、吕叔湘、丁声树、黄景欣等。杨文后出，但他对于前人的研究成果能够融会贯通，不囿于旧说成见，加上能以系统的观念、史家的视野，对问题作全面的、细致的考察，所以，《杂谈》有自己的特色和创见。首先，全文从发音基础及意义与用法两个方面揭示汉语否定词的内在关联以及功能区别，故在方法论方面具有承前启后的意义。其次，在研究范围上，《杂谈》对于以往只专注于一时、一地或仅对几种文献有关否定词的讨论进行考察的做法有所超越。它既利用汉藏语系比较研究的成果，又联系当代方言中的古语成分，同时还纵贯古今，注意书面语言与历代口语并重，因而立论宏通，能够见人所不察。在讨论否定定语与唇音的关系时，作者首先讨论汉语唇音否定词在历代的演变，然后论及其在现代汉语官话方言（如北京、济南、沈阳、西安、成都、昆明、昌黎等）和非官话方言（如苏州、温州、厦门、梅县、潮州、广州等）中分布的特点，进而利用汉藏语系语言的研究成果，依据藏语唇音否定词的语音特点，认为双唇音否定词是原始汉藏语遗留下来的。在否定词的意义与用法一部分中，作者首先强调要注意否定词在意义上有轻有重，用法上有虚有实。人们使用语文常“带有感情成分夸张意味”，“用否定式，多数为部分否定，特指否定”，所以，在不同时期、不同地区、不同文体的语言中，否定词“不”“没（有）”“未”“非”“微与勿”“毋”等在用法和声音演化上存在着区别，认为李方桂先生用轻读的观点来解释上古的 *piutət（弗）演变为现代广州话和北京话的理论是正确的，这种理论较好地解决了“弗”“不”等同源词分化的条件和规律。最后，《杂谈》在材料的收集、使用上亦颇独具慧眼。除了使用亲属语言、方言材料之外，魏晋以后具有口语特色的语料及中土佛经文献语言的旁证，也有相当的分量，使得《杂谈》的材料既丰富全面，又细致独到。总之，《杂谈》是一篇在方法论和研究成果方面有重要价值的论文。即使以今天的眼光来看，它依然具有很高的科学性和启发性。

刘子健先生曾说过：“杨联陞学术的精华常常在他所作的书评里出现。”杨联陞自己也同意这个意见，说自己是汉学界的一只警犬，人们则称他是东方的伯希和。他总共写过五十多篇书评，书的性质涉及中国历史、文学、考古、经济、哲学、地理等许多方面。除去洋人对于中国典籍理解错误以外，经常有罕见的名词术语，中国学者一般也不能解释，而他从另外不相干的资料中包括日本的资料对这些名词加以说明，使人涣然冰释。德罗士所译《新唐书·百官志》

和《兵志》中“有籍有傍”和“以籍旁取”、鲁道夫及闻宥《华西的汉墓美术》中“诏所名捕”、波普所著《中国瓷器》中“撒孛尼”这几个词的解释皆是其例。他在香港钱宾四先生学术文化讲座上作的报告《中国文化中报、保、包之意义》也属此类性质。杨联陞说自己这种做法是“训诂释史”，我想当年陈寅恪先生曾经赞扬沈兼士先生的一篇文章，说一个字的解释可以充当一部文化史，也就是这个意思吧！

杨联陞学问之所以这样杂而精，固然跟他自己的兴趣有关，我想同时也是势必如此。因为外国学生研究中国历史、文学的人常有一些奇奇怪怪的想法。他们的兴趣也是多方面的。杨联陞在美国几十年，受其沾溉的外国学生所要研究的问题亦复多种多样。老师为了指导学生不得不跟着走。这大约也是杨联陞学问方面之广的原因吧！到哈佛的美国学生莫不受教于杨联陞，得他亲炙的中国学生如高友工、余英时、张春树、陆惠风、张富美等也多卓有成就。

关于杨联陞的多才多艺，在美国的华裔学者中也是颇为突出的。他自小善动脑筋，过旧历新年时，喜欢用诗句制作灯谜。在师大附中，与由名票成为名伶的程派传人赵荣琛等几位喜欢京剧的同学，结成盟兄弟，演唱京剧。他很喜欢言菊朋，曾坐在第一排手持小笔记本，把言菊朋唱的《四郎探母》唱、念、做等细节一一记录下来，曾经引起台上的言菊朋的注意。他精于桥牌和麻将，曾著《桥经十三章》，蜚声剑桥。他喜欢写诗，与缪钺时相唱和，缪钺说他“做诗不多，但能发新意”。1983 年，缪钺 80 岁，杨联陞画了一幅山水画并题诗致贺。他题缪钺《冰茧庵丛稿》：“考艺研经自妙年，文心史识两无前。灵溪灵处生冰茧，异代应知有此贤。”缪钺认为此诗着墨不多，但清逸宕折，殊有意趣。杨联陞不仅作诗，还曾写过一篇子弟书，自作自唱，在赵元任先生夫妇金婚纪念会上放一异彩。因为赵先生夫妇的《杂记赵家》中记有此事，并有子弟书的全文，这里不再赘述。

1941 年香港沦陷，杨联陞写了长诗《哀香港》，为中国同学所传诵。现在就以这首诗来结束他的传记。

哀香港

十九世纪矜樯橹，大英国旗日常午。已凭身毒攫南洋，更移罂粟销东土。能臣持正焚鸦片，庸臣误国迷和战。偿金开埠意不足，雄岛竟教图色变。

秀水明山照九龙，绿树长年浴暖风。星垂夜市千灯泻，云织朝帆万里通。豪权顿跡簇金窝，犀珠任载不谁何。层楼广厦连歌舞，钢琴声里影婆娑。

百年香港几兴止，曾看两粤起洪杨。中山倡义除专制，韶关誓众扫欃枪。睡狮欠伸甫欲视，强邻侧窥不能止。浦水卢沟炮夜轰，汉儿宁有为奴死！

沪滨喋血连三月，天地呜喑人奋发。大国不徒壁上观，翻输毒液供蛇蝎。海疆无寄终难保，从兹香港成孤岛。往来惟可御风行，纸醉金迷犹自好。

珍珠湾里击艨艟，遗患应知在养痈。东海南洋同日发，元戎坐困众汹汹。难攻不陷夸坚垒，支持才十数日耳。几度温柔歌故乡，遂令壮士不登埤。

转战于今已五年，岂见千人降阵前。悖入悖出何足道，覆巢群燕最堪怜。香脂碧血埋光彩，不蹈天禄蹈沧海。下看百姓皆虫沙，飞救公卿调鼎鼐。

群凶初势纵披猖，义战终教时日丧。何意三湘频报捷，大邦邂敌尚仓皇。谊切同舟终不离，休轻亚陆是边陲。父老衔哀方仰望，几时重见汉旌旗？

以上叙述40年代哈佛文科中国留学生“三杰”已毕。有人说你个人当初的工作也不错，何不加入“三杰”变成“四灵”？答曰：爱因斯坦曾经说过，科学研究的发现百分之九十九靠努力工作，百分之一靠灵感。我自己觉得百分之九十九的努力还是有的，但百分之一的灵感却比这三杰大有逊色。我可以举这样一个例子：北大百年校庆时，出版了一本文科的论文集，我在1937年发表的《领民酋长与六州都督》一文入选，那是我二十四岁时写的，应该说是有一些灵感的，但是2000年兰州大学出版的《20世纪中华学术经典文库·中国古代史卷》中册所选我的论文仍然是这一篇，这时我已经八十七岁。其他很多同志入选的文章都是近年所写。这就说明，在灵感方面我没有什么进步，这种自知之明使我不敢与三杰并列。三杰的事迹应当传之后世，我辈后死者责无旁贷也。这就是我写这篇文章的原因。

此文承三家家属及齐世荣、张世英、朱德生、李植枬、陈勇等先生审阅或提供情况，杨联陞长子杨道申先生提供资料尤多。武汉大学童云扬教授对吴于廑先生担任系主任工作的贡献，作了系统、细致、全面的介绍，现一并刊出。此文经始于20世纪末年夏秋之交，曾由小学水平之保姆笔录，困难万端。后由阎步克教授安排，历史系研究生顾江龙、刘聪、陈凌、姚宏杰同志轮流笔录；文中《货币史》及《否定词杂谈》的评论分别由顾江龙及中文系博士生周守晋、王建喜提供，在此一并表示感谢。

2001年7月2日

米寿老人周一良记于蓝旗营新居

童云扬教授来信介绍吴于廑先生作为武汉大学历史系主任所作出的贡献

1. 新中国成立初期，吴师便在历史系提倡学习马克思列宁主义。他组织系内多名教师共同开设“历史唯物主义”课程（学年课），推动大家真诚学习和运用马克思主义指导教学和研究工作。

2. 重视基础。从50年代至70年代，历届新生入学后的主课之一的“世界通史”课，总是由吴师亲自讲授。因为此课是学年课，等于吴师年年都要讲此基础课。其实吴师可开出的专题课是很多，但他认为对本科学生来讲基础课最重要，所以，他能长期坚持下去。由于吴师重视基础，对学生、对青年教师都有耳濡目染的作用，影响深远。

3. 重视外语培养。“文革”后，吴师在系内创设“专业外语”课，组织包含英日两个语种的三名外语教师，组成“专业外语教学小组”，为高年级学生开设结合历史专业课进行的专业外语学习。

4. 主张因材施教。每学期开始，吴师总要亲自帮助每个学生选定本期应修的课程。每个学生每学期选修什么课，是根据不同学生的不同情况而定的。所以，同一个年级的学生选课的门类可以不同。

5. 重视直观教学。新中国成立初，历史系教师很少，但聘有一位专门教地理学的教授。当时全系教职工中只有一名职员，便是画历史挂图的绘图员。

6. 重视世界史外文书刊的积累。吴师深知在国内作世界史的教学与研究工作，没有相当数量的外文图书、杂志的积累是难以进行的。听说吴师回国任系主任后，长期亲自圈订外文书刊的订购清单。系内当时只有一间系主任的办公室，他亲自到校图书馆调一批重要英文史学书刊在办公室内设专架陈列，把偶尔使用的办公室变成可经常使用的资料室。当时，我和李植枬等三个单身助教每天上下午都在这系主任办公室备课，就是因为它的实际用途是地道的资料室。后来很久，全系有一个书多、人多、房子多的庞大的按中外各历史阶段陈列资料的大资料室。它的书库和阅览室的各种书架的设计，也是吴师亲自作出的。在新建世界史研究所及15、16世纪世界史研究室时，这时他已是古稀之年的老人了，但他还是亲自带领所、室的同人到大馆调大批与研究课题相关的历史书刊，建成围绕研究课题的世界史资料室。

7. 吴师主张高校教师以参加教学为主但一定不能不做研究工作，一定要把教学与科研结合起来，互相促进，在教学实践中发现、提出研究课题，以研究后的新成果来改进教学。新中国成立初期，他根据教学中提出的问题进行科研，写出了有关古代希腊、埃及和巴比伦的文化的三篇文章，在提高了课堂教学的同时，还逐步形成要从全局考察世界历史的想法。80年代，吴师又沿着这个想法，写了《游牧世界与农耕世界》《农本与重商》《工业世界的孕育》及《农耕世界在新兴工业世界冲击下的反应》等四篇有关世界史观的论文，对改造整个世界史的史学体系提出了自己的看法。

8. 吴师在培养青年人方面，一向是热心的。新中国成立初期，我们几个刚留下来的助教，还没有登上讲堂的勇气时，他便主张让我们在教学实践中提高，四个人抬一门课，既满足了教学任务需要，又锻炼了年轻人。吴师平时到校外参加学术会议或修改教材的会议时，他总尽可能带些业务相关的年轻教师参加，使他们能得到各方面学习和提高的机会。吴师对于青年人写的文章、书稿，从不轻易否定，总是细心审阅、耐心提示，先让你自己修改，最后，只要需要，他会亲自动笔。青年人在文章发表前都愿主动请他审阅，就是因为他不仅帮助你提高了文章的质量，还让作者提高写作能力。

纪念丁声树先生

丁声树（梧梓）先生我是在1936年到南京中央研究院史语所开始认识的。但他的名字四年前我已经知道。30年代初天津《大公报》每星期发表一篇星期论文，由当时政界和文化学术界的著名人士撰写。记得1932年暑假，胡适之先生有一篇星期论文，提到当年毕业的两个学生，加以表扬和鼓励。一是清华大学历史系毕业的吴晗，

丁声树、关淑庄与女儿

另一位就是北京大学中文系毕业的丁声树。好像还提到他关于“不”和“弗”的论文，记得胡先生关于发明一个字的意义等于发现一颗恒星的说法，好像就是在这篇星期论文里提出的。

初见丁先生，留着平头，蓝布长衫，非常朴实，像一个老学究。但他却跟赵元任先生一起用外国仪器搞语音实验，是赵先生的得意弟子。我在南京这一年，跟他熟悉起来，知道他对于声音训诂之学修养很深，而对于方音和方言也很了解。听说抗战中南京撤退的时候，他随身只带了一部书，就是许慎的《说文解字》，说明他对这部书定有研究，而这正是研究先秦两汉古典文献的最基本、最重要的参考书。

再碰到丁声树是40年代在美国，他由中央研究院派来哈佛大学和耶鲁大学研究。旧友重逢，高兴自不待言。40年代末，我们先后回国，又都在北京工作，来往颇密。他常常带我的孩子们到街上去吃面茶，因此有“面茶丁伯伯”之外号。

临近新中国成立，南京政府准备撤退，中央研究院各个所行动不一，各研究所的主要研究人员如陶孟和等一般走得很少，只有历史语言研究所在傅斯年的督促之下几乎全部人员连同图书资料一起运走，包括留在所里的私人图书在内。但是，当时在北京的丁声树却没有走，因为他的夫人关淑庄大姐从美国来电劝他留下，而他的全部图书跟所里一起走了。

新中国成立以后，丁公在语言研究所，抓了很多方面的工作，他参加过编字典、培训人员、自己讲课、到各省去调查方言等等，而事必躬亲，鞠躬尽瘁，受到大家的拥戴，但是他自己的研究工作却没有时间去搞。

丁公在新中国成立以后积极要求进步，最后入了党。他的夫人关大姐常常纳闷，曾经问过我“你与声树都是书呆子，为什么现在热心于政治？”她不理解。我回答她，自己在新中国成立后有两种感觉：恨与悔。恨就是自己出身剥削阶级，悔就是没有参加革命而是去读书搞研究。“文化大革命”以后，我又跟她谈过自己如何决心改造，又如何加入了造神运动的行列，碰得头破血流，最后才认识自己“毕竟是书生”。关大姐关于我的问题，我是陆陆续续地才能解答，但关于丁声树同志，我却不能很好解答。他出身于河南农村，家庭成分我不太清楚，但他曾跟我说，儿童时吃早点一个咸鸭蛋要分几天吃，可见绝非剥削阶级。但他对自己政治上要求很严。他是所里唯一的一个一级研究员，年岁已高，担负的工作也很重，但他对自己要求却特别严格，例如“文革”之后，所里分配给他比较宽敞的四居室住房，他坚决不要，并且说服家里人，一直住在经济所分配给她夫人的二楼两小间、三楼一小间的住房。日常生活中，他总以贫下中农标准要求自己，一直不肯喝牛奶、吃鸡蛋。当时所里有班车上下班，他家住得很远，但他觉得如果他坐班车，别人自然会让座给他，所以宁可放弃班车的便利，自己搭公共汽车，需要在站里等很久，车上也异常拥挤，耽误很多事情。因为他这样严格要求自己，社科院把他作为知识分子党员的榜样加以表扬。《北京晚报》上也曾经用图画故事的形式连载了他的事迹。丁公就是这样过于劳累，在七十岁时患脑溢血病倒了，很快就成了植物人。他初病时，我去看他，似乎还能认得人，眼眶含泪而不能说话，不久之后完全成为植物人，躺了十年就去世了。看起来，丁公是没有像我那样发现参加造神运动终于觉悟自己是书生。

丁夫人关淑庄大姐满族，哈佛大学经济学博士，丁公回国时她因孩子还小，留在美国工作了几年。而她父亲关定保长期在张作霖部下辗转做过几个县的知县，公正清廉，颇得民心。“九·一八”以后，他把妻子和儿女留在沈阳，假装预备定居，自己只身入关，后来才设法把家属带进关内。关淑庄 1936 年考入清华大学，1937 年卢沟桥事变后，清华南迁，她转入燕京，因成绩优异，学校给她联系到哈佛读书。她在统计学上颇有成就，首创将数学中的“差分”方法（difference，是微积分的一部分）用来分析经济，被美国教授称赞，但没搞完就回国了。而她的美国师弟孙之类按此思路做下去，自成一家，取得了优异成绩。关大姐回国后在社科院经济所工作，却不断受到批判。1980 年，其女从耶鲁大学经济系毕业并参加工作，关大姐重返美国，并照看她的女儿和孙女。前不久，她患舌癌，动了手术，经过顽强刻苦训练，在越洋电话中发音仍然清晰响亮，能谈到半个小时。我想她一定能够战胜这一顽症。

劳干：回忆丁声树先生

丁声树先生因久病不愈而逝世，这的确是中国学术界的一个最不幸消息。丁先生是语言学的权威，他学问上的渊博以及学术上的认真态度，使他在他指导下的语言学的学习和语言学的工作，都有非常有效的进展。他现在虽已逝世，但他的方法及态度，将在中国学术前途上，永远存下去。

我和丁先生认识很早，丁先生是在1931年以后，就到中央研究院的历史语言研究所，我虽然毕业早一年，但因为教了一年中学，因此到史语所差不多是同时的。丁先生的工作是在语言组，而我的工作却在历史组。当时史语所在北海的静心斋办公（只有考古组因为需要较大的地方，是在蚕坛办公）。直到1933年以后，因为"九一八"以后，北方不安，而中央研究院也需要集中，先在上海的静安寺路小万柳堂办公，等到北极阁下的史语所新楼建成，再迁到南京的北极阁下。

到了1937年，"七七"抗战开始，史语所第一步迁到长沙。借用城东边的圣经学校来办公。第二步迁到桂林，再从桂林迁到昆明。

这是和西南联合大学（由北大、清华和南开共同组成）一致行动。西南联合大学因为人数众多，分为三路去昆明。其中第一批是从广州、香港，经海道由海防到昆明；第二批是徒步到昆明，经过的是从长沙经贵阳到昆明的公路；第三批是搭汽车先到桂林（一部分人员住在阳朔），然后再到龙州，经镇南关到谅山，然后搭火车经河内转火车到昆明。史语所和西南联大合作的是选第三批的路径，当时丁先生和我都是循这条路到昆明。

当从南京迁出来时，原来的目的地只是到长沙就停下，因为到长沙以后，清华大学还在岳麓山修了新的校址。不幸当时决策错误。为了在上海作战，无险可守，牺牲了三十万精兵（如其守苏嘉线，早有国防工事，情形就好得多），再因为守南京，牺牲了十万人。后来无兵可调，以至武汉也仓皇撤退。而长沙也不能不撤了。

我们到桂林以后，我和全汉昇先生是到阳朔办公，丁先生是留在桂林（不过曾到阳朔一次）。后来再一同经河内赴昆明。到了昆明以后，一部分是住在拓东路。这是赵元任先生租到的。在那个时期，赵元任先生和赵元任夫人都在那里。丁先生的生活是非常俭朴而刻苦的。赵夫人并时常关照丁先生要他特别注意营养。丁先生也一一地照办。

在拓东路住了一个相当时候。后来西南联大步行的教职员，也从贵阳到来，还经过拓东路的门前。赵先生为了欢迎他们到来，还特别做了新歌来迎接。这个歌辞是赵先生请丁先生打一初稿，然后赵先生根据原底再重新改作的。其歌辞为：

遥遥长路，到联合大学。遥遥长路，徒步。遥遥长路，到联合大学，不怕危险和辛苦。再见岳麓山下，再会贵阳城。遥遥长路走罢三千余里，今天到了昆明。

其中徒步，两字一句，是赵先生神来之笔。但原有丁先生初稿，也是应加以推重的，可惜初稿的原文，已经不能记忆了。等到西南联大徒步队前来时，正好经过拓东路的门前，赵先生夫妇和在那里的史语所同人都在等待，以茶水接待。丁先生也兴高采烈在前面，合唱赵先生作好的歌，大家都很感动。在大队最前面的是两位教授，冯友兰及闻一多。两位本来未留胡子，经长途旅行，也都变成大胡子了。闻先生一直未剃，冯先生到“文化大革命”时才剃掉。

后来史语所集中在靛花巷（云南大学附近）租的房子，再由靛花巷搬到昆明东北郊的龙头村。赵元任先生一家，因为接到美国加州大学柏克莱区的聘书，未搬龙头村，即从昆明经河内到美国。

在龙头村停了两年多，在1940年再迁四川的李庄。从昆明出发，搭乘卡车，经过曲靖、宣威、毕节、叙永到泸县，经泸县坐轮船到宜宾，再从宜宾搭小轮船到李庄。

史语所在当时迁到的李庄，本也是一个理想地区。不过因为同济大学也搬到李庄，同济下手较早，庄内许多可用之处，例如张家祠、禹王宫等都已被租去了。史语所只好在距李庄五华里的板栗坳作为办公及住家的地方。板栗坳是张家聚族而居的场所，从明代晚年（万历时期）经过了清代，陆续修建，修成了七处大院子，还附带一个戏楼院，对于史语所是够用的，只是从李庄出发，走三里路然后上山，约走两里多就到了坳子里。为了上山要走三四百级，十分辛苦。而且坳子里形成一个小盆地，四面环山，夏天非常酷热。再加上饮水是用田间积水，卫生上还有问题。也自有其不便之处。

板栗坳的房屋是由分开的四合式大院子组成的。最北的是田边上，然后是老房子、柴门口、牌坊头、戏楼院及新房子。在田边上的对面是一个分开大院，桂花坳。其中老房子及牌坊头（后院）是仍由一部分房东住居（其中许多家为了收房租而让出来，搬到李庄街上去了)。当时图书室及语言组和部分单身人员是住在田边上，桂花坳及柴门口，是有眷属的工作人员住。善本书及历史组在新房子，考古组在戏楼院。而牌坊头的大厅则作为大家休息及讲演的地方。那时丁先生是住在田边上，而我是住在柴门口。但仍然时常可以见到。

当时各眷属的饭食是自理，单身人员的饭食是由所方雇用一个厨师，再由各工作人员轮流管理。当然丁先生也时常轮到的。他的认真不苟的态度也为众人所公认。当时为了他的严肃态度，也曾经被人给他一个"丁圣人"的外号。此外有关中西医的问题，他曾经表示过，他家里是开中药店的，对于中药有些接触，不过对于中医和中药，还是给予相当的保留态度。当时中国正在对日抗战，对于抗战是极力支持的，同时也表示过，我们将来翻身了，也不可以像日本那样，做成一个侵略国。

史语所是1940的秋天从昆明赴李庄的，到了1946的春天，再从李庄到南京。这次史语所同人是搭轮船从李庄直达重庆，再从重庆搭包的飞机去南京的。到得很快，可是三峡风光就不能看到了。

纪念邓先生

邓广铭先生去世已经半年多了，我在哀悼之余时时感到有些歉疚。因为在他弥留之际，我没有赶去和他诀别。他去世的噩耗和追悼会的日期，因我当时在病中也被瞒过了。当然我不良于行，也不一定能去参加他的追悼会，但心里总觉得有些不安。

在 1997 年的 9、10 月间，我们两个人同住在友谊医院，病房在上下层，曾经彼此互相串联过，而且一同照了一张相。我想这张相恐怕就是邓先生最后的遗影了。

我和邓先生认识是在 1946 年，但是熟起来是在 1952 年院系调整，我调到新北大以后的事情。这 40 多年来，我们两个人的交往并不密切，但是我觉得彼此相知还是很深的。

邓先生庆祝九十岁生日的时候，我曾经想写一篇文章，后来没有写成，这篇文章的主题我想就是“邓广铭是 20 世纪海内外宋史第一人”。我为什么这样说呢？因为首先，邓先生研究宋史，不像一般人那样只注重北宋，他是既研究北宋，又注意南宋。比如说他研究岳飞、辛弃疾、陈亮，都是南宋的人。再从研究范围来说，他研究政治史、经济史，研究战争，研究典章制度，也研究学术文化。特别难能可贵的是，他还笺注过辛弃疾的词，这在一般的历史学家是很少见的。所以，他在史才、史学、史识这三方面都是很有特长的。他的考证是很精确的。早在学生时代，邓先生就受知于胡适之先生、陈寅恪先生和傅孟真先生。他的史识从议论到分析都是很宏通，容易接受的。另外，他与一般史学家不同的一点是，他不但研究历史，而且写历史。他的几本传记，像《王安石》《岳飞传》《辛弃疾传》，等等，都是一流的史书，表现他的史才也是非凡的。所以我说他在史学、史才、史识三个方面都具有很高水平。这是当代研究断代史的人很难做到的一点。当代研究断代史的人，很少有人能够既研究这一段历史，又能写这一段历史。

邓先生之所以难能可贵，还在于他的勤奋。他的考证之学，在年轻的时候，就已经受到前辈学者的赏识。他到老勤奋到底，孜孜不倦，一直到他去世前半年，已经九十多岁了，还在研究《辨奸论》，写文章与人讨论，这一点也是非常宝贵的。他曾经说，“我要活到老学到老，我要把有限的余年用来修改我的书，把它修改得更加完善一些”。这一点也非常难得。

粉碎“四人帮”之后，邓先生出任北京大学历史系主任。作为系主任，他首先抓的是人才。他注意发现人才，提拔人才，充分利用人才，来办好这个系。

首先是任用张广达先生的例子，张广达先生是研究隋唐史和中西交通史的，但是长期以来，他被错误地用作一个俄文翻译，不能发挥所长。邓先生当了主任之后，决定让他放弃被强迫压在身上的任务——俄文翻译，而去做他的本行——多年研究颇有心得的隋唐史和中西交通史。

同时，为了加强隋唐史的教学与研究，他又从山西请来了王永兴先生。王永兴先生因为右派夫人之累，被下放到山西农村，穷愁潦倒，不为人所知，简直连研究工作都无法进行。邓先生把王先生聘到北京，让他和张广达先生一起来搞隋唐史和敦煌研究。王永兴先生开了隋唐史的课，也开了敦煌学的课，同时培养了大批对敦煌学有兴趣的学生，还主办了北京大学的《敦煌吐鲁番文献研究》的刊物，出了5期之多，在中国的敦煌、吐鲁番学方面立了很大的功劳。

还有关于吴小如先生的例子，吴小如先生想要离开中文系，离开北大，到中华书局去工作。当时我听到这个消息很着急，想挽留吴先生，邓先生更极力主张要把吴先生请到中古史中心来。因为我们觉得吴先生在中国文学史各个段都能挑得起来，同时他对文字、训诂各方面都有很深的功底，对于我们的青年教师和同学都会有很大的好处。所以我和邓先生都去见了校领导，反复陈词，要求把吴先生留下，作为中古史中心的一个教员，让他发挥作用。这也是邓先生很重要的一个贡献。

对我的任用，邓先生也尽了很大的心。我记得在1981年评博士生导师的时候，有人提出我应该作博导，也有人反对。邓先生知道这个事情以后，去找了领导，反复地陈说，一定让我参加第一批的博士生导师，这样我就当了博导。

作为历史系主任，在培养人才、选拔人才方面，邓先生还做了一件非常重要的事情，对历史系有很大的贡献，就是建立了中古史研究中心。在78级的毕业生中，中国古代史出现了不少非常优异的学生，但系里教员编制有限，不能都留下，邓先生感到非常可惜，于是想出一个办法为系里储备人才，建议设立中古史研究中心。邓先生当初是想仿照史语所的办法，用自由与强制相结合，就是在研究方面没有任何条条，没有任何拘束，自己愿意研究什么就研究什么，完全自由，但是又必须每天都到办公室来，大家一起坐下来研究，不能够自己藏在屋里，或者名义上搞研究，实际上是自由放任。当然后来没有能够照这个方法做下去。但是这个机构毕竟成立了，人才也留下了，而且也培养出来了。现在北大好几位破格提拔的教授，都是从中古史中心里出现的。

由中古史中心，我就想到，当初翦老也有同样想法。当时有不少留学东欧的学历史的学生回国，一时没有课可教，没有地方可去，翦老就说应该把这批人养起来，让他们从事研究，将来有用的时候再来使用，所以后来就成立了研究室。可惜的是，当时的研究室没有像邓先生这样的业务上有威信的人来主持；同时，这批学生也参差不齐，不像 77、78 级学生水平那样高。所以，最后这个研究室没有能够作出什么成绩，人才逐渐流失了，没能完成当时翦老储备人才的想法。

邓先生担任系主任的时间虽然不长，但是他确实是做了几件重要的事件，对北大历史系的贡献是很大的，这一点我们是不能忘记的。

邓先生年登上寿，实至名归，他的小女儿小南同志在北大荒插队的时候，已经有“很有威信的理论教员”的称呼。后来恢复高考，她考进北京大学历史系的中国史专业，毕业以后又留在中古史研究中心，这是邓先生内举不避亲的表现。小南同志出了一本《宋代文官选任制度诸层面》的书，邓先生给她作了序。其中对于小南同志的工作有很高的评价。我们知道邓先生平常是不轻易夸奖别人的，他这样地对待他的女儿，说明他的女儿的水平确实是不错。邓先生虽然像他 1 600 年前的本家那样“伯道无儿”，但是“中郎有女”，世其家学，而且显然能够发扬光大他的学术。在中国学术史上，大学问家有这样福气的并不多。邓先生应该是含笑九泉了吧。

1998 年 8 月 1 日口述于朗润园公寓（臧健笔录）

悼念王岷源同志

有六十年交情的王岷源同志悄悄地走了。说悄悄地，因为他并没有长期缠绵病榻，据说也没有得什么奇怪的病。然而没有几天，就和我们永别了，令人伤心，欲哭无泪。

我与他相识是在1940年。他清华毕业后，到美国耶鲁大学学语言学，1940年夏天来哈佛暑期学校学法文。我们在大学对面的小饭馆相遇，攀谈起来，彼此觉得很亲切，于是订交。这一年秋后，我去纽约归途经过纽海文，去耶鲁大学访问了他。我还保存着当时在图书馆门前的合影，合影背面题字说："图书馆门上，刊有世界诸古文字，吾中华文字与焉，惜非甲骨，而是楷书，所录文亦不知取自何处。"

王岷源与张祥保

后来，王公也来哈佛，在《汉文大辞典》处工作。抗战胜利后回国，同在北京。1952年院系调整，又都分配到北大，直到今天。

胡适之先生曾有信给张菊生老先生介绍王公甚详：商人家庭出身，十九岁考入清华大学外文系，后公费留学美国。“人甚清秀，中英文都很好，写汉文甚秀雅，性情忠厚温文，现在我在美国观察此君，很喜欢他的为人敦厚。”（注：见欧阳哲生编《胡适书信集》1947.11）

还有一段很珍贵的材料，台湾所出的《傅斯年文物资料选辑》印有赵元任先生从美国致傅斯年的亲笔信，其中说：“我想推荐王岷源给总办事处，曾对 ××（名字不清）提过，日内写信给 ××（名字亦不清）时打算再提一下，他的中、英、法文都好，还会一点俄文。”据《赵元任年谱》记载，赵先生有好几篇文章都由王公翻译成中文，刊载在新中国的刊物上。

胡、赵两先生的评语，我可以用事实来证明完全正确。40年代，哈佛大学的中国学生聚会中心是赵元任先生家，赵太太生性豪爽好客，每逢圣诞节必然邀请一些中国学生到家聚餐，非常热闹。我还记得有一次餐后，大家表演，梅祖雁教授（当时在美留学）自告奋勇唱个歌，说小学生放学回家“见了父母放个屁，父母骂我没出息”，于是哄堂大笑。我们回国以后多年，每逢圣诞，就怀念当年赵家聚会的盛况。那时，岷源同志住在赵家，那天兴尽将要散会时，赵太太叫“王先生，倒垃圾呦！”王公站起来，微笑着小声嘟囔两句英文“Once a garbage man，always a garbage man”。意思是：你倒了一次垃圾以后，你就永远倒垃圾。赵太太就是这样一个豪放不羁的老太太，做事随心所欲、颐指气使；大概王公曾经自动倒过垃圾，因而赵太太就形成惯例，而王公也就遵命了。这件小事将近六十年以后，我记忆犹新。它恰恰说明，王岷源同志为人长厚，又富于幽默，而且是用外文来幽默一下，同时，又证明了胡、赵两先生对王公的看法。

今年2月，我的老伴去世，岷源同志写四言短诗以寄哀思，情真意切，存殁同感。岷源同志近一两年，腿脚很不便，走路踯躅而行，异常吃力。但1998年我第二次骨折后，他还让他儿子陪着，老远地从中关园走到北大的极北边朗润园十二公寓来探望。今年夏天，他又来过一次。8月间，我听说他病了，于是远征中关园去看望他。想给他一个愉快的意外，没有先给他打电话，谁知竟扑个空，他刚刚因肠梗塞住院去了。又过了几天，听说医院认为不要紧，但也没有办法，认为他可以回家。于是我又去看他，他虽然躺在床上，脸色不坏，精神也好，只是双腿无力，不能站立行走。谁知又过几天，是8月24日，电话传来他的病竟然是晚期腰椎骨瘤、已经不治的噩耗。所幸的是，他没有像一般的肿瘤病那样长期迁延、多受痛苦。

因为不是同行，所以关于岷源同志的业务，我没有发言权，但听人说"他专做别人不愿做的事"，此语大可玩味。清华大学李相崇教授（也是能兼教英、俄文的），似乎觉得岷源同志没有受到重用。我想，他教俄文那一段，肯定是给北大解决了很大问题，得到重用。回到英语系以后，情况就不知道了。如果他是自动地做别人不愿做的事，那是他的谦虚美德。如果是被动地，那……希望了解岷源同志业务的朋友们能够多加介绍，以慰死者。

王岷源同志永远活在北大人的心中！

米寿老叟　周一良

2000年11月6日

向陈先生请罪

1988年中山大学召开了纪念陈寅恪先生国际学术讨论会，这次会实际上是一次平反的大会，是为陈先生恢复名誉的大会。这次会上，许多学者发了言，就陈先生学术的各个方面，都作了探讨。1994年，在中山大学第二次召开了关于陈寅恪先生的国际学术讨论会。这次会议的中心题目，是关于陈寅恪先生的最后的著作《柳如是别传》。陈先生用那么多的时间和那样多的精力，写这部书，但是陈寅恪先生去世以后，没有多少人知道这部书，更没有几个人仔细读过。关于这本书的内容实质、意义所在，通过这次大会的讨论，才逐渐地明了起来。第二次会议比起第一次泛泛地讨论陈先生的学术，大大地深入了一步。

现在，中山大学又召开第三次国际学术讨论会，来讨论陈先生的研究工作。这第三次的会，我觉得有两个特点。第一个特点，是参加会议的人员方面。第一次会议和第二次会议参加的人多数是年岁比较长的，多数是跟陈先生有过直接接触的朋友或者学生；而这次则不同了，当然，也还有年长的，如王永兴先生、石泉先生、李涵先生以及中山大学的各位先生，他们都是陈先生在清华园时期、华西坝时期和岭南大学、中山大学时期的学生，但是，他们仅仅是些代表，人数已经很少，而绝大多数参加会议的是研究魏晋南北朝史、隋唐史以及陈先生所研究的其他部门的中青年学者。这种情况一方面是时代所致，历史使然，另一方面也说明陈先生的学术研究有广泛的影响，深入到各个方面，所以才有各方面的人员来参加，使会议这样兴旺。这次会议的第二个特点，是会议的内容。从作者所提出的题目来看，除去关于陈先生学术研究的论点、方法之外，不少是这些学者们自己研究的心得，结合陈先生的研究来谈的，可见这些人都多多少少受到陈先生的影响，同时发扬光大，可以说是一次在陈先生影响之下的百花齐放、百家争鸣的学术讨论会。中山大学的校领导和历史系的领导尊敬陈先生，纪念陈先生，怀念陈先生的学术，同时也为了弘扬陈先生的学术成果，三次召开这样的纪念大会，这对于繁荣学术有很大的好处。纪念陈先生诞辰 110 周年也使我们非常感动，我在这里向中山大学校系领导表示深深的敬意，同时也祝愿这次在陈先生影响之下的百花齐放、百家争鸣的学术会议开得圆满成功！

我的发言是“向陈先生请罪”，也是向大会交代一个问题。这个问题本来在第一次会议或者第二次会议上早应该讲过了，但是我确实是忘记了，不是文过饰非，隐藏罪证。最近我写别的文章，翻起我旧的笔记本，发现有一个批判发言稿，而这个批判发言稿就是批判陈寅恪史学的稿子，这才想起来这件事，一定要在这次会议上及时地把这个问题做个交代，不然的话，我的罪责就更重了。1958 年，在举国“大跃进”的形势之下，学术界进行学术大批判，北大历史系总支组织了一系列的批判会，批判史学界的种种思潮，组织教师指导学生写文章，同时也组织教师进行批判，分配给我的批判题目就是陈寅恪的史学思想。我1956年入党，由于反右斗争，迟了一年才转正。1958年正是锻炼党性，不讲价钱，党指向哪里就打向哪里的时候。这个时候，我接受了任务，丝毫没有考虑，也没有任何顾虑，完全没有考虑到自己马克思主义水平究竟如何，能不能批判得了，批判陈寅恪先生对陈寅恪先生将发生什么样的影响，陈先生如果知道我批判他，又有什么想法，以及将来如何面对陈先生等等，这些问题都一概不在考虑之列，因此也就不再记得这件事情。根据我当时的提纲，是批判了四点：第一点是帝王将相是历史的主人的问题；第二点是注重文化的区别而不注重种族的区别的问题；第三点是陈先生的民族虚无主义，把中国很多事情从外国找到来源；第四点是陈先生讲善战的民族实际上是为帝国主义张目。我是从旧营垒里过来的人，我深知陈寅恪先生的研究成果和结论，我自己也知道我所掌握的马克思主义很有限，顶多只是联共党史四章二节那些教条章句等等，是不能够驳倒陈寅恪先生的论点的。但是，我也不管这些，反正是根据党的指示，用所谓的马克思主义理论来进行批判就是了。作为一个新党员，我当时完全没有想到将来如何面对陈先生，更没有考虑到陈先生如果知道我批判他，将作何感想。当时的《光明日报·史学副刊》选载了历史系同学批判陈寅恪先生的文章，但是没有登我的文章，可能因为只是上纲上线，而没有批倒陈寅恪先生的论点内容。所以当时校外的人不知道我也参加了批判陈寅恪，而寅恪先生自己当然更不知道，不然的话，我早已成了金应熙第二，被陈先生处以破门之罚，拒之大门之外了。随着时间的推移，我的学习逐渐深入一些，我觉得马克思主义一分为二、合二为一的辩证法在陈先生的许多著作中都可以找到，陈先生的思想实在是很符合辩证法的。同时，我觉得陈先生教导学生写论文要从史料开始，而史料必须要考订得扎实以后，才能作为根据，这种思想实际上是存在决定意识的一种反映，而不是“我思故我在”的一种反映。后来我才知道，早在50年代，老马克思主义者杜国庠同志就曾经说过：“陈寅恪的史学思想具有朴素的唯物主义成分。”（见1999年2月13日《文汇读书周报》所载吴江同志的文章）所以，在“文化大革命”之前，我已经几次对同学讲过，陈寅恪先生的史学是具有辩证法的，但是，掌握辩证法的人并不一定能够写出陈寅恪先生那样的史学文章，因为他除了这个以外，还具有他个人特有的敏锐的见识和犀利的剖析的能力。根据他的敏锐的见识和犀利的剖析，才能发前人所未发之覆，每篇文章都有新的见解。陈先生这种辩证法思想并不妨碍他所标榜的以独立之精神、自由之思想作为指导的研究工作。而我自己呢，违背了独立之精神、自由之思想的这种标准，或多或少这里或那里做了些曲学阿世的工作。比如说，我常常应报纸的请求，写一些中国与某国人民友好的文章，这些文章里面，只提友好，不提不友好的方面。但是我认为这只是常识，不是学术研究，也不能算完全违背事实，所以它不能算是曲学。至于写柳宗元封建论和诸葛亮法家思想等等，这些文章那就完全是曲其所学，阿谀世道了。而我当时还很自豪，以为用自己所学的古典文献为当前的无产阶级政治服了务。完全违背了陈先生要在独立之精神、自由之思想指导之下来做研究的教导，是完全应该接受破门之罚的。

粉碎“四人帮”这一战役使我惊醒过来，感觉到自己过去的荒谬可笑。就在这个时候我看到了田余庆先生关于魏晋南北朝史的研究文章，田先生年岁小我一轮，我对他来讲，是师友之间的地位。可是我看了他这篇《释“王与马共天下”》的文章以后，大为惊叹，大为折服。我感觉到他不仅有辩证法，而且有自己敏锐的见解和犀利的剖析能力，所以他的文章就有像陈先生那样的发前人未发之覆的特点。以后看到他的其他文章，多有类似感觉。因此我说，田先生在某些方面，他的工作胜过陈先生。有人误会，以为我说田先生全面超过了陈先生，我不是那个意思，我只是说，在某些问题上，田先生超过了陈先生。因为陈先生的天才和学力，在今天还没有人能够超过。

至于我自己的魏晋南北朝史研究，在停顿了三十年以后，重新拣起来。在梁效受审查期间，我就开始温习魏晋南北朝史的史料，陆续写了一些札记，后来编成《魏晋南北朝史札记》。这本书实际上是以郝兰皋的《晋宋书故》为蓝本而写的，但是自信没有违背陈先生独立之精神、自由之思想的教导。以后又陆续写过一些文章，我自信这些文章也还是本着同样的精神，没有曲学阿世，是未负如来的。我相信我这个迷途知返的弟子，将来一旦见陈先生于地下，陈先生一定不会再以破门之罚来待我，而是像从前一样，进行和谐温馨的谈话，就如同在清华新西院、纽约布鲁克林 26 号码头轮船上、清华新南院和岭南大学东南区 1 号楼上那样的和谐和温馨。

我的话完了，谢谢大家。请大家批评指正。

（原载《陈寅恪与二十世纪中国学术》，浙江人民出版社，2000）

还想说的话

北京大学百年校庆之前几周，历史系六四年入学的几个学生（“文革”当时的二年级朱耀庭、宋成有、赵朝洪）拿来他们年级同学所写的论文集，希望我给他们写一篇序文。翻阅之下，觉得他们虽然没有完成学业，30年来，各人在自己的岗位上，无论是学问或事业方面，都各有成就，成绩斐然，可以说没有辜负北大对他们很短的两年培养。但当我发现其中有一个红卫兵的文章时，我对他们说：“这个红卫兵在运动当中对我的迫害和折磨，其态度之凶恶、手段之粗暴，我是至今难忘。尤其奇怪的是，到1968年的下半年，炮兵营营长还带着他的军师——一名历史系的教师，来到劳改大院，一再强迫我承认《乞活考》的反革命意图，说我是为国民党出谋划策，我当然坚决予以否认。请你们告诉他，我至今不能谅解。但是不能因为一颗老鼠屎就搅坏了一锅汤，我仍旧要给你们写序，以示鼓励。”

《毕竟是书生》出版以后，我重新阅读一遍，想法有些改变。首先，我从来服膺这样一副对联：“海纳百川，有容乃大；壁立千仞，无欲则刚。”宽容应该是每个人具备的美德。其次，“文革”这场灾难开始以后，几乎人人受害，我信了“神”，上当受骗；年轻的孩子们也同样信“神”，上当受骗。我们之间只是程度不同而已。我上当受骗以后觉悟了，感到自己“毕竟是书生”；红卫兵们也许所受毒害较深，觉悟较晚。他们一旦觉悟，不是也会认为自己“毕竟是个毛孩子”吗？由此看来，我没有什么理由坚持对他们的行动采取不谅解的态度。想到这里，我又想起陈寅恪先生。“文革”灾难开始后，他的一位得意弟子奉命在报上公开发表批判陈先生的文章。后来，这位弟子在陈先生面前跪哭乞求原谅，陈先生只是说：“你走吧！”我以为陈先生这样做是对的。因为陈先生从来不信“神”，也从未上当受骗。他始终坚持“独立之精神，自由之意志”，与这个学生是“两股道上跑的车”，“道不同不相为谋”，所以始终不能谅解。我与红卫兵的情况只是上当受骗的程度不同，又有什么理由坚持不肯谅解呢？因此，我在这里向原新北大公社炮兵营战斗队的高海林营长喊话：让我们学习鲁迅所说的“相逢一笑泯恩仇”吧！

时年 86 岁。自从帕金森病以后，一年之内又两次左右股骨头骨折，至今卧床。此文口授，阎步克同志执笔，附致感谢。1998 年 6 月 3 日。

（原载《读书》1998 年 8 月号）

吴小如：有感于"一笑泯恩仇"

最近读了几位老同志的回忆专著，有季羡林先生的《牛棚杂忆》，周一良先生的《毕竟是书生》和韦君宜先生的《思痛录》等，写得都十分感人。而周一良先生在最近一期的《读书》上更口授一短文，提到在十年浩劫中他和整他的红卫兵都是受蒙骗者，所以一良先生从不宽恕那个整他整得最残酷、最凶狠的红卫兵而最后终于宽恕了他，并引鲁迅《题三义塔》诗的末二句以表明自己的心迹："度尽劫波兄弟在，相逢一笑泯恩仇。"这使我感慨系之。更由于浮想联翩，乃想到鲁迅在逝世前一个多月写的一篇相当于遗嘱性质的短文——《死》。在《死》中，鲁迅有一段名言，曾被多少人引述；为了说明问题，这里也照抄一遍：

我的怨敌可谓多矣，倘有新式的人问起我来，怎么回答呢？我想了一想，决定的是：让他们怨恨去，我也一个都不宽恕。

孤立地来看，一诗一文，鲁迅的态度是否有点互相矛盾？仔细推敲，我认为鲁迅诗中之意和遗文所嘱，完全是两回事。在《死》中还有两条文字可与上引的一段话互参，则道理愈加明白。那是第六和第七两条："别人应许给你的事物，不可当真。""损着别人的牙眼，却反对报复、主张宽容的人，万勿和他接近。"可见所谓"宽容"，是有真有假、或有私或无私、有该宽容有不该宽容的。鲁迅说的"一个都不宽恕"，是有他一定不宽恕的理由的。

在十年浩劫中，受蒙骗者多矣。但受蒙骗与受骗不同，有一般与特殊和量与质的不同。青年人血气方刚，对知识分子妄施挞伐，可以说受蒙骗；但对人身惨施酷刑，极尽污辱之能事，甚至随意打死人、逼死人，我以为就不能轻易用"受蒙骗"这一简单理由来开脱了。儿时父师曾用两句话教导我："无心之过谓之'过'，有心之过谓之'恶'。"从我自己的做人态度来说，如果有人无心损及我的牙眼，我对他们可予以谅解；如对方存心加害于己，我纵不与之计较，但从内心深处是不会宽恕他的。像周一良先生文中所谈一个人在"文革"中作为红卫兵，对自己的老师极尽迫害之能事；及世风丕变，竟又想借重老师的威望学问，请老师给自己的文章撰写序言以增光宠，这样的便宜事都被自己占尽，即使一良先生宽容大度，不计前嫌，不念旧恶，如果这个红卫兵本人尚有一丝良知未泯，也该扪心自问，自惭形秽吧。所以这样的事如果被我摊上，我尽管不与那个整人的红卫兵计较，但序言我是绝对不写的。应该坦率承认，我没有一良先生那样宽容大度。

至于鲁迅"相逢一笑泯恩仇"的诗，是指中日两国人民之间的睦邻友谊。帝国主义的侵略行为不但给被侵略者带来灾难，而且也给侵略者本身的无辜人民带来了痛苦。换言之，那些为侵略者所驱使的日本人民是无辜的，有些人也是受蒙骗的。当被侵略者觉醒并进行抵抗之后（鲁迅在诗中都写到了），历史在前进，所谓"度尽劫波"，那自然可以"一笑泯恩仇"。血债只能跟帝国主义侵略头子算，两国老百姓是可以言归于好的。这同那些"有心为恶"者毕竟是不一样的。所以对一良先生所引的鲁迅诗句，请允许我持保留意见。

《毕竟是书生》一书中的误排、误记和误会

此书中的误排有下列几处：

“吴世昌先生曾对他壮语”，“吴世昌”应作“吴其昌”。另一处“吴其昌”不误，但在第二次印刷时，却被排为“吴世昌”了。

“浦文起”的“浦”应该是“濮”。

“西弗吉尼亚大学”，“西”字衍。

由于我的记忆力差，书中误记的部分有这样几处：

“1974 年 1 月 25 日江青在首都体育馆召开批林批孔大会，汤一介同志在会上宣讲所谓《林彪与孔孟之道材料之一》，我补充讲解了其中的历史典故部分”，等等。其实应该是 1 月 25 日大会之后，过了几天，在同一个会场，汤一介同志在会上宣讲所谓《林彪与孔孟之道材料之一》，等等，而不是当天。

“江青曾几次来驻地与梁效成员见面”，“几次”是我误记，其实江青只来了一次，上午到北大，下午到清华。不过两次我都去了，所以误记成为“几次”。

“1976 年 10 月 26 日晚间”，“26 日”应作“6 日”。

所谓“误会”是指“无耻之尤”的那封信。我初次看到时，怀疑是孙毓棠同志，因为从“道兄”和“老朋友”这些词句来看，一定是比较亲密的朋友。同时朋友当中，只有孙先生才常常喜欢用毛笔，写繁体字，但是毓棠的字写得很漂亮，而这封信的毛笔字却不太高明。因此又想到不会是他。当时我也不想继续追究，因为觉得这是群众的义愤，是理所应当的，一笑置之。所以把它压在玻璃板下就算了。

魏建功先生逝世后，他的儿子魏至同志告诉我，魏老也接到同样的信。他们父子做了一番调查研究，对比了字迹，推断这是启功先生改变笔体所写，魏老火气很大，一怒之下，把启老给他作的画也一撕了之。这就是我在书里面所说的“一位书法大师”。我在书里用“书法大师”这四个字，代指启功先生的名字，我当时的想法是，孙毓棠也好，启功也好，都是代表了群众的义愤情绪，是可以理解的，我们也应该好好地接受，所以就不了了之。

后来绍良四弟[注]告诉我说，他问了启功先生，启先生说不是他写的；而且说：“那时党委让你去梁效，谁敢不去？如果搁在我身上，我也会去的。”启先生和绍良是很好的朋友，我听了之后，完全相信启先生的话，这种怀疑也就完全消失了。直到最近，李经国先生谈到，他跟启功先生说起此事，启功先生再次表示了对我的谅解，说这是当时情况下没有办法的事。他还进一步说，这封信如果是他写的话，对这种无耻之人怎么还会以“道兄”称之呢？这话很有说服力。

在此以前，我想请一些学者替我写日本色纸，曾请教过何兹全先生，师大还有哪些先生愿意给人写字。问到钟老和启老，何先生告诉我，钟老住院了，启先生也不大能够给人写字了。所以我就作罢。现在我想，应该更明确地表示我的态度，所以就请李经国先生转达我的意思：我对启老已经没有任何芥蒂；请启老给我写几个字，哪怕他眼睛不好，只写一两个字也可以，主要是表示对我的谅解，他也从书里既含糊又明确地指他，却又使他从无法公开辩解的困境中解脱出来[①]。这样，我在文化革命当中的三件公案，即“四皓新咏”“乞活考”和“无耻之尤”问题，就都得到了解决。虽然“无耻之尤”到底出自何人之手，也许永远是个谜。惜魏老天人迴隔，禀告无由，而魏至同志已失去联系，无从踪迹矣。

［注］[②] 绍良是我四叔祖的长孙、叔迦三叔的长子。四叔祖因孙男来得太晚，特别宝贝。旧社会怕小儿夭折，常给小孩起一些鄙俗可笑的小名，如绍良就叫“小耗子”。因为我父亲有三个儿子，男丁兴旺，所以让绍良排在我父亲名下，作为第四子，而我家的老四变成老五。绍良和我们一样，称弢翁为爹爹，而称他自己的父亲为爸爸。绍良也喜欢善本书、文物，等等，可能也是受了弢翁的影响吧。

2000 年 6 月 1 日

---

① 启功先生已写色纸（见第十册）。

② “小耗子”注编者再注：2001 年 10 月 7 日下午 4∶15 到人民医院住院部 7 层 709 去看住院的周绍良先生，绍良师说他曾给大哥写信，其关于小名说法不确切，他们良字辈诸孙年龄长的由玉山先生起名，如绍良堂兄叫果孙、李孙；果是果然得孙之意；而民国六年（1917 年），徐世昌大总统有“四皓”，玉山先生居其一，因而得名叫“皓孙”，小兄弟们因此呼为“皓子（耗子）”取谐音也。而称弢翁为爹爹，是因为弢翁一家原居青岛，呼父亲为爹爹，而止庵先生居北京，则呼父亲为爸爸，实质没有区别。

评《秦妇吟本事》

徐嘉瑞著　一加四加三十四面

民国三十七年（1948年）一月华中大学出版

正如书名所示，这本书是要考定韦庄《秦妇吟》诗里的本事，和他集中不存此诗以及“不许垂秦妇吟障子”的原故。关于本事方面，作者推定两点颇有理据。第一是解释“皆言博野自相持，尽道贼军来未及”句中的“博野”。作者说：

> “博野”是长庆初李寰以博野兵三千归京师，戍凤翔。现在奉调入援。到了渭桥，看见田令孜所募新军衣裘温鲜。大怒说：“此辈何功而然？我曹反冻馁！”倒反做黄巢向导，引贼兵入长安。

解释“博野”为“博野军”的倒戈是不错的。但作者仅述事实，不曾征引原来史料。似乎有误解的地方，虽然对于他的结论并无影响。《旧唐书·贰佰下·黄巢传》说：

> 朝廷以田令孜率神策博野等军十万守潼关。……官军大溃。博野都径还京师，燔掠西市。

《新唐书·贰贰伍下·黄巢传》说：

始博野凤翔军过渭桥，见募军服鲜燠，怒曰：“是等何功，遽然至是！”更为贼向导。前贼归，焚西市。

《资治通鉴》贰伍肆广明元年综合新旧书加以叙述，亦即作者所为。但据这三种记载，我们知道博野军并非戍凤翔。他们是由潼关败下来，所过的渭桥当是东边的中渭桥，而非西边的便桥。所以旧书说“还京师”，新书说“前贼归”。并非“奉调入援”，由西而东也。关于博野军来源的解说，作者盖本通鉴广明元年胡注，似乎也应征引《新唐书·壹肆捌·牛元翼传》所附《李寰传》。

第二是解释“自从洛下屯师旅”的“师旅”。作者所据为新旧唐书《时溥传》，《浣花集》三喻东军诗“四年龙驭狩峨嵋，铁马西来步步迟”，赠戍兵诗“红旌不卷风长急，画角闲吹日又曛，止竟有征须有战，洛阳何用久屯军”，睹军迴戈诗“昨日屯军还夜遁，满车空载洛神归”等句。推定洛下驻军为时溥所领由徐州西行赴难，剽掠河阴，终于东归的军队。按之史文、诗句和《浣花集》其他作品，都颇相符合。

至于韦端己自删此诗的原故，各家推测不同。作者以为有三个理由。第一是“触犯田令孜”，第二是“写洛下屯师抢劫，触犯时溥及其部下”，第三是“金天神一节为讽刺僖宗说得太过”，为王建所不喜。但仅仅“宦者流星如血色”一句不能构成触犯田令孜的理由，而且尽可换七个字。时溥当日势力虽强，韦庄既不在他幕下，似乎也无忌讳的必要。《北梦琐言》陆说端己“他日撰家戒内，不许垂秦妇吟障子”。“他日”当指晚年，“撰家戒”通常也是相当年岁以后才作的事。田令孜和时溥都死于昭宗景福二年（893）。据曲滢生君《韦庄年谱》，这时韦庄大约四十三岁。如果为了他们两人的原故而删除此诗，到“撰家戒”时似乎早已不要紧，不必再忌讳矣！金天神一节本为全诗里的一个小插曲，因为措词的轻快俏皮，为全诗生色不少。如“金天无语愁于人”，“我今愧恧拙为神，且向山中深避匿”等句都极妙。这段主要意思是“神在山中犹避难，何须责望东诸侯”。原是借神来讽刺当时按兵不救的东南方镇。如果认为金天神是讽刺僖宗，便索然无味了！华山是玄宗本命所在。（参看《旧唐书·玖玖·李适之传》，通鉴贰壹伍天宝五载胡注）它和僖宗有什么特别关系不得而知。敦煌秦妇吟写本两种（巴黎藏伯希和叁柒捌零号和贰柒零零号）金天神下都有小字注云“华岳三郎”。这“三郎”是否与玄宗有关不可知。但僖宗是懿宗第五子，似与“华岳三郎”也无从牵合。总之，作者所举三个理由都太近乎揣测，很难认为满意。

此书卷首，载《秦妇吟》本文，是根据罗振玉氏《敦煌零拾》所录。罗氏有些以意为之的地方，全无写本的根据。又有些字比较各本之后，知道罗氏所录实非最好的字。不过作者主旨不在校订字句，而在探讨本事，所以我们这里不必列举罗本之误。只是有一处字句之讹牵涉到作者对本事的解释，就不得不指出了。书中论女主人出长安的时候说：

> 或系正月出长安，大约可以推定是正月十五前后，因为诗中有“行人夜宿长安月”之句。

其实“长安月”的“长安”二字全无写本的依据！伦敦所藏三个本子中，两作“墙匡”，一作“长匡”，见翟理士文。巴黎所藏四个本子中，三本上一字作“墙”，一本作“长”。下一字三本作“匡”，一本作“筐”。无一作“安”者。翟理士曾引《浣花集》中长安旧里诗“满目墙匡春草深”之句。而李义山的《昨日》诗“笑倚墙边梅树花”一本亦作“墙匡”。足见“墙匡”是唐人习语，作“长”作“筐”都是钞写之误，更不可改为“长安”也！

杜光庭《录异记》三有一段记载黄巢入长安后的事情，大意云：

黄巢之乱，朝士议奔行朝，为群盗所觉，诛戮者至多。自是厄束内外阻绝。京师积粮尚多。巧工刘万余、乐工邓慢儿等窃相谓曰：“大寇所向无敌，京城粮贮甚多。虽诸道不宾，外物不入，而支持之力数年未尽。”遂贡策请竭其粮。乃建议召丁夫二十万人筑城，人支米二升钱四十文。岁余功不辍，而城未周。以至于出太仓谷以支夫食，然后剥榆皮而充御厨。

长安城是否需要修筑和黄巢等是否这样傻都是问题，也许献计筑城以竭贼粮的故事根本不可信。但所记四面阻绝以及城中饥困的状况，倒可和《秦妇吟》相映证。杜光庭说“自是厄束”，李朝威《柳毅传》也有“终以人事厄束无由报谢”之语，都可与诗中“四面从兹多厄束”相证，当是唐人习语。附记于此，以供论《秦妇吟本事》者之谈助。

敦煌写经与日本圣德太子
——纪念藤枝晃先生

藤枝晃先生是日本著名敦煌学家，他的大作《归义军始末》早已脍炙人口，是研究归义军历史的人所必读。此外他还有一本《汉字的文化史》，围绕着汉字从各个文化现象进行讨论，也是很有特色的好书。据说就是这位先生曾经扬言：“敦煌在中国，敦煌研究在日本。”这句话引起了世人的广泛诟病，但后来他自己也收回了这个说法，转而拥护中国敦煌吐鲁番学会会长季羡林先生所提出的“敦煌在中国，敦煌研究在世界”。

藤枝先生并不认识我。20 世纪 90 年代初他看到了《汉字的文化史》的中译本，说“中译本的序言，是北京大学一位叫周一良的教授写的，他很知道我，对原文本读得很细致，使我吃惊”。我和藤枝先生初次见面，是在刘俊文先生主编的《日本学者研究中国史论著选译》在日本举行的首发式上。当时因为我们两个人年纪最大，所以才在酒会上被推举出来一唱一和地祝酒。1997 年我将要去日本大阪接受“山片蟠桃奖”，行前收到藤枝先生来信，他祝贺我得奖，并表示要参加这个会，希望我通知大阪方面给他发一个请帖。发奖的那天他果然到了，坐在第二排；可惜时间匆匆忙忙，没来得及和他寒暄几句。以后没多久，就听说藤枝先生去世了。

我这里要纪念的，主要不是我和藤枝先生历时不长的友谊，而是藤枝先生为了捍卫学术尊严，与强大的政治势力、文化成见作斗争的精神。

今年6月为了纪念敦煌藏经洞发现一百周年，在北京首都师范大学举行学术讨论会。会上，藤枝先生的令坦北海道大学教授石塚晴通先生给我带来了一本藤枝先生的新出遗著《敦煌学及其周围》，其中有一章题为“圣德太子”。大家都知道圣德太子（574—622）是日本历史上的著名人物，日本史上一些进步的典章文物、文化思想等都追溯到圣德太子那里。岩波书店出版的《日本思想大系》第一卷是《古事记》，第二卷就是《圣德太子集》，其中包括《三经义疏》，等等。藤枝先生在敦煌写本里发现了《法华经》《胜鬘经》等等的注释，其中《胜鬘经》的经文和注释比较短小，所以就请人把敦煌写本与圣德太子的注疏加以对比。当时受藤枝先生委托，把敦煌写本《胜鬘经》照片和圣德太子的《胜鬘经义疏》加以对照的，是四天王寺女子大学的专任讲师古泉圆顺先生。对照以后发现，所谓圣德太子注的百分之八十跟敦煌写本相同。藤枝先生的结论是，圣德太子的注疏是根据敦煌写本所抄的注写出来的。

这件事在报纸上登载后，四天王寺庙方大发雷霆，认为圣德太子是绝顶聪明的人，他的注疏完全是他自己的著作，不可能有什么底本、根据，因此要把古泉圆顺处以破门之罚。随后东京大学教授井上光贞先生提出一个说法，《胜鬘经义疏》不是圣德太子所写，而是圣德太子周围少数从百济来的僧人写的。当然这个说法也不可能，因为当时不具备这种条件。

过去根据什么把它断定为圣德太子所写的呢？根据是《胜鬘经义疏》卷一所贴标题："此是大倭国上宫王私集，非海彼本。"注明"非海彼本"就是说不是从中国来的。《法华经义疏》也有同样的几个字。然而藤枝先生说，仔细观察《义疏》所用的纸厚0.01毫米，是隋朝的纸；而贴上去的用作标题的却是很厚的，是奈良时期的麻纸。"法华义疏……"等字的笔体也是奈良时期的。在天平十九年（747）以前的记载中，只是说《法华经》《胜鬘经》《维摩经》等《三经义疏》七卷，而没有说是圣德太子的著述；到了天平十九年的《法隆寺资财帐》里，才开始说是"上宫王作"，即圣德太子的著作。明治年间，法隆寺又把这些写本和圣德太子的画像一起献给了皇室。

东京大学教授花山信胜先生认为，画像是圣德太子本人的画像，这些经疏也是圣德太子本人的东西。又有四天王寺女子大学教授金治勇先生出来主张这是圣德太子的著作，但是他连一些写本规则——比如有一点是表示取消，有一个"レ"字样的记号是表示上下颠倒——都不懂，但却硬要主张这是圣德太子亲笔所写，这是非常可笑的。到了1969年，井上光贞先生还是主张这是圣德太子周围的百济僧人所写。

还有更严重的事情。在此前后，中央公论社出了一套《日本的名著》丛书，编纂委员会中的东京大学名誉教授中村元先生说，日本的名著始于圣德太子。但藤枝晃的同事、京都大学人文科学研究所的上山春平先生就提出：《三经义疏》不是圣德太子的作品，我们研究所已经得出了结论，奈良时代还不可能有这种著作，真正日本人的著作是从弘法大师开始的。中村先生为之大怒，引起了争论。最后，中村先生自己写了圣德太子这一部分的序言。这部丛书和《日本思想大系》一样，第一卷是《古事记》，《圣德太子集》是第二卷。

东京大学名誉教授高崎直道先生也主张《胜鬘经》的注是圣德太子所作：只要《胜鬘经》传到日本，日本就可能写出注解。但是《胜鬘经》是奈良时代才传到日本的，飞鸟时代怎么可能出现注疏呢？京都大学名誉教授上田正昭先生承认藤枝晃的说法，又承认井上光贞的说法，而这两种说法是互相矛盾的。1992年的一次座谈会上，京都府立大学校长门胁祯二先生在没有看懂藤枝晃的著作之前，就说："藤枝晃所说敦煌发现了《胜鬘经》的注，在日本是由百济的僧人写出来的，也完全是莫须有的说法。"曾经写过《圣德太子》的原东京大学教授坂本太郎先生还这样说："我是旧式的人，所以有损圣德太子名誉的事情，我听了是非常不愉快的。"

总而言之，藤枝先生把敦煌写本与圣德太子的《胜鬘经义疏》对比研究之后，认为它根本不是圣德太子的著作，写本就是从中国输入的。所谓"非海彼本"是"此地无银三百两"。

关于圣德太子画像的问题，过去东京大学史料编纂所所长今枝爱真先生曾写过小文《圣德太子像的谜》，他对这个像有所怀疑。藤枝先生同意今枝先生的说法。藤枝认为，这幅画像的周围是黑色涂过的，在黑颜色的底下明明有"川原寺藏"几个字样；而这个川原寺当时是唐朝归化人所建的庙。这样看来，这个像是唐朝来的归化人的画像，可能是中国的贵族，而不可能是圣德太子。如果是圣德太子画自己的像的话，他应该采用自己所定官位十二阶的服装，而不应穿着唐朝的衣服来画像。这个画像从川原寺转到了法隆寺，而法隆寺把它定成了圣德太子的像。

这样，藤枝先生利用他的敦煌学知识，揭穿了1 200年来被认为是圣德太子天才著作的《胜鬘经义疏》，实际是从中国输入的经卷；被认为是圣德太子的遗像，实际是唐朝贵族的像。藤枝先生敢冒日本全国之大不韪，坚持真理，他的学术良心和独立自由的治学精神，不是很值得我们纪念和学习吗？我们今天不是还有许多学者，明明知道不是事实还在那里当作历史来宣传吗？

小文录音由阎步克同志整理打印，特志感谢。

2000 年 8 月 3 日，朗润园

百年感怀

欣闻中国社会科学院历史研究所2000年将出版《英藏敦煌文献研究》一书，而2000年又恰恰是敦煌文献发现一百周年。回顾这一百年来敦煌文献的历史，不禁感慨系之。陈寅恪先生在20世纪30年代曾引一位学者的话："敦煌者，吾国学术之伤心史也"，当时确实如此。但是现在回顾这一百年来的发展，我们觉得，到一百年后的今天，敦煌研究已经由"伤心史"，变为一部令人欢欣鼓舞的学术史了。

1900年，在半殖民地半封建的社会中，在清朝腐朽政府的统治之下，当时敦煌文献的发现没有受到任何重视。中央政府既没有加以保护，而地方政府又随意任听帝国主义分子来掠夺抢劫，以致这些宝贵的材料流落分散到世界各地。清政府虽然最后把少数剩余的8 000卷运到北京，但是依然没有很好地加以保管利用，反而被当时一些达官贵人，像李盛铎、他的同乡刘廷琛，以及他的朋友方地山等人，肆意盗窃。他们把敦煌卷子里的一些精品都据为己有。据说方地山先生直到30年代，每当生活穷困的时候，就把他所藏的精写本的敦煌写经拿出来割截几尺去卖钱，来维持生活。相反，帝国主义把抢劫去的敦煌卷子很好地加以保存珍藏，始终没有再散失，一直到今天。

自从1909年伯希和把少数敦煌卷子带到北京，给中国学者看到以后，中国的学者就不断地有人到西方去调查这些卷子，并试图加以利用。但也只是个别人。直到30年代，才有北京图书馆的袁同礼馆长，委派了向达、王重民两位先生到巴黎和伦敦比较系统地搜罗、复制敦煌文献，带回中国。他们的整理与研究，给中国的敦煌学打下了基础，做出了重要的贡献。在这期间，继续有不少中国学人到巴黎和伦敦去，利用这些敦煌文献做出了不少成绩，但究竟仍限于个别方面。

而从20年代以后，经济非常发达的日本情况却不一样，他们大量的学者到西方去，有足够财力可以比较自由地阅读西方所藏的敦煌文献；同时，还比较系统地、大规模地把这些材料归纳、整理，结集成为很有用的《中国古代籍帐研究》《中国古代写本识语集录》等，还出版了多卷本的《敦煌讲座》。于是有人说“敦煌在中国，敦煌研究却不在中国”。这个话，当时看来有它一定的道理。

四五十年代以后，情况开始有所转变。从材料本身说，50年代以后我国就出现了《敦煌变文汇录》《敦煌变文集》和包含社会经济史料的《敦煌资料》。50年代以后，海峡两岸和中国香港的学者，都积极从事敦煌文献的研究。

改革开放后的20年，更有长足的进步。拿日本来说，长期只有英藏的敦煌文献照片。而我们在近20年中，法藏、德藏、英藏以至俄藏的全部胶片，再加上私人藏的和国家藏的敦煌文献，都有了结集，等于说把世界敦煌文献的几个大的中心，都集中在北京了。其次是利用敦煌资料研究唐代的历史，包括政治、经济、财政、社会、法制、宗教、文学、语言、历法、医药等等各个方面。敦煌资料大大丰富和加深了中国学者对唐史的认识和理解。关于敦煌地区本身的研究，也有了开展，如敦煌地区的官制、历史、地理、民族关系等等。像归义军的历史，中国学者就做出了更加缜密的研究，使日本学者的著作不能专美于前了。

敦煌发现了大量的各种各样的文书，像户籍、计账、入破历、社司转帖、寺户，等等，都有新的发现和新的研究。敦煌发现的文学资料也很丰富，50 年代以来，海峡两岸的学者对于变文的校勘和解释，都做了大量的工作。敦煌变文的研究一时成为显学，达到了新的水平。近年出版的 140 万字的《敦煌变文校注》更是极大的工程。《秦妇吟》《王梵志诗》是敦煌发现的文学作品中特别重要的，中国学人对它们研究得细致入微，是任何国家的学者都不能望其项背的。此外，敦煌发现的诗、赋和韵书，也都受到重视。中国学者还编有敦煌文献语词的词典，是研究敦煌文献必不可少的参考书，这也是世界各国所无的。有一些过去未被注意到的文献，例如书仪、斋琬文，其研究也都提到日程上来。过去中国学人对非汉文的文献没有多大发言权，而现在，不但西藏文献，像佉卢文、于阗文等，中国学人都能从事识读和研究了。由于见闻开阔，所以法藏敦煌文献的残叶，竟然在俄藏的文献中发现了它的另一半。中国学者的缀合工作也有很大进展。

总之，改革开放以来我们的敦煌研究蓬勃发展，从事于此的学人与日俱增，成就百花齐放，足以长自己的志气，一扫前辈学人的“伤心史”的慨叹。虽然我们对敦煌资料不能“收复失地”，使它们回归祖国，但研究成就则后来居上，足为弥补。我们可以不愧对前人留下的宝贵文化遗产了。

回顾百年以来中国敦煌研究的进展情况，我们不由得想到，政治的清明、经济的发达、社会的稳定，是学术研究很重要的条件。如果没有这些条件的话，学术研究就很难进展。敦煌学研究就是一个例子。这就说明，“科教兴国”固然是今天很重要的战略口号，但是我们应当辩证地看到，国家的兴衰、政治的清明与否、经济的发达与否、社会的稳定与否，对于学术的研究、文化的发展，也是有密切关系的。

傅斯年先生说过，史学家要“上穷碧落下黄泉，动手动脚找材料”，于是有所谓“史料即史学”的说法。这个说法长期以来遭到很多批评，但是我觉得，这是没有正确理解它的缘故。“史料即史学”就是说，史学必须倚仗史料，必须建筑在史料基础上，才能明白一个事情的来龙去脉、前因后果。历史没了史料，一味放空炮，是没有用的，是不成其为史学的。敦煌的材料就说明了问题。唐史的研究由于敦煌资料的发现和利用，才更加深入、丰富起来。

北大历史系过去有三个专业——中国史专业、世界史专业和考古专业。我长期以来就感觉到，考古专业的同学毕业以后，成长得比较快，他们毕业后不太久就能独立工作、搞研究、写文章；而中国史专业就差一些。原因何在呢？我想，这是因为考古专业的同学从做学生时起，就比较广泛地接触考古材料，毕业时又亲自发掘，毕业以后又不断地接触一些考古材料；因为接触实际材料，他们才能很快地形成看法，写出文章，做出研究成果。而中国史方面呢？往往只是看一些前人的著作、论文，很少接触原始材料，因为不接触材料，自然而然就受到很大的限制。世界史专业就更是如此了。敦煌史料的发现，大大丰富和加深了唐史的研究，这个事情也正好说明了“史料即史学”的真实意义。

口授稿，1998年10月9日，阎步克笔录

应《文史知识》邀为敦煌莫高窟藏经洞发现百年而作

百年转瞬几沧桑，
洞窟宝藏天下扬。
斯、伯巧取宁足贵[①]，
向、王深追不辞忙[②]。

---

① 斯：斯坦因，英国人。他于光绪三十三年（1907）至敦煌莫高窟，用四块马蹄银从道士王圆箓手中骗买了写卷印本古籍二十四箱，佛画和丝织品等五箱。骗宝经过详细记录在他的《沙漠契丹废址记》中。伯：伯希和，法国人。光绪三十四年，继斯坦因之后来到莫高窟，以白银五百两骗买写本、印本、经卷、文书、佛画等六千卷，并拍摄莫高窟照片376帧。

② 向：向达（1900—1966），字觉明，湖南溆浦人。20世纪30年代辗转英、德、法国，搜集，研究海外敦煌资料，回国后做了大量敦煌学考古、研究工作。这方面的著述有《敦煌余录》《记伦敦所藏的敦煌俗文学》《伦敦所藏敦煌卷子泛眼目录》《唐代俗讲考》《莫高榆林二窟杂考》《敦煌》（合著）、《敦煌变文集》（合编）等。王：王重民（1903—1975），字有三。1934年赴法，搜集流落海外的敦煌资料。著有《敦煌古籍叙录》《敦煌遗书论文集》，编有《敦煌曲子词集》《敦煌遗书总目索引》等。

讲座东邻夸繁富①，
辞典中华更擅场②。
学运喜随国运旺，
“伤心”不再叹敦煌③。

米寿老叟　周一良

2000 年 5 月 17 日

① 日本金冈照光、池田温等组织日本学者编撰了一套丛书——《讲座敦煌》，反映了日本人研究敦煌的水平。

② 中国学者编著了《敦煌学大辞典》，季羡林主编，上海辞书出版社 1998 年 12 月出版，反映了当前中国敦煌学研究的最高成就。

③ 陈寅恪《敦煌劫余录序》：“或曰，敦煌者，吾国学术之伤心史也。”在这篇写于 1930 年的文章中，陈寅恪首次提出了“敦煌学”这一学术术语，从此敦煌学确立。

《一个中国女人的自传》评介

Autobiography of a Chinese Woman by Buwei Yang Chao，

Put into English by her husband，Yuanren Chao

Xvi+327，Plates，maps，The John Day Co.，New York，1947

这是一部严肃的忠实的自传，同时也是一本轻松而有趣的读物。作者赵杨步伟是当代语言学大家赵元任先生的夫人，清末佛学家杨仁山先生的孙女。本书是作者用中文写成，再由赵先生转为英文的。全书共分六编，六十一章。第一编标题 Boyhood，第二编 Girlhood，因为作者从小穿男装，当男孩子长大，所以这般说。这两编讲作者幼年经历、教育经过以及和指腹为婚的未婚夫解约的故事。作者从儿时就富有革命的反抗精神，而这种精神大部分是受了她祖父的影响。第三编 The Young Woman 述作者在南京作校长，到日本学医六年，直到回北平创立医院为止。作者二十岁便就任南京崇实学校的校长，能谋善断；即在妇女教育已大普及的今日看来，也要算是杰出人才。同时由日本医学校对待中国留学生的办法，我们也可看出几十年来日本人所喊的“中日亲善”是什么！第四编 And the Young Man，赵元任先生开始上场，并讲到他们认识、结婚、去美、游欧以及头两位孩子的出生。作者的结婚打倒一切繁文缛节，极为简单，所以当地报纸有“新人物新式结婚”的报道。这一编于研究“五四”前后的历史是非常重要的史料。第五编 Peaceful Years 讲到作者在清华做教授夫人时的种种活动，十足洋化的清华园转变成后来的风气，作者也与有力焉。在这编里还讲到和赵先生去南方调查方言，再度去美，第三、四个孩子的出世，与全家定居南京。最后一编 War Years 由“七七”事变讲到流离湘滇，三度赴美，而以日本投降结束全书。至本编的前半，固然是充满了战乱疾苦，我们看着作者在自助助人，而到美后的岁月，她也并不曾在世外的桃源里优游。当地援华会的一切活动她固然也是尽了最大的心血与精力，而辅佐赵先生替美国翻译地图，训练陆军华语，更间接地对整个战功有所贡献。在这个期间，她又出版了一部《中国食谱》（*How to Cook and Eat in China*）风行一时。美国人把她另眼看待，虽然是 Cook book，但多半人全把它摆在沙发旁当 book 看。因为它除了烹调的方法之外，还讲了许多中国人的饮食习惯，涉及这几千年的传统背景。实在也算是替中美文化的沟通，开了一条小渠。笔者就是在这样的一段时期中得遇作者，眼看着她对所有的工事任劳任怨，对旁人慷慨热诚；由此更可以推断全书，不但是忠实的自述，而且是很谦逊的写照。

关于内心的记载，作者也很成功，我们读这自传时，无时无刻不看见一个倔强、好胜、聪明、诚恳而落落大方的主人翁。作者对于人生社会等等的意见，也常随意写出，发人深省。例如第五十章记拜访美国哲学（家）赫金教授，这位老先生正穿了粗布的工服在他农场上工作，房子尚未完工，他太太也穿了软底鞋在往来忙碌。于是作者便有一个感想：如果社交是为交朋友，彼此认识，那还不如把所谓“社交”取消了倒好！在那种工作的场合下所谈的话当然和在穿了晚礼服捧着鸡尾酒时的社交场合下不一样，而只有在工作时或游嬉时才更容易“认识”一个人；那又要“社交”何用呢？！写到这里我不禁回想到作者家中的许多“社交”场合，总是宾至如归，尽欢而散，大概也就是因为没有一般“社交”的形式的缘故吧？再如第五十三章中，作者说：“我有时不禁想‘作好人有什么用？’但结果我还是提起精神来尽量帮忙别人。到现在我还常常告诉我孩子：‘人对你不好，你还是要好好待他，因为这样比你报复了他心理上还要觉得舒服。’”不但作者是在身体力行，我们也该奉为座右铭的。

使这本书成为轻松而有趣的读物者，有一点就是可时时看见作者与译者的善意的嘲谑。例如第五十六章作者说她对建筑比较保守，不太能欣赏近代立体几何式的东西，而译者在注中就说，“夹层楼可是例外”，因为作者在南京兴筑私寓时完全自己设计，房子落成一切皆好，只是书房因一时疏忽，矮了几尺，结果只好用个夹层楼来补救（见五十一章）。但作者也不甘示弱，在六十章里谈到把小猫下葬之后，全家皆很哀悼，几个月全无人提一“猫”字，以免她三小姐伤心。但老鼠却渐渐猖獗，作者很俏皮地说：“有一个没有情感的人提议另养一只猫……”于是在页下注中大、二和四小姐全声明与自己无干，父亲倒不得不出头来自首。这些小地方不但见出作者与译者的伉俪情深，也可以反映出她们全家的煦煦洽洽，一团欢乐。听说董彦堂先生读了此书之后，送给赵氏一副对联：“十年长别，君夫妇风采犹昔，齐眉话前因，自传即是合传；八口同乐，我如今明白伊始，拜手称恭喜，旧闻又成新闻。”这些地方今天觉得“齐眉话前因”“八口同乐”（笔者按，赵氏已有二婿，是为八口）非常贴切的。

同时我们更要感谢赵先生那忠实而流畅的译笔，虽然这是英文本，但口吻却如作者平日，一丝不走。我们还要感谢赵先生的不忠实，许多不影响本文意义，却提高了情趣，机智以及文字上游戏，显然是译者所加的“佐料”，锦上添花，使菜变得更为可口。这种佐料几乎每隔几页就要出现一次。我们且看全书的第一句——叙言——便可为例：“Since my wife has the last word，I shall have the foreword.”可以说是典型的赵先生的笔法，所以董先生联中的“自传即是合传”实在是提纲挈领，一语道破也。全书自第四编以后，实在即是合传，其中叙赵先生由数理哲学转向语音学的经过，更是可珍贵的现代学术史料（像第十六章记杨仁山先生学佛的缘起，也是一等史料）。我们读这书时，像是在听作者与译者两人在谈话，却又分不出谁起谁迄。合作而能得到这样的效果，不只是技巧，而是情感的成熟后自然达到的境界。“自传即是合传”的“传”字是名词呢，还是动词呢？

最后一点是关于传文首句“我是一个典型的中国女人”，有些人觉得这句话非常可笑，因为作者的生活是不寻常的，她不但比一般的中国人前进，而且比一般的男人还要旷达还要洒脱。但我觉得作者的这句话实在是忠实的自白。她表面也许比一般女人来得豪爽，但看她对事的看法与应付，不能不说她实在是具有一颗典型的中国女人之心。如谓不然，细看全书便可会得。

在结束本文之前，顺便在此作一点勘误工作：

页八五 Suranga 当作 Surangama，页九二 Mahayama 当作 Mahayana，页一一六 dead of students 当作 dean of students，页一四九 Yen Fansheng 当作 Yen Fansun（严范孙），页二三七 Yang Ch’ien 作 Yang Chuan（杨铨），页二八六 1934 当作 1939。

本文署名　岱侣

《自庄严堪善本书影》后记

《自庄严堪善本书影》是先父叔弢公捐赠国家之宋元明抄校善本书的图录。先父酷爱善本书，凡宋元佳椠，名人抄校，无不尽力搜集，而悬格极高：于版刻，纸墨印刷，题跋，收藏印章以及书之装潢等方面，非极精好者不收。1952 年将毕生所聚 715 种善本书全部捐赠国家，入藏北京图书馆，当时文化部副部长郑振铎先生誉为“琳琅满目，美不胜收”，谢刚主先生亦目此批藏书为北京图书馆善本室镇库之宝。当年主持善本部之赵万里先生曾计划编一附有书影并包括名人题跋之书目，并已得到批准，惟此后世事种种变化，计划未能实现。书影大有益于版本学之研究及教学参考，亦先父一生努力之纪念也，我弟兄每念及此计划之未能实现深以为憾。1985 年冀叔英先生编纂《自庄严堪善本书目》，书内附有先父亲选书影五十幅，多姿多彩，然由于当时条件所限，缩印较小，未能充分展现原书风貌。今幸蒙国家图书馆特许拍摄先父全部藏书之图谱，乃亟组织拍摄，以谋尽快汇编出版。限于条件，主要精力用于出图版，说明务求简明扼要。本书以 715 种为主体，按经史子集编次。其后为

1947年捐赠之宋抚州本《左传》，宋汀州本《群经音辨》，1949年捐赠之宋版《经典释文》，盖先父挚爱书籍，不忍其分散，必使成全璧而后心安。次为1951年捐赠之《永乐大典》杭字韵卷七六零二至七六零三。再续为明正德李廷相本《陈思王集》。先父于70年代所藏善本及文物悉数捐赠后，又收入明正德李廷相本《陈思王集》，此书固不能比所藏宋元诸本，然先父尝称其纸印极佳，有毛氏汲古阁及刘燕庭藏印，可称三好之书。此书在手边近十年而未曾钤一印，盖意亦暂时自娱，最后仍归之国家。此书亦由先母左道腴夫人捐赠北京图书馆。40年代先父迫于衣食，曾以明本书百馀种售之世交陈一甫先生，今亦归国家图书馆，现亦摄制图版附后，藉见先父于明版善本去取之精。先父曾撰有《壬午鬻书记》叙录此百余种书，今分摘各项之下。赖程有庆、唱春莲、李坚、张丽娟、汪桂海、赵前等诸君之努力，短期内完成全书说明之撰写。程有庆君于组织拍摄，及编辑成书担负了大量工作。由于诸君之共同努力，此书得以短时间内编成出版，特致感谢。冀叔英先生之版本目录学世所推重，了解先父藏书最深。黄裳先生亦为当代版本目录学名家。今蒙二位先生为本书作序，谨此致谢。最后，对国家图书馆之大力支持，国家图书馆出版社之允予出版谨致谢意。

读《弢翁藏书年谱》

几年前就听说李国庆同志拟在《弢翁藏书活动四录》(天津图书馆编《图书馆工作与研究》1994年2月增刊专号)的基础上进一步搜集资料编《弢翁藏书年谱》。2000年12月,全书印成,我得而读之,认为翔实可信,确是一本好书。就体例而言,可谓空前。因不仅有藏书题识,而且还包括主要书籍曲折的入手经过以及书影(包括弢翁自己所刊书的书影)、藏书者手迹、印章等等,可谓应有尽有。而且附有读者所需要而我国书刊中常常缺乏的全书索引,尤为特色。体例空前而外,今后也不会有这样的藏书家。因为善本古籍已不可能流通,喜读书而有此财力者亦复罕有。就此而言,也可谓绝后了。数年前,王绍曾先生在《周叔弢与海源阁遗书》一文(《文献》1996年第4期)中真实而仔细地阐述了弢翁爱书、惜书的种种方面,现在又得李国庆同志这本《弢翁藏书年谱》。先父几十年来藏书的甘苦得以流传于世，作为弢翁后人，我们只有感激无尽[①]！

细读此书后，感到有一件事应该加以补充。此事看似与藏书无关，但仔细思考，这事也体现了藏书家的本色。那就是弢翁为留纪念，于1982年分给十个子女每人一两部书。分配情况如下：

一良　说文段氏注　嘉庆原刻初印本　误字校过
王右丞集笺注　初印本（百部以内之书）
（弢翁有跋，见《藏书年谱》48页注12）

珏良　玉溪生诗文集笺注　乾隆二十八年冯氏德聚堂初印本

艮良　施注苏诗　张载华录查初白评点（张是藏书大家，手迹罕见）

杲良　黄山谷诗集注　光绪时陈氏仿日本活字木刻本　初印
庄子义疏　古逸丛书本　版归苏州书局时印

以良　李太白诗集注　王氏宝笏楼刻本　初印
淳化阁帖释文　康熙絅锦堂刻本　初印

治良　李长吉诗歌汇注　王氏宝笏楼刻本　初印（少见）
菜性浅说　全羊做法须知（厨师著书世颇罕见，木活字流传极少，殊可珍视）（弢翁有题识，《弢翁藏书活动四录》46页）

景良　四书集注　吴刻　初印　白纸
古文辞类纂　金陵吴氏刻本　白纸（弢翁有跋，见《藏书年谱》229页注4）

珣良　陈后山诗注　乾隆聚珍版　活字校字

① 我们只知道先父曾经上过新式学堂，但不知详情，所以堂弟周慰曾（骏良）所撰《周叔弢传》（北京师范大学出版社，1994年）中也只能含糊其辞。我不久前读到修水县文化局刘经富先生的文章《书香世家的鸿雪因缘》（载1998年11月19日《大众日报》），他是研究义宁陈氏家史的，文中谈到南京的思益小学，引用石三友著《金陵野史》称，系柳诒徵留日归来，借用陈散原寓所创办，是南京新制小学之始。“教席除柳诒徵、陶逊外，还聘请溧水王瀣（伯沆）、无锡顾实（石公）、湘潭周印昆（大烈）等。学生除陈氏子弟、夫人俞氏子弟外，还有周馥之孙周叔弢等世家子弟。”刘先生文中又提到，“陈方恪晚年也与人谈起当年的同学周叔弢、茅以升、宗白华等人”。附记于此，以告关心弢翁事迹者，并向刘经富先生致谢。

与良　渔洋山人精华录　乾隆金氏风翔堂刻本　初印

耦良　郑板桥全集　手写上版　嘉庆覆本　初印

弢翁不是"人遗子，金满籯"；他有限的国库券，遗嘱上交国家。他也不是"我教子，唯一经"，因为这些书都不是什么圣贤经典，而是他的藏书。这些书都不是善本，但有两个特点：

一是每种都多少有点特色。如著名刻本，原版初印，手写上版（郑板桥亲笔），罕见的木活字本，活字校字，著名藏书家手迹，仿活字本木刻之类，还有一部是厨师的著作。有些书上他写有题跋的，更生动地描绘出书美丽而可珍。如在《玉溪生诗文集笺注》跋中写此书是修订前的最初印本，"刻镌精美，极罕见。赵万里先生颇重之，选入《中国版刻图录》，不以有舛误未改为嫌也"。又如他在《古文辞类纂》跋中写此书是乾嘉名工刘文奎刘文楷所刻，"寓流丽于方整之中，纸墨莹洁，传世甚稀，良可珍玩"。还有一件趣事：景良发现所得的一部《四书集注》中有"溥侗私印"印记。溥侗是清室王孙，能戏甚多的京剧名票友。当景良和弢翁谈起此事时才知道：是因为景良喜欢京剧而有意给他的。第二，我虽然是外行，但感觉分给十个子女的这十份书，是经过仔细衡量、无所轩轾，是十分公平的。

又，《年谱》192 页，1963 年 5 月 10 日"树峰致弢翁书"，树峰应为江树峰，时任扬州市政协副主席。

2000 年 12 月

《西安历史风情》（日文版）序

这是一部读来颇能引人入胜的书。西安是西周以后包括短期的新莽和西晋愍帝在内十二个朝代的都城所在，历时约 1 120 年。它在中国历史上地位显赫，今天还是观光圣地。此书追溯西安的历史，以周、秦、汉、唐为重点，叙述了在这里活动过的主要历史人物，发生过的重大历史事件，以及这里体现出来的各朝代的政治、经济、文化等重要成就。作者们不只是从书本材料来回顾长安，还从新中国成立以来突飞猛进、取得惊人成果的考古学方面，用现实还存在、人们亲眼得见的实物和遗迹结合文献加以论证。这就使本书与旧日的地方志根本不同，给人以更深刻的印象。作者们还在适当地方插入不少与当时人有关的诗词，就像给史实的严肃面孔增添了几丝笑容，读起来更加亲切。记得几十年前读陈衡哲先生编写的欧洲史读本，她常常用中国诗句来描述或概括外国历史事件，分外引起读者兴趣，这也许是我国文史本一家的传统吧。本书的文字，也颇为生动，不枝不蔓，通俗易懂而又挺拔简洁。这对本书的可读性无疑起了很大作用。

本书还有向深度发展的倾向，如记述唐长安城规制时，对比了汉唐两代的长安，指出唐城规制的进步之处。又如征引唐代诗人咏长安诗句，不仅注意其对长安的客观描写，而且挖掘了诗人们主观上对首都长安的思想感情，使读者紧跟唐代诗人来看长安，就比仅仅罗列、描绘帝都风光的诗句要有深度了。

本书读后也感到一些不足之处。前秦苻氏和后秦姚氏建都长安共六十余年，这时的长安在十六国的都城中应当算是比较安定、富庶的。而鸠摩罗什在长安逍遥园译出众经，传佛法于僧肇等弟子，对于印度宗教和哲学等在中国的传播，起过很大作用。西魏、北周在长安建都四十余年，以此为根据地，惨淡经营，终于消灭了东方的北齐，统一北方，为隋代进而统一全国打下基础。这些有关长安的历史，在本书中都未得到适当反映，希望以后再版有所补充。至于宋代以后，历元、明、清三朝，长安虽非首都，地位依然重要，那就是需要另外的著作来完成的任务了。

1986年西安事变50周年纪念之日

周一良于北京大学

《学人游幕与清代学术》序

尚小明同志在刘桂生教授指导之下完成的博士论文《学人游幕与清代学术》，是一部成功的著作。我读了以后，有这样两方面12个字的感想：材料扎实丰富，分析明快入微。从脚注之多就可以看出，材料非常丰富，非常扎实，可以说是无一字无来历。不仅仅清人的著作搜罗齐全，而且像《中和月刊》这种敌伪时期出版的，材料很多，但不被人注意、不受重视的杂志，也都引用了。这样旁征博引，无一字无来历的著作，就让读者读起来感到是沉甸甸的，感到可以信赖。光有大量的史料而缺乏分析，不能用史料说明具体问题，看出事物发展的轨迹，那就是堆积史料，也不能成为有价值的史学著作。这本书把清代重要学人的幕府，分成三个阶段，即顺康雍时期、乾嘉时期、道咸同光宣时期。作者非常明快地指出这三个时期的特点，每一时期不同于后一时期的地方，同时把这个时期的末尾同下个时期开始的相同之处，也就是说这个时期开始出现萌芽而在下个时期显著起来的特点，也加以说明，同时把这三个时期所有幕府的发展，跟清代整个历史、整个学术文化发展史联系在一起。

这样分析，一方面非常明快，一方面又细致入微，显得既有骨架，又有血有肉，读起来饶有兴趣，毫不枯燥，是一部成功的好书。

在第三阶段，他举了陶澍、曾国藩、张之洞和端方这四个幕府，但是没有李鸿章幕府。他认为李鸿章的幕府与曾国藩的幕府不一样，曾国藩以“广收”为访求人才之道，“凡于兵事、饷事、吏事、文章有一长者，无不优加奖励，量才录用”，其幕各类人才荟萃，一时才识之士几被网罗殆尽。而李鸿章则不同，“其所注重的幕才，多为通达治体，了解洋务的人物，和廉正精明的循吏，着重于经世致用，凡有谋略而干练，必受到赏识擢拔，文章道德尚在其次”，所以他的幕府“绝少道学先生，即文学侍从之臣亦不多见”。这个话是完全对的。本书对李鸿章幕府没有作详细的叙述，但是指出李鸿章幕府最重要的影响，在它帮助李鸿章镇压太平天国和捻军起义，尤其是兴办企业和处理外交事务方面。如周馥、秦缃业等助李鸿章镇压太平天国，丁日昌、洪汝奎等助李鸿章镇压捻军起义，盛宣怀、朱其昂、唐廷枢等助李鸿章创办洋务企业，马建忠、薛福成、伍廷芳等助李鸿章处理外交事务。作者还说，还有一点必须指出，那就是李鸿章靠着自己幕府的帮助，确立了自己的政治地位，反过来又通过对幕府宾僚的奏荐，培植、扩展了自己的势力，从而形成湘系集团以外的又一个影响晚清历史的政治集团。这些论断都是正确的。这里提到的李鸿章的幕僚周馥是我的曾祖，我现在就周馥谈一点意见。

据周馥自编《年谱》，他在安庆投入李鸿章的幕府，李鸿章进军苏、常镇压太平天国，周馥始终在李鸿章的军中，但等李鸿章转到北方，镇压东西捻军的时候，周馥留在南京，没有随从前去。他在《感怀生平师友三十五律》（《玉山诗集》卷四）“李文忠公”一首里面说：“吐握余风久不传，穷途何意得公怜。”自注说：“咸丰十一年冬，公见余文字，谬称许，因延入幕。”“偏裨骥尾三千士，风雨龙门四十年。”下边小注说：“余从公征吴三年，公剿捻时余留宁办善后，旋调直隶，保擢津海关道，例兼北洋行营翼长，复与诸军联络。”说明他没有参加去镇压捻军。周馥怎么样进入了李鸿章的幕府，野史有一些说法，像陈钧成所写的《周馥轶事》(《安庆文史资料》第十五辑）说他在安庆八卦门正街摆测字摊，兼为人代写书信、呈文、对联等等，后来又迁到马王坡涌兴德杂货店门口。李鸿章也住在马王坡，周馥有个老表在李府伙房挑水，因而他就认识了伙房的采买。这个人识字不多，就就近让周馥代他记账。李鸿章有一次看账簿，见字迹端正清秀，大加赞赏，于是乎就把周馥延为幕宾，办理文案。李伯元《南亭笔记》卷十四云：“周（馥）每与人谈，辄道其生平事实，谓少时曾在某省垂帘卖卜，已而在曾文正帐下供钞胥之役，迟之又久，始入李文忠公幕，抚东时，尝倩名手绘为册页，而亲笔标题于上，居恒出以示人曰：‘此我之瞻思塔纪念碑也。’”他的自订《年谱》在咸丰十一年（1861）25岁那年里记载说，他10月份到安庆，“十一月，入李相营，相国初不识余，因见余文字，招往办文案”。《亡室吴夫人传》(《玉山文集》卷二）叙述较详：“旋闻安庆克复，返棹至省，时两江总督曾文正公由祁门移驻安庆，合肥李文忠公佐文正幕，偶见余代友人具一牍，讶为博学士，嘱友连日访之，遇诸途，邀余往谒文忠，乃再三称奖，因留居文正幕中。同治元年二月，李文忠署江苏巡抚，率师乘轮舶赴沪，余从焉。”又在《忆少年事效白香山体十一首》(《玉山诗集》卷四）诗中，有一句诗是这样说的：“偶觇启事许人豪。”自注说：“咸丰十一年官军收复安庆，余为湘人石姓作启事一通，时李文忠在曾文正幕中见之，招余办文案，文忠时已简授江苏巡抚。”可见不是看见账簿字迹清秀，而是见周所作启事才加赏识的。他在追怀徐文达的诗中小注说，“同治元年淮军赴沪三千人，皖南从军之士无凭藉而起家者”，惟徐文达、刘瑞芬、刘含芳和他自己四人而已。其实，他们的籍贯就是他们的凭藉。1871年，即同治十年，李鸿章从湖广总督调督直隶，即招周馥到天津去，次年周馥以道员由直隶尽先保用，这时已经脱离李鸿章的幕府。

周馥先会办海防支应局，后又署永定河道，治河很有成绩，后又任津海关道，办理交涉事件，兼北洋行营翼长。《年谱》里说，因为自己“从淮军久，与诸将士浃洽，凡营务海防皆时为商助，使上意下宣，下情上达”。《年谱》中又说：“余生平虑事周密，遇外交事尤慎，鲜为人所持。独事了前人未结之案，殊费心力，未尝归过前人也。”以后又会办电报官局，办天津武备学堂，延外国武将为师，派各营弁卒来堂肄业，一切考课奖赏章程，都是周馥手定。甲午战争时，周馥作为总理营务处，到前敌联络诸将，体察军情，他在关内关外奔波跋涉，军械粮饷，转运采买，萃于一身。他自己在《年谱》里说：“艰困百折，掣肘万分，然自始至终余未尝缺乏军需一事，故战事虽败，而将官无可推诿卸过于余也。”在山东，他治理黄河有成效，同时周村开埠，抵制了德国殖民者，为挽回利权做了很大努力，颇有贡献。周馥任两江总督时，上海英国领事煽动罢市风潮，周亲自赴沪交涉平息。李伯元《南亭四笔》有诗云：“持节东来仰壮猷，旌旗指处大功收。太真涕泪临江洒，多少苍生拜码头。（原注：玉帅莅沪，人心大定，此次交涉，能得和平之结果者，皆玉帅坚持之力也。）”周馥晚年所著《负暄闲语》“处事”门云：“我但求有益于国于民，何尝计及一己利害，及到山东到两江，间遇外人要挟，我从未尝轻许一稍损国体，稍拂民心之事，亦从未与外人以藉口之端。”可以与李伯元所记相印证。

然而，对这样一个应该肯定的人物，在历史上却又有另外一种说法，这就是沃丘仲子《近代名人小传》“官吏”门“周馥”条所载：“余初不识馥能，己亥李鸿章出视河工，疏调馥参赞，疏中举其学行志节几过曾胡，余默识之。未几，馥任川藩，时与计事，则一昏黯庸下人也，而仆从需索，几步李翰章后尘。余忆鸿章疏至失笑。”这段记载，与我们上面所了解的周馥的情况完全两样。我曾怀疑，这段描述是费行简引用别人的著作，但据民国杨徽五《榕园琐录》卷五云：“近人有自称沃丘仲子（按此为费行简别号）者，著有《近代名人小传》一书，所传述者多咸同以来之人，分儒林、一行、亲贵、官吏、将士、忠烈、文苑、货殖、艺术、任侠、民党十一门，共二册，崇文书局出版，民国十五年已六版矣。作者不署真名，以多所讥评，恐获祸故，要观其所自述，则斯人固王湘绮弟子，且曾参满人［四川总督］奎俊幕者也。”据白化文先生考证，费行简 1900 年在四川，约 25~30 岁，可能见到藩司周馥。但这段记载中所说的周馥的作风与我们所了解的完全不同。《负暄闲语》“处事”门说：“李文忠常告人曰：‘周某用心极细，虑事最精，且廉正有魄力，非时人所及也。’”这里周馥引用的李鸿章的话一定不是虚构或者美化，李鸿章更不可能赏识“昏黯庸下”的人。关于周馥的作风，也可以从周作人的记载得到旁证。承孟艳红同志电告，周作人在《饭后随笔》中回忆在江南水师学堂作学生的时候，于 1906 年曾见到两江总督周馥。在“周玉山的印象”这一条说他“站在体操场上穿了长袍马褂，棉鞋也很朴素，像是一个教书先生模样”。末尾说：“实在那一天给予我们一个很好的印象，可以说在五十年间所见新旧官吏中，没有一个人及得他来的，并不因为他教我们办局子，乃是为了他的朴素、诚恳的态度，不忘记我们两个留校的学生，这在刘坤一、张之洞、魏光焘大概是不会得有的。”周作人在别处还有类似的记载。大伯父梅泉先生的女儿孟芬大姐大约生于 1900 年前后，她小时候随父母住在南京总督衙门里，曾听说以前的总督时期，每天中午要给总督开一桌包括鱼翅、燕窝等名贵菜肴的酒席，周馥任总督以后，把这个办法给撤销了。李伯元《南亭笔记》卷十四又记：“其夫人六十生辰，下属有制屏献者，仅录其文，其余馈洋酒者概从屏绝；署中亦无举动，堂上仅燃双烛，婢仆每人赏面一碗，藉偿叩首之劳。”这些例子可以反证，沃丘仲子所记载的是不符合事实的，周馥对下层约束还是较严的。

郑孝胥1906年8月8日在上海的《日记》里说：“昨闻沈爱苍诵《南京白字诗》曰[①]：‘昨日一科房，今朝督部堂。亲家袁世凯，恩主李鸿章。瞎子兼聋子，南洋属北洋。金陵旧游处，瓦石响叮当。’吴人嘲周馥之作也。”[②]周馥逝世时，他的小女婿，也就是袁世凯的第八个儿子袁克轸挽联里说：“识英雄于未遇，说来真古道所稀；数吾父知音，惟公最早。略辈行为婚姻，犹及见孤儿成立；痛老人聪训，此后无闻。”说明联姻是破例，其间不免有政治因素。如周之任江督，有人推测“盖袁世凯力也”。（张伯驹：《春游纪梦》“江北提督”条）。“聋子”当是指周馥重听。聋子的下面两句，也是嘲他的无所作为，凡事听命于北洋。这里特别应该注意的是头两句，“昨日一科房，今朝督部堂”。“科”和“房”都是地方衙署中的部门，此处指师爷。“部堂”是指六部的堂官，即尚书或侍郎。据清朝制度，总督兼兵部尚书衔，所以督部堂就是总督的尊称。幕府出身本不算什么丢人的事情，在《周悫慎公荣哀录》里所载的祭文和挽联，不少提到他从李鸿章幕府出身，比如说“追随幕府，橐笔戎行”，“幕府行声著，封疆德望隆”，“幕府仰勤劳”，“嘉猷幕府询”，“幕府风云鱼鸟图”，“念先伯祖入幕嘉宾，未有如公符宿望”，“从

① 据闽人何刚德《话梦集》卷下“叹旧怀贤”诗第十七首序云：“沈瑜庆，字敬裕，号爱苍，沈葆桢之四子。”诗末二句云：“劫余歇浦同漂泊，夜夜残棋对短檠。”注云：“沪居咏觞之外，对棋多达旦始罢。”

② 忆及儿时天津家中有来自扬州之保姆，常面诵当地过去流行的童谣，有“六月六，烧周馥”一句，惜未详询内容。

吾师李合肥以文字崛兴”。幕府的师爷有两种类型，一种是管刑名和钱粮的，这种师爷专门性很强，一般是很少出任官吏的；另外一种是笔札、文牍师爷，类似后来的秘书，这种人经过保举做官，以至飞黄腾达的可能性比较大。周馥是属于后者。但是打油诗的作者用“科”“房”两字来形容他，实际上是把他比作刑名钱谷师爷，包含一种贬义在内。

仅仅出身幕府，我看还不是主要的原因，更主要的恐怕还是因为周馥没有任何科举功名，由布衣而升到总督，因而受到歧视。李伯元《庄谐诗话》称周馥“一时有‘目不识丁’之诮”，盖亦以其非科举出身，夸张而讥诮之者。其实，据《年谱》记载，同治三年（1864）六月湘军攻下南京后，九月李鸿章到南京监临乡试，周馥曾随赴南京乡试，不过“未售”而已。他自己大概也经常意识到这一点，所以在《生日放歌》（《玉山诗集》卷四）里说“我生布衣滥忝至旌旄”。而在去世之前不久所写的诗里也说“数平生事，多邀意外缘”。“意外缘”最主要的恐怕就是指他没有科举功名而官做得很高。这种情况在清朝前期、中期是不可想象的，只是到了晚清时期，时代变迁了，这种情况的出现增多，因而引起了一些传统观念很深的人的嫉视。周馥曾经令他的三个大儿子拜李慈铭为师，当然不是去学做八股文，然而他的儿子并没有废弃举业，两个大儿子都中了进士，其中一个还点了翰林，另外的两个儿子也都是举人，还有一个儿子是当时流行的“经济特科”出身。说明这是时势所趋，周馥也不能够违反这个潮流。但是他对科举制度是有看法的，所以在两江总督任上所写《陈古愚文集序》（《玉山文集》卷一）里说：“私叹科举取士，诚不足以尽人才。”到光绪三十四年（1908）所写《周氏联珠集序》（《玉山文集》卷一）里说：“光绪三十一年，余承乏两江，适直隶总督袁慰庭宫保会商奏请停止科举，特旨允准，使历朝弊政一旦而廓清之，甚盛事也。”《荣哀录》中载有黎元洪的智囊饶汉祥的挽联，上联是“二百载储才，看书生翊赞中兴，始信科名失豪杰”，这个话可以算是对周馥非常恰当的评语了。

我以前写自传，对周馥逊清遗老的思想，渲染过多，而对他在历史上的贡献，谈的很少，这也是几十年来对统治阶级人物进行评价时的一种极“左”的倾向。周馥亲笔所写《生日放歌》诗轴，也在“文化革命”中破“四旧”时被我亲自毁掉。今讨论尚君关于幕府的著作，因连类及之，纵论如此，亦晋文公重耳所谓“以志吾过，且旌善人”之意云尔，不识尚君以为何如也？

1999 年 1 月 19 日时年八十有六于北京大学朗润园

《华夷变态》与东南亚史料

摆在我面前桌上的一部大书，三巨册，3006 页。由东洋文库发行，发行者是榎一雄。非卖品。上册，1958 年出版；中册，1958 年出版；下册，1959 年出版。这部大书，就是有名的《华夷变态》。最后总校和整理，由山根幸夫担任。

五六十年代，国外买书很困难。历史系顾文璧先生有一位朋友在日本，1963 年，我就托他买了一部。应该说距离出版时期还不算晚，可谓“得风气之先”了。

大家知道，日本德川幕府建立后不久，就采取“锁国政策”。但幕府统治者还是想了解外国情况的。有两条渠道：一条是从荷兰到日本长崎，有荷兰商人向政府提供情况，即所谓“荷兰陀风说书”；另一条是日本商船载有中国商人，也在提供情况。

华——指中国；夷——指东南亚各国；变态——意思是种种情况。

这部书所包括的年代是：从日本正保元年（清顺治元年，公元 1644 年）到元禄十年（清康熙三十六年，公元 1697 年）。

我得到了这部书，不胜雀跃。当时我就读了浦廉一教授提纲挈领地在书前面所写的解说，大致概述了本书的研究情况。我兴致勃勃地立刻想就这一时期的中日关系进行研究。但是“文化大革命”很快来了，一下子就是二十年，我始终没有摸过这本书。

那时，清朝船只主要是从福建、广东、江苏、浙江等南方各省开往日本，有的船只是先到东南亚再开往日本的。船上载有东南亚华侨，因此，这本书所记载的材料也就包括了东南亚各国的情况。

80年代后期，著名越南史专家陈荆和先生作为日本创价大学亚洲研究所所长到北京大学进行为期三个月的学术访问。我们相见甚欢。提起这部书，都很重视。我们就开展这方面的研究进行磋商。我觉得，日本学者在这方面已经取得不少成绩，我国学者还没有着手做，因此，也就更有紧迫感。本书所载东南亚史料应当引起学术界重视。于是，我们商量由两校组织人力，通力合作。先把这部书中的东南亚史料翻译出来，然后再逐步开展这方面的研究。陈先生表示同意。可惜他回到日本后，此事再没有下文，也就不了了之。

我和这本书接触为时已是三十年左右了。回顾起来，虽然接触这部庞大材料时间不算太晚，但蹉跎再蹉跎，迁延再迁延，一直到今天，终于没有很好利用，深感懊恼。

据山根幸夫先生见告，松浦章教授根据这部书写了很好的文章。还有其他几位日本学者也相继取得可喜的成果。

我刚刚开始这方面的工作，又由于某种突然原因，未能进行下去。

书中所记东南亚情况，各地不一样。有的地方比较平静；东京（越北）、广南（越南）两个统治者斗争甚烈；柬埔寨三王相斗。

书中还提到一些地方，如：噶喇吧，又作咖嚁吧，……即今之印尼首都雅加达；噶喇吧附近之万丹以及大年（即大泥）等地。不一一列举。

这部书，记载虽然不是很详细，但很宝贵，富有史料价值，应当充分利用。

这次，陈玉龙先生为南洋学会会长魏维贤博士七十华诞祝寿，征集纪念论文，想请我也写篇文章，共襄盛举。我的文章虽然没有写出来，有负南洋学会会长魏维贤先生和玉龙先生的好意，但我仍然想把材料提出来，希望引起新加坡南洋学会以及东南亚各国的学者们的重视，充分利用其中材料。

我想，此举不会是徒劳的吧。

2000 年 2 月 15 日米寿老叟

《大方联语辑存》前言

联圣大方先生名尔谦（1872—1936），字地山，一字无隅，别号大方[①]。江都人，原籍安徽。弟尔咸，字泽山。父沛森，字汝霖，清同治丁卯（1867）举人。兄弟二人皆颖悟异常，光绪丙戌（1886）同应府试，皆成秀才。三年后，泽山中乡试第一名举人，成为解元。地山不受科举约束，十七八岁时从事教学，后为其姻戚经理盐务。1915年赴天津，为《津报》主撰社论，词意精警。袁世凯延入家馆，教授其子克文等。北洋客籍学堂、法政学堂等亦请讲授文史[②]。

先生喜藏书，多善本，明清人书画亦不少。尤喜古代泉币，累累贯串，终日佩带，虽冬日夏日数目不同，分量各异，然总有古泉不离其身。先生善诗词，尤善于联语，雅言俗谚，情文相生，信口而成，闻者惊服，人称“联圣”。先生不善摄生，1936年12月以胃病去世。

---

① 先生事迹见闵尔昌《方地山传》，载卞孝萱、唐文权编《民国人物碑传集》。

② 有记载谓先生曾在北京大学任教，不确。

据云袁寒云曾集大方先生联语成《偶语》一书，未见流传。今编大方先生联语辑存，依联语来源，分为三部分。第一部分乃大方先生外孙刘葆中先生提供，系其母方慧云（1906—1998）所记之打印本。因是随手记录，未分类，亦未按照年代次序排列，较为杂乱。现重加整理，大体祝寿、贺喜联语在前，挽联次之，其他在最后。凡年代可知者列在前面。这一部分大抵为大方先生早年作品。第二部分为《北洋画报》所刊载联语。《北洋画报》1926 年创刊，至 1937 年停刊。大方先生 1936 年 12 月去世①。今据《画报》索引逐期检出大方先生作品。龚联寿编《中华对联大典》收有采自《北洋画报》者，而间有遗漏。其未注明期数者，大约摘自《画报》他人文章中，现亦归入第二部分。王贵忱先生在广州所收集以及先父旧藏联语，收入第二部分最后。第三部分为龚氏《中华对联大典》从各书中搜集而来，并注出书名，现照录。联语之标题及称呼一律依照原出处，不加变动。《北洋画报》有描述大方先生写对联之文章，附录于后。

大方先生文酒风流，声色追逐，其一生为典型的旧式文人生活，本不足为训。然大方先生与袁世凯关系非常密切，而始终坚决反对袁氏称帝，因而疏远。先生殁于“九・一八”以后，临终犹以“王师北定中原”为念，表现出正直爱国的知识分子情怀，荦荦大节固有足多者也。

大方先生一生所撰联语，绝不止此戋戋之数。刘叶秋同志等文中所录联语，皆未收入。因希望辑存印出后，读者贡献所藏或所知联语，集腋成裘，共襄盛举，编成比较接近完备之联语集。但大方先生赠妓对联即所谓“姑娘对子”，从不留底稿，对联之主人生涯飘泊不定，对联的命运亦渺茫难知。因而此辑存可能即是最后一次结

---

① 旧作《再记联圣大方》一文作 1934 年，误。

集。当然，希望并非如此！

2000年4月1日着手，7月18日米寿老人周一良记于北大朗润园。

此稿由刘浦江同志整理，谨志感谢

大方先生联语集

一

1. 贺刘老太太九十生日寿对

天教季子报春晖，红药当阶，庆老母百年长寿；
笑看诸孙能夜读，青藜照眼，佑儒林三世人家。

2. 贺梅兰芳祖母八十寿对

三月三日，丽人孔多，祝阿母长生不老；
一觞一咏，群贤毕至，喜文孙天下知名。

周注[①]：梅兰芳祖父即“同光十三绝”中之名旦梅巧玲（1842—1882），其祖母祝寿在1919年。上联“丽人孔多”句或作“佳丽多人，看阿母长生不老”。

① 本文“周注”专指周一良注，后皆同，不再一一标注。——编者

3. 贺女兄六十生日寿对

数吾家六月生辰，祖父初三女兄初二；
酬贞妇千秋大节，独子成立诸孙满堂。

4. 贺女兄六十生日寿对

六旬手足尚完全，数当时，吾父吾母吾舅吾姑，无此团聚；
三处儿孙皆茁壮，看小辈，宜家宜室宜兄宜弟，各保平安。

5. 贺泽山弟五十生日寿对

我去年及端午归来，吃面看龙船，两宅儿孙争跳跃；
君生日与中秋相近，满盘堆月饼，百年兄弟几团圆。

方注[①]：地山生日五月初四日，泽山生日八月初六日。

6. 贺寒云夫人五十生日寿对

有父有夫有子有孙，世上中年可称有福；
能诗能书能画能绣，眼前亲戚无此能人。

周注：袁寒云夫人姓刘，名姌，字梅真，颇有文采。

7. 贺□□□寿

桃熟三千年，沧海桑田经岁月；
鹏飞九万里，雏儿骥子耀门庭。

8. 贺薛玉如、陈尺楼结婚

喜相逢还是同乡，北斗星光照南斗；
看名教自然有乐，西球风气到东球。

方注：薛玉如是方慧云的同学，陈尺楼后任教于北京外交学院。

① 本文“方注”专指方慧云注，后皆同，不再一一标注。——编者

周世恩注：邵北人薛玉如年长未嫁，从事教会工作，与陈尺楼相识并结婚，遂有“西球”之云。陈父曾任天津知县，因有“北斗”“南斗”之喻。

9. 贺张同亮、王揖唐女结婚

清河勋阀琅琊世家，配合都能稽旧事；
诸葛大名龙川才气，说来却好贺新郎。

周世恩注：张同亮父张瑚，字岱杉，北洋政府财政总长。王揖唐（1877—1948），北洋政府内务总长，后沦为汉奸被枪决。清河指张氏，琅琊指王氏。诸葛与龙川皆名亮。

周注：据《吴宓日记》1943 年 12 月 18 日，张同亮结婚后夫妇赴美留学，两人后离异。

10. 贺罗韵玲、马文季结婚

玉骢马，少年场，白眉世家，一代文宗传季子；
金叵罗，合欢酒，黄花门第，九秋韵事斗玲珑。

方注：文季为桐城古文家马通伯（其昶，1855—1930）先生季子。白眉用三国蜀汉时马良典故。马氏兄弟五人，俱以常为字。良字季常，眉有白毛，才学尤高，时谚曰：“马氏五常，白眉最良。”罗家喜养菊花，颇多异种。上下联分说二人，嵌马文季、罗韵玲姓名，而两家风范、结婚时间等概括无遗。见刘叶秋《略谈对联》，《文史知识》1984 年第 12期。

11. 地山女初观与寒云长子伯崇订婚时戏语

两小无猜，一个古钱先下定；
万方多难，三杯淡酒便成亲。

12. 挽何秋辇（1910 年）

能行万里路，更通百国书，无怪群公，必使班超镇西域；
凄绝玉门关，呜咽陇头水，早知今日，不如何逊在扬州。

周注：何彦昇，字秋辇，甘肃布政使，宣统二年（1910）授新疆巡抚，未到任而卒。

13. 挽吴彦复保初（1913 年）

心死已多年，地北天南皆郁郁；
魂归今何处，嫣红姹紫太匆匆。

方注：公有《北山楼诗集》及《未焚草》。一子早亡，女名吴若男，适章士钊。侍姬二人，名彭嫣、王姹。公逝世不久，即适人而去。

周注：关于吴保初事迹，详见章太炎所作墓志及袁寒云《三十年闻见行录》中“吴大泉痴”条。汪辟疆《小奢摩馆脞录》“彭嫣”条：“彭嫣，或云彭云嫣，北里人也。性耽风雅，工书善诗，夙慕吴彦复风节，委身事之，一时传为美谭。陈散原有《过天津戏赠彦复》诗云：‘酸儒不值一文钱，来访瘿公涨海边。执袂擎杯无杂语，喜心和泪说彭嫣。’一时以彭嫣入吟咏者颇多，而散原为最风趣。”

14. 挽徐宝山（学礼）

悲辜互怀恩，未必猜嫌都是福；
谈兵能贾祸，谁知好古亦为灾。

周注：徐早年入帮会，号称徐老虎。后归附清政府为统领，镇扬州。辛亥革命后，与袁世凯勾结。徐性喜古玩，据云陈其美用炸药伪装成古玩送徐，开邮包时被炸而死。

15. 挽袁项城（1916年）

诵琼楼风雨之诗，南国皆知公有子；
承便殿共和明问，北来未以我为臣。

周注：袁世凯（1859—1916），字慰庭，河南项城人。上联指寒云劝阻其父称帝诗句“莫到琼楼最上层”。下联盖指地山先生反对称帝事，或疑“共和明问”应作“笑谈相对”。

16. 代小凤仙挽蔡锷（1916年）

不幸周郎成短命；早知李靖是英雄。

周注：蔡锷（1882—1916）反对袁世凯称帝，北京妓女小凤仙掩护蔡逃离北京，在云南独立，迫使袁取消帝制。1916年，蔡病死日本。

17. 挽缪艺风（1919年）

丁卯昔人希，叙先子同年，相见便蒙呼小友；
甲寅文字乱，记荛翁生日，当时颇耐识群贤。

周注：缪荃孙（1844—1919），字筱珊，号艺风。藏书家、版本目录学家。同治丁卯（1867）举人，与大方先生之父为同年。

18. 挽周玉老

运尽命尽，学易有年，富贵任儿曹，知命不愁冷汤水；
自然而然，事君以礼，勋名在中国，盖棺无愧旧朝衣。

周注：先曾祖周馥（1837—1921），字玉山，其《荣哀录》上联首四字作“应尽便尽”，文义较此为优。盖挽联送出之前重加考虑之结果也。是否老人临终时遗命殓以清代朝衣不得而知。联语措词极有分寸，且富风趣。全集冠以小朝廷“赐谥”悫慎，殊欠允当，不如台湾沈云龙教授主编《近代中国史料丛刊》改题为《秋浦周尚书（玉山）全集》。

此上联有“知命不愁冷汤水”语。下文“挽大舅徐育才”之上联亦有“不记余年汤水冷”语。“冷汤水”不知出于何书，遍查类书不得，因请教博洽之吴小如先生、程毅中先生。吴先生指点谓见于宋人笔记。程毅中先生得此启发，于宋人王铚《默记》卷上查得：王溥之父祚，欲知寿命，卜者谓寿当至一百三十四岁，惟“近一百二十之年，春夏间微苦脏腑，寻便安愈矣。”祚喜，回顾子孙在后侍立者曰：“孙儿辈切记之，是年且莫教我吃冷汤水。”谨志于此，并感谢吴、程两先生。

《荣哀录》376页又有地山先生与张祖廉合送挽联云：

家门鼎盛，世禄相承，五福总完全，贵寿实孚令公德；
王室空存，臣年已老，一腔无说处，哀吟窃比放翁诗。

此联下款自称“姻再侄”，因先伯父梅泉先生与地山先生亲戚李氏为亲家，“再侄”意为晚两辈。另一联称“治姻再侄”，用“治”字是因扬州在两江总督治下。如地山先生已与袁寒云为亲家，则不用“再”字。

19. 挽罗瘿公（1924年）

莲花落，太风流，痛我辈多情，付与砚秋行侠义；
酴醾酿，尽沈醉，愿孤儿自立，莫须优孟效衣冠。

周注：罗敦曧（1872—1924），字掞东，号瘿公，又号瘿庵。广东顺德人。幼年聪慧过人，有顺德神童之称。仕途不得意，寄情声色，流连剧场。赏识程砚秋于坐科之时，又为延师习艺出科之后。为程所编戏，如《红拂传》《锁麟囊》等，皆成功之作。黄濬《花随人圣庵摭忆》有详细记载。

方注：罗瘿公与程砚秋友善，为写剧本。公逝世后，砚秋为之埋葬。瘿公子当时游学美国。

20. 挽严范孙（1929年）

瞻望宝塔，忆小金山，尽夕清谈怀北海；
手把木鱼，再上天竺，相逢犹记在西湖。

周注：严修（1860—1929），字范孙，教育家。据《范孙自订年谱》，1916年“洪宪帝制取消，余复入都，居北海一日，旋归津”。4月1日《日记》载，“赴北京，住北海，晤袁氏昆弟五人及其族人冕堂之子云洲”。《严范孙先生年谱补》载，1919年春“游金陵及金、焦，至于西湖而返”。

21. 悼袁寒云（1930年）

谁见李峤真才子；不见田畴古世雄。

周注：袁克文，字抱存，一作豹岑，号寒云，袁世凯次子。据寒云《洹上私乘》中先生母传，袁世凯在朝鲜时，国王选贵族女四人赠之，克文生母有二子克文、克良。克文自幼聪颖，多才多艺，性喜古书文物，收藏颇富。生活道路受塾师方地山先生影响极深，关系极亲密，后结为亲家。克文参加帮会，行辈甚高，常取给于徒弟。因荒于酒色，年甫过四十即去世。

22. 挽吴竹楼

父老重科名，争言小宋文章，慰破庙当年风雪；
宦游如露电，怕读香山诗句，听荒江送客琵琶。

23. 挽王义门

说江都三幼童，愧我蜂腰到今低首；
痛戊戌六君子，嗟君豹隐终古留皮。

方注：义门、地山、泽山当年中秀才时，三人在一榜，王义门年最长，地山居中，“蜂腰”指最细弱处。王氏两女嫁与泽山两儿为媳。

周注：金毓黻《闵尔昌传》：“近代扬州名士如刘申叔、王义门、方地山、陈孝起、陈含光，余并识之。”

周世恩注：清光绪十二年丙戌（1886）江都县岁试，三人比实际瞒小两岁报考，成为正式生员（秀才）。以后二年，戊子正科，三人同赴乡试，均未中举。次年己丑恩科再考，泽山中第一名，为解元。地山考场中曾为王义门修改诗文，然王得中，地山名落孙山。以后连连考场失意，直至36岁丁未会考才成为岁贡。王积极支持维新变法运动，戊戌政变失败后隐居。民国后曾任国务秘书。

24. 挽梅太夫人

叙通家戚好多门，每对外甥思伯姊；
仰母氏儒林三世，敢因女婿认新亲。

25. 挽大舅父徐育才

矍铄哉是翁，不记余年汤水冷；
吁嗟呼行役，至今历历渭阳情。

方注：徐氏为地山先生外祖父家。

周世恩注：“历历”疑有误。

26. 挽何罍威（1924年）

生小太聪明，转入糊涂因世变；

所遭皆富贵，自甘憔悴被人欺。

周注：何震彝字鬯威，诗人，与袁氏三代世交。事迹见袁寒云《辛丙秘苑》“梁鸿志卖友”条。

周世恩注：杨度组织筹安会后，何建议组织一会以纠正之，大家推何起草宣言。旋因有人告密而作罢，上联“转入糊涂”可能指此。下联指何母早亡，身为长子，但由其父姨太太当家。何娶李盛铎（木斋，清末任驻日公使）长女为妻，妻对何凶狠。

27. 挽夏先生

皋比坐拥非生命所宜，此事我曾经，乱世更难兴旧学；
辛苦频年为童蒙训读，慰情无可说，群儿犹解哭先生。

方注：夏先生是方家家庭教师。

28. 挽金团久表弟

嗟君强志学人所希，奈匆匆现宰官身，学艺有年亦冀勋名缵乃祖；
遭世变迁宦游多阻，又怏怏作儒家语，中年郁死更无善策慰吾姑。

29. 挽刘谦甫公

忆小时考试，辛苦提携，调笑每忘年，搓手相看说囚垢；
与季子联姻，脱略行辈，速成遵治命，伤心未及奉羹汤。

方注：刘富曾，号谦甫，系刘文淇之孙、刘毓崧之第三子、刘师培之叔父。

30. 挽小凤

相对号寒，敢道凤凰不如我；
有时大觉，果然蝴蝶是前生。

31. 挽相母吴太夫人

相夫以勤俭起家，中馈主持同辈少；
教子尽功名成立，一庭团聚十分难。

方注：相文朗为地山至友，同居一宅。相公有子三人，长相伟，次相佶，三相倬。相公早亡，夫人守节抚孤；夫人逝世后，三子即分居。

32. 挽丁叔雅

落花三月，津门饮酒为欢，深感病夫强捋髭须为我笑；
弹指十年，平山夜谈如昨，可怜我辈但知公等擅词章。

周注：清末有人仿明末以冒襄（一作吴应箕）、侯方域、方以智、陈贞慧为四公子之例，以为晚清有四公子，即谭嗣同（字壮飞，湖北巡抚谭继洵子）、陈三立（字伯严，湖南巡抚陈宝箴子）、吴保初（字彦复，水师提督吴长庆子）、丁惠康（字叔雅，福建巡抚丁日昌子）。见陈衍《石遗室诗话》卷八。徐一士《一士谈荟》谓无丁氏而有陶葆廉（字拙存，陕甘总督陶模子）。汪辟疆《光宣诗坛点将录》亦以丁惠康列名四公子之一，盖当时并无定论，而陈说似较通行也。入民国后，又有所谓四公子者，指袁寒云、张学良、张镇芳之子张伯驹、卢永祥之子卢小嘉。

33. 挽原配丁夫人

北来贫乏，南归尚无以为家，离合两相忘，还道有时能富贵；
诸孙长成，儿辈又并非不孝，艰难各团聚，从今无以报平安。

34. 挽弟妇朱夫人

生不居人上为荣，论公理从宜，女嫁男婚当正位；

死得在夫前是福，嗟吾弟久病，山空树老又遭风。

方注：末句恐泽山弟不能永年。

周世恩注：泽山元配王夫人是才女，病重时泽山自任职之湖北赶回扬州，未及一面，悲恸不已，挽联有“一世夫妻，三年离别”句。灵前发誓终身不再娶。十年后纳朱氏，始终称“姨太太”。朱夫人去世时，地山认为两男三女俱朱氏所出，且媳婿均名门大户，朱理应扶正，即所谓“当正位”也。

35. 挽袁项城原配于夫人

惟母仪乃邦人所瞻，子孙众多，为颂雅南无愧色；
忆昔时待蒙师以礼，岁时馈问，至今肴核有余甘。

方注：地山时在袁家坐馆，夫人生前常命仆人送美味佳肴至书斋。

36. 挽□□□

四海失子由，老去东坡应痛哭；
通家重元季，平生文举幸登门。

37. 挽□□□夫人

记护持爱女重来，絮语殷殷，从此慈恩成在昔；
空盼望外孙长健，超升忽忽，惟将哀思忆他年。

38. 挽沈太夫人

勋名富贵，视若尘埃，但期坐拥孙曾，以愉晚景；
烽火连天，哀鸿遍野，难得飘摇游子，及早归来。

周注：袁寒云《家慈母传》称“家慈母沈，无出”。先生母传曰“悯家慈母多病无子，乃以克文为家慈母子”。日记中所称慈母，即沈氏也。

39. 挽袁家宜

白昼消闲，犹忆去年讲论语；
红楼说梦，伤心今日哭元春。

周注：袁家宜当即寒云早殇之女。

40. 题焦山四面佛（此联为第一次上焦山题）

面面皆空佛；高高在上人。

方注：地山（十四岁）、泽山（十三岁）中秀才后，父亲带他们上焦山，焦山僧出上联“面面皆空佛”请对，地山脱口而对：“高高在上人”，一时传为佳话。

41. 题焦山四面佛（此联后作）

面面皆空，佛也须有靠背；
高高在上，人到此要回头。

42. 答袁项城

出有车，食有鱼，当代孟尝能客我；
金未尽，裘未敝，今年苏季不还家。

周世恩注：或作“金已尽，裘已敝”。据说入袁府第一年年终，袁府宴请幕僚并问及“方师爷是否回家过年”时，地山口占此联，于是袁世凯派人赠五百元并留师爷过年。苏季或作季子，“季”与“孟”相对应更为恰当。

43. 为严范孙致语

君为光武故人，早有声名惊大地；

我亦淮南宾客，怕随鸡犬便升天。

周注：据张伯驹《洪宪记事诗·本事簿注》卷一，谓袁世凯尝云“严范孙与我交数十年，亦未尝言及官阶升迁”。又卷二：“范孙先生道德学问，数为项城敬礼，力陈时局国势，筹议帝制有百害而无一利。”

44. 自撰联

安知凤凰不如我；且食蛤蜊休问天。

45. 赠剑青

剑匣韬光无限好；青山无语话偏多。

46. 赠张大千

“八大”到今真不死；“半千”而后又何人。

方注：“八大”指“八大山人”朱耷，“半千”指龚贤，皆清代名画家。

47. 又

世界山河两大；平原道路几千。

48. 赠巢章甫

巢父掉头不肯往；知章骑马似乘船。

周注：巢章字章甫，武进人。工书法绘画，精鉴别。

49. 又

岂有文章，富贵不来年少去；
聊吟梁父，山川犹是昔人非。

50. 赠刘云若

倦飞知还，云无心以出岫；

含睇宜笑，若有人兮山阿。

方注：刘云若（1904—1951），天津名小说家。上联用陶渊明《归去来辞》，下联用楚辞《九歌·山鬼》中成句，嵌“云”“若”二字极为自然。见刘叶秋《略谈对联》，《文史知识》1983年第2期。

51. 赠来福

生有自来，数典敢忘黄袋子；

自求多福，问心不称白髭须。

周世恩注：黄袋子“袋”当作“带”。

周注：“自求多福”见《诗经·大雅·文王》《左传》桓公六年、昭公二十八年、《孟子》公孙丑上、离娄上。

52. 又

君今既然肯；我亦自求多。

周注：首句应作“君既惠然肯”。“惠然肯来”见《诗经·邶风》。

53. 赠小涛

妇人醇酒，到此方知天下小；

明月扬州，相逢便说广陵涛。

54. 题张园戏台

说清风明月，不值文钱，终觉荒凉非世界；

聚绿女红男，同消万古，暂时歌舞即升平。

55. 题中原公司戏台

货别遂分，到最上头都是戏；
朝歌暮舞，看真好手慢登台。

周世恩注：“货别遂分”宜作“货别㷫分”。

56. 玉壶春茶楼

恨无茅屋三椽，闲来赏雨；
惟有冰心一片，相与谈天。

57. 题明湖春（在杭州西湖作）

明眼怕看人，万事思量惟酒好；
湖边能醉日，一春不惜买花钱。

周注：或作“明眼怕看人，万事模糊惟酒好；湖边能买醉，一春心事为花忙”。

58. 题亦乐园（亦乐园在天祥市场戏园对面）

亦有酒，亦有肴，相将入座；
乐以歌，乐以舞，乃可窥园。

59. 题陈国瑞公祠

封万户侯何足荣身，公若与汉天子比肩，李广欢颜亚父笑；
挽百石弓犹能识字，我曾见故将军遗墨，鄂王风骨鲁公神。

周注：陈国瑞（1837—1883）。清湖北应城人，字庆云。咸丰、同治间先后从袁甲三、僧格林沁镇压捻军，每战冲锋，有勇名，官至提督。恃功而骄，除僧格林沁外，不听节制，至发兵与别部斗杀。光绪间坐事削职，戍黑龙江，卒于戍所。寻复总兵。

以下诸联及注由周世恩先生提供

60. 挽陈采卿

老辈说科名，进士承家三世少；

大年关福慧，中医不药几人知。

注：陈嘉树、陈彝父子均是传胪，孙辈唯陈成庆成进士。官至刑部员外郎。善弈，尤精医理。不专为人治而治则立愈，颇有善名。

61. 赠叶浅予

寄情紧暖香乾外；设想清奇浓淡中。

注：上联隐去“浅”字，下联谈饮茶，似含“叶”字。

62. 题春华楼

年少当知努力爱；酒酣不觉置身高。

注：上联含“春华”意，下联隐去“楼”字。

63. 赠寒云

大方大，大莫能容；但一味糊涂，不怕担当天大事；

寒云寒，寒成彻骨；要十分忍耐，方知自有岁寒心。

64. 挽张久斋（代堂兄挽堂弟）

赖祖宗灵，得今岁联屋居；此乐方长，谁知不忍生离，翻成死别；

奉叔母命，以次儿作汝后；中怀共谅，仍愿天锡男子，我抚遗孤。

注：张久斋长地山一岁，结为金兰，25 岁病故。妻仲氏新婚未久，长房堂兄以次子宗球承嗣之，期得全部家产，仲氏处境困难。地山出面调停，言定若新妇生子，家产应与宗球平分，若新妇生女则应分她万元。地山并代堂兄作挽联，公之于众。

65. 挽仲孺人

能庇葛藟根，大节岂徒耐霜雪；
笑看桃李实，佳儿何以报春风。

注：仲氏抚嗣子宗球、亲子宗俊成人，地山又令长媳拜仲氏为干娘，长期予以照顾。方泽山亦有挽仲氏联云：“凭先世之灵，再造弱宗，保此子孙绵血食；哀吾友不禄，廿年沉痛，并为涕泪洒贞碑。”

66. 挽平山堂僧

数年来烟霞小筑，蔬笋生涯，沧海故人归，笑语何曾忘扫叶；
记乡风夜雨扁舟，荷花深处，扬州明月在，招魂最好是平山。

67. 挽王小莼

相逢说三代家常，每怪大儿都学我；
放论到一时亲戚，差强公意是先君。

68. 贺寿

子孝孙慈天赐福；前歌后舞月当头。

69. 京寓门联

冠盖满京华，斯人独憔悴；
弱冠弄柔翰，卓荦观群书。

注：上联杜甫《梦李白》诗句。下联西晋左思《咏史》诗句。

70. 挽何秋辇

旧雨十年疏，明月依然，无复梅花笑东阁；
停云双泪断，阳关未出，惨闻羯鼓打凉州。

71. 挽吴福茨

说当年破庙甚么，重语宋莒公，但信读书宜有福；
得生入玉门足矣，同时何水部，翻成衣锦不还乡。

注：吴福茨，光绪三十一年（1902）署理新疆巡抚，宣统二年（1910）授浙江布政使，辛亥革命前夕弃官至上海隐居。弟吴竹楼，宣统三年授湖北省荆宜兵备道，民国初任江西省浔阳道道员。吴氏藏书楼设“有福读书堂”。北宋宋庠、宋祁兄弟俱有文名，宋庠封莒国公，此处喻吴氏兄弟。方泽山挽联云：“国不国矣乎，岁晚沧江，岂意休官仍历劫；堂无堂焉哉，故乡明月，胡为有福未归来。”

72. 赠嫒嫒

女室女家，我视如传舍；
爰居爰处，人望若神仙。

周注：《风月画报》第4卷第2期晋溶《大方先生近作》作“女室女家视如传舍；爰居爰处望若神仙”。

73. 赠月红

此别莫吞声，须知淮水东边，依然旧月；
暂来还是客，分付夕阳西下，留住残红。

（月红将嫁，泣而送之。）

富贵不来年少去；山川犹是昔人非。

（集香山、东坡句哭月红，可谓亡国之音，录致一笑。）

74. 赠金凤

此间乐无复当年，浪说黄金能买笑；
长相思诛其小者，须知赤凤为谁来。

注：《国策·秦策一》载："楚人有两妻者……诛其少者，少者许之"。赤凤，汉赵飞燕之宠幸。

75. 挽丁叔雅

题双红豆卷，痛乎姚传木以前，早识潜心厌尘世；
读四公子诗，君死谭壮飞之后，能担寥寂以诗穷。

注：丁、姚二人同为广东人，有唱和诗集《双红豆卷》。

76. 赠马掌姑娘

马上琵琶千古恨；掌中歌舞一身轻。

注：上下联分别用王昭君和赵飞燕故事。

77. 赠大姑娘

大抵浮生若梦；姑从此处消魂。

78. 赠月红

杨柳岸晓风残月；牡丹亭姹紫嫣红。

79. 赠如意姑娘

都道我不如归去；试问卿于意云何。

80. 赠嫦娥

灵药应未偷，看碧海青天，夜夜此心何所寄；
明月几时有，怕琼楼玉宇，依依高处不胜寒。

注：上下联分别用李商隐诗和苏轼词。

附方泽山先生对联三副

赠元配王夫人

借问是同乡，对明月二分，小时不识；
别离在今夕，正秋星一点，银汉无声。

挽徐宝山

风雨同舟识肝胆；江淮一路见英雄。

挽继配朱夫人

何以报之，犹幸能怜小儿女；
吾将老矣，不堪挥泪旧衣裳。

二

81. 寿豹岑四十

藉手作明珠，祝汝长如天上月；
赠言冯片石，差堪与语地中山。

豹弟生日以奚铁生小砚为寿。砚背铭云：“石之精，泉之穴，沧海明珠天上月。”因括其辞为致语，下联以韩陵片石自况，亦豹弟所欲言哉。

《北洋画报》第 372 期

82. 赠黄二南

以头濡墨王公前，会心不远；
提笔四顾天地窄，吾舌尚存。

二南姻长属大方赠语。辛未春，克文。

周注：黄二南，画家，能以舌作画。

83. 昔年名旦姚玉芙于废历七月十五日结婚，贺联为：

七夕昨经过，应向星郎学天上藁砧模样；
中秋又容易，遥知月殿羡人间瓜果团圆。

84. 今年名武生李万春结婚（废历七月廿二日），贺联为：

七夕已经过，应学双星配合；
中秋又容易，莫须奔月团圆。

《北洋画报》第 670 期

85. 挽黄陂

德量是天生，便相逢游戏场，巍巍乎在人耳目；
共和失民望，论统一南北界，滔滔者将谁与归。

《北洋画报》第 195 期

周注：黎元洪（1864—1928），字宋卿，湖北黄陂人。

86. 挽梁任公

徵歌当哭，叙君男女交情，每借微云谈晚翠；
论才嗜痂，誉我荒嬉文字，同悲麦孺另罗瘿。

《北洋画报》第 285 期

周注：梁启超（1873—1929），字卓如，号任公。广东新会人。麦孺博及罗瘿公皆广东文人。

87. 挽冯至海

伯氏相见，每称君抑塞奇才，造化不仁，殒此国宝；
太公之丧，独留我哀挽文字，无缘识面，负尔知音。

《北洋画报》第 817 期

88. 赠章遏云

丰致是天生，便遏密八音，也能歌舞；
光华照人眼，看云霞万变，想见衣裳。

周注：章遏云，著名京剧女演员；工旦角。后赴台湾。

89. 赠胡碧兰

乍见便惊心，笑老眼昏昏，看朱成碧；
无言难独赏，怕诸公衮衮，采叶伤兰。

周注：当时画报载，头十天戏章遏云得包银600元，恩维铭240元，胡碧兰百元左右。

90. 赠恩维铭

凤生凤，龙生龙，维系岂无端，我辈传家那有此；
相门相，将门将，铭心增太息，阿婆年少已惊人。

《北洋画报》第164期

周注：著名女演员恩晓峰及其女恩维铭皆工老生。

91. 为同咏社虋集致语

北客不思归，肯学纥那忘正始；
南音渐成聚，聊因酬唱念家山。

刘禹锡诗："今朝北客思归去，回入纥那披绿萝。"言翻南调为北曲也。见明杨慎《艺林伐山》。

《北洋画报》第249期

92. 观陈文娣女士游园昆剧因作偶语

翩若惊鸿，宛若游龙；

守如处女，出如脱兔。

《北洋画报》第 312 期

周注：陈文娣，女票友。

93. 答云台

一握意难忘，许多眼底新娇，眉尖旧事；
三年香自在，各有袖中吴郡，襟上杭州。

《北洋画报》第 385 期

周注：云台，袁克定号。

94. 疏盦嘱为碧兰致语

如闻太华清钟，能摇夜碧；
仿佛湘江杂珮，欲纫秋兰。

《北洋画报》第 503 期

95. 赠画楼联

画里江山终古在；楼中图绘美人多。

《北洋画报》第 647 期

周注：“画楼”指《北洋画报》社。

96. 画楼致语

有画可无诗，摩诘题诗须有画；
登楼应作赋，仲宣能赋许登楼。

《北洋画报》第 653 期

97. 书联幅

诗比渔洋能感旧；学如容甫亦知新。

云潜有声科举时代，洋溢中国，施及四海。辛未秋七月津沽话旧，因为致语。

《北洋画报》第 687 期

98. 辛未秋饮武越家

今夕有如德星聚；相逢长啸海山秋。

《北洋画报》第 710 期

周注：冯武越，广东人。《北洋画报》社社长。

99. 方潜三弟有道正句

天宝宫人犹感旧；贞元朝士亦无多。

《北洋画报》第 715 期

100. 为画家胡奇书联

欲辩已忘言，看是含羞真爱好；
生小不相识，莫须借问说同乡。

胡奇有所见，有所思，嘱为联语形容之。胡然而天，胡然而地，仿兮佛兮，若有人兮。老夫闻之，亦为颠倒，况少年耶？未知何日邂逅相遇，证此因果。

《北洋画报》第 811 期

101. 为蒋裴裳书联

君子知尚裴；女手可缝裳。

《北洋画报》第 982 期

102. 赠谭馨圃联

桂馨秋意早；菊圃晚花香。

《北洋画报》第 1085 期

103. 赠杜月笙联

自笑酒酣时喝月；
相携花下坐吹笙。

104. 又［赠杜月笙］

李太白骑鲸捞月；
王子晋跨鹤吹笙。

《北洋画报》第 1131 期

105. 题青年画家邵少逸邵幼轩兄妹合作花卉

笑看游蜂过墙去；无人知为荔枝来。

《北洋画报》第 1559 期

106. 玉华女士极似玉霜为联以赠之

乍阳乍阴，我辈不嫌金粉气；
生瑜生亮，有人还为玉霜愁。

107. 又［赠玉华女士］

离合在神光，瞻望俨然玉霜影；
雄雌休辨认，平生爱诵木兰行。

戊辰闰二月斗斗山人书。

《北洋画报》第 1205 期

周注：斗斗山人为李准别号。原联盖用篆书所写，而联语则疑仍出大方先生之手。李准（1871—1936），字直绳，四川邻水人。清末广东水师提督，曾率舰队巡海，视察西沙、南沙群岛，勘界立碑，明确主权。他喜写篆书，爱好戏剧，与演员往来，编写剧本。幼子相普早年赴英国学海军，后参加重庆号起义，对新中国海军建设多有贡献。

108. 天津商会会长王文典及令弟诚斋先生家传有子母瓶，筑室贮之，曰子母瓶庵。余为题额云“子母平安”，更为联语。

会意象形助子母；谐声假借祝平安。

日前诚斋仓皇过我，言遂安有兵事，将通电询问。余适为联语，因授之曰：子母平安。既而果无恙。相见言笑，以余联语为吉人之词。甲戌秋九月，大方。

《北洋画报》第 1205 期

109. 题眉云重归

旧恨新欢，都来眼底；
青衫红袖，同是天涯。

周注：眉云，苏姓。袁克文妾。

110. 挽陈德霖

灯红酒绿，把袂论交，犹忆少年行乐地；
扇影钗光，同歌惊梦，可堪今日奈何天。

代袁克文撰。

周注：陈德霖，著名京剧演员，名旦多出其门下。晚年以演《四郎探母》剧中萧太后著称。

111. 挽陈宝琛

松影犹存，从今瞻望山高，读书孤吟冬岭秀；
钟声不响，回忆相逢日暮，谈诗低唱铁冠图。

周注：陈宝琛（1848—1936），字伯潜，号弢庵，福建福州人。曾为废帝溥仪师傅。及溥仪沦为汉奸，陈留居关内，不与同流合污。

112. 遏云在广东音乐会有声，武越嘱致语张之

弹邝露琴，歌峤雅诗，绿豆做相思，到此应知故乡事；
得广州书，唱啰唝曲，荔枝曾日啖，阿侬也算岭南人。

113. 赠袁克文

众鸟欣有托；孤云独无依。

周注：袁克文结客挥金，产渐倾，而仆从众多，克文常携姬税屋而居，未以为苦。地山尝告之曰："曹公有句：'众鸟欣有托，孤云独无依。'可为君诵之。"克文颔首。或有询之者，曰："鸟是众生，当亦有托为欣，惟云之高，然无可依耳。"

又：《北洋画报》第1232期有挽王鲍太夫人联，字迹不清，暂缺。

三

114. 赠弢翁三十生日寿对

生日似荷花，六月杯盘盛瓜果；
宗风接荛圃，三郎沉醉在图书。

周注：家父生日为农历6月13日，旧日相传6月24日是荷花生日，故云"生日似荷花"。清代著名藏书家黄丕烈号荛圃。"三郎沉醉"是借用宋人咏唐玄宗的"三郎沉醉打球回"诗句。60年后的今天，这副对联和大方先生在粉红色花笺上歪歪斜斜疏落有致的字体，在我脑子里还留有深刻印象。

115. 赠周季木

所得汉碑堪作屋；要收秦印比封泥。

周注：先叔季木先生酷嗜金石，所藏石刻辑为《居贞草堂汉晋

石景》。柯燕舲先生序其书以为远胜端方《匋斋藏石记》，说他“以一人之力，精鉴深研。每遇一石，必审核至再而后收之。故凡所著录，皆有征验，不沾沾以浩博自表襮。”先叔所藏铜器收入商锡永先生所编《十二家吉金图录》，所藏古匋则由孙师白先生编为《季木藏匋》，所藏古玺印亦为专家所重视，但未编成谱录（各种实物解放后均已捐献国家）。

116. 赠周一良

生小便能通鸟篆；闲来每与说龟藏。

周注：我童年在家塾中学写篆书，临摹泰山二十九字、汉碑篆额等，对钟鼎甲骨文字，也很有兴趣。还曾到大方先生家里，摹写他所藏的甲骨文字。大方先生赠我一联：“生小便能通小篆；闲来每与说龟藏。”是长辈对后辈加以鼓励的口气，借用《龟藏》书名指甲骨文，与鸟篆相对也工稳。但当时有人看了说：“小便能通四字相连，未免不雅。”大方先生说：“那我就给你改写一下吧”。于是改为“生小善书通鸟篆；闲来考古说龟藏”。这样一改，严肃而死板，情感和风趣都远不如原来了。我后来还是裱了第一副，而我的篆书始终没练好，甲骨之学更未入门就放弃了。及今思之，有愧前辈厚望。可惜此联存南京成贤街史语所宿舍中毁于战火。

117. 赠龚元彪夫妇

早识读书先读律；未遑医国且医人。

周注：龚夫妇分别是律师和医生。汉代儒者注重读律。

118. 赠孙师白

红袖青衫明月夜；荻花枫叶大江秋。

周注：表兄孙师白名浔，是根据白居易《琵琶行》命名，大方先生运用白诗情景赠一联云：“青衫明月夜；枫叶大江秋。”写时展开联纸，发现太长，五言写不满。于是当场在上下联各加二字成此七言。先生才思敏捷，信手拈来，类多如此。

119. 赠周煦良

此去好行万里路；说来都是一家人。

周注：堂兄煦良出国留学，大方先生赠此联。后又补两句：“须知肝胆向谁是，留得金刚不坏身。”这样就成诗一首。

120. 贺祥五五叔纳妾胡氏

周于利者周于德；胡然而帝胡然天。

周注：上联用《孟子·尽心》语，下联用《诗·鄘风·君子偕老》语。不少联语仅为嵌字，别无意义，赠妓者多此类也。

121. 赠弢翁

所适在思得误处；校勘若对于仇家。

周注：上联出《北齐书·邢子才传》：“误书思之，亦是一适。”

122. 赠弢翁

略师蝯叟中年字；时得荛翁未见书。

周注：蝯叟为何绍基号，先父曾喜仿效其字体。“中年字”一语另有典故。杨钧（杨度之弟）所著《草堂之灵》卷十二际遇条记，著名书法家李梅庵（清道人）早年经常给人写字，“其书实不成形，东斜西歪，稚弱可笑。尝托人搜集前作，而以当时之作易之。何蝯叟自喜中年之制，以为非晚年所能，尽量收买，自赏自叹。然两君不可同日论。蝯叟中年已成体格，其韶秀俊逸者，晚年实不能也。”

123. 寿陈三立

数当世德星，我辈觉太丘道广；
论前朝公子，诸郎比湖海能文。

周注：大方先生为家父书扇，其中心多为所撰联语，有一扇面录此联，并称：“右联语寿陈伯言丈。因师曾、彦通兄弟皆有文词，故以比其年。今师曾已死，偶为叔弢诵之，相与太息。”盖大方先生及先父当年皆与师曾、彦通两先生为至交，而不知隆恪先生亦善诗，登恪先生精于西方文学，寅恪先生更是一代宗师，太丘诸郎固不仅二人能文也。

124. 赠弢翁

松雪经书普门品；遗山诗纪泰和年。

诗钟余兴，戏拈普、泰二字为偶语，写博叔弢三弟一笑。仿兮佛兮，若有人兮，吾侪寄兴，不过有意无意之间耳。丙寅春三月，大方。

周注：赵松雪善书法，常写《妙法莲华经》中观世音普门品。元遗山诗纪泰和年事不详。泰和为金章宗年号，此语或指遗山诗中回忆金亡以前旧事，然遍检遗山之诗及山西人民出版社《元好问全集》所附资料，皆不见此事。而边款数语又迷离恍惚，不可索解。反复思之，忽忆起20年代中期，天津天祥商场二层有名“普泰”之小店，出售烤牛肉及牛肉茶，甚鲜美，当炉之女老板为广东人，杨姓，烫发，颇时髦。生意甚好。而大方此联写于1926年，时代亦合。又恐记忆不真，乃电话询问小我两岁之表弟李相崇（清华大学外文系教授），相崇亦记得此事，并谓十一二岁时常随其父（姑丈李次武）出入此店，一次恰遇七叔祖诗人周立之先生，指摘墙上嵌有普、泰二字之对联太粗俗，并随口占一联："普渡众生惟有佛；泰清一梦可成仙。"由此知大方联语边款所指大为明确。古典易解，今典难明。普、泰二字之意义，若非年登耄耋之周李二人，将终无人知晓。此虽小例，足以见一斑也。至联语中遗山诗云云，或竟是大方先生故作狡狯，制造带"泰"字诗句也。

125. 赠弢翁

出其余技，以鉴赏自娱，天水冰山皆俗眼；
想见当时，为权豪所忌，昆仑河海有奇冤。

右拟挽裴伯谦，口气尚不恶。叔弢斟酌。大方。

周注：霍丘裴氏，当地巨族，极富收藏，保持至抗战初期。裴景福（卒于1926年，年73），字伯谦。弟景绶（卒于1920年），字仲若。景福清末曾在广东任地方官。见周绍良《蓄墨小言》第257条。

126. 寒云眷属第十一人于佩文，小名巧宝，余甚涎之，戏为致语云：

欲夺天无工，便指星分光，都难乞借；
何曾地不爱，怕入山妙手，总是空回。

及就"巧"字、"宝"字为廋词，寒云不以为无礼，每为人诵之。叔弢一笑。大方。

127. 赠弢翁

我辈一欢岂易得；世间万事俱可怜。

叔弢三弟属书。韩陵阳诗："吾曹一欢岂易得，世间百岁俱可怜。”劳笃文尝欲书此句为联，叔弢转语我。经岁经年，乃误作“我辈”“万事”，殊失本意。

周注：外甥孙启治云：“此殆方氏故意改字，恐非误作。易字颇得山谷点铁成金、脱胎换骨之妙，盖百岁只说得小我，万事则出脱小我，以己度人也。”韩驹（?—1135），北宋末南宋初诗人，人称陵阳先生。

128. 寿傅增湘

满床笏近世所稀，老子善婆娑，但料理图书，倘佯山水；
双鉴楼家藏日富，儿曹能校勘，渐步趋北□，压倒宋元。

周注：傅增湘（1872—1949），字沅叔，教育总长、藏书家。唐崔神庆子琳、珪、瑶等皆位至高官，每逢时节家宴，以一榻置笏，重叠于其上，称满床笏。

129. 祝镇江某公寿（其人同日为孙完姻）

眼中第一江山，盛世遗民开寿域；
心上两重欢喜，华堂明烛照孙枝。

130. 赠来福

去去还来，临去想来来怕去；
天天求福，愿天赐福福齐天。

131. 无题

春梦不多时，道是空言踪未绝；
洞天应有地，得少佳趣慧能修。

132. 赠袁克文（豹岑）嵌字联

窥豹一斑容我说；遥岑寸碧与天齐。

见陶拙庵:《“皇二子”袁寒云的一生》,《民国小说笔记大观》。

王贵忱先生在广州收集之联语

133.

天涯何处无芳草；闲与先人扫落花。

王（贵忱）注：无上款，下款署“大方”二字。简柱华藏。

134. 英之仁兄雅属

忽逢幽人，如有佳语；
俱是大道，若为雄才。

庚申六月,大方。

王（贵忱）注：俊明藏。

135. 雅亭仁兄雅正

浅碧细倾家酿酒；小红初试手栽花。

大方。

王（贵忱）注：叶耀才藏。

四

136. 赠少卿

少之时戒之在色；卿不死孤不得安。

《风月画报》第 1 卷 45 期

137. 赠丁月卿

不知明月为谁好；人道处卿绝世无。

《风月画报》第 3 卷 14 期

138. 赠宝宝五娘联

是玉是钗浪自得名空说梦；非期非艾翁能不倒可言情。

浪翁属为宝宝致语，且自愿以自家嵌入，因以石头故事为宝宝说红对语，用期期艾艾叠字形容之。词家有言，情人多磔，宝宝相呼，庶几近之。吾老矣，虑翁之不倒难言也，浪翁方少年，不知其艰耳，笑笑。

《风月画报》第4卷30期

139. 赠小三宝

无事不登三宝殿；有求必应二郎神。

《风月画报》第4卷32期

140. 赠名伶马连昆

知音到处逢青眼；好友同声唱黑头。

《风月画报》第5卷26期

141. 赠名花吕荷莲

风廊消受三更月；水殿婆娑一味凉。

《风月画报》第5卷46期

142. 赠龙眠章六

从吾所好；文不在兹。

《风月画报》第5卷49期

143. 赠凌谏美二娘

无阙谏应稀，初写黄庭到好处；
有情美而艳，莫从白璧指瑕疵。

《风月画报》第6卷3期

144. 赠曼君八娘

登天恐坠，出岫无心，玉峡朝朝萦好梦；
群玉山头，瑶台月下，翠軿往往到人间。
浮云变幻，本是无根，年年多谢春风吹散还聚；
神仙渺茫，说来有据，在在都随人意作假疑真。

《风月画报》第 6 卷 5 期

145. 赠南花玉君老三

有客酒边思引玉；相将花里又逢君。
与君闲说故乡事；美玉还须善价沽。

《风月画报》第 6 卷 29 期

146. 赠名花杨曼丽四娘　　乙亥冬月

低唱曼声弹别调；清词丽句结芳邻。

《风月画报》第 6 卷 36 期

147. 赠名花花笑蝉　　乙亥冬月

相对招花应大笑；无端结舌怪寒蝉。

《风月画报》第 6 卷 37 期

148. 赠南花妹妹（美美）老七　　乙亥冬月

昧昧思之堪大笑；卿卿我不更谁当。

《风月画报》第 6 卷 38 期

149. 赠名花葵英老五　　丙子春月

葵采伤根愁向月；英飞有会友如云。

150. 赠《风月画报》主编魏病侠

改头换面，消除病容，开口还须大方语；

聚精会神，结交侠义，回头再看小香妃。

病侠谨按：右联系地师客腊所颁，缘其时本报方整顿就绪，定期复刊，故联中颇予勉旃。唯下联小香妃云云，因妃之密友某君，与不佞系至好。去岁秋间，某君南下，不佞受其嘱托，乃不时赴其香巢存问。终以人事栗六，不获偷闲，已有两月余不往，此后或当永不回头再看矣。

《风月画报》第6卷44期

151. 赠美美嵌字联

痴情多吃双声叠；君子成人对面呼。

152. 赠莉莉联

两利言情休草草；双花拈鬓要香香。

《风月画报》第6卷46期

153. 赠南花妹妹七娘

苏小何当嫁秦七；怡红知尔任潇湘。

《风月画报》第6卷47期

154. 赠南花玉君老三　　丙子春月

惜玉生愁芳草歇；逢君又是落花时。

《风月画报》第6卷50期

五

155. 自题一

欲举绨袍怜范叔；何当丝绣报平原。

见《三百年采诗坛人物评点小传汇录》。

156.

月夜又逢桥廿四；仙山不隔路三千。

见《龙眠联话》。

157. 戏赠病侠浪翁

岂独病夫能任侠；而今浪子竟称翁。

病侠、浪翁，均为编辑。见《中国对联大辞典》。

158. 赠妓来喜

来是空言，且借酒杯浇块垒；
喜而不寐，坐看明月照婵娟。

159. 赠妓小楼

吹彻玉笙寒，休去倚栏，絮絮说东风昨夜；
生愁金漏转，偶来听雨，匆匆又深巷明朝。

上联用李璟词“小楼吹彻玉笙寒”，下联用宋诗“小楼一夜听春雨，深巷明朝卖杏花”句，均隐去“小楼”二字。

160. 门联

说破廊风雪甚么，不五鼎烹当五鼎食；
有醇酒妇人足矣，先天下乐后天下忧。

题北京寓所。

161. 春联

埋愁无地，泪眼看天，叹事事都如昨日；
剪纸为花，抟泥作果，又匆匆过了一年。

162. 戏题

梁苑嗣音稀，众议方淆，异古所云今世免；

黄庭初写就，哲人其萎，维子之故我心夷。

周注：汪辟疆《光宣以来诗坛旁记》中“爰居阁”条论此联：谶语之说，本不足凭，而梁、黄之死，其兆皆著于生前朋侪之文字，斯亦奇矣。乙丑丙寅之交，安福系既败，方地山戏以二人姓名作嵌字联云：“梁苑嗣音稀，众议方淆，异古所云今世免；黄庭初写就，哲人其萎，维子之故我心夷。”哲维，黄别字也。邓守瑕戊戌题秋岳诗册云：“闽派诗人佞宋贤，石遗法乳藉君传。中更丧乱多危语，却恐牢骚损盛年。吾辈宁从人作贼，京曹几见尔登仙。群儿自贵休相吓，且向歌郎贳酒钱。”作贼云云者，本以喻黄诗之不事剽窃；京曹云云者，则拟之班生登仙。不谓未十年，而黄遽以通敌罹大辟。更九年，梁亦以叛国伏辜。守瑕以辛未殁，地山以丙子殁，皆远在梁、黄变节以前。方联则手录以示吾友陈颂洛。陈亲为余诵之。邓诗则载于壬申所列《荃察余斋诗存》再续集中，气机感召乃至是耶！①

又宁乡程穆庵（康）在渝州曾告余：当抗战起之前一年，众异以在沪与舞女某婚变事郁郁无俚，仍至西湖小住。时秋岳亦至杭与梁相遇。友好宴之于湖滨楼外楼。酒酣，众异忽瞠目视秋岳曰：“君必不免。”梁本自谓能相人。秋岳亦漫然答之，不以为意。已而，梁又曰：“君必不免。”座客有曰：“君既善相人，曷自相以断休咎乎？”众异起，至壁镜前自视良久，曰“我亦不免”者再。时距卢沟桥战

① 赵和平注：梁众异即梁鸿志（1882—1946），梁章钜曾孙，1938年入汪伪政权，曾任行政院长、监察院长，1946年抗战胜利后以汉奸罪处极刑。黄哲维即黄濬，字秋岳，1938年抗战开始后即以日本间谍罪被处极刑。邓守瑕即邓镕，师母邓懿之父，一良师之岳父。

役尚早，座客虽以为异，然二人固一则沉冥下僚，一则放浪江湖，绝无杀身之可能，咸以酒后故作惊人语视之，绝不经意。不意事隔年余，黄以泄漏国防于日寇，先罹大辟。隔九年余，梁亦服上刑。岂姑布子卿之术果足征乎？颂洛忆癸酉在陈病树处，见有梁答黄诗中一绝句曰："君到钟山定跨驴，南朝令仆莫轻渠。更休鄙薄能言鸭，饥凤生涯或不如。"病树谓："得不嫌亢否？"颂洛答云："诗祸足以杀身，君与交好，宜加规戒，勿以刻薄取快也。"因记诗谶因附及之。

163. 赠歌女醉君

如此江山惟有醉；相携欢笑又逢君。

见《清末民初云烟录》，下同。

164. 赠歌女素芳

素手相携应有约；芳心同处是知音。

165. 赠歌女妙玉

妙语解颐，若不可言应更好；
玉人留我，敢云且住便为佳。

166. 集句一

更能消几番风雨；收拾起大地山河。

见《寒云日记》。

167. 集句二

我想平儿，平儿不想我；
恁说石秀，石秀也说恁。

上联《打樱桃》剧书僮语，下联《翠屏山》剧杨雄语。恁，通“您”。见雷瑨《楹联新话》。

168. 赠袁克文二

冤枉难为老杜白；传闻又弄小桃红。

袁纳小桃红，尔谦赠此联。老杜，吴语，即老大，指袁克定。见（洪宪纪事诗·本事簿注）。

169. 自题二

捐四品官，无地皮可刮；
赁三间屋，以天足自娱。

170. 挽袁克文

自我不见，于今三年，魂梦依依犹昨日；
相期与来，闻声一哭，生徒恋恋胜家人。

见《中国楹联大典》。

附：

大方先生之新联　三哥

名士大方先生，近为新新书寓美君九娘书一联句云："十步有芳草，三月多丽人。"盖老九一字芳丽也。又有人为老九作一上联云："美玉本无瑕，因甚平康甘坠落。"苦思不得下联，先生知之，即振笔直书曰："君身有仙骨，偶然游戏在人间。"不加思索，一挥而就，且语气浑成，可为叫绝，诚不愧"联圣"矣。又先生知余颇嗜皮簧，尤喜唱花脸，乃赐以"知白"二字为别署，并赠以一联云："倘遇知音一吐气，闲清白日当高歌。"亦复名隽不凡。

《风月画报》第1卷45期

不易此楼联话·袁寒云集方联　伯龙

清宣统辛亥间，项城起用之议未决，时谣缘（喙？）繁兴，多不利于项城之传说。大方先生自洹上村薄游沽上，下榻租界旅邸。值一南妓，退捐将返沪，先生为购船票。迨抵轮埠，因军事征发停班，无已折而返，与先生处斗室中，相对欷歔。忽动联兴，拟以赠妓，妓谓须隐嵌行不得也折而返之意方可，先生颐云，集句云："似这般天涯芳草，一任他临去秋波。"上下句均用歇后语，一隐无归路，一隐那一转，语意双关，俱臻化境。先生于洪宪时特制一联，以刺袁氏，联云："更能消几番风雨，收拾起大地山河。"一日寒云将此二语倒置，制为上联，谓仍集先生旧联对之，先生笑谓甚难，寒云走笔疾书曰："收拾起大地山河，更能消几番风雨，似这般天涯芳草，怎当他临去秋波。"……

《风月画报》第3卷22期

“清乡”与“剿匪” 伯龙

……大方先生的对子，典丽矞皇，突梯滑稽，如“君既惠然肯，我亦自求多”，下隐来福二字……某君询“招待”两字，可以制联否，（大方）翁不假思索，立刻就说“招之即来，挥之不去，待我而嫁，背我而逃”，招的阖座大笑起来，又说上联是写景，下联是事实，有里面甚么历史，只好是姑付阙如罢。……问“清乡”对什么，地老说对“剿匪”……（按：“清乡”指清理门前馀酒，“剿匪”：民初北平军界称逛暗娼为“剿匪”）。

《风月画报》第3卷39期

大方先生近作 晋溶

名士大方先生，文名满天下，所制联语，尤脍炙人口，晚近无第二人也。日前偶过风月画楼，见先生正俯案作书，询之，悉应其门生病侠君之请，为北里群花制联也。视炊许，数十副已竣事，或嵌字，或含意，无不妙句天然，叹非文思敏捷如先生，不克至此也。亟录之，投诸本报，以供一班景仰先生者先睹为快也。（为王伯龙先生画牡丹赠朱笑君三娘题诗）“一笑朝酣酒，知君夜染香，普天封建废，拜汝作花王”；赠（春媚）“东方帝子惊春鸟，南汉宫人有媚猪”；……赠（花彩霞）“舞榭衣香争戏彩，玉楼人醉咏流霞”；赠（汪莉娜）“晚花开茉莉，夜色含婀娜”；赠（莺莺）“问小名儿真不愧，遇真才子莫叫啼”；赠（小玉桂）“玉人无价宝，桂树小山丛”；赠（刘玉宝）“万玉堂渐成孤本，多宝塔仿佛双钩”；赠（何湘云）“有时斜倚湘妃竹，无限娇生云母屏”；赠（姜蕴辉）“乍见远山如蕴藉，高歌满座尽辉光”；赠（花情云老五）“自古情天难补恨，说来云水两相忘”；赠（小红果）“为汝吹箫听君低唱，看花走马掷果盈车”。

《风月画报》第4卷2期

记已故方地山先生　枇木

余与方地山先生相识虽达五六年，因交至疏，除常遇于宴会席上外，恒于马路上值之。余因贫，每出无车，先生亦无可代步者，故得相遇。每见其红润之面色，矍铄之精神，私心辄羡其得天独厚。今忽逝世，追其自恃过甚，不善摄养之故，否则以先生之强健、广大心胸，虽百年可期也。

吾人常闻多言伤气，多欲伤身。而先生发言之多，若决江河，滔滔至数小时不倦；而于色欲，据谓兴之所至，无分昼夜，是则正犯“旦旦而伐之”之戒。此二者之足促其天年矣。先生之于对联，文字皆佳，允称妙手。赋性诚愿，凡索书者，未尝一拒。又好交游，招饮必至，席上即以纵谈为乐，饮食之果腹与否不顾也。宴罢，笔墨已陈，客皆纷请书联，并有代友而求者。于是先生昂首急思，得句疾写，联复一联，如机械之大量生产。至夜阑人散，始彳亍返寓。食时多言，已不卫生，食罢不稍休息，反用脑不已，更足致疾。此种生活已历十数寒暑，亦为促其天年之故。

先生有时处窘乡，多不肯为知交告，盖恐分鲍叔之金也。与余交尚浅，且知余清贫，偶亦就余闲话，语多不避艰困，尝谓：“诵洛、诚斋待我至厚，伯龙夫人常遣仆人馈小菜佐餐，老夫皆甚德之。”

先生之死，津市文艺界少一活跃分子，以其较之“见钱写字”“诸多不写”最负名望之某书家，益见先生之磊落伟大。哲人虽逝，而其印象永存于津人士脑海中也。

《北洋画报》第1506期，1937年1月19日

《北洋画报》挽大方联

联堪称圣，书自成家，沽上早知名，遗墨顿成和氏璧；

病已濒危，心犹念国，中原何日定，思君怕诵放翁诗。

注：先生易箦之前，犹诵陆放翁《示儿诗》：“王师北定中原日，家祭无忘告乃翁。”

《北洋画报》第 1505 期

《季羡林与二十世纪中国学术》序

昨天下午，汤一介同志通知我，要我为《季羡林与二十世纪中国学术》写一短序，3月底交卷。昨晚上床以后，就不断思索。回想1946年春，陈寅恪先生在欧洲治疗眼疾，不幸未成功，取道美洲返国，赵元任先生夫妇从剑桥开车去纽约码头探望睡在普通舱、没有下船的陈先生。我与杨联陞兄随同前往，就是这次从陈先生口中听说在德国学习梵文的季羡林先生，这已是55年前的事了。1946年秋，我回到北平，在北大红楼得识季羡林兄，两人共同语言很多，问题看法往往一致。以后往来踪迹虽不密切，但似乎心心相通。

我首先想到季羡林兄尚未完全出齐的24本全集中的标目，有散文、序跋杂文、印度古代语言、中印文化关系、印度历史与文化、中国文化与东方文化、佛教、比较文学与民间文学、糖史、吐火罗文《弥勒会见记》译释、吐火罗文研究、梵文与其他语种文学作品翻译、《罗摩衍那》等十多种。可谓五光十色，丰富多彩，其中有些很难想象是出于一人之手，如冷冰冰的中亚、古代死语言的考释，和感情丰富、婀娜多姿的散文以及佛教史和糖史，等等。这个比喻也许不恰当。羡林兄在十多个文化学术领域或层面的成就和乾隆皇帝号称“十全武功”的军事成就相比较，不是光怪陆离、丰富多彩得多么？

并世学人当中，学识广博精深（非一般浮泛）而兼通中外（包括东方、西方）者，我最佩服三位：就是季羡林、饶宗颐、王元化三位先生。而他们三位的命运又有所不同：羡林兄经过纳粹德国的法西斯统治、十年的牛棚灾难和天安门劝勉学生的正义行动；王元化先生遭受过几十年的“右派”噩运，两人遭遇相近。而饶宗颐先生则远在邓小平同志提出“一国两制”之前就体会到“一国两制”的优越性了。

我是生而丧母的人，不知母爱为何物，而羡林兄七岁过继出去后，九十年来再未见到他的生母，这是多么残酷的事。羡林兄虽是父母之命、媒妁之言结婚的，但近60年来，羡林兄也有一个温馨的家，他的婶母和妻子德华和羡林三人组成一个家庭。婶母是一位人极聪明，很有心计，“毫不利己，专门利人”的人；而妻子德华则是一真正善良的女性，一生没有跟任何人闹过对立，发过脾气。三人和睦相处，从来没有吵过一次架，甚至没有红过一次脸。羡林兄正是在这种环境下，写出90万字的感情深挚、动人心弦的文学作品，也是“不可谓非幸运”吧！我过去很敬仰胡适之先生，原因之一，就是因为他为了不伤母亲的心而违背自己的意愿结了婚，我常把羡林兄与胡先生相比，钦佩之情不能自已。但近来才知道，胡先生的美国女友始终未婚，与他通信几十年（胡太太也知道此事），这对胡先生当然是一个很大的慰藉。如此看来，羡林兄的艰苦卓绝就更加可贵。这和他毕生精力用于学术文化，取得这样大的成就是否也有关系？

夜不能寐，想到这些多年来萦绕于脑中的事，口述请历史系研究生刘聪笔录，以当序文，为羡林兄九十寿。

2001年3月14日

记于蓝旗营新居

《元蒙史札》序

周清澍同志从北大历史系毕业后，就留在我的教研室，准备让他专攻印度史。后来内蒙古大学成立，领导指定北大支援。于是我系青年教师教学骨干胡钟达副教授被任命为内蒙古大学历史系主任，带了一批北大的同志去创建内蒙古大学历史系。清澍同志这时也被调去，当然不能再搞印度史了。后来由于种种原因，北大调去的同志陆续都离开，钟达同志和清澍同志却始终留在那里。清澍同志后来搞些什么我也不太清楚了，只记得有一回在路上碰见，曾经长谈一次。

最近，清澍同志把这部近750页大书的清样给我寄来，我真是又惊又喜。士别三日，刮目相看。我和清澍同志别离四十多年，他在蒙古史方面做出这么多成绩，自己谦虚，起书名叫《元蒙史札》。蒙古史我虽然是外行，但翻看一下，觉得很有分量。比如说《成吉思汗生年考》，驳斥了关于成吉思汗生年的几种错误说法，提出了正确的意见。再如《元桓州耶律家族史事汇证与契丹人的南迁》，文中所述契丹人南迁问题，过去人注意的不多。又如《明成祖生母弘吉剌氏说所反映的天命观》，把明成祖生母弘吉剌氏说与元顺帝的出身传说联系起来，比较之后从天命观的角度加以解释，这些都是很有意义的。

另一部分文章，是关于清代元史研究者的。例如《钱大昕》这一篇，充分细致地把钱大昕一生的学术贡献讲得清清楚楚，我看比钱林《文献征存录》、江藩《汉学师承记》、支伟成《清代朴学大师列传》里面的传记都精细得多。如果清代学者如戴、段、钱、王等人每人都有这样一篇传记的话，那清代学术就可以"思过半矣"。此文中对于钱大昕与王鸣盛郎舅二人著作的高下得失评价也非常正确。只是对于赵翼的书只从史料考虑，估计未免不足耳。

另外使我尤其感兴趣的，是清澍同志对这些史学家的书法特别留意。学人自古重视书法，所以学人的书札常为人所宝贵。自从钢笔盛行以后，写信不用毛笔，这种钢笔写的信札，我感到吸引力就大为减少。而现在呢，钢笔都不用了，都是打电话，发 E-mail，通信者彼此都像办公事一样，了无情趣。清澍同志能发思古之幽情，既重其人之学，又爱其人之书，现在也是很难得的。

在此又想到另一位蒙元史专家周良宵同志，良宵同志与清澍同志同为湖南人，同出于北大历史系，后来也一度在内蒙古大学工作，写有专著《元代史》。清澍同志、良宵同志都是蒙元史学界的知名学者，有"湖南二周"之称。他们的成就，也当是北大引以为豪的。

以上几点不成熟的意见，只是个人感想，不足当序言观也。

2001 年 4 月 17 日

以上由张帆同志笔录，特致感谢

《町人伦理思想研究》序

刘金才同志的《町人伦理思想研究》，是他攻读北京大学历史系博士课程的学位论文。它提出了有创造性的论点，理论与材料结合得非常好，极具说服力。今将出版，我很高兴为金才同志贺，同时也为他的博士导师沈仁安教授贺。

此文以辩证唯物主义及历史唯物主义为指导，同时吸取了韦伯的论点，因而对材料的解释极其灵活而多方面，处处言之成理，所用材料也极为丰富，除去一般的史书以外，运用了不少原始材料，如西鹤和近松的文学作品、怀德堂学者们的著述等等。这些文学方面的材料一般比较难懂，只有金才同志这样日语出身的学者才能自由运用。

我国关于日本史的研究，搞明治维新以后的比较多，关于古代的著作较少。江户时代是明治以前非常重要的时期，而研究这个时期的历史著作实在凤毛麟角，研究江户时代的町人伦理思想的著作就更少了，故而此书填补了这一空白，尤为难能可贵。

过去大多以“武士道伦理精神动力论”和“日本儒学伦理作用

论”来解释日本近代化的精神动力。而我自己讲明治维新时曾经教条主义地从“农民一揆”去找农民战争的痕迹，把不成其为战争的“鸟羽·伏见之役”夸大为革命战争。金才同志详细阐明了江户时代町人发展的五个阶段之后，指出只有町人阶级掌握了经济和文化主导权，成为推进近世商品经济发展的主体势力，明白揭示了町人阶级及其价值伦理在明治维新中的地位和历史作用。这样明治维新的背景和原因就非常清楚了。

由日本的町人我想到中国的晋商和徽商。他们的商业虽然也曾煊赫一时，但终归不能与日本的町人阶级相提并论，对中国的资本主义发展也没有起到太大作用，原因何在呢？我想是因为两国国情的不同。日本的町人占当时全国人口的5%~6%，人口由50万发展到70万左右，与武士和农民一样身份是固定的，不可自由改变。正因为如此，町人才形成了一股力量，而且产生了鼓吹町人伦理哲学的很多著作。而中国的清代商人虽然也有《士商要览》《天下路程》之类的书，其内容不外乎行商的路程、经商的准则、行动的规范等等经验的总结，绝没有江户町人学者们的著作为町人张目，把町人的活动提到了理论的高度，甚至像山片蟠桃那样的唯物主义思想。这是因为中国大一统的天下利用科举制度，网罗天下人才，除去娼优等少数家庭之外，都可以读书、考试、做官，纳入封建统治阶级体系中。商人不能像日本町人那样自己形成一个独立的势力，因此对中国资本主义的发展也就不能起到日本町人对明治维新所起的作用。

对于日本历史，我很喜欢江户时代。这个时代经济发达，文学艺术超过以前任何时期，具有丰富多彩的文化。我因为政治的需要，把能够用在日本史上的有限时间，都去搞了友好关系与文化交流。退休以后，精力就衰，不能搞研究，就想翻译些江户时代的史料。

因为西方翻译了不少日本原始史料，不懂日文的学生都可以阅读这些著作，因此我也想翻译些江户时代的史料，如新井白石的《折焚柴记》、松平定信的《宇下人言》、三井高房的《町人考见录》、柴田鸠翁的《鸠翁道话》等。但翻译完新井白石的自传以后，1997年患帕金森症，继而两腿先后骨折，卧床数月。现在尚有其他东西要写，但翻译江户时代史料的志向仍然存在，不知金才同志在研究之余有无兴趣一同搞些翻译工作，企余望之。

2001年6月24日

此文口授，由日本史博士研究生唐利国笔录，谨致谢忱

《仓石武四郎中国留学记》序

仓石武四郎先生是日本中国学研究中一位承前启后的重要人物。他先后就学于日本著名的东京大学和京都大学，后来成为两校的知名教授。他受到京都学派内藤虎次郎、狩野直喜等人的亲炙，在北京留学时，又得到诸多中国国学大师的熏陶。除了在经学、文学等领域里成果斐然外，更为重要的是，他在战后致力于日本的现代汉语教育，并作出杰出贡献，因而成为现代中国语研究的泰斗。这不仅在日本民众的汉语学习方面起到了巨大的推进作用，而且直接奠定了日本中国学研究在战后的发展基石。仓石对中国有着深厚的感情，他创办的日中学院这样的民间语言学校，促进了中日之间的友谊，这更是值得我们敬重的地方。最近，荣新江、朱玉麒同志送来他们整理的仓石的《述学斋日记》，请我作序。我读了以后，有一些感触，写在下面。

首先的感觉是他一个留学生在中国，怎么会有那么多的钱买那么多的书？而且都是好书。这个问题，我在他的《日记》中没有找到答案，但我从吉川幸次郎先生的《留学时代》中解决了问题[①]。吉川在中国的留学时间与仓石武四郎先生大致同期而稍后，他也是日本中国学方面与仓石武四郎比肩的重要学者，在《述学斋日记》中记载了许多两人的交往。吉川拿的是上野奖学金，每月200日元。他们留学的时候正赶上中国银价有史以来的暴跌，200日元相当于中国的500元，差不多是中国教授的工资。他们在北京每月的住吃总共不到100元，有400元可以买书。仓石武四郎作为文部省派出的留学生，每月的奖学金比吉川还要多。吉川的回忆解决了我的疑问，同样值得提供给这本书的读者参考。

另一个感受是，他们在中国的留学都是按照中国的风俗习惯走。像买书一事，也是完全跟中国学者一样地与书贾打交道，一般是由书友将一种书的头本送上门来，四五天后，再来询问，要，就把全套书拿来；不要，就把这头本书拿走，和我们过去买书一样。这是中国旧式书店的交易方式，主要用来防止书贾再将该书同时售与其他人。类似这样彻底的中国式生活，我想对于他们理解中国的文化是很重要的。

还有一个感触是，他俩来中国时，仓石已经32岁，吉川也已经25岁，这个年龄学习外语已经晚了，而且我们知道日本人学外文发音有困难，学汉语尤其困难。怎么学习？我也是从吉川的回忆里找到的答案，就是学习《红楼梦》。仓石和吉川刚来北京的时候，找了个旗人，叫奚待园，来为他们讲解《红楼梦》。每天上午三个小时学一回，一百二十回的《红楼梦》学习了四个月，这无疑为他们打下了非常好的中文基础。我们知道，《红楼梦》是一部描写清代满人

① 载《吉川幸次郎全集》第二十二卷，东京筑摩书房1975年9月版。这本书我在北京没有找到，承蒙北京日本学研究中心主任窪添庆文先生（魏晋南北朝史专家，御茶之水女子大学教授）托人从日本复印寄来，特此致谢。

生活的小说，以北京为生活场景，对于学习口语很重要。读《红楼梦》，是学习中文的很好办法。这在仓石后来写的《关于延英舍》中也有深情的回忆。因此，我想我们学习日文或者其他的外文，也这样就好了。仓石和吉川后来都成了中国学的大家。我与吉川幸次郎见过面，他用流利的中国话与我交谈，没有任何障碍，确实令人感佩。仓石先生我没有接触过，但他后来以中国语教育而名家，并在NHK电台录制汉语拼音，显然汉语口语也达到了很高的造诣。

此外，他们两位在留学期间一心向学的诚意给我留下深刻的印象。在当时来中国留学的日本人中，他们听讲最认真。那时的北大有三沈（沈士远、沈尹默、沈兼士）、二马（马裕藻、马衡）、一钱（钱玄同）为代表的国学专家，而他们听课不限于北大，还到私立的中国大学听讲，那里有经学大家吴承仕先生，有文献学专家孙人和先生。他们不光到新式的学校听讲，还以旧式的拜师方式听私人讲学，如每周一次到杨钟羲先生的雪桥讲舍听课。在仓石日记中，我们看到他几乎每天都在不停地听课，很专一地攻国学。据仓石回忆，有一天到北大红楼听马裕藻的课，大雨滂沱，中国学生一个都没来，只有仓石和吉川两个旁听生坐在课堂里，也可见他们向学的诚心。

最后，还有一个感想，就是他们与中国学者的频繁来往。当时中国的著名学者，他们大多登门拜访，并得到热情的接待，比如陈垣。他们对于陈寅恪、陈垣的学问，都有很高的评价。我特别注意到他们对陈寅恪先生的记载。他们没有去过陈寅恪先生的府上拜访，但都说到在一次宴会上与陈寅恪先生认识，而且都对陈先生的言谈印象很深。仓石的记载说："陈氏论如利刃断乱麻，不愧静庵先生后起矣。"吉川的回忆则说："这人看起来很敏锐，有西田几多郎先生年轻时的风貌。"仓石把寅恪先生比作后起的王国维，吉川则比之为西田几多郎（1870—1945），而西田先生是当代日本大家公认的唯一的哲学家。我想他们两位是很有眼力的。

荣新江、朱玉麒同志的整理工作做得很细，我读了他们的整理本后，把感想写下来，作为书序。

2001 年 8 月 10 日记于蓝旗营新居

本文承荣新江、朱玉麒同志笔录，谨此致谢

正确理解传统文化

现在有时有人把传统文化与国学等同起来，我想二者是两回事，不应混同。国学一词应是指我国固有的文学、史学、哲学，这样称呼并不太科学，图个方便而已。传统文化则范围远较广泛，有精神方面的，也有物质方面的。就精神方面而言，举凡思想、学术、文艺等等，以至风俗习惯等，无不体现传统文化。其中精华固然不少，当然也包含一些糟粕，我们有所继承，也有所批判。应该说，传统文化是非马克思主义的，但不是反马克思主义的，否则就无继承之可言了。现在就风俗习惯中的亲属关系及称呼，谈一点意见。

一个人由自己向上数，有父、祖、曾祖、高祖，向下数，有子、孙、曾孙、玄孙。父之兄为伯，父之弟为叔，父之姐妹为姑。母之父为外祖，母之兄弟为舅，母之姐妹为姨。这是一幅完整的亲属关系图，为中国所独有。在西方各国，所有的“父”只有 uncle 一个字代表，所有的母只共用一个字 aunt。东方国家，包括文化上受中国影响很深的朝鲜、越南和日本，都没有这么细致的区分。这是中国宗法社会的产物，作为传统文化遗留下来。这种细致的区分，在社会主义社会中不一定有益，但却是无害的，所以我们可以毫不迟疑地继承下来。但另一方面，旧社会中按关系图里的亲疏远近，要求对不同的人在规定的不同期间穿不同的丧服。这就显然属于糟粕性质，理应断然加以扬弃了。

在人际关系方面，中国传统文化区分用字以表示你我。如令尊、令兄、令妹等以“令”字表示对方，如家父、家母、家兄、家姐等以“家”字表示自己的亲属。但如果是自己的晚辈，又不用家字而称舍弟、舍侄。如指已逝者，自己的长辈称先父、先兄，平辈或晚辈称亡弟、亡儿。有人给我写信，称我父亲为“你的家父”，这就显得可笑了。在表示自己动作时，用敬或谨以显示谦逊，如敬启、谨禀等。有人给我写信，为掉书袋，表示传统文化的教养，信封上写某某先生敬启。原来意思是要对我表示尊敬，实则适得其反，好像是要求我恭恭敬敬地拆他的信，弄巧反而成拙了。我认为，传统文化之表现于这些细枝末节上的很不少，固说不上是精华，也不能算糟粕。我们不妨沿袭它，运用它，但运用之前首先要正确理解它。

（原载《光明日报》1996 年 8 月 3 日）

称谓与文化

中国长期的封建社会里，为了维护封建宗法秩序，形成了一整套有关尊卑长幼、亲疏远近的人际关系，和与之相应的称谓。如父之兄弟称伯和叔，其配偶称伯母和婶母。父之姐妹称姑。母之兄弟称舅，姐妹称姨。在外国，无论东西方，伯、叔、舅只有同一称呼，姑、姨、伯母、婶母也只有一种叫法，不加区别。又如中国同祖父的兄弟称嫡堂兄弟，同曾祖的兄弟称堂兄弟，姑、姨、舅的儿女是表兄弟和表姐妹。这种仔细的区分，也是其他国家所没有的。虽然我们今天早已摒弃了封建宗法制度，但这些约定俗成的区分和相应的称呼，无疑还是中国文化的一部分，保留下来还是有益的。而今天 80 年代的青年们对这些似乎都陌生了。我的亲戚中一位高中毕业生，给她在海峡彼岸的伯父写信，称之为二伯，当然对头，却称对方的配偶为“二婶”！同时又问候“表弟、表妹”好，实际上则是与她同祖父的嫡堂弟妹！真可谓“乱了套”！在旧风习尚占优势的海峡彼岸，未免贻笑大方。

旧时代在交际以及写信时，与尊卑长幼、亲疏远近相适应，有一套称呼。为尊敬对方，称对方的父母兄弟为令尊、令堂、令兄、令弟。自己方面又在谦逊之中对尊卑有所区别，自己的父、母、兄用“家”字，称家父、家母、家兄；对自己的弟妹则用“舍”字，称舍弟、舍妹。外国一般没有这些讲究，只有深受中国传统文化影响的日本，在书信中仍然保留这种性质的称呼。这些，不必说青年，今天的中年人都不甚了了。我曾和一位搞文化工作的中年同志通信，客气地称我父亲为家父，而这位同志回信竟然说“您的家父”如何如何！我们不必要求今天的人还用什么家呀舍呀的，但至少应该懂得其用法，特别是文化工作者。

由此又想到一个突出的例子。在一位老同志的遗体告别式上，正中的花圈上款，赫然大字写着“某某父亲”云云。某某者，老同志之名也。西方今天确流行子女直呼父母之名，在中国幸而还未仿效。若绳之以旧风习，更不应在父亲之上冠以名字。今天人们喜欢谈文化的继承、交流与发展问题，我看这一类与文化多少沾点边儿的小事，也应该注意一下吧。

本文署名　牟郊叟

为杲良五弟题字跋

此梅泉诗人今觉盦诗卷四题自庄严堪勘书图诗之末首。佉卢全称为佉卢虱底，梵文 Karosṭḥī，为印度西北部古语文，我国新疆亦曾发现佉卢文书。清代著名藏书家黄荛圃名丕烈自号佞宋主人，绘得书图，又绘祭书图，名人题者甚夥。弢翁曾倩胡蔗园祥麟先生绘祭书图，即诗中所云，今犹存津寓也。东坡“子由生日以檀香观音为寿”诗云“东坡持是寿卯君”，子由生于己卯年，故云。弢翁亦属兔，故梅泉诗人以此称之。今觉盦引苏氏兄弟典故以颂其弟，今予又为杲良五弟录此诗，三重兄弟关系，亦趣事也。

1991 年 6 月，杲良归国参加北京图书馆举办之纪念周叔弢先生诞辰一百周年展览。

一良写赠

记巴黎的青年汉学家年会

今年9月我参加了在巴黎召开的青年汉学家年会。

所谓“汉学”，包括中国的历史、考古、语言、文学、宗教等方面的研究，而不是一门有它自己的完整体系的科学。九年以前，西欧各国一些比较年轻的研究中国学问的人聚集在一起，彼此交换研究的情况，创始了这个年会。以后每年暑假末在西欧有汉学研究机构的地方召开，宣读论文，报告情况，今年已经是第九届了。虽然当年的青年们现在已经成为西欧汉学界的中坚人物，但大家仍然喜欢保持“青年”两字，因为这就是为了使会议轻松活泼，得以不拘形式地讨论问题。参加人数逐年增加，这次总数将近二百人，年龄由二十多岁到六十多岁。令人高兴的，是这个会议已经由一个西欧的组织逐渐带有更广泛的国际性质，前年开始有苏联和美国的代表参加，去年有我们中国和民主德国的学者参加，今年又来了捷克的汉学家们。欧美的学者们想研究中国学问，当然要和中国学者作朋友；我们也愿意把我们学术研究的成果和中国学术界的情况，介绍给世界各国的汉学家们。在共同研究中国学问这一基础上，交换研究成绩和互相学习，对于文化交流和增进彼此间的了解会起很大作用。去年的会上我国有两个代表，今年去了四个人——北京大学历史系主任翦伯赞教授、张芝联教授、科学院考古研究所夏鼐副所长和我，这也说明我们十分重视西方汉学家的学术活动和文化交流的工作。

讨论集中于历史分期问题

这次会上提出的论文，牵涉到许多方面。有的谈中国历史分期和中国宗教史、绘画史分期问题；有的讨论秦代的刑徒、汉代的侯国、中国的学校制度；有的探讨中国近代文学里的主观主义和个人主义、中国诗的分期；有的研究中国语里的词类问题、中国语里疑问句的声调问题；有的研究禅宗绘画；有的研究中国和越南的文化交流；还有对于某一著作或某一作家的报告，如关于沧浪诗话和寒山子等。我们分别就“从考古发现论汉代社会性质”“七年来的考古发掘工作”“中国近代史研究的新发展”和“中国古代史研究和出版概况”等题作了报告和发言，并且选择新中国成立以来发掘出的重要遗物，开了小型的图片展览会。

在讨论当中，关于分期问题的争论最多。西德、荷兰、美国的某些汉学家的报告不同意马克思主义者按社会形态划分历史时期。当然，我们也不同意他们的说法。我们并不企图在短短七天的会议中说服别人，使他们接受马克思主义的历史分期方法；但是，我们也根据我们的理解，说明了马克思主义按社会形态划分历史时期的正确性，并且指出，应用马克思主义解释中国历史决不是生搬硬套，如像某些汉学家所说那样。翦伯赞教授在发言中还强调说：“谈历史分期并不等于宣传共产主义，历史分期问题，提到最高点，只是一个哲学问题，而不是政治问题，希望大家不要把学术问题和政治问题混在一起。我们是来交换学术上的意见的，不是通过历史分期问题来宣传共产主义的。在法国宣传共产主义，那不是我们的责任。”翦伯赞教授的发言受到了最大多数人的欢迎。会后有人反映：“他的一番话如同厦门的面条，软中带硬。”我觉得这一番“软中带硬”的话恰恰非常生动有力地表明了我们在国际学术活动中的态度。很明白，在这个会议中，是把许多言语不同、信仰不同、治学观点和方法不同的学者集合在一间房子里讨论问题，因此，在学术上的意见分歧，是当然的事，对于这种学术上的分歧，我们始终采取互相尊重的态度，但是如果有人对我们进行不友好的中伤，那我们就必须加以驳斥。

西欧汉学家们一般对于古代比近代、现代更感兴趣。夏鼐教授的报告引起了大家很大的注意。巴黎市立赛奴奇东方博物馆的叶理夫主任要求把我们展出的图片复制一份留供参考，我们慨然应允。关于我们组织学者标点校订《资治通鉴》这件工作，他们也极感兴趣。我们带了一部，赠送给法国的一位老汉学家，法兰西学院的戴密微教授，他极为欣赏。特别是附有章钰的校勘记和公元年代，他认为非常方便。戴密微教授表示，中国的文字改革采用“稳步前进”的方针，他是极为赞成的。二十年前法国和日本学者合作编辑的佛教词典《法宝义林》，由于第二次世界大战而中断。现在戴密微教授又领导着法国、荷兰的青年学者们继续编辑出版，这对于研究佛教史的人是一个好消息。

参观了研究汉学的学术机构

青年汉学家年会规定，开会所在地的汉学家负责组织当年年会工作。法国汉学家们把会议安排得很好。会址在巴黎近郊一所以历史家米西雷命名的中学里，地点幽静，建筑宽敞。会议期间还组织全体与会者去参观了法国研究汉学的中心——巴黎大学汉学研究所、国民图书馆写本部、赛奴奇东方博物馆和巴黎附近的几个封建时代的贵族的别墅。国民图书馆藏有五千多卷最精的敦煌写本，是研究唐代历史和文化的宝贵资料。（伯希和带到法国去的敦煌画另在集美博物馆展览）他们刚开始编制目录，第一册包括五百多卷，不久可以出版，可惜的是，还不能像英国所藏敦煌写本那样，全部照成显微照片供全世界学者广泛利用。

赛奴奇博物馆是法籍意大利人赛奴奇氏把他的收藏和住宅捐赠给巴黎市而成立的，以收藏东方艺术品为主。这个博物馆为了欢迎青年汉学家年会，举办了宋代美术展览。内容有绘画、书法、磁器、建筑以至于家具等等，主要是图片，辅以地图。在今天，中国的古物不能随便出国，利用图片是唯一的好办法。特别是像家具之类，必须采择绘画、雕刻等各种材料里所见到的，把细部放大，才能比较有系统地展出。只有利用照片，才能得到应有效果。当然，将来也可以交换复制品。关于使陈列品突出的方法、灯光的应用、展览目录说明的仔细，都值得我们学习。

巴黎西南露阿河两岸，有不少封建时代国王和贵族们的别墅，这些建筑今天还保存着，供人游览。我们参观了博鲁阿别墅。法国寓言家拉方丹曾说过，很难找到比博鲁阿更吸引人、更赏心悦目的地方。博鲁阿别墅最早的建筑可以追溯到1445年，以后陆续增建，最晚到17世纪初期。修建在室外的石制楼梯，盘旋而上，在法国建筑史上尤其有名。

在博鲁阿东南有舍微尔尼侯爵的别墅，是17世纪初期的三层楼房。楼里装饰富丽，墙上有当时名画家莫斯尼叶所画的希腊故事和巴黎著名高布兰厂出品的壁毯，天井上也布满了壁画和雕像。舍微尔尼侯爵显然是很得到国王宠信的，所以这里还有一间给国王准备的卧室。封建时代法国贵族的奢侈豪华，还可以从这个别墅看得出来。有一间小客厅里陈列着一个五斗橱，据说是在18世纪时由于一位侯爵爱好中国漆绘，制好以后特地运到中国上漆绘彩，再运回法国来的。尽管法国经过许多次革命，舍微尔尼侯爵的后裔还住在这个建筑物里，他还是这个建筑物的名义上的主人。别墅的下面两层保持着原来的布置，开放给游客；侯爵全家住在三层，在政府资助下，照旧维持着他的古式的乐队和众多的仆人，还养着成群的猎狗等等，当我们穿过广阔的草地，走向别墅正门时，侯爵先生还以中古时代一个法国侯爵迎接他的贵宾的仪式迎接来自世界各国的汉学家。侯爵的号手十二人分成两排，面向正门，吹号迎接我们。据说当年侯爵游猎回来的时候，就是这样排队相迎的。我们离开的时候，有一队号手在门外，另一队号手在三层楼顶小亭子里又吹起号来欢送我们，据说是侯爵出去打猎时的仪式，号角一吹野鹿就无所适从，易于猎取。我们不但参观了侯爵的别墅，还参加了侯爵先生主持的宴会，参观完毕后，年会的全体与会者在正楼旁一间“狩猎博物馆”晚餐。这间屋的四壁，天井和几根柱上都钉满了鹿角，我们很感谢这位侯爵先生和会议的组织者，把新中国的学者翦伯赞教授安置在有两百多客人参加的宴会的首席。

会见了著名的汉学家

这次会议中，我们遇见一些过去认识的汉学家，也结识了更多的新朋友。法国的汉学家们对于我们是非常热情地招待的。白发苍苍的戴密微教授请我们到他家吃饭。我们参观了他的书房，和他手抄成屉的两唐书和通鉴的卡片。研究蒙古史和中国近代史的李嘉乐教授在我们到达巴黎的第二天就陪我们观光了主要名胜。我在他家里不但吃到李嘉乐夫人所做的中国饭菜，而且看到她的朱笔画竹，表现出她对于中国绘画很深的爱好和修养。研究唐宋史的巴拉士教授、研究中国文学的于儒伯教授、研究六朝隋唐佛教史的日和耐教授等，对我们都非常友好。日和耐教授的新著《五世纪到十世纪中国佛教经济史》是一部材料充实的著作，很值得我们注意。研究考古学和民族学的奥得里古教授陪同夏鼐副所长参观了法国新发现的石器时代遗址。研究考古学的叶理夫教授在招待我们的宴会上，介绍我们认识了法国全国博物馆管理处处长萨尔先生和以在伊朗、阿富汗考古发掘工作著名的格尔什曼教授。这里应该特别提到研究中国近代史的谢诺教授。谢诺教授对于中国人并不陌生，他所写的《越南通史》是现在研究亚洲史必须参考的书，而且已经有人计划把它译成中文。我们在巴黎得到他很多帮助，应该特别向他致谢。我们在巴黎不但受到教授们的礼遇，而且受到法国青年们的热情的欢迎。会后好多位青年学生自愿来替我们作向导和翻译，陪我们参观档案馆、罗浮宫、凡尔赛等地。中法两国人民的友谊和文化的交流，已经体现在我们这次会内会外的接触和联系之中了。

回忆着在巴黎和法国学者们相处的日子，展望着两国文化关系日益密切的未来，我相信在中法两国人民共同愿望之下，两国邦交的正常化应该也是不久的事。全世界的人民都是要求和平的，不同制度的国家仍然要在经济上和文化上互相交流的，人民的友谊是无法长远用蛮横手段阻隔得住的。凶恶而愚蠢的好战的殖民主义者要孤立中国的一切企图，结果都必然只是孤立了他自己。全世界的人民都有权利要求友谊的发展，要求经济文化关系的密切沟通，中国学者也不例外。正像参加汉学家年会一样，我们将要和更多的国家更多的学者发生接触，建立联系，来尽一份沟通文化，保卫和平的责任。

（原载《文汇报》1956 年 10 月 12 日）

日本滞在の一ヵ月をふりかえって

わたしは中日友好協会訪日代表団に加わって、東京、京都、大阪、名古屋、北海道および東北地方のいくつかの県を訪れた。日本訪問の一ヵ月は、広はんな日本人民の友情の海原にひたった一ヵ月であった。わたしは行く先々で、各階層人民の中国にたいする厚い友情を肌で感じ、勤勉で聡明な日本人民のつくり上げた伝統的文化を鑑賞した。また、いたるところで中日両国間の歴史的つながりを見出した。わたしは今回の訪問をつうじて、中日両国人民の友好関係はたしかに長い歴史をもっており、今日の新しい条件のもとで、両国人民の善隣友好関係はかならずいちだんと発展し、今後も代々永遠に友好的につきあっていくだろうことを、いっそう深く感じたのであった。

わたしたちはいくつかの工場を見学して、心からのもてなしをうけ、職場で労働者と座談会をもった。北海道の苗穂車両工場で、わたしたちは、油まみれの手の労働者たちと親しみをこめてかたく握手し、いろいろな状況をつぶさに尋ねた。そして、修理の終わった車両の傍でいっしょに写真をとった。わたしたちは農村も訪問し、客として農民の家へ招かれた。農村の婦人たちはわたしたちを隣村からやってきた友だちのようにあつかって、いっしょに四方山話に花を咲かせた。秋田県では、農民がわたしたちのために、わざわざ竿灯祭を披露した。竿灯とは太い竹竿に横竹を結び、これに五十近い提灯がつけられる。重さは約五十キロ。それを若い衆が額、肩から膝、腰などにのせて妙技をきそう。また、竿灯をもった数人がいっしょになって竿灯を上げたり下げたり、互いにぶつけあったりして、重い稲の穂が風にゆられる情景を表わす。またとなく華麗で、郷土色にあふれている。この祭は毎年、八月におこなわれるのだが、今回は日本農民の友情を表わすため、とくにわたしたちに見せてくれたのだ。

わたしたちが東京に着いて、まだ何日もたたないころ、ホテル・ニューオータニで、部屋を掃除にきてくれた一人の若い女性の従業員がわたしたちに中国の様子をいろいろたずね、とくに毛主席が健康であるかどうかをきいた。わたしたちが毛主席はとても健康ですと答えると、かの女は笑みをたたえて、「それはなによりです」とうなずいた。このように、日本人民が代表団を熱烈に歓迎してくれたことは、国交正常化後、中国にたいする友情が深まったことを表わしている。北海道での歓迎大会のとき、会場のホールの真中に、天安門をかたどった氷の彫刻がテーブルの上においてあった。また、秋田県での歓迎大会では、数十名の女学生が中国語で、《東方紅》と《万歳、毛沢東！》をうたった。これらの場面は、わたしたちに忘れ難い印象をのこした。

中日国交回復は、両国人民の共同闘争のたまものである。多くの日本友人は長い間、国交正常化のためにたえず努力を払って、中日友好運動に貴い貢献をした。「水を飲むときには、井戸を掘った人を忘れるな」という。わたしたちはこれらの友人を永遠に忘れないであろう。わたしたちは今回の訪問で、多くの旧い友人を訪れた。東京に滞在していたとき、日本学士院は代表団の跡栫メンバーを宴会に招いてくれた。八十の高齢で白髪の学士院長、元東大総長の南原繁教授は感動して、「中日両国はついに国交を回復しました。このことは最後の勝利が真理の側にあることを物語っています」とのべた。南原教授のことばは、長い間中日友好運動につくしてきた日本友人の気持を表わしている。古希を迎えた中島健蔵氏は、それにもまして中日友好運動の積極的な推進者である。わたしたちが中島氏の家に招かれたとき、氏は十二回の訪中を思い出し、時には妨害にあって、プノンペンを回らざるを得なくなったことや、船で天津に上陸したことなどを語った。わたしたちはこれらの往事から今日のことに話がおよんだ。国交は回復したものの、共同声明の内容を実現させるには、まだまだ多くのことをやらなくてはならない。その時同席した楚図南副団長は七十三倭、団員の謝氷心女史は七十二倭、そして中島氏は七十倭。中島氏は、「やらねばならないことはたくさんあります。わたしたちは年をとってはなりません」と語った。このような、老いていよいよ、意暐盛んなことばは、同席した人たちへの大きな励ましであり、また、中国人民の旧い友人の、中日の友情をうち固め、増進する決意をも表わしている。

われわれは各地で少なからぬ新しい友人と知り合った。例えば、秋田県の小畑知事は、自ら空港に出向いて、われわれを出迎えた。当日夜の歓迎パーティでのあいさつで、小畑知事は「友遠方より来たる、また楽しからずや」という中国の昔の言葉を引用した。

翌日は日本式の宴会を催してわれわれを送別し、また芸能人を招いて民謡「秋田音頭」を聞かせてくれた。秋田市長はこの宴席で「ソーラン節」をうたった。われわれが同地を離れるさい、同知事は駅で見送ってくれた。二日間の秋田訪問期間に小畑知事はわれわれと五回も面接している。趙正洪副団長は、「中国には、一度目は面識がなく、二度目は知りあい、三度目は旧い友という言葉があります。小畑知事とわれわれは五回も会ったのだから、もうとっくに旧友です」と名残りを惜しんだ。代表団の行ったところではみな、このように多くの新しい友人と知りあい、中日友好の隊列を雰大し、友好の種子を播いたのである。

わたしは各地で日本の掞史学界の多くの友人に会った。そのうちの一部の人はわたしと、「文化革命」後の中国の歴史研究と教学の状況について話し合い、一部の人はわたしに、いくつかの歴史問題にたいする見方を交流し、また一部の人はわたしに、日本歴史学界の各方面の状況を説明してくれたり、自分たちの研究成果を贈ってくれたりした。京都でわたしは、河野健二教授を団長とする京都大学人文科学研究所代表団の友人たちと会って、とりわけうれしかった。一行は北京大学の招きに応えて中国を訪問し、このほど帰国したばかりである。井上清教授は旅の疲れも見せず、京都歓迎委員会の責任者の一人として、みずから美しい琵琶湖湖畔の大津の船着場へ赴いてわたしたちを出迎えてくれた。日本古代文化史の研究に従事し、京都の歴史についての著作を著わした林屋辰三郎教授は、みずからわたしたちに同行して史跡を参観し、わかり易い表現で学術的内容をもつ説明をしてくれた。わたしはまた、人文科学研究所を見学し、座談会に参加する機会に恵まれ、旧い友人と再会して、互いにことのほか親しみをおぼえた。塚本善隆、吉川幸次郎、貝塚茂樹氏ら京大の諸名誉教授も座談会に姿を見せて、わたしを心からもてなしてくれた。わたしは、「諸先生とは初対面ですが、わたしたちは早くから互いに先方の著作を読んでいるのですから、新しい友人であると同時に、旧い友人でもあるわけです」と語った。

一カ月の訪問中、日本の友人が日本の伝統的工芸と芸術の参観をスケジュールにくみこんでくれたおかげで、われわれは多くの知識を得、いっそう日本を理解するのに役立った。青森では「津軽塗」の漆器の製造を見たし、岩手では「南部古代型染」の製造を見学した。東京では、七十余歳の野村万蔵氏がご子息とお孫さんとの三代でわれわれに風刺的な寸劇「狂言」を披露してくれた。これらの伝統的工芸の技法と、芸術的表現の技巧の多くは、中国のそれと一脈あい通じていた。共通した鑑賞眼と愛好も友情を大いに深めた。

中日両国の歴史的な密接なつながりを示す事跡は、われわれの訪れた一部の地方にも見られた。例えば、茨城県水户市は、明代の朱舜水が赴日したあと活動したところであり、かれの学術と思想は、明治維新直前の徳川幕府をくつがえす闘争のなかである程度の役割を果たしている。青森県の弘前市は、一九〇〇年、中国旧民主主義革命のために生命をささげた山田良政の故郷であり、いまでも氏の墓と孫中山先生の題字を刻んだ石碑が残っている。島根県の松江市は、明朝末期に日本の僧春惛が中国から島根県に濬ったとき、地もとの山水風物、例えば宍道湖やすずき、じゅん菜などが、中国の松江のそれによく似ているところから、この地を松江と名づけた、といわれている。

一ヵ月の時間は短いとはいえ、日本各地人民の熱烈な歓迎や心をこめたもてなしの情誼はひじょうに深いものだった。われわれはただ「大ざっぱに見た」だけで、日本にたいしての理解がまだ不十分でひじょうに浅いが、中日の友誼の花は日本にあまねく咲きそろい、われわれのうけた印象はきわめて強かった。友情にあふれたこのひと月をふりかえり、わたしは、中日の友誼が永遠にその生命力を保ちつづけるよう心からいのっている。

（原载《北京周报》1973 年 25 号）

井上清陪同参观二条城

主编介绍

赵和平：1948 年生，北京人。1978 年 3 月考入北京大学历史学系（77 级），1979 年 9 月考取同系张广达、王永兴两先生隋唐史方向研究生，1982 年毕业，获历史学硕士学位。1986 年到北京理工大学人文学院，历任讲师、副教授、教授。1993 年获国务院政府特殊津贴。主要著作有《敦煌写本书仪研究》（此书 1994 年获北京市第三届哲学社会科学一等奖）、《唐五代书仪研究》（与周一良合著）、《敦煌表状笺启书仪辑校》、《敦煌本〈甘棠集〉研究》等多部，并在海内外刊发学术论文近百篇。